UNE
AMBASSADE A ROME
SOUS HENRI IV
(Septembre 1601-Juin 1605)

D'APRÈS DES DOCUMENTS INÉDITS

PAR

L'ABBÉ R. COUZARD

Licencié ès-lettres

Préfet des Études au Petit-Séminaire d'Agen

ALPHONSE PICARD & FILS, ÉDITEURS
82, Rue Bonaparte, 82
PARIS

UNE AMBASSADE A ROME
SOUS HENRI IV

UNE
AMBASSADE A ROME
SOUS HENRI IV

(Septembre 1601-Juin 1605)

D'APRÈS DES DOCUMENTS INÉDITS

PAR

L'ABBÉ R. COUZARD

Licencié ès-lettres

Préfet des Etudes au Petit-Séminaire d'Agen

TONNEINS
IMPRIMERIE GEORGES FERRIER ET C°
BOULEVARD DE LA GARDOLLE
—
1900

BIBLIOGRAPHIE

LISTE DES OUVRAGES ET DES DOCUMENTS CONSULTÉS

Principaux Documents inédits :

1° Instructions de Henri IV à plusieurs ambassadeurs, entre autres à M. de Béthune et à M. d'Alincourt, ses ambassadeurs à Rome. B. N. m. f. 3465. Copies.
2° Dépêches originales de M. de Béthune, ambassadeur à Rome, à Henri IV et à Villeroi, du 15 septembre 1601, au 6 juin 1605. — Arch. du château de Sully-sur-Loire.
3° Copie de ces mêmes dépêches au roi, du mois de septembre 1601 au mois d'octobre 1604 — B. N. m. f. 3492-3493-3494 — à Villeroi de septembre 1601, à la fin de 1603. — B. N. m. f. 3495-3496.
4° Dépêches originales de Henri IV à M. de Béthune, ambassadeur à Rome, précédées des instructions données à cet ambassadeur. B. N. m. f. 3484-3485-3486. — Une de ces dépêches manque, celle du 11 février, 1604 ; elle est aux arch. de Sully.
5° Dépêches originales de M. de Villeroi, à M. de Béthune, ambassadeur à Rome, d'octobre 1601 à juin 1605. B. N. m. f. 3487-3488.
6° Lettres de personnages divers, princes, prélats, cardinaux, — originaux ou copies — ; un certain nombre de lettres originales écrites de Rome, en 1602 et 1603, par l'abbé de Marquemont à son protecteur, M. de Villeroi ; copies de plusieurs lettres, brefs ou bulles de Clément VIII à Henri IV, de 1601 à 1605. — Arch. de Sully.
7° Lettres de M. de Beaumont, ambassadeur à Londres, à M. de Béthune ambassadeur à Rome, de 1602 à 1605. B. N. m. f. 3489-3490. — Originales.
8° Lettres de M. de Vic, ambassadeur en Suisse, de M. de la Boderie,

ambassadeur à Bruxelles, de M. de Barrault, ambassadeur en Espagne, à M. de Béthune ambassadeur à Rome, années 1602-1603-1604. — B. N. m. f. 3489-3490. Originaux.

9° Lettres du cardinal de Buffalo, nonce en France, au cardinal Aldobrandini, d'août 1601 à octobre 1604. — Archives du Vatican. — Nonciature de France, tome 48.

10° Lettres du cardinal Aldobrandini à M. de Buffalo, nonce en France. — Arch. du Vatican. — Nonciature de France. Tome, 291.

11° Dépêches de M. de Beaumont ambassadeur à Londres, à Henri IV et à Villeroi ; de Henri IV et de Villeroi à M. de Beaumont. B. N. m. f. 3499-3513. Copies.

12° Lettres de M. de Béthune ambassadeur à Rome, à divers personnages, cardinaux, princes ou princesses, la plupart italiens, et quelques lettres à M. de Rosny. B. N. m. f. 3498. Originaux.

13° Lettres de Henri IV à Clément VIII et au cardinal Aldobrandini, de Clément VIII et du cardinal Aldobrandini à Henri IV, de 1601, à 1605. — Originaux et copies. — B. N. m. f. 3460.

14° Lettres de Henri IV au cardinal Saint-Georges et à la signora Olympia, lettres du Pape au roi. Originaux et copies. B. N. m. f. 3491.

15° Etat de la dépense de l'argent que monsieur le cardinal de Joyeuse apporta, fait par les mains de M. de Béthune. B. N. m. 3460 et 3491.

16° Compte-rendu du Conclave où fut élu Léon XI. B. N. m. 3484. f. 133-152.

17° Compte-rendu du Conclave où fut élu Paul Vme B. N. m. 671. f. 65, et m. 20154. f. 1169.

18° Registres des comptants de Sully de 1598-1610. Originaux annotés et parfois corrigés de la main même du surintendant des finances. Archives de Sully.

19° Compte-rendu du Conclave où fut élu Clément VIII. Texte italien. B. N. m. 20153.

Principaux Documents imprimés :

1° Lettres. Messives de Henri IV, recueillies par Berger de Xivrey. Paris (1843-1876).

2° Lettres du cardinal d'Ossat. Paris. 1641.

3° Œconomies royales de Sully. Edition Petitot.

4° Lettres et ambassades de messire Canaye, sieur de Fresnes. Paris. 1635-1636. in-f.
5° Négociations et ambassades de l'illustrissime cardinal Duperron. Paris. 1622. in-f.
6° Chronologie novennaire de Cayet, édition Petitot, et chronologie septennaire, édition Michaud.
7° Mémoires-Journaux de l'Estoile. Edit. Petitot.
8° Mémoires et correspondance de Duplessis-Mornay. Edition Fontanelle de Vaudoré. Paris, 1824-1825. in-8°
9° Mémoires du cardinal de Richelieu. Edit. Petitot.
10° Mémoires de Bassompierre. Edit. Petitot.
11° Abel Desjardins. Négociations avec la Toscane.
12° Vittorio Siri : Memorie recondite. Paris 1676-1679, in-4°

Principaux Ouvrages consultés :

1° De Thou. Historia mei temporis. Edition de Londres. 1733.
2° Histoire universelle du sieur d'Aubigne. Paris 1616-1620, in-f.
3° Poirson : Histoire de Henri IV.
4° Ranke : Histoire des Papes au XVI° et au XVII° siècle.
5° Rott. Henri IV, les Suisses et la Haute Italie.
6° Abbé Degert, le cardinal d'Ossat.
7° Lafleur de Kernaingant : Mission de Christophe de Harlay, comte de Beaumont. 2 volumes, dont un de *pièces justificatives*.
8° Perrens : les Mariages espagnols.
9° Della Gatina : Histoire diplomatique des Conclaves.

PREMIÈRE PARTIE

La politique française fait échec à la politique espagnole à Rome

CHAPITRE PREMIER

Une page des Œconomies royales. — Importance de l'ambassade de Rome. — Henri IV la confie au comte de Béthune. — Instructions de l'ambassadeur. — Prépondérance, longue déjà, de l'influence espagnole à Rome : ses causes, ses effets. — Etat des affaires à l'arrivée de Béthune. — Première audience de l'ambassadeur.

L'une des choses qui frappent le plus le lecteur des *Œconomies royales*, c'est la rivalité incessante, acharnée, des deux grands ministres de Henri IV : Sully et Villeroi. Les paroles amères, les récriminations blessantes, étaient monnaie courante entre eux, et il leur arriva plus d'une fois d'aller ouvertement jusqu'à l'injure. Sully ne nous laisse rien ignorer de ces peu décentes querelles. Au fond de la retraite, où il écrit ses Mémoires, sa rancune demeure aussi aigre qu'au premier jour, et les pages qu'il dicte, toutes chaudes encore de la passion qui les a inspirées, passent du cabinet de travail dans la salle voisine, des mains des secrétaires à celles des imprimeurs installés, pour les reproduire aussitôt, dans l'une des tours du vieux château ducal. (¹) C'est que Sully ne travaille pas seulement à établir la prépondérance de son rôle sous le règne passé ; ministre tombé, il ne pardonne pas son désœuvrement et sa disgrâce à son rival plus heureux, et il se venge en rappelant avec une ironie amère, les échecs, ou simplement les froissements d'amour-propre, qu'au temps de sa toute-puissance, jadis, il lui infligea. Mais nulle part il ne s'arrête avec une complaisance plus marquée qu'au récit de la scène violente, (²) dont le retour en France, du marquis de Sillery, ambassadeur à Rome, fut l'occasion entre eux. Qui succèderait au marquis ! Ministre des affaires étrangères, et jaloux d'exercer ses fonctions sans contrôle, Villeroi désignait, non pas une créature, — elles sont ingrates parfois —, mais un autre lui-même, son propre fils, le marquis d'Alincourt. C'était soustraire une fois de plus à la connaissance du Surintendant des finances les plus secrets détails de la politique extérieure. Mais Rosny n'était pas homme à se laisser écarter ainsi ; et, au fils de son rival, il opposait son frère, le comte Philippe de Béthune.

En réalité les états de service des deux candidats étaient, ou peu s'en faut, également brillants. Mais l'on pouvait douter qu'il en fût ainsi de leurs talents diplomatiques. Or, il s'agissait de la plus importante et de la plus difficile ambassade d'alors. Centre du monde catholique, Rome était aussi le centre de la diplomatie, le cœur de la politique européenne. C'était la ville du monde la mieux et la plus rapidement informée. Toutes les intrigues politiques, qui ne s'y nouaient pas, venaient y aboutir, pour y chercher une approbation ou s'y assurer un appui. Surprendre et débrouiller les fils de ces intrigues, élever sa perspicacité

(¹) La tour de l'Imprimerie, aujourd'hui rasée.
(²) Œconomies royales, t. IV. ch. IV. p. 54-58. (*Edit. Petitot.*).

au niveau de la finesse et de la dissimulation italiennes, faire tourner au profit de sa cause tous les intérêts, toutes les jalousies, toutes les passions en ferment dans une cour de prêtres, était une de ces œuvres, que le premier venu n'était pas de taille à tenter. Le duc de Luxembourg y avait échoué ; le marquis de Sillery, plus heureux, avait dû presque tous ses succès à l'expérience toujours écoutée du cardinal d'Ossat. Le marquis d'Alincourt, bien qu'initié par son père à toutes les ressources, à tous les secrets détours de la diplomatie, n'était pas mûr encore peut-être pour ces difficiles fonctions.

Philippe de Béthune au contraire avait fait ses preuves. Converti de bonne heure, et attaché tout jeune encore au service de Henri III, il avait, après la mort de ce prince, suivi, sans hésiter, le parti de Henri IV. Sous les armes comme dans les conseils, il s'était fait également remarquer. Aussitôt après le paix, Henri IV utilisa ses talents diplomatiques, et au moment même où le marquis de Rosny demandait pour lui l'ambassade de Rome, il arrivait d'Ecosse, comme ambassadeur auprès de Jacques VI. Il se trouvait ainsi initié de près aux affaires d'Angleterre, dont la succession préoccupait alors toute l'Europe, et particulièrement le roi de France. Ce ne fut sans doute pas l'un des moindres motifs, qui décidèrent Henri IV à le désigner, de préférence à d'Alincourt, pour l'ambassade de Rome. Villeroi obtint d'ailleurs l'assurance que la succession de Béthune reviendrait dans trois ans à son fils.

Dans les derniers jours d'août 1601, le nouvel ambassadeur quitta la Cour, et prit avec sa femme le chemin d'Italie. La saison était chaude et la route était longue : ils n'avançaient qu'à petites journées. La ville papale d'Avignon leur fit une réception magnifique. Béthune s'y était arrêté pour y traiter, en passant, quelques affaires, et saluer au nom du roi, le vice-légat, Conti, sujet de valeur dont on parlait pour le cardinalat (¹). Le 13 septembre, il était à Marseille. Une galère royale l'y attendait. Elle appareilla le 18, et gagna sans escale, Livourne, d'où Béthune avait ordre de se rendre à la cour de Florence. Il apportait au grand duc et à la grande duchesse l'assurance nouvelle de l'amitié du roi, amitié « étreinte déjà d'un lien puissant » par une récente alliance, et désormais indissoluble entre les deux familles, grâce au « fruit » désiré, qu'en attendaient prochainement Henri IV et la France. (²) — Presque en même temps la nouvelle de la naissance du Dauphin arrivait aux Altesses ducales. — A tort ou à raison, le grand duc passait pour un profond politique. Ancien cardinal et rompu aux intrigues, il n'avait jamais cessé de se mêler activement des affaires de Rome. Avant de le quitter, Béthune le pria, — maintenant que ses intérêts se confondaient avec ceux de la France, — de ne pas lui épargner ses avis, et de l'aider de son expérience et de ses conseils au milieu d'une cour qu'il connaissait et savait manier à merveille. Démarche commandée, que l'ambassadeur aura plus d'une fois l'occasion de regretter plus tard. Enfin, le 15 octobre, vers le soir, Philippe de Béthune était aux portes de Rome. A quelque distance de la ville, il rencontra le cardinal d'Ossat, chargé, en l'attendant, de la direction des affaires, et venu au-devant de lui avec une suite brillante de prélats et de gentilshommes. L'ambassadeur d'Espagne, le duc de Sessa, aussi galant homme

---

(¹) Lettre de Béthune au roi, du 15 septembre, datée de Marseille. B. N. M. 3492.

(²) Instructions données à Béthune. B. N. M. 3465.

qu'habile politique, avait envoyé, à une lieue de Rome, saluer son nouveau collègue. (¹)

L'impression que produisit l'ambassadeur sur les premiers qui l'approchèrent fut des plus heureuses, et d'Ossat, — peu suspect de partialité envers le frère de Rosny, — écrivait le soir même à Villeroi : « Pour le peu de temps « que j'ai été avec lui, il m'a semblé y avoir trouvé tout le « bien qu'on m'en avait écrit, et quelque chose davan- « tage. (²) »

Cependant Béthune était chargé d'une mission ingrate entre toutes. Maître paisible de son royaume, qu'il avait débarrassé des derniers ferments de la Ligue, vainqueur de l'Espagne et de la Savoie, Henri IV songeait maintenant à rétablir au dehors la suprématie de la France, et à ruiner, à Rome surtout, d'où il tirait sa principale force, le crédit de l'Espagne. Prince italien et chef de l'Eglise, médiateur naturel entre les princes chrétiens, et pasteur obéi de tous les catholiques du monde, le Pape était l'une des premières forces politiques du temps. Henri IV avait éprouvé lui-même de quels poids pesaient sur ses sujets les décisions de Rome, et il savait quels avantages, grâce au prétexte religieux, dont elle couvrait depuis trente ans ses prétentions ambitieuses, l'Espagne avait retirés de l'aide matérielle ou morale des Papes. Dissiper l'équivoque, faire tomber le masque, mettre à nu cette ambition sous les yeux du Pape régnant, c'était porter un coup fatal au crédit usurpé de l'Espagne ; s'assurer le Pape futur, en attachant à la cause française le plus de cardinaux possible, c'était confirmer les résultats acquis, c'était rendre à la

---

(¹) Lettres du cardinal Pamphilio du 16 octobre 1601. *Texte italien.* Arch. de Sully.

(²) Lettres de d'Ossat, CCXCIV, 15 octobre 1601.

France, suspecte jusque-là, son prestige passé, son rang, un moment perdu, de première nation catholique ; et tel était le double but que devait poursuivre Béthune. (¹)

La perte de Milan et de Naples, au début du XVIᵉ siècle, l'expulsion définitive des Français d'Italie, avait gravement atteint notre influence au-delà des Alpes. Serrés de toutes parts par les forteresses et les armées d'Espagne, les quelques princes, encore indépendants de la Péninsule, allaient graviter fatalement dans l'orbite espagnole. Les Papes eux-mêmes, qui dans leurs mauvais jours, avaient encore, sous Henri II, cherché dans le roi de France, un protecteur, se trouvaient jetés par l'insouciance des derniers Valois, dans les bras de l'Espagne. Comment, auraient-ils songé à leurs amis ou même à leurs intérêts d'Italie, un François II, un Charles IX, un Henri III, livrés tout entiers aux intrigues de Cour, menés par une femme, qui n'avait qu'une ambition au cœur, garder à tout prix, fût-ce au prix du sang, le pouvoir, et menacés à chaque instant d'être brisés dans les cahots des guerres civiles, qu'ils ne savaient ni empêcher, ni conduire ? Philippe II, politique avisé, vit quel parti il pouvait tirer de ces circonstances heureuses. Maître de la majorité des cardinaux, presque tous italiens, et par conséquent ses sujets ou ses créatures, il disposa bientôt des conclaves et eût dans sa main les Papes. D'autre part, seule entre toutes les nations de l'Europe, l'Espagne avait été, grâce à l'Inquisition, préservée des doctrines nouvelles, et Philippe II paraissait naturellement aux peuples catholiques le champion de l'orthodoxie.

Le moment lui sembla venu de réaliser ce projet de

(¹) Instructions B. N. m. 3465.

monarchie universelle, que son père avait rêvé. Le prétexte, un prétexte grand et spécieux, était là toujours prêt pour justifier son intervention dans les affaires des Etats, qu'il redoutait ou qu'il convoitait : sauver la religion catholique partout où elle était en péril. Etait-il sincère, ne l'était-il pas ? Croyait-il ou non l'avenir et l'éclat de la religion catholique liés au sort de sa monarchie ? Qui le dira ? Nul ne se vanta jamais d'avoir vu jusqu'au fond de cette trouble nature.

On sait dans quel dessein il avait équipé son *Armada* formidable. On n'ignore pas davantage, — et ceci le peint bien mieux encore, — quel rôle il joua dans la Ligue. Il l'avait d'abord favorisée par pure politique, pour mettre Henri III, en lui créant des embarras intérieurs, dans l'impossibilité de secourir les rebelles des Pays-Bas et son frère qu'ils avaient mis à leur tête. Mais après la mort du duc d'Anjou, il conçut d'autres espérances. Sous prétexte d'écarter du trône l'héritier huguenot, les Guises avaient mis à portée de sa main, la couronne, en comptant travailler pour eux. Mais il se savait le plus habile, et il comptait bien qu'ils allaient travailler pour lui. Pendant ce temps, le mouvement populaire prenait des proportions immenses. Confiantes dans le zèle religieux des chefs, les foules se groupaient plus que jamais autour du drapeau menacé de la foi nationale. Mais rien n'était fait, tant que le Pape n'avait pas consacré de son autorité la légitimité des Statuts, et par là — on l'insinuerait sans peine, — des actes futurs de la Ligue. Or, le pape était en ce moment Grégoire XIII. Espagnols et Ligueurs tentèrent de le gagner avec un zèle égal. Mais Grégoire XIII était trop clairvoyant. Favorable d'abord, il comprit vite, à la lecture des articles de l'union nouvelle, (1584) que la Ligue avait dévié désormais de son but primitif, et il se tint jusqu'à la fin dans la plus défiante réserve.

Sixte-Quint ne montra pas au début la même prudence. Impérieux et zélé, il parut être le Pape que souhaitait Philippe II. L'Espagne et les Guises lui conseillaient les moyens violents : il les employa. Il ramassa la vieille arme du moyen-âge, l'excommunication qui brisait les trônes, et en frappa le roi de Navarre, le déclarant inhabile à régner. Peine perdue, vaine manœuvre. La sentence excita des murmures, et le Béarnais n'eût pas un partisan de moins. Les Guises aidèrent eux-mêmes à la désillusion du Pape. Trop pressés d'essayer leur popularité, ils firent les barricades. L'impression fut mauvaise à Rome. Sixte-Quint n'aimait pas les sujets rebelles. Il détestait encore plus les factieux, et il n'eût jamais que de l'aversion pour les Seize, ces agents de l'Espagne. Déjà légèrement refroidi à l'égard des Ligueurs, à la mort de Henri III, il le fut tout à fait après leur défaite d'Arques, qu'ils avaient audacieusement transformée en victoire (¹). Malgré ses instructions, le cardinal Gaëtan, légat, non plus du Pape, mais de l'ambassadeur d'Espagne, comme disait Sixte-Quint lui même, s'était mis au service de Philippe II : il lui supprima sa pension. A Rome, d'Olivarès le sommait, au nom de son maître, de chasser le duc de Luxembourg, député des catholiques royaux. C'était d'une insupportable insolence. L'ambition de l'Espagne n'était pas moins inquiétante pour la liberté du Saint-Siège, que l'avènement d'un protestant au trône de France, pour la foi catholique. Au premier danger Sixte-Quint ne vit qu'un remède : aller où le portaient déjà son admiration et son

---

(¹) Lettres interceptées par les agents de Henri IV. B. N. M. 20153, feuillets 420, 437, 438.

cœur : accueillir à bras ouverts le protestant qui promettait de se convertir (¹).

Mais la mort, qui avait déjà délivré Philippe II d'un rival populaire et gênant en la personne du Balafré, le débarrassa au moment voulu du pape Sixte-Quint, plus gênant encore peut-être. L'important était désormais de rendre à peu près impossible à Rome toute opposition à sa politique. La majorité du Conclave était à ses ordres ; il exigea d'elle un Pape selon ses vœux. Il ne le fallait ni clairvoyant, comme Grégoire XIII, ni ferme de caractère et « bizarre », (²) — c'est le mot de Philippe, — comme Sixte-Quint, mais d'inclination connue pour la Ligue, de dévouement certain à l'Espagne. Pour plus de sûreté, il écartait à l'avance du pontificat soixante-deux cardinaux, sur les soixante-huit du conclave. Parmi les six qui n'étaient pas exclus, tous n'étaient pas également agréables, et Philippe II désignait ses deux candidats préférés. Il fut servi à souhait. Urbain VII était prêt, — on le croyait du moins, — à ne rien refuser à l'Espagne. Ses treize jours de règne ne lui permirent pas de passer de l'intention aux actes. Le cardinal milanais, Sfondrati, sujet d'Espagne, le remplaça sur le trône pontifical, sous le nom de Grégoire XIV. Elu dans les mêmes conditions qu'Urbain VII, celui-ci allait tenir ce que l'autre avait promis. Du reste les agents d'Espagne avaient ordre de le circonvenir dès la première heure et de le faire entrer dans les vues de leur maître au sujet de la France (³). Or, Philippe II se préparait alors à donner un roi aux Fran-

---

(¹) Ranke. Histoire des Papes au XVI° et au XVII° siècle. L. VI, § III.
(²) Lettre de Philippe II, au duc de Sessa, du 20 octobre 1590. B. N. M. 20153, f. 473, copie.
(³) Lettre au duc de Sessa, citée plus haut.

çais, ou plutôt une reine, sa propre fille, l'Infante. Déjà il avait instruit le duc de Sessa, son nouvel ambassadeur à Rome, des prétendus droits de la princesse ; malgré tout il lui envoyait encore Doria, chargé de mémoires nouveaux. Il fallait convaincre à tout prix le Pontife, et surtout l'empêcher, en attendant, de reconnaître Henri de Navarre, celui-ci en vint-il à se convertir.

Le succès de ces manœuvres dépassa toutes les espérances. Pour Grégoire XIV la cause de l'Espagne fut sans hésitation possible, la cause de l'Eglise, et il mit à la servir sa piété admirable et son zèle. Il avait promis d'abord de répondre aux lettres, que le duc de Luxembourg, en quittant Rome, avait laissées pour le futur Pape : sous la pression d'influences nouvelles, il ne le fit point. Mieux encore, non seulement il renouvela l'excommunication de Sixte-Quint contre le roi de Navarre, mais il menaça, s'ils ne l'abandonnaient, des plus graves censures, cette noblesse même, ce clergé, ces catholiques royaux, dont M. de Luxembourg était l'ambassadeur. C'était leur interdire à l'avance tout accès près de lui, leur refuser tout moyen de justifier leur conduite, se livrer en proie aux Ligueurs, ou mieux encore à l'Espagne. Il ne s'en tint pas là. Sixte-Quint, comme Grégoire XIII, avait refusé jusqu'au bout de l'argent à la Ligue. Grégoire XIV épuisa pour elle ses trésors et leva pour elle une armée. Il croyait sincèrement travailler pour une cause divine : en réalité il obéissait aux inspirations d'ambitions humaines : le succès ne répondit pas à ses efforts.

Son successeur, le cardinal Facchinetto Bolonais, qui prit le nom d'Innocent IX, était une créature de Farnèse, par conséquent espagnol encore. Il ne régna que deux mois et n'eût pas le temps de répondre à ce que les Espa.

gnols attendaient de lui. Le conclave qui suivit menaçait de ne finir pas. En butte à des hostilités acharnées, combattus par des brigues puissantes, ni le cardinal de la Rovère, ni le cardinal de San Severino, candidats officiels du roi d'Espagne, n'étaient capables d'arriver au pontificat. Un nom, il est vrai, pouvait rallier la majorité des suffrages, celui du cardinal Hippolyte Aldobrandini. Modeste, de nature plutôt timide, juriste savant, disait-on, illustré par une ambassade en Pologne, Aldobrandini n'avait pas d'ennemis. Mais sans être maintenant, comme dans les derniers conclaves, formellement exclu, il n'était inscrit que le sixième, sur la liste du roi d'Espagne; encore était-ce — on le savait — par condescendance pour Montalte, neveu de Sixte-Quint, l'un des grands électeurs du Collège. Et les chefs de parti hésitaient, craignant de déplaire au monarque. Ils prirent l'avis du cardinal espagnol, Madruccio. Aldobrandini ne lui déplut pas : il avait toujours entretenu d'excellents rapports avec les ministres d'Espagne. Peu confiant en lui-même, lent à prendre une décision, il devait subir fatalement l'influence de conseils étrangers. Philippe II ne souhaitait pas autre chose. Elu le 30 juin 1592, Aldobrandini prit le nom de Clément VIII [1].

La grande question était plus que jamais la question française. Quel parti allait prendre le nouveau Pape, libre comme il était, de tout engagement antérieur avec l'un ou l'autre d'entre eux ? Il redoutait pour la liberté du Saint-Siège la trop grande puissance de l'Espagne; mais il avait peine à croire aux promesses de Henri de Navarre, moins difficiles à faire qu'à tenir. Aussi, peu capable par nature

---

[1] Compte-rendu du Conclave, texte italien. B. N. m. 20153.

d'initiatives hardies, se fit-il dès le début un scrupule de suivre, sans enthousiasme d'ailleurs, la ligne de conduite de ses prédécesseurs. Mais bientôt on put démêler à travers ses actes, des sentiments nouveaux. Le Saint-Siège avait envoyé précédemment à la Ligue des secours d'homme et d'argent ; il ne les supprima pas, mais les restreignit peu à peu. Démarche moins équivoque encore : après avoir fait défendre publiquement au cardinal de Gondi, député de Henri IV, de se présenter comme tel à Rome, il lui permit de venir comme évêque. A l'abri de la défense publique, le rapprochement secret s'opérait. Pour la première fois depuis trois ans, une voix s'éleva en faveur de Henri de Navarre et perça ce nuage de mensonges et de calomnies, que les agents espagnols et ligueurs avaient épaissi près des Papes. Sans doute les intéressés travaillèrent aussitôt à ruiner l'œuvre de Gondi. Mais la brèche était faite : la parole du cardinal n'était pas tombée vainement dans l'âme de Clément VIII.

Du reste vers le même temps, les Espagnols perdaient leur cause en France par l'excès même de leurs prétentions. Du milieu du parlement ligueur, du milieu des Etats Généraux, réunis malgré l'opposition espagnole [1] pour l'élection d'un roi, des protestations accueillirent la politique intéressée de Philippe II, impudemment manifestée. Au nom de la loi salique, on s'éleva contre la domination d'une femme ; au nom du patriotisme, on repoussa tout prince étranger. Les Seize furent bientôt les seuls à tenir pour l'Espagne et Philippe II, qu'ils

[1] Lettre de quelques-uns des Seize au roi d'Espagne, 20 novembre 1591. B. N. M. 20153, f. 557.

appelaient leur maître, en lui écrivant (¹). Mais leurs excès les rendirent odieux à leur tour. Du milieu de Paris qu'ils épouvantaient de leurs audaces et de leurs crimes, le nombre croissait chaque jour de ceux qui, regardant par dessus les remparts, tournaient leurs yeux et leur cœur vers le roi légitime, de nouveau aux portes de la ville. Instruit de ce qui se passait au-dedans, des divisions de la Ligue et du discrédit de l'Espagne, touché profondément des misères de ce peuple, qui sacrifiait tout à sa foi, convaincu qu'il allait le rendre plus malheureux encore, et qu'il ne serait jamais le maître incontesté du royaume, si, pour régner, il restait protestant, Henri IV comprit qu'il n'y avait qu'un remède à ces maux divers : faire cesser la cause du divorce entre son peuple et lui, tenir les promesses faites, se faire instruire et se convertir. C'est ce qu'il fit. Ainsi des deux côtés, à la même heure, le sentiment français triomphait : il réveillait peu à peu chez les catholiques ligueurs le vrai sentiment monarchique, il avait réveillé définitivement le sentiment catholique chez le roi.

C'était le coup suprême porté à l'ambition espagnole : la Ligue n'avait plus raison d'exister. Elle tint quelque temps encore pourtant. Philippe II n'avait-il pas fait décider par quelques jeunes docteurs *espagnolisés* de Sorbonne, que, même converti, Henri de Navarre était inhabile à régner. D'autres Ligueurs — c'était le plus grand nombre, — ne reconnaissaient pas à un simple archevêque de Bourges le droit d'absoudre un prince excommunié : ils attendaient pour se soumettre la suprême et définitive absolution du Pape. Là était maintenant le danger pour l'Espagne. Elle ne recula, pour l'écarter, devant

[1] Instructions de Philippe II à ses agents en France, octobre 1590. B. N. M. 20153, f. 467 à 473.

aucune manœuvre. En vain, le duc de Nevers, ambassadeur du roi converti avait-il pu, après mille obstacles surmontés, arriver jusqu'à Clément VIII. Son ambassade n'avait eu en apparence aucun résultat. *Vederemo*, avait répondu le Pape. Le Pape ne pouvait répondre autrement il n'était pas libre. Au nom de son maître, le duc de Sessa le menaçait de si terribles choses, s'il reconnaissait Henri IV, que Clément VIII en pleura, dit-on, de douleur ([1]). Ce n'est pas cependant qu'il voulût agir aussitôt. Lent et sage, il attendait l'heure. Convaincu personnellement de la conversion sincère du roi, il voulait, avant de parler en Pape que cette sincérité fût, pour tous, l'évidence même. Aussi avec quel bonheur il recevait en secret d'Ossat, alors délégué de la reine douairière Louise, pour s'entretenir avec lui du roi et des affaires de France. En attendant, l'opinion s'affirmait chaque jour davantage à Rome, en faveur de Henri IV. On n'avait plus affaire au roi contesté de jadis. Maître de sa capitale, il voyait la Ligue se dissoudre, toutes ses provinces le reconnaître, la noblesse et le clergé lui obéir, malgré les excommunications passées. Duperron apportait en son nom à Rome des garanties solides, les jésuites Aquaviva et Toleto, Baronius, Saint Philippe de Néri lui-même travaillaient pour lui : le peuple romain indigné des pamphlets anti-français répandus par les agents d'Espagne insultait les pages du duc de Sessa. Encore quelques délais et la France, perdant patience, allait droit à un schisme. Aussi bien que l'opinion publique et la justice, les intérêts de l'Eglise et de la foi faisaient au Pape un devoir d'agir. Clément VIII le com-

[1] D'après Palma Cayet. On trouve une idée de ces menaces au f. 851 du manuscrit 20154 à la B. N.: Rome affamée, guerre au Pape, schisme de tous les états espagnols, etc., etc.

prit : il passa outre à l'opposition espagnole plus que jamais ardente, et solennellement admit le roi de France au giron de l'Eglise.

Les combinaisons de Philippe II étaient définitivement déjouées. Désormais, au même titre que ses prédécesseurs, Henri IV était le roi très chrétien et le Pape l'aima d'autant plus qu'on l'avait tourmenté davantage pour le forcer à le haïr.

Cependant Clément VIII ne regardait pas son œuvre comme finie encore. La couronne de France échappait, il est vrai, à Philippe II, mais le roi d'Espagne entendait s'indemniser, par la conquête des provinces du Nord, des dépenses que la Ligue lui avait coûtées. Battu à Fontaine-Française, il avait pris tout à coup sa revanche, en s'emparant par ruse d'Amiens. Vainement Clément VIII lui avait envoyé le patriarche de Constantinople, Catalagirone, pour le décider à la paix. Heureux encore, il s'y refusait. La mauvaise fortune devait l'y contraindre. Chassé d'Amiens, accablé sous le poids de tant de rêves ambitieux écroulés, malade, déjà mourant, il craignit de laisser aux mains inexpérimentées de son fils une telle guerre à conduire, un ennemi comme le roi de France à combattre. De son côté Henri IV, intraitable tant qu'Amiens n'était pas repris, ne se refusait plus maintenant à la paix, mais à une condition, c'est que l'Espagne ne garderait pas un pouce de terrain français. Alexandre de Médicis, cardinal de Florence, depuis deux ans légat de Clément VIII en France, fut autorisé à négocier sur ces bases. Le traité de Vervins réalisa le suprême désir du Pape : la paix dans la chrétienté.

Philippe II mourait quelques jours après, et l'on pouvait croire la politique espagnole assagie. Il n'en était rien : elle ne renonçait à aucune de ses prétentions. à aucune de ses espérances. Mais grande dans ses conceptions, puissante dans ses moyens, quoique malheureuse dans ses résultats, avec Philippe II, elle allait se rapetisser avec Philippe III, se mettre au niveau des maigres hommes d'Etat, qui allaient la diriger désormais. Maître de son royaume, mais sans espoir d'avoir un héritier, Henri IV demandait à Rome l'annulation de son mariage avec Marguerite de Valois. Il l'obtint malgré l'opposition inouie des ministres d'Espagne, et Marie de Médicis devint reine de France. Le gouvernement de Philippe III eût vite trouvé sa revanche. Henri IV réclamait le marquisat de Saluces, dont le duc de Savoie s'était emparé, à la faveur des guerres civiles, sous prétexte de le soustraire à l'hérésie. Conseillé par l'Espagne, qui lui promettait du secours, le duc préféra la guerre. La campagne de Savoie et la paix de Lyon, ménagée encore par le pape Clément VIII et le légat Aldobrandini, son neveu, prouvèrent une fois de plus à l'Espagne que les armes ne pouvaient rien contre un prince, désormais le premier soldat de l'Europe.

Elle n'en demeura pas moins agressive et hautaine. Par leur menées criminelles en France, par leurs tracasseries envers les marchands français, qui trafiquaient en Espagne, par leur conduite inqualifiable envers notre ambassadeur à Madrid, par leurs visées ambitieuses sur l'Angleterre, par les entraves qu'ils apportaient en Suisse à nos vieilles alliances avec les Cantons, par leurs empiètements successifs dans l'Italie du Nord, par la violation constante du traité de Vervins, les Espagnols semblaient avoir pris à tâche de provoquer Henri IV. La raison politique eût suffi au besoin pour légitimer l'une ou l'autre de ces entreprises ; au lieu d'y faire appel, ils aimaient mieux les couvrir d'une hypocrite excuse. Déjà l'édit de Nantes leur avait fourni l'occasion d'incriminer la religion du roi. Plus que jamais ils l'accusaient maintenant d'être resté huguenot dans le cœur ; ils le dénonçaient comme le plus ferme appui des hérétiques, et par conséquent comme l'ennemi de la chrétienté. Les preuves ne manquaient pas à leurs affirmations. Partout leur zèle se heurtait à sa politique suspecte : aux Pays-Bas, dont il n'abandonnait pas les rebelles ; en Angleterre, où son alliance avec Elisabeth et Jacques VI d'Ecosse contrarierait leur projet d'annexion ; à Genève, qu'il protégeait contre les convoitises du duc de Savoie, leur ami ; sur le Rhin, partout enfin, il les empêchait de ramener de force les protestants à la foi catholique ; car c'était là — nul ne l'ignorait, — l'unique but de leurs constants efforts, la seule et impérieuse loi de leur politique d'Apôtres.

Presque autant qu'aux plus beaux jours de jadis, ils trouvaient du crédit à Rome. Troublé par les apparences, impuissant à séparer la question religieuse de la question politique, de « la raison d'Etat, » Clément VIII, à cause même de son affection pour le roi, souffrait de ces accusations, justifiées à ses yeux, et s'inquiétait de le voir resserrer de plus en plus autour de la maison catholique d'Autriche, ce réseau d'alliances protestantes, dont il ne comprenait pas la nécessité, dont il n'admettait pas le motif. Parmi les cardinaux, inféodés encore, par conviction ou par intérêt, à la politique espagnole, l'étonnement n'était pas loin du scandale. Les plus clairvoyants, ceux que le prestige de la victoire, et ce qu'ils entendaient raconter de la valeur, de la générosité, de la bonté d'âme du roi, inclinaient irrésistiblement vers la France, gardaient leurs sympathies secrètes. Baronius, dont le désintéressement faisait l'indépendance, était presque le seul, qui osât, avec le cardinal de Florence, affirmer ses sentiments français. Les autres, timides, hésitants, désireux de ménager l'avenir, attendaient. Tel était l'état des affaires et des esprits au moment où Béthune arrivait à Rome. Il avait pour mission de faire cesser l'équivoque, dans laquelle persistait à s'envelopper la politique espagnole, et de montrer que la religion avait aussi peu de part dans les alliances protestantes du roi, que les vrais intérêts catholiques dans l'ambition masquée de l'Espagne.

Déjà des circonstances heureuses étaient venues à propos à son aide. Le 27 septembre 1601, vers dix heures du soir, à Saint-Germain, un Dauphin était né. Cet évènement attendu par le pays, aussi bien que par Henri IV, comme le complément indispensable de tous les bonheurs passés, assurait l'avenir du royaume et ruinait les espérances encore mal assoupies de l'Espagne. L'ère des troubles intérieurs semblait close, et les amis secrets de la France, pouvaient maintenant au grand jour tendre la main à son roi : le souvenir des services rendus ne périrait pas avec lui. Dès la première audience que Béthune obtint de Clément VIII, le cardinal d'Ossat, qui l'avait introduit, et qui connaissait à fond cette cour romaine, remarqua combien les sentiments timides d'autrefois, tant du Pape que d'autre personnages, s'affirmaient clairement ce jour-là : « Il fait sûr maintenant avec le roi » disait-on.

Clément VIII fut le plus explicite : il exprima l'espoir « qu'après sa mort le roi prendrait la protection des siens ; » paroles, remarqua d'Ossat, qu'il n'avait jamais voulu prononcer jusque-là, quelques avances qu'on lui eût faites. Il fut pour Béthune d'une prévenance, d'une amabilité, nous dirions aujourd'hui d'une câlinerie extrêmes, « et tout me donne espérance, écrivait l'ambassadeur,

qu'un si bon visage me permettra de mieux servir le roi. »
En quittant le Pape, Béthune se rendit chez Aldobrandini, le cardinal neveu, sans les avis duquel, en politique du moins, Clément VIII ne décidait rien. Il lui remit une lettre autographe du roi. Aldobrandini la reçut avec une satisfaction marquée. C'était un témoignage d'amitié qu'il méritait, dit-il, car il était résolu à suivre ses ancêtres, qui tous avaient été serviteurs de la France. Sans doute c'était le désir du Pape ; mais il ne faisait, en le suivant, qu'obéir aux propres inclinations de son cœur, tant de fois manifestées déjà, puisque rien ne s'était fait depuis six ans, à Rome, en faveur du roi, qu'il n'y eût eu la plus grande part. Un dernier mot manifesta nettement les sentiments du Cardinal-neveu : il exprima le souhait que le parti français, depuis si longtemps affaibli, se fortifiât à Rome. (¹)

Les auspices étaient de plus en plus favorables. Béthune pouvait se mettre à l'œuvre : il pouvait commencer à battre en brèche ce crédit étonnant que l'Espagne, pourtant si déchue, gardait encore auprès de certaines gens et des plus grands, à Rome. Il lui suffirait pour cela de démasquer cette politique hypocrite autant qu'impuissante, faite de taquineries mesquines envers les forts, de violence ouverte envers les faibles, de bravade et d'arrogance envers les indépendants qu'elle ne craignait pas, de corruption et d'achats de consciences partout.

(¹) Lettre de Béthune au roi, du 29 octobre 1601. B. N. M. 3492. Copie.

CHAPITRE II

La Conspiration de Biron.

Tracasseries espagnoles. — L'affaire de la Rochepot. — La conspiration.

Les occasions ne devaient pas manquer au Comte de Béthune. La jeunesse et l'inexpérience du roi d'Espagne, élevé pour la sacristie, beaucoup plus que pour l'administration d'un royaume, avait déjà multiplié les causes de conflit. Inspiré par une fierté vaine et fausse, conseillé par d'imprudents ministres, ou peut-être faute de conseils et par négligence, il avait d'abord tardé au delà de toute mesure, à jurer, selon l'usage, d'observer la paix de Vervins. Du reste il parut vite qu'un serment de ce genre n'était sur ses lèvres qu'une formalité. Le traité de Vervins stipulait la liberté du commerce entre les pays des rois contractants. Quel ne fut pas l'étonnement de Henri IV d'apprendre de son ambassadeur à Madrid, que l'Adelentado avait fait arrêter un certain nombre de sujets français, des Bretons surtout, trafiquant en Espagne, et saisir en même temps leurs marchandises, et leurs navires. Sur une simple accusation — venue on ne sait d'où, et qu'on n'avait pas vérifiée, — qu'ils prêtaient leurs noms aux ennemis de l'Espagne, aux Anglais et aux Hollandais, plusieurs avaient été condamnés et, sans autre forme de procès, exécutés. L'Adelentado allait plus loin encore : il exigeait caution de la part de ces marchands, qu'ils ne transporteraient pas en Hollande et en Angleterre les denrées achetées en Espagne : « prétention exorbitante, écrivait Henri IV, et contraire au

traité de paix, où cette restriction n'avait pas été mise. »
Avant d'assujettir des Français à ces prescriptions vexatoires, il eût fallu du moins s'entendre avec leur roi. Plusieurs fois Henri IV avait offert de faire punir les marchands arrêtés, s'il était prouvé qu'ils avaient abusé de la liberté du commerce ; il avait envoyé sur les lieux le contrôleur Sancerre, afin qu'il leur fut fait justice ou grâce : il n'avait rien obtenu. ([1])

Un incident nouveau vint bientôt tendre davantage encore les rapports entre les deux couronnes. Un jour d'été, le neveu de M. de la Rochepot, ambassadeur français en Espagne, se baignait à Valladolid avec quelques amis. Des seigneurs espagnols, étant passés par là, s'arrêtèrent pour les regarder. Aux moqueries échangées d'abord de part et d'autres succédèrent bientôt les insultes, si bien que les Espagnols, à l'excès susceptibles, saisirent les habits des Français et les jetèrent dans la rivière. Une rixe violente s'en suivit. Les Français prirent leurs épées; quelques Espagnols furent tués, d'autres blessés. Les parents des victimes réclamèrent à hauts cris justice. Philippe III commanda de la rendre aussitôt, et de saisir les gentilhommes français en quelque lieu qu'ils fussent. Ils s'étaient réfugiés dans le palais de l'ambassadeur, qu'ils savaient inviolable. Les alcades y coururent. Au mépris de tout droit, malgré les protestations énergiques de M. de la Rochepot, ils enfoncèrent les portes qu'ils trouvèrent fermées, se saisirent avec violence du neveu de l'ambassadeur et de ses amis, et les traînèrent en prison. Bientôt même, sous prétexte « de leur faire avouer leur délit », en réalité « pour mieux colorer la violence des alcades », ministres de l'in-

---

([1]) Instructions données à M. de la Rochepot, ambassadeur en Espagne. B. N. M 3466.

sulte, on les tourmenta (¹). Outré, Henri IV fit appeler l'ambassadeur d'Espagne, et le chargea de mander à son maître, que s'il ne lui faisait réparation de cet outrage, « il ne le tiendrait plus pour son ami, et aurait occasion « de s'en ressentir. » Quelques jours après, il rappelait son ambassadeur, interdisait sous peine de châtiments corporels et de saisie des marchandises tout commerce avec l'Espagne, et laissait Philippe III dans l'incertitude des résolutions plus graves, qu'il pourrait prendre encore. (3 août 1601).

A cette nouvelle Clément VIII fut consterné. Il voyait compromise son œuvre la plus chère, cette paix qu'il avait si laborieusement établie à Vervins d'abord, puis à Lyon. Un moment il espéra que l'ambassadeur nouveau, Béthune, lui apporterait des plaintes de la part du roi de France, et lui fournirait ainsi l'occasion de s'entremettre. Bethune ne dit rien : c'étaient les instructions du roi. Se plaindre à sa Sainteté, écrivait Henri IV, « serait signe d'impuissance ou faute de courage » pour venger autrement cette offense. (²) L'inquiétude de Clément VIII augmenta. Prévenir la guerre devint pour l'heure son unique souci. Pour cela il écrivit simultanément au roi d'Espagne et au roi de France. Au roi d'Espagne il faisait remarquer la gravité de l'offense, et le sommait, plutôt qu'il ne le priait, de la réparer ; envers le roi de France il se portait garant des intentions pacifiques de Philippe III, et il prêchait la modération. « J'attends, répondit en substance Henri IV au « Nonce, quelle réparation fera le roi d'Espagne. Cette « patience et cette modération prouvent assez ma sincérité « à désirer le maintien de la paix. » Mais envoyer en

---

(¹) Instructions données à Béthune. B. N. M. 3465.
(²) Instructions données à Béthune. B. N. M. 3465.

Espagne un autre ambassadeur, comme le demandait le Nonce, « honnêtement » il ne le pouvait pas, tandis que « les gens de la Rochepot étaient en prison, et les alcades, « auteurs de l'injure faite à la maison, personne et famille « de l'ambassadeur, impunis. » (¹)

A Rome, Béthune persistait à ne pas entretenir le Pape de cette affaire : il parlait seulement des marchands emprisonnés et des navires saisis. Philippe III s'obstinait, au grand étonnement du Pape, à retarder indéfiniment toute solution à ce conflit, malgré les réclamations de Henri IV. L'exemple de son père l'encourageait sans doute, car ces tracasseries étaient depuis longtemps familières au gouvernement espagnol. Le Pape lui-même n'en avait pas été à l'abri : sous le feu roi d'Espagne, l'Adelentado avait saisi aussi des navires de sujets romains. Vainement Clément VIII avait fait des représentations, il n'avait pu rien obtenir. Mais Henri IV était roi et non prêtre. Naturelles à un Pape en des circonstances pareilles, la patience et la mansuétude eussent été déplacées chez un roi. Les Espagnols, toujours présomptueux, n'auraient pas manqué de les attribuer à la crainte.

Peu de temps après, le Nonce du Pape assurait au roi qu'avant huit jours il aurait satisfaction des injures faites à la Rochepot et à ses gens. La nouvelle venait de source sûre, du nonce de Madrid. L'ambassadeur espagnol, don Juan de Taxis eut dans l'intervalle une audience. Il demanda au roi de traiter avec bienveillance quelques soldats espagnols, destinés à l'Irlande, que la tempête avait jetés sur les côtes bretonnes. Henri IV le promit. Taxis ne parla pas d'autre chose. » (²) Il revint huit jours après,

---

(¹) Du roi à Béthune, 10 décembre 1601. B. N. M. 3484.
(²) Du roi à Béthune, 6 janvier 1602. B. N. M. 3484.

cette fois porteur d'une bonne nouvelle. Son maître, à ce qu'il assurait, avait si bien pourvu au sort des Français arrêtés, « qu'ils avaient plus maintenant à se louer de sa « bonté, qu'ils n'avaient eu à se plaindre de sa justice. » Bien qu'ils eussent « contrevenu aux lois, sans les faire « châtier », sans même accepter les 5oooo écus qu'ils offraient pour se racheter, il les avait fait relâcher. Il voulait même qu'on les traitât mieux que jamais dans les pays de son obéissance, à une condition pourtant, c'est qu'ils ne mêleraient à leur commerce aucune marchandise venue d'Angleterre ou de Hollande. « S'il est vrai, écrivait « Henri VI, que le roi d'Espagne en ait usé ainsi envers « les sujets français, j'en serai très aise et j'y correspon- « drai. » (¹) Béthune était chargé d'en informer le Pape. Malheureusement aucune dépêche d'Espagne, ni des marchands arrêtés, ni du secrétaire laissé là-bas pour traiter cette affaire, ne confirmait les belles assurances de Taxis. La défiance du roi avait un autre motif encore : l'ambassadeur espagnol persistait à ne pas dire un mot des gens de la Rochepot.

Cette défiance était amplement justifiée. Bien que le roi de France eût déjà révoqué la défense du commerce, les marchands arrêtés étaient toujours traités iniquement, et le neveu de l'ambassadeur et ses amis toujours prisonniers à Valladolid. En même temps dans le Portugal, à Naples, dans le Milanais le roi d'Espagne armait fiévreusement. Julio de la Torre, son agent, traversait en Suisse les négociations des députés français pour le renouvellement de l'ancienne alliance des Cantons avec la France. En Italie, le gouverneur de Milan usurpait en son nom le marquisat de Final. Il y avait là bien des étincelles prêtes à faire

(¹) Du roi, 18 janvier 1602. B. N. M. 3484.

éclater l'incendie. « En vérité, écrivait Villeroi, les Espa-
« gnols sont inhumains et imprudents d'en user ainsi
« avec nous ; ils nous forceront de nous en revancher. » (¹)

Cependant les remontrances du Pape n'avaient pas été vaines auprès de Philippe III : le Conseil d'Espagne avait enfin décidé de remettre en liberté les gens de la Rochepot, qui depuis huit mois languissaient en prison, les fers aux pieds. Mais par un dernier artifice, par un suprême subterfuge d'orgueil, au lieu de les renvoyer tous directement en France, on imagina — sans doute pour flatter Clément VIII — de remettre entre les mains du Pape, un certain capitaine Lafleur et son page avec le neveu de l'ambassadeur (²). Cet acte de justice, quoique tardif, semblait une preuve du moins — ou cette politique était l'incohérence même — que, s'il n'avait des desseins cachés, comme le soupçonnait Béthune, malgré ses grandes et suspectes levées d'hommes, Philippe III ne voulait pas la guerre. C'était l'opinion du Pape. Mal gouvernée, l'Espagne était trop affaiblie, et Philippe III redoutait la France. Du reste le duc de Lerme, entre les mains duquel il s'était mis tout entier, avait intérêt à la paix : la guerre eût donné le premier rôle à un soldat ; le duc ne l'était pas. Il était trop avisé pour compromettre de gaieté de cœur son crédit. (³) Ainsi tout dépendait des résolutions que prendrait le roi de France. Mais bien qu'il trouvât mauvais qu'on n'eût pas puni les alcades, et que le roi d'Espagne ne lui eût fait témoigner aucun déplaisir, aucune mau-

(¹) De Villeroi à Béthune, 25 mars 1602. B. N. M. 3487.
(²) Id. « Que vous semble de leur orgueil et artifice de n'avoir voulu
« rendre au Roy les gens de M. de la Rochepot, après les avoir fait
languir si longtemps en prison les fers aux pieds... »
(³) De Béthune au roi, 20 mai 1604. Arch. de Sully.

vaise humeur de ce qui s'était passé, Henri IV non plus ne voulait pas la guerre. Il sentait qu'elle ne serait pas décisive ; il n'était pas prêt, l'heure n'était pas venue. D'autres motifs l'arrêtaient encore : il savait qu'au dedans comme au dehors ses ennemis escomptaient déjà contre lui cette prochaine rupture. Mais, en attendant, il croyait utile à sa politique de laisser croire à l'Espagne aussi bien qu'à la France, qu'il n'avait retenu sa juste colère qu'à l'instante prière du Pape.

Béthune servait merveilleusement à Rome ses desseins. Le neveu de la Rochepot et ses deux compagnons venaient d'arriver à Civitta-Vecchia, amenés par le duc de Feria, le nouveau vice-roi de Naples. Clément VIII voulut les remettre aussitôt entre les mains de Béthune. L'ambassadeur remercia le Pape de sa bienveillante intervention en faveur de ces gentilshommes ; mais il refusa de les recevoir ; il n'avait aucun ordre, il n'avait pas été délégué pour cela. La circonstance était bonne pour mettre en relief de nouveau les graves motifs de défiance qu'avait Henri IV envers le roi d'Espagne. Aux griefs déjà connus il ajouta les sourdes menées pratiquées à cette heure même en France à l'instigation des Espagnols, il peignit l'état d'âme du roi et la situation sous de si noires couleurs que le Pape crut à une rupture imminente. Que faire pour la prévenir ? Ce fut son premier cri. Béthune ne répondit qu'avec des précautions infinies, comme s'il eût eu peur de se compromettre par l'avis tout personnel qu'il allait donner. Pour lui la dernière garantie de la paix était dans la sincère affection du roi pour le Pape, et dant l'influence toute puissante des prières du Pape sur le roi. Nul doute que si sa Sainteté, en renvoyant les prisonniers en France, exprimait ses inquiétudes au roi au sujet de la paix, et le suppliait, avec des garanties, d'envoyer un autre ambassadeur en Espagne, Henri IV, « malgré ses répugnances, » ne se décidât à la contenter. (¹) Clément VIII ne perdit pas un instant. Quelques jours après il faisait partir pour la France le camérier Polacque avec un bref au roi et les prisonniers. (14 juin 1602).

Mais déjà pressé par le Nonce, Henri IV avait décidé l'envoi d'un autre ambassadeur en Espagne, et M. de Barrault, désigné pour ce poste, avait été appelé à la Cour. (²) Avant de le faire partir, tout autre prince eût attendu le retour des gens de M. de la Rochepot et les excuses, plus ou moins voilées, envoyées par le Pape, au nom du roi d'Espagne. « Mais sa Majesté est si peu pointilleuse, écri« vait Villeroi, qu'elle ne s'arrêtera pas à semblables céré« monies et vanités, auxquelles elle préfèrera toujours ce qui sera utile et nécessaire au bien public. » (³) Déjà la dépêche de M. de Barrault était prête : il allait partir. Soudain Henri IV révoqua l'ordre : il venait de faire arrêter le maréchal de Biron.

Depuis quelque temps des bruits vagues de conspiration contre le roi de France arrivaient de toutes parts à Rome. Béthune n'en était pas surpris. Il avait entendu parler du voyage suspect de l'homme de confiance du duc de Savoie, le français rénégat d'Albigny, à Milan, et de ses négociations mystérieuses avec le gouverneur espagnol, le comte de Fuentès. (⁴) Il savait de source sûre et l'avait écrit depuis huit mois à Villeroi, que les Espagnols envoyaient de l'argent en France et le distribuaient à quelques gentils-

---

(¹) De Béthune au roi, 20 mai 1602. Arch. de Sully.
(²) De Villeroi à Béthune, 7 mai, 1602. B. N. M. 3487.
(³) De Villeroi à Béthune, 2 juin 1602. B. N. M. 3487.
(⁴) De Béthune à Villeroi, 4 mars 1602. Arch. de Sully.

hommes qu'ils croyaient leurs amis. Pour faciliter les traités et écarter les soupçons de ceux qu'on verrait trop souvent chez Taxis, leur ambassadeur, ils devaient envoyer à Paris, comme intermédiaire, un gentilhomme franc-comtois, le baron de Confignon. (¹) Le baron parlait très bien le français, et avait à Paris quelques affaires : ainsi les Espagnols avaient moins à craindre qu'on découvrît leur menées. Ils se défiaient pourtant ; ils avaient peur que leurs prétendus amis, après avoir accepté l'argent, ne se moquassent d'eux. Le succès devait aller au-delà de leurs espérances. Dès le voyage que le roi avait fait à Calais, au moment où l'archiduc commençait le siège d'Ostende, il avait été averti des premiers remuements et en connaissait les auteurs. Bientôt excités par les agents des factieux, le Poitou s'agitait et la Guienne aussi. « Il y courait des vents qui pouvaient engendrer quelque tempête nouvelle, » et le roi avait dû les calmer par sa présence. Il fut convaincu à Poitiers que le duc de Savoie et le comte de Fuentès étaient les fauteurs de ces troubles, par l'argent qu'ils répandaient en France. La prospérité renaissante du royaume était un obstacle à leurs projets ambitieux. Ils se flattaient de le bouleverser ainsi. Mais Henri IV assurait que les plus échauffés se refroidiraient bientôt, sinon il y donnerait bon ordre : « honte et dommage retomberaient sur eux, et sur ceux qu'ils auraient mis en besogne. » (²) Mais le nom d'aucun des conspirateurs n'était encore écrit dans les lettres du roi.

Pendant ce temps l'ambassadeur du duc de Savoie à Rome protestait avec insistance à Béthune des bonnes intentions de son maître. Désireux de la paix, le duc était

---

(¹) De Béthune à Villeroi, 12 novembre 1601. B. N. M. 3496, copie.
(²) Du roi à Béthune, 21 mai 1602. De Poitiers. B. N. M. 3484.

bien décidé à ne plus donner au roi de France aucune occasion de se plaindre. Mais Béthune ne s'y fiait pas. « Celui, disait-il, qui fait plus de bonne mine et de caresses « qu'il n'a accoutumé, veut tromper ou a déjà trompé. » (¹) Il savait le comte de Fuentès et le duc de Savoie capables de tout faire pour trouver en France des bras à leurs mauvais desseins. L'un était « espagnol et de cœur aigre » et l'autre pis encore, « car je tiens, écrivait de Béthune, « qu'il hait le roi, comme un serviteur hait son maître, « quand il l'a bien châtié. » (²) Mais quand l'ambassadeur entendit mettre au nombre des traîtres qu'on nommait tout bas, l'un des amis les plus intimes de Henri IV, celui que le prince avait le plus comblé jusque là de dignités et d'honneurs, qu'il avait fait maréchal de France, grand amiral, duc et pair, gouverneur de Bourgogne, qu'il avait envoyé à Bruxelles, jurer en son nom la paix de Vervins, à Londres, visiter la reine Elisabeth, en Suisse, prêter le serment de l'alliance avec les Cantons, quand Béthune entendit parler de Biron et d'autres plus grands encore, il n'y put croire, il protesta. Par une négligence inexplicable, les courriers s'étaient attardés trois jours à Lyon, et vainement l'ambassadeur anxieux attendait les lettres de France. Mais que pouvaient-elles lui apprendre désormais : le bruit de la conspiration était public ; on savait à Rome dès le trois juillet que le duc de Biron et le comte d'Auvergne étaient à la Bastille. (³)

Béthune maintenant ne démentait plus ni ne confirmait ces nouvelles. Le 5 juillet, il ne savait rien encore ; mais les bruit répandus étaient si persistants, si conformes,

---

(¹) Béthune au roi, 1ᵉʳ juillet 1602. Arch. de Sully.
(²) Béthune à Villeroi, 18 mars 1602. Arch. de Sully.
(³) Béthune au roi, 15 juillet 1602. Arch. de Sully.

qu'il croyait tout. Clément VIII, lui, doutait toujours. Il avait confiance en la sagesse des ennemis du roi, que les leçons du passé avaient dû suffisamment instruire. Henri IV avec une poignée d'hommes, avait triomphé de la France, vaincu l'Espagne et la Savoie. S'attaquer à lui de nouveau, c'eût été de la folie pure. Malheureusement, — Béthune ne l'ignorait pas : car c'est l'expérience des siècles, — le nombre des sages fut toujours moins grand dans le monde que celui des fous et des téméraires ; et voilà ce qui rendait tout vraisemblable aux yeux de l'ambassadeur. (¹)

Enfin les lettres du 14 juin arrivèrent. Clément VIII les attendait avec une inquiète impatience et avait demandé d'en avoir communication aussitôt. Le roi exposait tristement à Béthune « comment il avait été obligé, ce jour « même, de faire arrêter le comte d'Auvergne et le duc de « Biron, ayant découvert non par indices, conjectures ou « rapports incertains, mais bons mémoires, écrits de la « propre main du dit duc, qu'il avait intelligence avec « le duc de Savoie et le comte de Fuentès, pour entre- « prendre contre sa personne et son Etat. J'ai pris cette « résolution, ajoutait-il, avec tous les regrets du monde, « pour avoir toujours aimé et chéri le dit duc, et m'être « souvent plus fié à lui qu'à moi-même, et pour avoir « fait aussi pour l'autre tout ce que j'ai pu pour le rendre « digne de ma bonne grâce. » Seuls, une nécessité impérieuse, l'avenir menacé de sa couronne, le danger que courait sa vie et celle de ses enfants, l'avaient contraint à cette extrémité rigoureuse. Accoutumé à l'hypocrisie de ses ennemis, il prévoyait que les Espagnols ne manqueraient pas « de déguiser et masquer une fois de plus leurs

(¹) Béthune au roi, 15 juillet 1602. Arch. de Sully.

« corruptions » du prétexte religieux. Mais il comptait sur l'estime acquise et la clairvoyance du Pape. Quelle suite aurait cette affaire ? il ne le savait pas. Car enfin quel dommage plus grand pouvait-on lui faire, quelle plus grave offense, que de corrompre ainsi ses sujets « et lui faire « perdre un si digne et vieux serviteur ? » Henri IV sentait vivement l'injure et la perte : et il soumettait sa juste douleur à la prudence et au jugement du Pape. (¹)

Béthune fit part de tous ces détails à Clément VIII. Une fois de plus il lui fit remarquer avec quelle raison le roi se défiait naguère des grandes levées d'hommes de l'Espagne et des troupes rassemblées encore à Barcelone, d'où elles menaçaient le Languedoc et la Provence. Clément VIII fut consterné. Il se réjouissait pourtant de savoir les coupables entre les mains du roi et louait vivement Henri IV d'avoir remis leur jugement à la juridiction ordinaire, au Parlement. Mais il ne pouvait croire le roi d'Espagne complice de ces machinations : cinq jours auparavant il lui avait encore fait protester de ses intentions pacifiques. Pour lui, le duc de Savoie était le seul coupable : seul, il avait mené toute l'affaire, pensant bien qu'une fois engagée, son cousin d'Espagne tiendrait à y jouer un rôle. Le duc n'en était pas à son premier essai dans l'intrigue et la mauvaise foi. Deux ans auparavant, pour excuser son voyage en France, aux yeux des Espagnols, il en avait donné pour prétexte, les instances du Pape, et l'Espagne et le Saint-Siège avaient été à la veille de rompre. Tant de perfidie méritait une correction exemplaire, et nul doute que le Pape ne l'eût conseillée, s'il n'eût craint l'extension de la guerre. Rome entière partageait les sentiments de dégoût et d'horreur du Pon-

(¹) Lettre du roi à Béthune, 14 juin 1602. B. N. M. 3484.

tife, et l'indignation était ou semblait unanime, même parmi les partisans de l'Espagne. Ces derniers ajoutaient seulement, comme faisait Taxis à Paris, que leur maître n'était pour rien dans ces abominables pratiques. La prudence qu'avait montrée le roi, la manière dont il avait tout découvert par le rapport de Lafin, la bonté dont il avait fait preuve, en tâchant de tirer, au prix du pardon, la vérité de la bouche même de Biron, faisaient l'admiration de tous. Chacun maintenant, à Rome, avait les yeux tournés vers la France ; on attendait ce que serait la justice du roi. (¹)

Mais personne plus que Clément VIII n'avait hâte d'apprendre quelle suite avait eu l'arrestation des traîtres. Béthune ne tarda pas à le satisfaire. Il savait maintenant que le duc de Biron avait avoué une partie de ses intelligences avec le duc de Savoie et le comte de Fuentès. Il pouvait même exposer à Clément VIII le plan des conjurés. Le duc de Savoie devait assaillir à l'improviste Genève. Comme cette ville était sous la protection de la France, Henri IV n'eût pas manqué de prendre parti pour elle. On eût profité de l'occasion pour exciter contre lui le Pape, on l'eût accusé de s'opposer à la gloire de Dieu en défendant Genève, la citadelle de l'hérésie. Le roi, comme il avait toujours fait jusque là, eût confié le commandement de ses forces au maréchal de Biron, pour les qualités militaires qu'il lui connaissait, et la confiance qu'il avait en lui. Il en eût été récompensé par la trahison et la mort. Il eût été facile après de supprimer les enfants de France et de démembrer le royaume. Pour sa part de dépouilles, Biron eût reçu en toute souveraineté la Bourgogne agrandie. Mais Dieu y avait pourvu : il avait forcé

(¹) De Béthune au roi et à Villeroi, 15 juillet 1602. Arch. de Sully.

Henri IV à croire « ce que tous les hommes ensemble « n'auraient pu lui persuader, s'il ne l'eût vu écrit des pro- « pres mains de Biron. » (¹)

Clément VIII n'était pas ou ne semblait pas convaincu. Malgré les aveux accablants du maréchal, il se refusait à croire le duc de Savoie et le comte de Fuentès capables d'avoir négocié la mort violente du roi. Leur passé protestait contre une pareille infamie. (²) Qu'ils n'eussent aucune part dans les agitations de l'Etat, le Pape le soutenait avec moins d'assurance, du duc de Savoie surtout ; car il tenait à mettre hors de cause Fuentès, et derrière lui, son maître, le roi d'Espagne. Aldobrandini exprima les mêmes sentiments à Béthune, il répondait à son tour des intentions pacifiques de Philippe III. Assurances vaines ! Aux yeux de l'ambassadeur les intentions ne suffisaient plus. Philippe III avait le devoir de repousser par des actes les soupçons qui montaient jusqu'à lui. Ne plus permettre au Savoyard de compter sur sa protection, au besoin lui « rogner les ongles » ; faire sentir sa colère à Fuentès, — car on tentait en vain de justifier le gouverneur de Milan, — étaient la preuve nécessaire, attendue, qu'ils l'avaient à son insu compromis, et qu'il n'était pour rien dans leurs indignes manœuvres. Sinon, tant que ses alliés et ses ministres demeureraient libres d'employer son argent et son nom à suborner des Français, c'est lui seul que Henri IV en rendrait responsable. (³)

(¹) Du roi à Béthune, 30 juin 1602. B. N. M. 3484.

(²) Au temps de la Ligue, un fanatique était venu proposer au duc de Savoie de tuer Lesdiguières, le duc l'avait chassé. Plus généreux encore, le comte avait refusé fièrement à Philippe II de faire périr Antonio Pérez.

(³) De Béthune au roi, 29 juillet 1602. Arch. de Sully. — Béthune répétait au Pape la réponse même de Henri IV à l'ambassadeur Taxis. « L'am-

Clément VIII devenait inquiet. Le lendemain du jour où Béthune avait fait ces déclarations énergiques, pleines de sous-entendus menaçants, Aldobrandini le fit appeler et lui communiqua les craintes de son oncle. Depuis son pontificat, Clément VIII n'avait poursuivi qu'un seul but : la paix entre les princes chrétiens, surtout entre l'Espagne et la France. A la veille, croyait-il, de voir tout le prix de ses efforts perdu, il allait sur l'heure expédier un exprès au roi. Le cardinal suppliait Béthune d'appuyer la démarche de Clément VIII, et de rappeler à son maître quels avantages il avait retiré des deux paix — Vervins et Lyon — ménagées par les soins du Pontife. Béthune ne le refusa pas ; mais il déclara impossible, sans compromettre l'avenir, sans encourager les entreprises téméraires, de dissimuler plus longtemps ces sanglantes injures, ces attentats renouvelés. (¹)

Or Fuentès avait cru devoir dès la première heure se justifier près du Pape, et faire tomber les soupçons qu'on avait de sa complicité dans la conjuration contre la personne du roi. De la conspiration contre l'Etat, il ne disait rien : ni protestation, ni aveu. Il déclarait seulement que le duc de Savoie l'avait entraîné plus loin qu'il n'avait souhaité. Quant au duc, malgré les bruits désobligeants

« bassadeur du roi d'Espagne veut que je croie que son maître a ignoré
« ces pratiques, je lui ai répondu que jugeant de son courage par le
« mien et connaissant l'inquiétude desdits duc de Savoie et comte de
« Fuentès, je prenais volontiers cette assurance de lui, mais qu'il devait
« rogner les ongles de l'un et faire punir exemplairement l'autre, s'il
« voulait que nous vécussions en paix ; car, leur étant loisible d'em-
« ployer son nom et son argent pour suborner mes sujets, ainsi qu'ils
« avaient commencé devant et continué depuis la paix de Vervins jusques
« à présent, je serais contraint de m'en prendre audit roi d'Espagne. »
Du roi à Béthune, 30 juin 1602. B. N. m. 3484.

(¹) De Béthune au roi, 30 juillet 1602. Arch. de Sully.

répandus sur son compte, malgré les lettres de son ambassadeur à Rome, qui le pressait de les démentir, il se taisait. La dissimulation était dans les cas graves sa suprême ressource, il en usait plus que jamais, afin d'égarer l'opinion sur ses sentiments et ses actes. Naguère pour bien marquer quel prix il attachait à l'amitié de Philippe III, il avait promis d'envoyer ses enfants à la cour d'Espagne ; il faisait répandre le bruit maintenant qu'il les garderait à Turin. En même temps il appelait et logeait sur ses terres des armées espagnoles. Toutes ces démonstrations étaient vaines et ces roueries percées à jour. « Il a beau dire et beau faire, écrivait Villeroi, nous « ne nous fierons à lui de longtemps que sur bons gages. « Son dessein n'était pas seulement de débaucher les « sujets de sa Majesté et de les armer contre son Etat. Il « aspirait de faire assassiner le roi, et c'est par là qu'il « voulait commencer sa vengeance. »

Biron avait en effet demandé à voir dans sa prison Villeroi et Sillery. Ils s'étaient rendus à « son désir, » et il « leur en avait appris plus qu'ils n'en voulaient savoir. » Il donnait une seule excuse, — et c'était pitié de l'entendre de la bouche d'un tel homme, — c'est que Lafin, l'instigateur, le premier confident, et le négociateur de ses mauvais desseins, avant d'en être le dénonciateur, l'avait au début ensorcelé, « charmé » (¹). De nouvelles révélations confirmaient tous les jours ce qu'on avait déjà découvert. Renazé venait d'arriver à Paris. C'était le messager qu'employait Biron pour porter ses avis à Turin et à Milan. Sur un mot de son maître, qui se défiait de la discrétion d'un subal-

---

(¹) De Villeroi à Béthune, 30 juin 1602. B. N. m. 3487. — Cette excuse, Biron la renouvela devant le Parlement, le samedi 28 juillet. Du roi à Béthune, 30 juillet 1602. B. N. m. 3484.

terne si compromettant, on l'avait retenu étroitement dans les prisons de Savoie. Il s'en était échappé le jour même, où le roi faisait arrêter Biron. Il allait être confronté avec le prisonnier, et devait servir, avec Lafin, de témoin au procès.

Grande fut la surprise du Pape et plus grandes encore ses alarmes. Elles devinrent de l'anxiété, quand un bruit répandu dans Rome arriva jusqu'à lui. Le roi de France, disait-on, venait de faire rompre le pont de Grésin, aux frontières de la Savoie, et barrait le passage du Rhône aux troupes espagnoles, qui allaient d'Italie en Flandre. C'était vrai. La nouvelle de l'arrestation de Biron, l'avis que le roi partait pour la Bourgogne, n'avaient pas moins surpris que contrarié le duc de Savoie. Des bruits de guerre coururent aussitôt. Le duc demanda à la hâte au comte de Fuentès de l'argent et des hommes ; il renvoya dans leurs places les gouverneurs des frontières, et signa des commissions pour des levées nouvelles dans ses Etats et des levées de Suisses. Aussitôt Fuentès fit passer des forces en Piémont et Savoie, pour les envoyer en Flandre, disait-il, et il en levait d'autres dans l'Etat de Milan. Ces démonstrations n'avaient qu'un but : mettre obstacle au voyage du roi, dont ils avaient peur, en encourageant à la résistance les amis de Biron, et, si l'occasion s'en présentait, attenter à l'intégrité du royaume. (¹) Mais déjà, même avant l'arrestation du maréchal, le marquis de Rosny avait rendu toute résistance impossible. Sous prétexte de refondre les vieilles pièces et de les remplacer par des nouvelles, il avait décidé Biron à lui envoyer les canons de ses places. Aussi la présence du roi fut-elle inutile en Bourgogne : la province ne bougea pas. Mais il était urgent de surveiller les forces

(¹) Du roi à Béthune, 16 juillet 1602. B. N. m. 3484.

ennemis réunies aux frontières. C'est pour cela que le roi avait envoyé le maréchal de Lavardin en Bresse, avec une petite armée. Le maréchal avait ordre de se rendre compte du nombre de ces troupes, et de s'opposer à leur passage, tant qu'il ne connaîtrait pas leurs desseins. Henri IV l'avait signifié lui-même hautement à Taxis, l'ambassadeur d'Espagne (¹). Lavardin était logé au passage du Rhône. Sur l'autre rive, à Rumilly, étaient réunis trois mille Napolitains, et sept ou huit mille hommes de troupes fraîchement levées devaient les renforcer bientôt.

Quand Béthune lui confirma ces nouvelles, Clément VIII, — nature impressionnable, dont la physionomie trahissait invinciblement les sentiments intimes, — prit « un visage renfrogné et mélancolique à l'excès. » Le roi, dit-il, rompait ainsi la paix. Un article du traité de Lyon stipulait que le pont de Grésin demeurait au duc de Savoie et « le passage libre aux troupes espagnoles, qui allaient d'Italie en Flandre. » Il ajoutait que la Bourgogne était en paix, et que le roi d'Espagne, eût-il de mauvais desseins, ne pouvait nuire à la France, avec si peu de monde, même en imagination. Pour le bien du roi, pour le bien de la France, il suppliait Henri IV de ne pas laisser dire qu'il avait le premier pris les armes. Aldobrandini ajoutait que si le roi voulait faire la guerre, c'était commencer par trop peu. La déclaration hautaine de Henri IV à l'ambassadeur Taxis, inquiétait surtout Clément VIII. Il craignait que les Espagnols ne fissent un « casus belli » des paroles et des

---

(¹) « Il est raisonnable que je sache, avait dit Henri IV, à quoi l'on « doit employer lesdites forces, devant qu'elles passent en lieu, d'où « elles puissent m'endommager, et aussi que je sois éclairé de ceux « dont il faut dorénavant que je me défie et garde, comme je me promets « l'être par l'issue du procès dudit maréchal, et de ses complices. » Du roi à Béthune, 31 juillet 1602. B. N. m. 3484.

actes du roi. L'excuse était facile : en face des agissements suspects de Fuentès et de Savoie, les mesures prises n'étaient que des précautions sages. Le roi de France du reste était prêt à tenir sa parole. Du jour où il aurait la certitude que les troupes réunies en Savoie allaient réellement en Flandre, il rappellerait Lavardin. Ces déclarations ne rassuraient nullement le Pape. (¹)

Mais les sentiments de Clément VIII n'étaient pas, de bien s'en faut, ceux de la cour romaine. Le cardinal Aldobrandini lui-même et le cardinal St-Georges, autre neveu du Pape, ne semblaient pas si soucieux du maintien de la paix. Le reste de la cour désirait ouvertement la guerre. Sans doute on pouvait attribuer ce désir à la haine, que quelques-uns portaient à l'Espagne ; mais, pour le plus grand nombre, il n'avait d'autre cause que « la curiosité et « la spéculation, cinquième élément, dont ces gens-là se « servaient au moins autant que de quelques-uns des « quatre, communs aux autres hommes. » (²) Aussi beaucoup essayaient-ils de sonder l'ambassadeur. Ils blâmaient devant lui les ministres du roi d'Espagne, ou traitaient de méchants hommes Savoie et Fuentès. Au grand étonnement des ambassadeurs de Savoie et d'Espagne, Béthune répondait que son maître ne se plaignait d'aucun prince.

Pendant ce temps, Espagnols et Savoyards distillaient leur malveillance à l'envi. Au moment de l'arrestation de Biron, ils avaient attribué cet acte de rigueur à la jalousie qu'avait le roi des talents militaires du maréchal. Maintenant ils répandaient dans Rome que la conjuration n'avait pas été vérifiée : si le procès traînait en longueur,

(¹) Lettres de Béthune au roi du 9, 12 et 19 août 1602. *Arch. de Sully.*
(²) L'abbé de Marquemont à Villeroi, 12 août 1602. *Arch. de Sully.*

c'est que les juges voulaient trouver quand même des crimes. (¹) Au moment où ces bruits circulaient, la nouvelle arriva de la condamnation à mort et de l'exécution de Biron. Ce fut un coup de foudre. Mais les Espagnols se retrouvèrent bientôt pour ajouter, au grand scandale du Pape, qu'on avait exécuté le maréchal pour ôter un chef aux catholiques et fortifier les huguenots. (²) C'était toujours leur dernière ressource.

Si la vie de Biron n'eût protesté toute entière contre cette calomnie audacieuse, sa mort eût suffi pour la réduire à néant. Sans doute dans une lettre touchante, pitoyable, écrite à la Bastille pour demander au roi grâce de la vie, après avoir énuméré tous les bienfaits du prince, qui « de maréchal de camp l'avait fait maréchal de France, de baron, duc et pair, et de simple soldat capitaine, » il demandait comme faveur suprême d'échanger un supplice infâmant contre une mort honorable, soit en France, à la tête des troupes, soit en Hongrie, pour une cause plus grande encore, au service de la chrétienté. Mais ce ne furent là que des sentiments d'un instant, que des mots de théâtre. Quand il connut que son repentir était venu trop tard, qu'il n'y avait plus de grâce à attendre, qu'il lui fallait mourir, il ne monta plus de son cœur que de la haine, il ne sortit de sa bouche que des invectives contre l'ingratitude du roi, que des cris de fureur. Quelle différence avec d'Essex ! — ce d'Essex, dont la tête exposée à la Tour de Londres n'avait pas eu le magique pouvoir d'évoquer, deux ans auparavant, à l'esprit de Biron, que travaillaient déjà des ferments de révolte, l'image sinistre de la Bastille et d'une hache aux mains d'un bourreau. D'Essex, par de

---

(¹) L'abbé de Marquemont à Villeroi, 12 août 1602. *Arch. de Sully*.
(²) Béthune au roi, 19 août 1602. *Arch. de Sully*.

douces paroles, en disant jusqu'au bout du bien de la reine, sa maîtresse, avait laissé un éternel regret, un chagrin mortel au cœur d'Elisabeth, et l'Angleterre avait pleuré son malheur. Biron n'eût pas cette dignité; il ne trouva pas ces sympathies. Clément VIII, le doux Clément VIII lui-même, n'eût que des paroles sévères pour ses réponses devant ses juges, pour ses aveux et ses désaveux, pour le peu de courage qu'ils avaient montré, pour le peu de contrition qu'il avait témoigné. Il apprit avec horreur la promesse, que Biron prétendait avoir faite sur le sacrement de l'autel, de ne révéler à personne ses menées contre l'Etat, de ne trahir jamais ses complices. Comme il s'était obstiné à couvrir jusqu'à la fin son silence du respect de ce serment sacrilège, on avait proposé d'employer la torture. Henri IV ne l'avait pas permis. Il avait même accordé aux parents du maréchal que l'exécution eût lieu non pas en Grève, comme le portait la sentence, mais à la Bastille; et chacun louait, à Rome, ces procédés généreux, parmi les amis de la France, et ceux du parti contraire, que la passion n'aveuglait pas. [1]

Quelques jours après Lavardin était rapellé et le passage du Rhône demeurait libre aux troupes espagnoles de Savoie. Aucune nouvelle ne pouvait être plus agréable à Clément VIII. Il loua hautement devant Béthune la sagesse du roi: il ne se souvenait pas de lui avoir vu faire une faute. Henri IV aurait pu, ayant le courage et la force, tirer vengeance des injures reçues; en ne les faisant pas, il s'était acquis de nouveaux droits à l'affection du Pontife. Le roi fut heureux que le Pape eût manifesté de pareils sentiments. « Il m'est honorable et utile, écri-
« vait-il, que sa Sainteté et les autres croient que j'aime la

---

[1] De Béthune au roi, 19 août 1602. *Arch. de Sully.*

« paix. » Il en avait besoin, ét l'avouait « pour plusieurs
« raisons qui regardaient le dehors et le dedans du royau-
« me. » (¹)

Mais loin de quitter leurs quartiers de Savoie, les Espagnols semblaient se disposer maintenant à y passer l'hiver.
Henri IV s'y atttendait. Il savait que de nouveaux renforts
arrivaient tous les jours à Rumilly. Il ne craignait pas
pour lui-même : il surveillait activement ses frontières.
Mais il n'ignorait pas que Fuentès souhaitait avec passion
la guerre, que le pirate savoyard, embusqué derrière ses
montagnes, guettait depuis longtemps une proie, et le roi
craignait pour Genève. Béthune avertit Clément VIII et le
prévint que Henti IV défendrait, comme les siens propres,
le pays qu'il protégeait. Contre son habitude Clément VIII
ne s'émut pas. Il y avait, croyait-il, au séjour prolongé des
troupes espagnoles en Savoie une cause moins alarmante.
L'infante avait demandé au roi d'Espagne, son frère, qu'il
envoyât en Flandre le comte de Fuentès. Les troupes
attendaient pour partir la réponse de Philippe III. (²)

Mais c'étaient là des raisons venues de Milan et d'Espagne ; Henri IV ne s'y fiait pas. Malgré le procès de Biron,
la conspiration gardait un fond mystérieux, qu'on n'avait
pas éclairci. Sans doute on savait que le duc de Savoie
en avait été l'instigateur ; Clément VIII lui-même ne le
défendait plus ; il l'appelait « un étrange esprit, un très
méchant homme. » On savait aussi que le duc avait entraîné
Fuentès. Le comte avait débattu seulement quand il s'était
agi de l'assassinat du roi. S'assurer de sa personne était
suffisant, disait-il. (³)

(¹) Du roi à Béthune, 7 octobre 1602. B. N. m. 3484.
(²) De Béthune au roi, 26 septembre 1602. *Arch. de Sully*.
(³) Du roi à Béthune, 14 août 1602. B. N. m. 3484.

Mais dans l'intérieur même du royaume, Biron avait d'autres complices que le comte d'Auvergne : on les nommait tout bas. Jusqu'à quel point allaient leurs engagements ? A l'extérieur le roi d'Espagne avait-il ignoré le complot tramé par ses ministres, comme l'assurait au Pape le duc de Sessa, et Taxis à Henri IV ?

La lumière se faisait lentement, mais complète. Plus qu'aucun autre, Béthune y contribuait au dehors. Il avait auprès même de Fuentès un espion, qui le renseignait sur les démarches les plus secrètes du comte et sur les agissements des Français réfugiés à Milan. D'autres renseignements venaient au roi d'une source plus sûre encore, du baron de Luz, le dernier confident et le plus compromis des amis de Biron. Il était maintenant en Bourgogne, fort recherché de ses anciens amis, et lui-même en prévenait Henri IV. A son tour le comte d'Auvergne, qui devait déjà la vie à la clémence du roi, allait rompre le silence pour acheter sa liberté.

C'est le moment que choisit le duc de Savoie pour protester enfin qu'il n'avait eu aucune intelligence avec les sujets du roi de France, depuis la paix de Lyon. Il y avait plusieurs motifs à cette belle assurance. Le duc savait que Biron mourant n'avait rien confessé, pas plus que le secrétaire du maréchal, Hébert, à la torture. Quant aux témoins compromettants, le duc croyait les tenir. Il avait fait emprisonner pour cela Renazé ; il gardait étroitement le domestique de Lafin ; il comptait empêcher le baron de Luz d'aller trouver le roi. De son côté Fuentès avait envoyé dans une prison inconnue de Naples le moine défroqué, Lafarge, par l'intermédiaire duquel Biron et Luz avaient fait négocier toutes leurs affaires, depuis que le maréchal avait disgracié Lafin. Il retenait et surveillait de près à Milan, l'orléanais Picote et le provençal David, qu'il avait employés, le premier surtout, le plus compromis, en Savoie et en Espagne, A son tour, l'archiduc couvrait de sa protection, dans la Flandre, les ennemis du roi. Un complice de la conjuration, Laborde, serré de près par les émissaires de Henri IV, avait eu le temps de passer la frontière et de se réfugier dans Maubeuge. Le capitaine d'Usarches le poursuivait ; il le réclama au gouverneur de la place. Celui-ci refuse de livrer le réfugié sans ordre. D'Usarches court à Bruxelles. Aidé de l'ambassadeur français, la Boderie, il prie, supplie, obtient l'ordre et repart pour Maubeuge. Mais un courrier de l'archiduc l'avait devancé. Laborde était libre et en fuite. Au même moment on répandait le bruit dans Bruxelles, et du haut de la chaire un capucin prêchait que le roi de France était mort (¹) Le roi d'Espagne et son favori ignoraient-ils ces détails ? Dans tous les cas, eux aussi faisaient témoigner à Henri IV leur horreur de la conspiration, et leur satisfaction qu'elle n'eût pas réussi. Ils exprimaient en même temps le vœu que le roi la pénétrât à fond, afin de bien se convaincre qu'ils y étaient complètement étrangers (²). Vœu

(¹) Du roi à Béthune, 6 septembre 1602. B. N. m. 3484.
(²) « Le secrétaire Brunault, qui réside en Espagne pour mon service, « m'a écrit que le roi d'Espagne et le duc de Lerue avaient fait de « grandes protestations de leur innocence sur la conspiration dudit ma- « réchal de Biron, ayant dit qu'ils se réjouissaient de quoi je l'avais « ainsi heureusement prévenue, et désiraient que je puisse pénétrer cette « affaire jusques au fond pour voir clair en toutes les circonstances « concernantes à icelle, d'autant qu'ils espéraient que je connaîtrais par « là non seulement que le roi d'Espagne n'y a point eu de part, ni « porté consentement, mais aussi que je trouverais de quoi leur savoir gré « pour y avoir résisté et servi à en divertir les entremetteurs. » Du roi à Béthune, 21 septembre 1602. B. N. m. 3484.

téméraire, et — ce qu'ils ne surent bien jamais, — déjà à peu près réalisé.

Le comte d'Auvergne était libre : il avait parlé. Ses révélations avaient compromis bien des gens et des plus grands. Elles avaient été particulièrement écrasantes pour le duc de Bouillon. Mais elles eurent un mérite plus grand encore aux yeux de Henri IV. Elles l'éclairèrent sur la bonne foi du roi d'Espagne, sur sa complicité dans la conspiration. L'espion de Milan assurait dans ses lettres les mêmes choses que le comte d'Auvergne[1], et le baron de Luz, enfin arrivé près du roi, les confirmait à son tour en les complétant. Le baron avait participé aux négociations échangées entre Biron et les ministres du roi d'Espagne ; il avait eu sa part de présents. Il était là quand Alonzo d'Idiaguez, et un jésuite espagnol, le père Alexandre,[2] étaient venus trouver le maréchal à Dijon, avec un autre personnage, auquel on donnait le titre de secrétaire du roi d'Espagne. Biron leur avait proposé de s'adjoindre le duc de Bouillon : le duc devait être pour leur parti une force ; peut-être même arriverait-il à pacifier les Pays-Bas à l'avantage de l'Espagne. Mais Bouillon était protestant, et Fuentès, ayant eu des scrupules, avait demandé des instructions à son maître. Philippe III avait aussitôt réuni son conseil de conscience, et le conseil avait répondu que le roi pouvait accepter les forces et l'appui de Bouillon contre un prince plus hérétique encore que le duc en son cœur. En conséquence on avait offert cent mille écus à Biron pour gagner Bouillon. Cette offre avait eu lieu

---

[1] D'après le témoignage même de Henri IV. Lettre du 27 août à Béthune, B. N. m. 3484. — Les lettres de l'espion de Milan sont aux archives de Sully.

[2] Vittorio Siri note ce même détail. *Memorie recondite I. p. 117.*

seulement quelques jours avant que le maréchal de Biron vint trouver le roi. Par bonheur la somme promise par les agents d'Espagne, et les cinq cent mille écus que devait fournir Fuentès, n'arrivèrent pas assez tôt ; sans quoi au lieu de se rendre près de son maître, Biron « se fût déclaré. » Du reste tout était prêt. C'est à la demande du maréchal, que le roi d'Espagne avait levé des forces considérables. Malgré les assurances cent fois données qu'elles ne menaçaient que le Turc, elles étaient destinées à envahir le Languedoc et à occuper la Provence. (¹)

Clément VIII l'ignorait-il encore ? Ce n'était pas vraisemblable. Dans les premiers jours d'octobre, après l'arrivée des courriers de Venise et d'Espagne, un soir, on avait vu le Pape tout en larmes. Il n'était bruit en ce moment à Rome que de la découverte des traités faits par les conjurés avec l'Espagne sur Narbonne, Lyon et le château d'If.

Le Pape en avait eu connaissance et pleurait sans doute sur la rupture prochaine de la paix. (²) Aussi, quand Béthune lui fit part dans tous leurs détails des révélations du baron de Luz ; quand il insista sur la mauvaise foi du roi d'Espagne et de ses ministres, qui depuis un an trompaient le Pontife, et « estimaient avoir suffisamment expié toutes sortes de méchancetés, pourvu qu'en essayant de les commettre ils eussent le nom de Dieu à la bouche », Clément VIII, vivement impressionné, ne protesta pas. Quand Béthune ajouta, qu'il ne parlerait de ces choses à personne, sans la permission du Pape, si ce n'est au cardinal Aldobrandini, et que le roi, soucieux malgré tout du maintien de la paix

---

(¹) Du roi à Béthune, 17 novembre 1602. B. N. m. 3485.
(²) L'abbé de Marquemont à Villeroi, 7 octobre 1602. *Arch. de Sully.*

dissimulerait pour l'instant ces offences, et même enverrait un autre embassadeur en Espagne, Clément VIII répondit qu'il était très satisfait du roi. (¹) Cette satisfaction, il chargea quelques jours après Béthune de l'exprimer à Henri IV, avec « son déplaisir des artifices d'Espagne » Il avait bien cru jusque là le duc de Savoie et le comte de Fuentès complices des conjurés, mais non Philippe III. Une chose scandalisait surtout Clément VIII ; c'était les artifices misérables dont le roi d'Espagne et ses ministres s'étaient servi pour décider les protestants français à prendre pour eux les armes. Aussi Clément VIII offrait-il au roi de France de l'aider de tout son pouvoir. Béthune remercia. Puisque son maître était assuré des bonnes grâces du Pape, c'était dire, ajouta-t-il, que la justice était avec lui. (²)

Un premier résultat était acquis ; Clément VIII perdait peu à peu la bonne opinon qu'il avait eue jusque là de l'enfant de chœur scrupuleux qui gouvernait l'Espagne.

(¹) Le Nonce du Pape, n'avait cessé, même pendant le procès, de demander au roi l'envoi d'un autre ambassadeur en Espagne, comme le prouve sa lettre au cardinal Aldobrandini du 30 juillet 1602. — Arch. du Vatican, Nonciature de France, t. 48.

(²) Béthune au roi, 16 décembre 1602. *Arch. de Sully.*

CHAPITRE III.

Les suites de la conspiration de Biron.

Conspiration du prince de Joinville. — Le duc de Bouillon en fuite. — « L'escalade ». — Les enfants du duc de Savoie en Espagne. — La paix entre le duc de Savoie et Genève.

Les Espagnols n'avaient pas désarmé. Le baron de Luz avait prévenu Henri IV, qu'ils continuaient encore leurs menées. Malgré l'échec et l'exécution si fraîche de Biron, ils avaient trouvé des têtes assez légères, des esprits assez fous, pour tenter de renouveler l'aventure. Mais par un double jeu, qui semblait plus que jamais le ressort caché de leur politique, ils entretenaient en même temps le nonce d'Espagne d'un projet de mariage entre leur Infante et le Dauphin de France, et exprimaient le désir que le Pape en fût le négociateur. Peut-être pouvaient-ils encore abuser Clément VIII ; ils ne pouvaient plus endormir Henri IV. « Tandis qu'ils me pincent d'un côté, ils me chatouillent « de l'autre, » écrivait plaisamment le roi, en faisant savoir à Béthune, que depuis la mort de Biron, les Espagnols avaient encore « suborné » le plus jeune des fils du Balafré, le prince de Joinville, (¹) Le prince, jeune homme sans expérience, s'était laissé prendre à leurs alléchantes promesses. On lui offrait des sommes énormes pour lui et pour ses adhérents ; qu'il fournit seulement à ses nouveaux amis le moyen de faire la guerre à la France ! Pour exalter sa jeune

---

(¹) Du roi à Béthune, 3 décembre 1602. B. N. m. 3485.

ambition, ils parlaient de relever avec lui la Ligue et se flattaient de l'espoir que leurs armées seraient favorisées des encouragements et des bénédictions du Pape. Tout était déterminé : le nombre de gens que le prince mettrait sur pied, les places dont il s'assurerait tout d'abord, les forces dont le roi d'Espagne devait le soutenir, par qui elles seraient commandées, où et comment il fallait assaillir le roi, en quel temps et sous quels prétextes. Ce traité était surtout l'œuvre du gouverneur de la Bourgogne espagnole : mais le duc de Savoie et le comte de Fuentès en avaient été les inspirateurs. A tout prix il leur fallait des troubles en France ; et plus que jamais ils se croyaient à la veille de pouvoir enfin jeter sur le royaume les troupes qu'ils retenaient depuis si longtemps en Savoie. Mais cette fois encore, « la mèche était éventée, » le négociateur du traité, Janzé, était tombé entre les mains du roi et avait tout découvert. Le prince de Joinville, qui s'était déjà réfugié en Bourgogne, reçut l'ordre de revenir à la Cour. Il n'osa pas désobéir ; il avoua tout, et le roi toujours indulgent et sage, touché de ses aveux, qualifiant ses projets de niaiseries d'enfant, ému des prières des princes de Lorraine, qui intercédaient pour la jeunesse du coupable, pardonna à l'étourdi Joinville, bien décidé pourtant « à lui rogner les ongles, » afin qu'il n'eût plus moyen « d'égratigner, ni mal faire. » (¹)

Qu'allait penser Clément VIII de ce complot et de la fourberie espagnole, qui, tout en le suscitant, faisait répéter au Pontife, que Philippe III souhaitait ardemment la paix, On pouvait craindre à la vérité que le jeune prince, pour obtenir plus sûrement sa grâce, n'eût pas hésité à charger à l'excès ceux qui l'avaient mis en besogne. Mais les pre-

(¹) Du roi à Béthune, 17 décembre 1602. B. N. m. 3485.

miers aveux qu'il avait faits au roi, il les avait renouvelés quelque temps après au duc de Mayenne, son oncle, et celui-ci assurait que toutes les déclarations de Joinville lui avaient été depuis confirmées. Le doute, pas plus que l'excuse, n'était donc possible : le roi d'Espagne était encore, par l'intermédiaire de ses ministres, l'instigateur de ces entreprises nouvelles. Clément VIII ne le nia point. A ses yeux tous les saints personnages dont s'honorait la France, veillaient sur elle. Il loua la prudence du roi et exprima l'espoir qu'elle ne lui serait pas inutile. Il promit de parler si haut et si clair au roi d'Espagne qu'il couperait court à toutes ces défiances, et peut-être établirait une bonne amitié entre les deux couronnes. Il ajouta pourtant « lui, si retenu d'ordinaire, qu'à la vérité les Français res- « teraient toujours Français, et les Espagnols toujours « Espagnols, et qu'il ne fallait pas se promettre de les voir « vivre comme frères. » (¹) C'était aussi l'opinion de Béthune. Il ne voyait de possible qu'une paix armée. C'était le seul moyen à ses yeux de contenir cette ambition espagnole plus que jamais insatiable. On venait d'en avoir, à Rome même, une preuve nouvelle : tandis que les Espagnols cherchaient à « suborner les sujets du roi », ils tentaient, en offrant à Noël des pensions à dix-huit cardinaux, « d'acheter les conseillers du Pape. » Déjà Clément VIII avait senti l'affront : il lui sembla plus dur que jamais sous le mot cinglant de Béthune. (²) Peu après la nouvelle arrivait que Henri IV pour tout châtiment avait remis le prince de Joinville à la garde de sa famille. Clément VIII remarqua une fois de plus combien le roi de

(¹) De Béthune au roi 14 janvier 1603. B. N. m. 3493.
(²) De Béthune au roi, 14 janvier 1603. B. N. M. 3493. Copie.

France savait « se servir à propos de la clémence et de la « rigueur. » (¹).

Henri IV avait raison de traiter cette dernière conjuration « de niaiserie d'enfant » (²) le prince de Joinville était seul : il n'avait pas en France de complices. Ce qui paraissait plus redoutable à Béthune, c'était l'attitude du duc de Bouillon. A l'arrestation de Biron, le duc s'était éloigné de la Cour, et vainement le roi lui avait demandé de venir le rejoindre, en l'assurant de toute sa bonté passée. Depuis sa jeunesse aux côtés de Henri IV, comblé de ses faveurs, Bouillon avait toujours été un mécontent, avant d'être un révolté. Jaloux de ses compagnons d'armes, « il ne trouvait jamais son mérite assez apprécié. » Le roi converti, il était devenu le vrai chef des huguenots de France : « il abusa de son autorité et de son nom pour « créer parmi eux des mécontents ». Après la conclusion de la paix de Vervins, il avait envoyé des émissaires dans toutes les provinces, afin de persuader aux protestants que le roi était à la veille de se lier avec Philippe III et le Pape pour les exterminer. Lors d'un voyage à Rennes en 1598, Henri IV avait longuement et secrètement entretenu Bouillon des menées, dont on l'accusait : il l'avait assuré qu'il ne ferait jamais la guerre aux protestants, mais qu'il les traiterait toujours comme ses autres sujets, comme ses anciens amis, et qu'il était décidé à leur donner des preuves de son affection. Il ajouta qu'il avait l'intention de faire un jour terriblement la guerre au roi d'Espagne, afin de le mettre hors d'état de nuire désormais. Mais en attendant, il était roi, et en paix, et il exigeait de tous l'obéissance et le respect. Bouillon protesta de la pureté de

(¹) De Béthune au roi, 27 janvier 1602.
(²) Œconomies royales. Edition Petitot, t. IV, ch. XI, p. 172.

ses intentions : le roi n'en put tirer autre chose. L'année d'après, malgré les résistances du Parlement, Henri IV faisait enregistrer l'Edit de Nantes. Bouillon n'en continua pas moins ses secrètes intrigues, (¹).

A la veille de la conspiration de Biron, les protestants s'agitaient partout, la plupart du temps à la voix de gens inconnus. Dans le Dauphiné surtout, un imposteur étranger, un prétendu neveu de Baronius, mettait en fermentation toute la province. Parti de Rome, il était venu trouver le maréchal de Lesdiguières et lui avait déclaré qu'il avait quitté la ville du Pape, parce qu'il était dans son cœur de la religion nouvelle et qu'il espérait trouver en France la liberté. Mais il avait appris du cardinal son oncle, confesseur de Clément VIII, que le Pape, les rois de France et d'Espagne et les autres princes catholiques s'étaient ligués naguère pour l'extermination des protestants : de quoi sa conscience lui avait fait un devoir de prévenir Lesdiguières. Il trouva les esprits si bien préparés, qu'ils accueillirent la nouvelle avec actions de grâces et la répandirent aussitôt parmi leurs coreligionnaires d'Allemagne, d'Angleterre et des autres pays protestants. Lesdiguières ne châtia, ni n'arrêta l'imposteur. (²) Il était bientôt en Hollande, mais y trouvant peu d'écho, il passait en Angleterre. Bien reçu d'Elisabeth, à laquelle il cherchait à donner des soupçons sur l'amitié du roi de France, et à faire craindre la ligue nouvelle, il fut bientôt renvoyé par elle, sur les représentations de l'ambassadeur français, de Beaumont, et revint en Hollande. (³) Mais pas plus à Rome qu'à Paris, on ne savait qui était ce personnage, on

---

(¹) Œconomies royales. Edit. Petitot. t. III, chap. XIV, p. 166-168.
(²) De Villeroi à Béthune, 26 février 1602. B. N. m. 3487.
(³) id. 23 avril 1602. Id.

ne connaissait ceux qui l'avaient mis en campagne. Le portrait physique qu'en faisait Beaumont, (¹) d'autres indications recueillies par Villeroi, et surtout le vrai nom de l'imposteur découvert, permirent bientôt, à Béthune de fournir à son maître tous les éclaircissements désirables. L'imposteur s'appelait Brocquard Boronius ; il était de Parme et prêtre. Après un homicide, il s'était enfui chez les Grisons. Il s'y était marié et sa femme vivait encore là-bas avec quelques enfants qu'elle avait eus de lui. Le jésuite Possevin, auquel il s'était adressé sous prétexte de se convertir, l'avait amené à Rome. Là, il abjura en effet la religion protestante, dont il avait fait, disait-il, profession. Il trouva même le moyen, par l'intermédiaire du Dataire, d'obtenir du Pape une pension de cent cinquante écus. Bientôt, aidé de quelques Savoyards, il fonda sous le vocable de N.-D. des Sept Douleurs, une congrégation destinée à servir de refuge à ceux, « qui, touchés de la grâce, quitteraient leurs biens et leurs pays, pour retourner à l'Eglise. » C'était un moyen détourné de se donner à lui même et de procurer aux prétendus convertis, les moyens de pouvoir vivre à Rome, car tous étaient d'humble condition et sans aucune fortune. Il faisait en même temps le métier d'espion. Il dressait des cartes du pays des Grisons, marquant avec soin les lieux propres à y faire « entrer des armées », et il les offrait au cardinal Borromée, dont l'archevêché de Milan touchait à ces pays. Il en dressait d'autres de la ville et du pays de Genève, et faisait communiquer au Pape ses plans d'attaque et de conquête. Le Pape n'en avait tenu aucun compte. Mais ces cartes étant tombées, par l'indiscrétion intéressée d'un serviteur, entre les mains des Grisons, ceux-ci accusèrent Clé-

(¹) De Beaumont à Béthune, 9 mai 1602. B. N. m. 3490.

ment VIII de vouloir leur enlever la Valteline. Peu à peu on découvrit que la vie de Boronius n'était rien moins qu'édifiante à Rome, et le Dataire le menaça de lui faire ôter sa pension. Prévenant le danger, Boronius la vendit. Après quoi il tira de ses confrères, gens simples « et faciles à abuser, » une procuration, qui l'envoyait vers le roi d'Espagne. Il leur avait fait espérer qu'il obtiendrait facilement de ce prince quelque gros bénéfice en leur faveur. N'étaient-ils pas tous du pays de Genève et des pays voisins? Le roi d'Espagne avait un intérêt extrême à les avoir pour amis, à cause de la proximité de son Etat de Milan. C'est ainsi qu'il avait clandestinement quitté Rome. On ne savait ce qu'il était devenu, quand on apprit son passage en France. Mais avait-il inventé lui-même toutes les calomnies qu'il avait répandues et qui venaient d'agiter le Dauphiné? Béthune ne le croyait pas ; et il lui semblait important de rechercher d'où étaient sorties toutes ces inventions, et qui l'avait inspiré dans ses louches manœuvres. On soupçonna ceux qui avaient intérêt à soulever contre le roi de France le plus d'animosité possible : le roi d'Espagne et surtout le duc de Savoie. On n'eût pas contre eux des preuves bien certaines. [1]

Mais Henri IV s'étonna de la crédulité de Lesdiguières, et il surveilla de plus près Bouillon. Une fois encore à Blois, quand déjà la conjuration de Biron était éventée, le duc de Bouillon protesta de sa fidélité au roi. Mais à peine Biron était-il arrêté que Bouillon se réfugiait à Sedan. Le comte d'Auvergne et le baron de Luz avaient dénoncé sa complicité dans la conspiration : Henri IV lui assurait qu'il ne croyait rien, et le pressait de venir à la Cour et de

---

[1] Lettres de Béthune au roi du 1er avril et du 1er juillet, et à Villeroi du 1er avril, du 17 juin et du 1er juillet 1602. Arch. de Sully.

se justifier. Le duc prit un chemin tout opposé : il se rendit à Castres, en plein pays protestant, où son nom était respecté et son autorité considérable. Cette fuite était un aveu. « Sa conscience le pique, » disait Henri IV. (¹) Bouillon fut plus maladroit encore. C'est à Castres, au milieu de ce pays, où il se savait puissant, qu'il réclamait des juges. Il ne put émouvoir personne. (²) Averti que le roi envoyait après lui Caumartin, pour lui reprocher ses torts et le ramener, il s'enfuit, sous un déguisement, à travers le Languedoc et le Dauphiné, jusqu'à Genève. De là, il prit la route de Heidelberg.

La nouvelle en était vite arrivée à Rome. On avait su que les réformés de Castres avaient fait protester au roi de leur fidélité, et de leur résolution de vivre sous la foi des édits. Quelle meilleure preuve de la puissance de Henri IV, de l'affection et de la crainte qu'il inspirait, puisque un seigneur comme Bouillon n'avait trouvé aucun asile sûr dans le royaume, dès qu'on avait su que le roi était mécontent de lui ! (³)

Heureux de la fidélité des sujets hérétiques, Clément VIII l'attribuait à la douceur, avec laquelle Henri IV les avait traités. Du reste le Pontife n'était pas pour les moyens violents, et il laissait échapper à ce sujet devant Béthune, des paroles qu'il lui recommandait bien de ne pas répéter au dehors, car elles auraient paru scandaleuses à plusieurs dans la bouche d'un Pape : il ne croyait pas, disait-il, « que ce fût un moyen de ruiner les hérésies, que de les poursuivre

---

(¹) Du roi à Béthune 16 décembre 1602. B. N. M. 3485.

(²) La Chambre de Castres « a répondu qu'elle ne pouvait prendre « connaissance de son fait sans lettre expresse du roi », de Villeroi à Béthune 16 janvier 1603. B. N. M. 3487.

(³) De Béthune au roi, 27 janvier 1603. B. N. M. 3493. Copie.

« par armes. » (¹) Aussi informé du désir des protestants, que le roi fît grâce au maréchal, comme il avait fait à d'autres coupables, Clément VIII ajouta qu'il n'avait pas de conseil à donner au prince, mais « qu'accorder prompte-
« ment, c'était donner deux fois. »

Henri IV, il est vrai, ne pouvait décemment pardonner au maréchal, si le maréchal ne demandait grâce, et ne s'en montrait digne. Il le prévint seulement qu'il retardait de deux mois de le faire juger par contumace : il voulait lui donner ainsi le temps de se reconnaître, de se mettre en chemin, de se défendre et d'avoir recours à la clémence de son prince, de son ancien ami. Mais Henri IV ne se faisait pas illusion : il savait que le duc ne viendrait pas. (²) Pendant ce temps un bruit étrange arrivait an Pape, qui le communiquait à Béthune : la retraite du duc de Bouillon dans le Palatinat n'était, disait-on, qu'une feinte, faite d'accord avec le roi : le duc était là pour aller soit en Flandre, au secours des Etats, soit en Alsace, afin de soutenir le marquis de Brandebourg, contre le cardinal de Lorraine. A qui pouvait-on attribuer ces bruits, sinon aux intéressés, aux Espagnols ? Béthune s'étonna qu'ils eussent

---

(¹) De Béthune au roi, 12 février 1603. B. N. M. 3493, copie. Le Pape déclara « qu'il ne désirait pas qu'on sût les propos qu'il avait tenus sur l'occasion du maréchal de Bouillon. »

(²) « Je ne puis faire justice, ni grâce au duc de Bouillon s'il ne de-
« mande et ne se rend digne de l'une et de l'autre. Il est toujours au
« Palatinat publiant et magnifiant son innocence, sans toutefois faire
« aucun devoir de la vérifier. Et néanmoins je lui ai fait savoir que je
« ferais surseoir encore contre lui pour deux mois toutes sortes de pro-
« cédures par contumace et désobéissance, afin de lui donner loisir de
« se reconnaître, et se mettre en chemin, de se purger, ou d'avoir part
« aux effets ordinaires de ma clémence. Toutefois j'ai opinion qu'il ne
« fera ni l'un ni l'autre, tellement qu'il faudra que je laisse faire la
« justice. » Du roi à Béthune 23 mars 1603. B. N. M. 3485.

tardé tant à les répandre ; il n'avait pas à justifier le roi, dont les actes parlaient assez haut, puisqu'il venait de supprimer au duc sa pension de quarante mille écus. Quant aux Espagnols, qui ne négligeaient guère d'exterminer en paroles les hérétiques, ils négligeaient moins encore de s'en servir comme alliés, quand ils en sentaient le besoin. On l'avait vu naguère, puisqu'ils avaient eux-mêmes acheté le duc de Bouillon. La réponse était vive. Aussi Clément VIII protesta-t-il que ce bruit lui était venu d'Allemagne et non pas des Espagnols. (¹) La réponse n'était peut-être pas décisive. Les Espagnols n'avaient pas moins d'agents en Allemagne, même auprès des princes protestants, qu'ils n'en avaient en France et ailleurs.

Un évènement autrement grave, et qui mettait en péril la paix, avait partagé depuis quelque temps déjà l'attention du roi de France. Au moment même où il venait de découvrir la conspiration de Joinville, et tentait vainement de ramener près de lui Bouillon, aux pieds des Alpes, comme il l'avait prévu, avait éclaté un nouvel orage. Incapable de se tenir en repos, aventureux jusqu'à risquer sa couronne de prince, pour ajouter un lambeau de terre à ses provinces, le duc de Savoie, déçu du côté de la France, s'était rabattu sur Genève. Depuis longtemps sous prétexte de vieux droits à faire valoir, il méditait l'entreprise. Le Pape, qui ne l'ignorait pas, ne l'en avait jamais sérieusement détourné. Genève était le foyer de l'hérésie, la Rome protestante. La combattre n'était-ce pas une croisade, et la ruiner, pour la convertir, une œuvre sainte ? Imitateur fidèle de la politique espagnole, c'est de ces prétextes pieux que le duc de Savoie couvrait sa convoitise. Mais Genève était sous la protection des rois de France. Qui déciderait

(¹) De Béthune au roi, 10 mars, 1603. B. N. M. 3493.

Henri IV à l'abandonner ? Dans les premiers jours de 1602, circonvenu, poussé, le Pape, l'essaya. Il mettait en avant la question religieuse. Henri IV répondit qu'il n'était là, question à ses yeux, que d'affaire d'Etat. Genève était la seule porte, qui restât à la France pour communiquer avec ses alliés de Suisse, et même avec ses amis d'Italie, depuis qu'elle avait échangé pour la Bresse, le marquisat de Saluces. Du reste une fois de plus, le duc de Savoie abusait de la crédulité du Pape. Pendant qu'il parlait au Pontife de soumettre les Génevois pour les convertir, il leur promettait de ne plus les inquiéter désormais, s'ils voulaient échanger pour la sienne, la protection du roi de France. (¹) Il leur proposait même un traité, que Béthune put mettre sous les yeux de Clément VIII, par lequel il leur offrait aux mêmes conditions, de faire légitimer en leur faveur, la possession de certains biens d'Eglise, dont ils s'étaient jadis emparés. C'était trop de finesse à la fois. Le Pape n'insista plus. Mais le duc de Savoie prépara sa revanche.

On venait précisément d'apprendre à Turin comme à Milan et à Rome le renouvellement de l'ancienne alliance française avec les Suisses. Ce succès politique, obtenu malgré tout les efforts qu'avaient tentés pour le traverser les ennemis du roi, poussa jusqu'à l'exaspération la haine jalouse du duc. Il continua plus activement que jamais ses intrigues en France. Pendant ce temps, son ambassadeur, on l'a vu, protestait à Béthune, jusqu'à le mettre en défiance par son insistance même, des intentions droites et pacifiques de son maître. L'exécution de Biron ruina les plans du duc, mais non ses espérances.

Il avait sur ses terres et près de notre frontière une forte armée espagnole. A sa demande et à celle de son ami,

---

(¹) De Béthune au roi, 2 janvier 1602. B. N. M. 3484.

Fuentès, elle avait reçu l'ordre de passer là l'hiver. Le comte et le duc espéraient que la présence de ces troupes et leur nombre lasseraient enfin la patience du roi de France, et qu'il commencerait la guerre. Henri IV était trop avisé. Il n'avait qu'à laisser faire. En s'obligeant à ces folles dépenses, ses ennemis se consumaient d'eux-mêmes. Les ministres du roi d'Espagne à Rome disaient déjà tout haut que cette paix était pour eux une ruine, et ils blâmaient leur maître de s'être donné en proie à des gens incapables, sans aucune expérience des affaires. (¹)

Le duc de Savoie, trompé dans ses combinaisons les plus fines, n'en cherchait qu'avec plus de rage et d'ardeur à déchaîner le conflit souhaité. Plus que jamais il donnait sa confiance au français rénégat d'Albigny, qu'il avait fait effrontément gouverneur de Savoie. Cet esprit turbulent n'attendait qu'une occasion de querelle. Comme cette occasion ne venait pas, ils se décidèrent, son maître et lui, à la faire naître. Provoquer le roi de France en jetant des troupes dans le Dauphiné ou en Bresse, il n'y fallait pas compter; le braver, en attaquant Genève, paraissait plus sûr. Au bruit du succès, les troupes espagnoles se joindraient ouvertement aux troupes de Savoie ; on entraînerait le Pape : ce serait enfin la guerre. L'entreprise, combinée dans le plus grand secret, fut exécuté aussitôt.

Le 22 décembre 1602, vers une heure du matin, le duc de Savoie parti la veille de Bonne, arrivait avec trois mille hommes d'élite, sous les murs de Genève. D'Albigny, qui commandait les troupes, jure le premier de vaincre ou de mourir dans l'exécution de l'entreprise : chaque soldat fait le même serment. L'attaque commence aussitôt. Une partie

(¹) L'abbé de Marquemont à Villeroi. 7 octobre 1602. Arch. de Sully.

des fossés est comblée avec des fascines et des pierres ; trois échelles sont dressées de front. Les premiers montés, feignant d'être des officiers de ronde, arrivent, grâce au mot d'ordre, qu'ils avaient surpris, jusqu'au soldat de garde et le poignardent. Celui-ci, blessé seulement, se laisse glisser le long de la terrasse, pénètre dans la ville et donne l'alarme. Aussitôt la ville entière est debout ; rues, passages, bastions, tout est occupé. Mais déjà trois cents ennemis, entrés dans la place, s'avançaient avec ordre vers la Porte Neuve pour s'en emparer, la faire sauter et donner accès à leurs compagnons du dehors. Trois fois la porte est prise et reprise. L'ennemi repoussé court à la porte de la Monnaie : 500 hommes la défendent ; il est repoussé encore. Alors les Génevois se jettent sur les assaillants entre les maisons et la muraille ; la résistance est opiniâtre, car toujours des soldats montent par les échelles, criant pour donner du courage aux autres. « Vive Espagne ! Vive Savoie ! Ville gagnée ! » Un secours de cent cinquante mousquetaires arrive aux assiégés avec un canon. Une échelle s'abat sous le premier boulet. Du coup la panique gagne les Savoyards. Le premier d'Albigny, prêt à monter, prétexte un grand mal d'estomac et se retire. Ceux qui le peuvent se précipitent dans les fossés du haut de la muraille, les autres, cent cinquante environ, sont tués ou blessés. Treize furent pris et pendus le jour même. La sentence portait qu'ayant attenté en pleine paix contre la ville, les juges les regardaient non comme des prisonniers, mais comme des assassins et des voleurs. L'armée de Savoie était en retraite vers Bonne. Furieux de cet échec autant qu'humilié, le duc fit arrêter quatre capitaines espagnols, et sous prétexte qu'ils n'avaient pas donné l'assaut d'un autre côté, comme ils en avaient l'ordre, il les fit pendre (¹)

La nouvelle de cet attentat que les Génevois nommèrent « l'Escalade » arriva presque en même temps à Rome qu'à Paris, mais fut loin d'y produire les mêmes impressions. Henri IV fut indigné de cette violation flagrante de la paix, de cette tentative de pirate, qui lui rappelait la prise d'Amiens. Cependant il ne voulait pas que Béthune fit part de cette indignation au Pape. Il lui recommanda seulement de représenter froidement à Clément VIII quelles conséquences pouvaient entraîner de pareils actes. (²) Le roi savait combien Clément VIII aimait la paix, et avec quelle facilité pour la maintenir, il accepterait toutes les excuses, quelque mal fondées qu'elles fussent. Il connaissait de plus son aversion pour Genève. Ces deux sentiments se combattaient en effet dans l'âme du Pontife. S'il était heureux en réalité que l'insuccès de l'entreprise eût contribué à maintenir la paix, il gardait au fond du cœur le regret de voir debout et plus fière encore, cette Genève, ce foyer d'hérésie, « cette bouche d'enfer. » Aldobrandini pensait comme le Pape ; et bien qu'il sût le

(¹) Relation du 25 décembre 1602. B. N. M. 346 f° 46.
(²) « Ce fait me point et me touche aussi vivement que le mérite
« l'importance d'icelui. Toutefois je ne veux travailler, ni affliger l'esprit
« de sa Sainteté inutilement comme à l'aventure je ferais, lui faisant
« représenter mon offense et la volonté que je dois avoir de m'en res-
« sentir... Partant j'estime que je me dois contenter de faire représenter
« simplement à sa Sainteté cette action avec ses conséquences et le
« supplie de considérer avec sa prudence quelle en peut être la suite, et
« de croire, quand le duc de Savoie aura un jour rallumé le feu de la
« guerre, qu'il sera difficile de l'éteindre..., sans plus avant exprimer à
« sa Sainteté la juste indignation que j'ai dudit attentat. » Du roi à Béthune, 15 janvier 1603. B. N. M. 3485.

contraire, pour excuser le duc, il disait avec les Savoyards, que Genève n'était point comprise dans les traités de paix. Un imperceptible mouvement d'épaule fut la seule réponse de Béthune. Le cardinal n'insista pas. Quant aux Espagnols, ils faisaient semblant de blâmer l'Escalade, afin d'insinuer qu'ils n'y avaient aucune part. Mais personne ne prenait au sérieux leurs dires. Chacun était convaincu à Rome comme ailleurs, qu'ils étaient prêt à soutenir le duc, s'il eût réussi. Clément VIII protestait, — et l'on pouvait l'en croire. — qu'il n'avait pas été prévenu, « le duc étant si inconsidéré, di-
« sait-il, qu'il communique rarement ce qu'il devrait dire,
« et dit souvent ce qu'il devrait taire. » Le Pape exprimait en même temps l'espoir d'écarter sous peu toute occasion de discordes et de brider toutes les impatiences. (¹)

La chose semblait difficile. Persuadé qu'au fond le Pape était avec lui, le duc reprenait espoir. Il avait trouvé un expédient nouveau, infaillible, croyait-il, pour se mettre à l'abri des craintes, qui lui venaient de France, et pour tout bouleverser, selon son désir : c'était de faire défendre sous peine d'excommunication à tout prince de porter secours à la ville hérétique. Déjà son ambassadeur s'était mis en campagne auprès des cardinaux. Mais la chose transpira, Béthune prévint Clément VIII. Le Pape était du reste trop sage pour se jeter de gaieté de cœur dans un inconnu gros des conséquences les plus graves. (²)

Un incident imprévu changea subitement les impressions à Turin et à Rome. Rassurés sur le sort de leur ville, gardée par mille soldats de Zurich et de Berne, les Géne-

(¹) De Béthune au Villeroi, 12 février 1603. B. N. M. 3493.
(²) De Béthune au roi, 10 mars 1603. B. N. M. 3493.

vois, par un hardi coup de main, avaient à leur tour surpris et pillé Saint-Genys, en Savoie. Cette fois le duc eut peur. Il crut voir Henri IV derrière les Génevois et il se plaignit amèrement à Rome de cette agression. Le Pape ne fut pas moins ému. Comme les assaillants avaient, pour accomplir leur coup, traversé le territoire français, il ne put croire que ce fut sans permission du roi. Là-dessus son esprit s'échauffa ; sa vieille aversion pour Genève se réveilla plus vive. Par malheur, Béthune, souffrant alors, ne put combattre aussitôt ces impressions mauvaises. Quant il vit le Pape, déjà Clément VIII, dans une lettre amère avait fait part au roi de France de ses soupçons et de sa douleur.

La lettre était du 18 avril. Le Pape déclarait qu'il ne voulait pas savoir qui avait mis en péril la paix. « Si les
« armes qui se manient, ajoutait-il, ne se reposent, elles
« mettront les catholiques dans la nécessité de s'armer
« aussi, afin d'empêcher que l'impiété ne prévaille,... car
« il ne doit pas être moins licite aux catholiques de s'unir
« contre les hérétiques, qu'aux autres de se liguer avec
« cette peste, pour défendre leurs alliés. Le roi doit consi-
« dérer qu'en ne voulant pas abandonner ses alliés héré-
« tiques, il prend les armes contre les catholiques ; que
« les catholiques de son royaume peuvent s'unir, et qu'il
« justifierait les armes prises sous ce prétexte ; car de
« quelque côté qu'il se tourne, le roi n'aide que des héré-
« tiques, le marquis de Brandebourg, à Strasbourg, les
« Hollandais révoltés, les Anglais, Genève enfin, Genève,
« cette bouche d'enfer, source de tout le poison, qui avait
« infesté les pays voisins et la France elle-même. Le Pape
« ne veut pas affirmer que le roi les aide : mais ils s'en
« vantent. Or ces ennemis de Dieu n'ont qu'une pensée :

« détruire le Saint-Siège. S'associer à eux, c'est se faire
« complice de leurs desseins. » (¹)

Henri IV ne fut pas moins blessé que surpris à la lecture d'une telle lettre. Le duc de Savoie violait ouvertement les traités et le Pape ne voulait pas savoir qui avait mis en péril la paix, Il s'obstinait à faire une question religieuse d'une affaire d'Etat ; à croire, malgré tant de preuves contraires, au désintéressement du duc. Clément VIII le savait pourtant : jamais le roi de France ne tolérerait qu'on touchât à Genève ; il ne pouvait tolérer davantage que la maison d'Autriche, déjà trop puissante, s'installât encore à Strasbourg et l'emprisonnât de ses domaines. A quoi bon la paix, s'il suffit au premier ambitieux venu du prétexte de religion pour déchaîner la guerre. Clément VIII n'en accusait pas moins le roi d'avoir insidieusement excité ces troubles. (²) « Sa Majesté commence à se lasser d'être sujette
« aux réprimandes que méritent les autres. Le Pape doit
« prendre garde de nous désespérer et faire cabrer, » (³) écrivait Villeroi.

Mais aussitôt la première émotion passée, Clément VIII avait senti que sa lettre était une faute. Il n'en avait pas dit un mot à Béthune; il se montrait au contraire avec lui d'une conciliation et d'une douceur extrêmes. Aussi l'ambassadeur fut-il vivement surpris, quand il se trouva chargé de transmettre au Pontife la vive et ferme réponse du roi. Au premier mot, Clément VIII, en souriant, l'arrêta. Béthune n'en fit pas moins entendre, par intervalles, ce qu'il avait à dire. Clément VIII s'excusa d'avoir voulu déplaire

(¹) Une copie de cette lettre est aux archives de Sully. Vittorio Siri la publie dans ses Mémorie recondite, t. I. p. 198.
(²) Du roi à Béthune, 16 juin 1603, B. N. M. 3485.
(³) De Villeroi à Béthune, 16 juin 1603. B. N. M. 3487.

au roi ou l'offenser. S'il avait parlé librement, c'était beaucoup plus pour attirer l'attention de Henri IV sur ce que ses envieux disaient de lui, que pour y croire. Du reste puisque cette lettre avait produit une impression fâcheuse, il voulait en écrire un autre, afin de la corriger. (¹) Aldobrandini, après Clément VIII d'ailleurs, avait parlé avec insistance d'une lettre beaucoup plus dure encore écrite récemment par le Pape à Philippe III. Henri IV lui fit répondre qu'il n'était plus un jeune homme, comme le roi d'Espagne; qu'il connaissait les affaires, et les avait maniées avec assez de succès ; qu'il agissait par lui-même et par conséquent avait soin de son honneur. (²)

Mais déjà, malgré le peu de confiance qu'il avait dans la parole, tant de fois violée, du duc de Savoie, Henri IV avait prévenu Clément VIII, qu'il ne s'opposerait pas à la paix. Soutenus par Bâle, Berne, Zurich et Shaffhouse, les Génevois d'abord ne voulaient pas y entendre ; il les y avait disposés. Le duc de Savoie faisait le difficile : il l'avait menacé d'entrer formellement en scène. Mais les exigences des Génevois semblaient inacceptables au duc. Ils demandaient qu'il renonçât à ses droits prétendus sur Genève. A la vérité cette renonciation, selon la remarque du Pape, n'était d'aucune importance pour une ville si fortement protégée par la France. En outre elle fournissait au duc le moyen de traîner les négociations en longueur : car il avait moins que jamais hâte de conclure la paix.

On venait en effet de lui permettre, après bien des retards et quelques humiliations, d'envoyer ses fils à la cour d'Espagne. Depuis six mois, bien qu'il affirmât le contraire, il sollicitait cette faveur de Philippe III. C'était se conduire

(¹) De Béthune au roi, 14 juillet 1603. B. N. M. 3495.
(²) Du roi à Béthune, 12 août 1603. B. N. M. 3485.

en vassal. Mais qu'importait au duc, si définitivement il s'assurait ainsi l'appui du roi d'Espagne. Des rêves plus chimériques encore hantaient son esprit surchauffé. La reine d'Espagne allait de nouveau être mère, sans doute d'une seconde fille. Le duc y comptait du moins, et déjà il voyait l'un de ses fils, assis, comme époux de l'Infante, sur le trône d'Espagne. Les Espagnols, qui n'ignoraient pas ses désirs se faisaient un jeu « de le traiter selon son humeur, « et de servir selon son appétit : » les fils du prince Doria se découvraient en parlant aux enfants et restaient couverts en parlant au père. (1) Enfin Carlo Doria parut avec des navires devant Nice, où se trouvait le duc, et déclara qu'il avait ordre de conduire en Espagne les princes de Savoie. On prit jour ; ce fut pour l'après-dîner de la fête de Dieu. Or, la veille même du jour convenu, vers le soir, sans prévenir personne, Doria, disparut avec ses galères. (2) Tout autre que le duc, avant de s'engager davantage, eût demandé raison de cette insolence. Charles Emmanuel la sentit plus qu'un autre : mais il passa outre. Trois vaisseaux du Saint-Siège se trouvaient en ce momment à Gênes; il les emprunta et les fit partir avec ses enfants pour l'Espagne. Il se flattait, disait-on, et ne s'en cachait pas, qu'aussitôt les princes arrivés, Philippe III lui enverrait des troupes et qu'il pourrait avec leur secours, s'emparer de Genève. Clément VIII ne connaissait pas ce complot et était prêt à s'y opposer. Il croyait le roi d'Espagne désireux de la paix, et disposé à refuser tout concours au duc de Savoie, s'il brouillait de nouveau les cartes. La protection bienveillante que Philippe III, après Fuentès, accordait au secrétaire de Biron, Hébert, contrastait singu-

---

(1) De Béthune, 3 juin 1603. B. N. m. 3495, copie.
(2) Cf. Vittori Siri : Mémoire reconduite, t. 1 p. 195.

lièrement, aux yeux de Béthune, avec les assurances de Clément VIII. L'ambassadeur se chargea néanmoins de transmettre à son maître la prière du Pape, qui demandait au roi plus instamment que jamais d'aider à cette paix.

Henri IV, on le sait, n'avait pas attendu ce dernier appel du Pontife. En son nom, De Vic avait décidé les cantons de Glaris, de Bâle, de Soleure, de Schaffhouse et d'Appenzell à envoyer chacun un député à Genève ; ces cantons n'avaient d'alliance avec aucune des parties : il y en avait de protestants et de catholiques : ils étaient les entremetteurs désignés de la paix. Malgré les artifices des ambassadeurs de Savoie, le comte de Tournon et le marquis de Lulin, les délégués, soutenus de loin par de Vic, accomplirent leur œuvre. A la demande de l'ambassadeur Français, les Génevois n'exigeaient plus que le duc renonçât à ses droits prétendus sur Genève : ils lui rendaient Saint-Genys, le duc restituait quelques villages qu'il retenait, les relations commerciales étaient déclarées rétablies entre les deux pays ; la paix était faite. (¹) De Vic en informa Béthune : Béthune en informa le Pape, et lui fit remarquer quelle part y avait prise le roi, « bien qu'on lui eût donné « plus d'occasion d'apporter du bois que de l'eau à ce « commencement d'incendie. » Clément VIII exprima sa vive satisfaction : il espérait que tout irait bien maintenant : le duc de Savoie se décidait au repos. (²)

Quelques jours après Charles Emmanuel dépêchait à Rome un ambassadeur extraordinaire, chargé de remercier le Pape de son intervention heureuse. Clément VIII ne ménagea pas à l'envoyé les avertissements sévères. Il lui déclara que, si, à l'avenir, son maître n'était sage, on le

---

(¹) De Vic à Béthune, 10 juillet 1603. B. N. M. 34.
(²) De Béthune au roi, 11 août 1603. B. N. M. 3495.

dépouillerait infailliblement de tous ses Etats, les Français d'un côté, les Espagnols de l'autre. (¹) Le duc, comme s'il eût vraiment tenu à vivre désormais en bonne amitié avec le roi de France, semblait prendre à cœur de lui être agréable. Depuis longtemps il devait au Comte de Soissons, 90.000 écus et ne les payait pas. Il annonça qu'il allait s'acquitter de sa dette, et il y travailla, pressé, il est vrai, par le Pape. Au même moment un fanatique venait lui proposer d'assassiner le roi, le dauphin et la reine : il le fit arrêter et l'envoya en France.

Toutes ces apparences de franchise et de bon vouloir, toutes les protestations que faisait à Béthune l'ambassadeur de Savoie des meilleures dispositions de son maître, n'avaient emporté les défiances ni du roi, ni de l'ambassadeur. Béthune remarquait que le duc n'avait plus maintenant les mains libres ; il était lié aux Espagnols, qui tenaient ses enfants en gage. Il est vrai que ses puissants amis ne semblaient guère tenir compte au duc de ses avances. On n'avait fait nul cas en Espagne de l'affront qu'il avait reçu de Carlo Doria. Charles Emmanuel en était au fond de l'âme profondément blessé. Le Pape assurait même que l'aîné des jeunes princes ne séjournerait pas longtemps en Espagne : le duc avait l'intention de le rappeler et de le faire revenir par la France, afin qu'il allât baiser les mains du roi. Le duc s'apercevait enfin qu'il n'y avait que du danger pour lui à rester l'ennemi de Henri IV. L'expérience lui avait appris ce que n'avait pu la raison. (²)

C'étaient là de belles paroles. Mais trois mois après, Béthune apprenait que Charles Emmanuel n'avait pas

---

(¹) De Béthune au roi, 26 août 1603. *Arch. de Sully.*
(²) De Béthune au roi, 4 novembre 1603. *Arch. de Sully.*

encore officiellement ratifié la paix avec Genève. L'ambassadeur du prince ne pouvait y croire : le Pape moins encore. C'était folie au duc de compter sur les Espagnols : les Espagnols eux-mêmes l'accusaient maintenant de leur être en secret hostile. Inconstant, inquiet, il était incapable de s'assurer d'un côté ou de l'autre un appui. Pareil aux brouillons des dernières guerres civiles, il cherchait avant tout les moyens d'exciter des troubles, afin d'en tirer du profit. Il n'avait pu prendre Genève de force, il essaya d'un autre expédient : la ruse. (¹) Ce fut encore en vain. Tout espoir étant perdu, ne comptant plus sur les troupes d'Espagne, abandonné du Pape, le duc se résigna : il ratifia la paix. (Janvier 1604).

Cette paix était sans doute l'œuvre de Henri IV, mais elle était aussi en partie celle de Clément VIII : le pontife n'avait négligé ni les conseils, ni les menaces pour y contraindre définitivement le duc.

(¹) Le duc avait introduit dans quelques familles des femmes de chambre de Savoie ; elles devaient mettre le feu à la maison de leurs maîtres, et tandis que les habitants auraient été occupés à éteindre l'incendie, il aurait recommencé l'Escalade.

CHAPITRE IV

La succession d'Angleterre et la politique de Henri IV.

Les prétentions du roi d'Espagne. — Les projets de Clément VIII. — L'affaire des prêtres anglais. — Mort d'Elisabeth : Avènement de Jacques d'Ecosse.

Les menées ténébreuses du roi d'Espagne et les agitations stériles du duc de Savoie n'empêchaient pas Henri IV de faire échec au dehors à la politique de ses adversaires, et de veiller activement aux intérêts de la France. De graves évènements que seul il avait prévus et autant qu'il était en lui, préparés, venaient de se passer au delà du détroit. La succession d'Angleterre, objet depuis longtemps des préoccupations de l'Europe, s'était réglée subitement, sans révolution au dedans, sans intervention du dehors, au grand étonnement du Pape, au grand dépit du roi d'Espagne. Encore une couronne, après celle de France, échappait à la convoitise espagnole. On sait quels immenses et vains efforts Philippe II avait fait pour se l'assurer. Du moins ce qu'il n'avait pu du vivant d'Elisabeth, il comptait bien le réaliser à sa mort. Dans ses ports, des flottes étaient toujours prêtes, et sur tous ses rivages, des armées. Mais il était d'un politique avisé de justifier aux yeux des Anglais, dont la fierté s'alarmerait peut-être à l'idée de conquête, l'emploi des armes qu'il pourrait faire encore. Il fallait mettre en avant des droits.

Des droits, il n'en avait pas. Un généalogiste complaisant, un protestant anglais converti et devenu jésuite, Persons, se chargea d'en trouver quand même. Si Persons eût manqué d'esprit, l'argent qu'il recevait d'Espagne, lui en eût au besoin donné. Mais Persons était un habile homme et l'avait maintes fois prouvé. Il entreprit de démontrer, dans un livre sur la succession d'Angleterre, (¹) que tous les souverains de ce royaume étaient illégitimes depuis des centaines d'années, les uns pour avoir été déshérités ou usurpateurs, les autres bâtards ou hérétiques. Il excluait du même trait de plume tous les princes du sang royal d'alors, même les plus proches parents d'Elisabeth, même lady Arabelle, sa cousine, princesse catholique pourtant, même l'héritier immédiat, le roi Jacques VI d'Ecosse. Les motifs mis en avant contre ces princes étaient au moins piquants, s'ils n'étaient pas indiscutables. Persons reprochait au roi d'Ecosse d'être né hors de l'Angleterre et de parents non sujets à cette couronne; il excluait lady Arabelle, parce qu'il n'était pas expédient à l'Angleterre d'avoir trois femmes reines de suite. Cela ne l'empêchait pas d'adjuger clairement un peu plus loin la couronne anglaise à Philippe II, comme s'il eût été moins étranger que le roi d'Ecosse, et de préférence à l'Infante, comme si elle n'eût pas été femme aussi bien que lady Arabelle. Les droits de l'Infante ne remontaient pas moins haut que Guillaume le Conquérant. Du mariage d'une des filles de ce prince, Constance, avec Alain, premier duc de Bretagne, étaient nées, affirmait Persons, toutes les princesses

---

(¹) Le vrai titre était: *Conférence sur la succession prochaine du trône d'Angleterre, tenue en 1593, par R. Doleman.* Persons n'avait pas composé l'ouvrage en entier, mais il l'avait revu et publié sous sa responsabilité.

de cette maison, et l'Infante, par sa mère, (¹) était leur héritière. Pour être moins anciens, les droits de Philippe II étaient encore d'âge respectable : ils venaient d'une petite-fille de Henri de Lancastre, petit-fils lui-même de Henri III d'Angleterre. Cette princesse, du nom de Philippe, avait épousé Jean de Portugal, premier du nom, et l'on sait que tous les droits de la maison de Portugal, étaient, depuis la mort du Cardinal Henri, passés sur la tête de Philippe II, neveu lui-même et marié en premières noces à une nièce de ce prince. Telle était l'argumentation, difficile à contrôler peut-être, mais à coup sûr ingénieuse de Persons. (²)

C'était peu d'avoir inventé des droits : il fallait trouver des gens pour y croire, des partisans pour les répandre. Philippe II n'avait rien négligé pour cela ; et l'incapable Philippe III laissait suivre à la politique espagnole l'impulsion habile que son père lui avait imprimée. Comme toujours l'argent jouait le principal rôle ; les doublons d'Espagne complétaient la démonstration de Persons. Tout catholique anglais chassé de son pays, pour peu qu'on le crût capable de rendre quelque service, par son talent, sa noblesse ou ses alliances était sûr, qu'il fût en Espagne, en Italie, en France même, de trouver bon accueil et des pensions auprès de Philippe III. A Saint-Omer, à Douai, à Rome et dans d'autres villes encore, l'Espagne entretenait à grands frais des collèges et des

(¹) Elisabeth de Valois, reine d'Espagne, fille de Henri II, et petite-fille d'Anne de Bretagne. Si Persons croyait vraiment aux droits de la maison de Bretagne, la logique l'obligeait à reconnaître que ces droits appartenaient maintenant au roi de France : mais il ne s'agissait pas ici de logique.

(²) Cf. d'Ossat : Lettre au roi du 26 novembre 1601 et Lingard : *Histoire d'Angleterre*.

séminaires pour l'éducation des jeunes gentilshommes des meilleures maisons d'Angleterre. Là, sous la direction des jésuites, ces jeunes gens étaient catéchisés, « nourris » dans la foi que le roi d'Espagne était le légitime héritier de leur reine, et que le bien des catholiques anglais, le bien même de toute la chrétienté, exigeaient qu'il en fût ainsi. Leurs études terminées, on les envoyait en Espagne. Là, on s'évertuait à leur inculquer des principes philosophiques en rapport avec leur foi nouvelle, à les « espagnoliser » de plus en plus. Puis, quand on les voyait assez convaincus, quand leur cerveau semblait assez échauffé, on les renvoyait en Angleterre, pour « confirmer cette foi, la répandre, faire les apôtres ; » pour surveiller activement les partis en présence, les amis comme les ennemis, pour étudier au profit de l'Espagne les moyens les plus sûrs d'accaparer la succession convoitée, enfin, « si besoin « était, pour subir martyre aussi bien ou mieux pour la « dite foi espagnole, que pour la religion catholique. »

L'heure semblait de plus en plus proche, où le roi d'Espagne aurait à faire valoir ses prétentions. Elisabeth penchait visiblement vers la tombe. Depuis la mort du comte d'Essex, un chagrin profond, dont on se redisait tout bas les causes, consumait la vieille reine. N'était-ce pas le moment d'agir? Philippe III le crut. Les catholiques d'Irlande, soulevés par le comte Tirone, appelaient les Espagnols à leur aide : les Espagnols accoururent. Ils avaient hâte de prendre ce qu'ils pourraient des états de la reine, de l'Irlande surtout, afin d'avoir toute prête « une « planche pour passer de là dans les autres pays. » En même temps sur les côtes du Portugal et de la Biscaye des escadres étaient prêtes, attendant l'ordre d'ouvrir leurs voiles au vent, qui devait les porter vers le nord. Maître de l'Angleterre, Philippe III viendrait facilement à bout de la Hollande, réduite à ses seules forces. La Hollande pacifiée, qui l'empêcherait d'attaquer partout à la fois la France, de réduire son roi à l'état de vassal, et, s'il résistait, de l'anéantir? Alors, maître des plus belles contrées de l'Amérique, souverain des plus puissantes nations de l'Europe, arbitre incontesté du reste du monde, il aurait enfin réalisé ce rêve magnifique de monarchie universelle, qu'il tenait de Philippe II, et que Philippe II tenait de Charles-Quint. Mais c'étaient là des projets à la Pyrrhus. Le roi d'Ecosse, les Hollandais, la France elle-même assisteraient-ils, sans bouger, à la conquête de l'Angleterre? Philippe III avait beau répéter qu'il ne voulait pas pour lui de la couronne anglaise, mais pour sa sœur, l'Infante, ou pour tout autre prince catholique; chacun savait que c'était là un moyen détourné d'en disposer encore.

Clément VIII plus désintéressé que Philippe III et cherchant sans arrière pensée à profiter de la succession d'Angleterre pour ramener ce royaume à l'Eglise, avait prévu à quelles difficultés ne manqueraient pas de se heurter la candidature du roi d'Espagne et celle de l'Infante. Pour concilier à la fois les intérêts religieux dont il avait la garde, et ménager les susceptibilités en présence, il avait imaginé une combinaison nouvelle, acceptable, croyait-il et moins irritante : c'était d'élever au trône d'Angleterre un prince catholique, quel qu'il fût, et de préférence un petit prince d'Italie, un vassal du Saint-Siège : le duc de Parme, ou le cardinal Farnèse, son frère. Descendant par sa mère, la princesse Marie, de la maison de Portugal, le duc avait prétendu jadis à la succession du dernier souverain de ce royaume, le cardinal Henri. Si les droits de cette maison à la couronne anglaise, étaient comme on l'assurait, légitimes, quel autre prince pouvait-on donner plus justement comme successeur à Elisabeth, à défaut du roi d'Espagne et de l'Infante? Le duc de Parme et son frère n'avaient, il est vrai, ni partisans, ni soldats, ni escadres. Mais ces difficultés n'arrêtaient pas Clément VIII. Il comptait décider le roi d'Espagne à mettre au service de l'un ou de l'autre de ces princes, ses forces et ses intelligences avec les nombreux Anglais, que la conviction ou l'argent avaient faits ses amis. C'était prêter à Philippe III un désintéressement invraisemblable. Clément VIII n'attendait pas moins de l'Archiduc que du roi d'Espagne. Il s'imaginait que les villes et les peuples des Pays-Bas, en souvenir du bon gouvernement de la princesse de Parme et d'Alexandre Farnèse pousseraient la reconnaissance jusqu'à prendre parti pour leurs enfants et les appuyer de leurs armes. Lui-même était prêt à les aider de toutes ses forces tant spirituelles que temporelles, et de toute son autorité auprès des princes catholiques. Pour leur créer peu à peu là-bas un parti, il avait fait le cardinal protecteur des affaires d'Angleterre: il lui procurait ainsi le moyen de rendre service aux catholiques, qui auraient recours à son intercession, et par suite de se les attacher. Arthur Pole, du sang royal d'Angleterre, que le cardinal comptait parmi ses gentilshommes, était à la veille de repartir pour son pays, du consentement de son maître. Au même moment le duc de Parme se préparait à partir pour la cour d'Espagne. Cependant sur ce rêve caressé de Clément VIII, passait parfois un léger nuage: l'opposition possible du roi de France. Mais Henri IV était redevable au Saint-Siège de services si grands, que le Pape se flattait de le rendre neutre, peut-être même favorable. Sans doute les Farnèse étaient parents du roi d'Espagne, mais ils l'étaient aussi de Clément VIII. (¹) Jadis même, ils avaient été sous la protection de la France, et ils se plaisaient depuis quelque temps à rappeler aux ministres français à Rome les grandes obligations que leur maison avait à cette couronne. (²)

Ainsi le roi d'Espagne et Clément VIII étaient d'accord pour écarter le seul héritier légitime : le roi d'Ecosse, mais le roi d'Ecosse avait pour lui son bon droit et Henri IV.

Personne n'ignorait les prétentions du roi d'Espagne. Henri IV connaissait aussi par les lettres du cardinal d'Ossat et de Béthune ce qu'ils appelaient ensemble « les combinaisons chimériques », les projets irréalisables du Pape. Enfin Clément VIII se décida à s'en ouvrir lui-même, — sans rien préciser encore, — au roi de France dans une lettre, et, dans une audience, à l'ambassadeur. Le Pape insistait sur la nécessité de mettre l'Angleterre entre les mains d'un prince, soit anglais, soit étranger, mais catholique, et qui ne fût suspect ni à la France ni à l'Espagne. L'idée parut excellente à Béthune; il avait pour instruction de l'apprécier ainsi ; mais la réaliser, trouver un prince si indifférent à tous, qu'il ne fût suspect à personne, lui semblait difficile ; il laissa même entendre impossible. L'ambassadeur eût pu dès ce moment, mettre en avant des droits autrement évidents et sûrs, que ceux du roi d'Espagne ou de tout autre prince : il y songea. Mais comme il avait ordre de n'avancer qu'avec discrétion

(¹) Le duc de Parme avait épousé une petite nièce du Pape.
(²) D'après Ossat : lettre au roi, 26 novembre 1601, et Béthune, à Villeroi, 20 janvier 1602, *Arch. de Sully*.

et prudence, il attendit une occasion meilleure. Cette occasion allait bientôt venir.

Les nouvelles des grands succès, que les Espagnols avaient escomptés en Irlande, n'arrivaient pas. Déjà même des bruits alarmants couraient sur l'issue de l'expédition. Il était urgent de connaître les intentions du roi de France. Le supérieur des Séminaires des Anglais à Rome, l'inventeur des droits de l'Espagne, l'inspirateur maladroit autant que passionné de cette politique néfaste, Persons (¹) vint trouver Béthune, pour essayer de le pénétrer. L'accueil froid de l'ambassadeur aurait dû le convaincre qu'il y réussirait avec peine. Mais dix ou quinze ans de succès avaient grisé Persons : il se croyait rompu à la diplomatie, parce qu'il l'était aux intrigues. Il n'avait à l'entendre qu'une passion au cœur, le bien de la religion catholique en Angleterre, et il venait solliciter pour cette œuvre

(¹) Persons avait été l'un des deux premiers jésuites, envoyés comme missionnaires en Angleterre, à la requête d'Allen, avec défense expresse de la part de Grégoire XIII, de se mêler d'affaires d'Etat. Il avait bravé pendant un an les édits et mis en défaut l'habileté proverbiale des policiers d'Elisabeth. Revenu sur le continent, et les mains libres désormais, il négocia à Paris avec les Guises, à Walladolid avec Philippe II et, par intermédiaire, avec le roi d'Ecosse. Il ne songeait encore qu'à délivrer Marie Stuart. Le complot éventé n'eût pas de suite. Persons développa dès lors ses plans politiques. Elisabeth n'eut pas d'ennemi plus acharné, et le roi d'Ecosse, dont il n'avait pas eu à se louer, de plus implacable adversaire dans ses prétentions à la couronne anglaise. Avec une patience, une ténacité et une autorité singulières, il tourna vers Philippe II les espérances des catholiques anglais opprimés. Ce fut un malheur. Les catholiques n'étaient jusque-là que des sujets insoumis aux prétentions religieuses de la reine, ils devinrent d'après leur manifeste même, — le livre sur la succession d'Angleterre, — des partisans de l'étranger, des criminels d'Etat. La question religieuse se compliqua d'une question politique. Il n'en fallait pas tant à l'ombrageuse reine, pour se croire en droit d'édicter contre les catholiques de nouvelles rigueurs. Persons quitta la cour d'Espagne pour Rome en 1594.

sainte l'appui du roi de France. A ces avances mielleuses, Béthune répondit : « Sa Majesté fera toujours ce qui sera « pour le bien et l'avancement de la religion catholique, « tant en Angleterre qu'ailleurs, mais avec plus de prudence « que beaucoup peut-être ne désireraient, c'est-à-dire sans « susciter aucun trouble ni remuement contre la reine. » Directement atteint Persons battit aussitôt en retraite. La reine Elisabeth ne pouvait tarder à mourir ; il faisait allusion, disait-il, aux « troubles », qui suivraient infailliblecette mort, « vu le nombre des prétendants ». Comme l'ambassadeur feignait l'étonnement, Persons nomma le roi d'Ecosse, le roi d'Espagne, et le duc de Parme ; il se hâta d'ajouter que « le premier était huguenot, » n'arriverait jamais au trône d'Angleterre. A quoi Béthune répliqua que les deux autres n'y trouveraient pas des difficultés moindres, « les uns pour être trop puissants et les autres trop faibles. » Persons ne pouvait se méprendre au sens de ces paroles : aussi reprit-il vivement que le roi d'Espagne travaillait non pour lui, mais pour sa sœur l'Infante, « et qu'autant valait avoir l'Infante pour voisine que Jacques VI d'Ecosse. » Froidement mais énergiquement Béthune répondit : « Jamais le roi de France ne souffrira d'avoir les Espagnols plus voisins qu'ils ne sont. » La proposition d'un tiers indifférent n'ayant pas été mieux accueillie, Persons se retira pour essayer ailleurs d'une autre manœuvre. Sans espoir de détacher Henri IV du roi d'Ecosse, peut-être détacherait-il le roi d'Ecosse de Henri IV. Jacques VI avait alors un envoyé spécial à Rome. Persons lui insinua qu'une seule chance restait à son maître de voir aboutir ses prétentions ; « se faire catholique et se « joindre aussitôt au roi d'Espagne », qui l'aiderait à s'emparer du trône d'Angleterre. Le piège était trop maladroit pour n'être pas éventé ; s'unir aux Espagnols, c'était se déclarer contre la reine et se l'aliéner pour jamais : marcher avec eux, c'était favoriser leurs projets et s'exposer à être leur dupe. (¹)

Cependant un observateur attentif comme était Béthune, ne pouvait manquer de surprendre le revirement, à peine sensible, il est vrai, mais réel, qui s'opérait dans la cour romaine en faveur du roi d'Ecosse. Sans doute on évitait encore toute relation officielle ou du moins trop ouverte avec lui. Le nonce de Paris refusait même longtemps de répondre à une visite de l'archevêque de Glascow, ambassadeur de Jacques VI en France, et ce vieillard octogénaire, de la branche écossaise de Béthune, en mourait de chagrin, malgré une réparation tardive. Mais déjà Clément VIII, sans renoncer encore à ses combinaisons préférées, se préoccupait de ce prince, « esprit étrange » disait-il, dont il regardait « comme impossible sans une grâce toute spéciale de Dieu » la conversion à la foi catholique. Philippe de Béthune avait connu Jacques VI et la reine sa femme, deux ans auparavant, pendant son ambassade en Ecosse. Il répondit aux réflexions inquiètes du Pape, par quelques mots discrets en leur faveur. Clément VIII en fut frappé. (²) Cette fois le premier pas était fait. Les évènements et la politique de Henri IV allaient achever le reste. Le point capital était maintenant de ruiner par la base, et si c'était possible, par les mains mêmes du Pape, l'influence espagnole parmi les catholiques anglais. Une circonstance heureuse allait en donner le moyen.

Les jésuites, on l'a vu, étaient en Angleterre, comme on les accusait d'avoir été jadis en France, sous la Ligue et les Seize, les partisans les plus chauds, les agents les plus

---

(¹) De Béthune au roi, 4 février 1602. *Arch de Sully.*
(²) De Béthune à Villeroi, 4 février 1602. *Arch. de Sully.*

actifs de la politique espagnole. Mais à côté d'eux des prêtres séculiers, qui n'avaient pas été leurs élèves, blâmaient ce zèle excessif en faveur de l'Espagne et refusaient de participer à toute entreprise contraire à la fidélité, qu'ils croyaient devoir à leur reine. Les jésuites ne pouvaient endurer longtemps de voir ainsi leur action traversée et leur influence compromise, et ils travaillèrent à mettre ces prêtres sous leur autorité. Ils trouvèrent un auxiliaire déjà éprouvé, en la personne du cardinal Gaëtan, l'infidèle légat que Sixte-Quint avait jadis envoyé en France pour la conciliation et la paix, et qui, dès la première heure, avait soufflé la division et la guerre, au profit de l'ambition espagnole. Protecteur des affaires d'Angleterre, il travaillait plus que jamais pour Philippe II et l'Espagne. A l'instigation des Jésuites, il fit habilement entendre à Clément VIII, le danger qu'il y avait pour le clergé anglais, depuis l'abolition de la hiérarchie ecclésiastique, à ne pas obéir à un chef reconnu, à une direction unique. Chaudement secondé par le parti espagnol encore tout puissant à Rome, et par le supérieur du séminaire des Anglais, Persons, l'âme de cette politique, il obtint la création d'un archiprêtre, avec des pouvoirs presque épiscopaux sur tout le clergé séculier d'Angleterre. Il n'y avait qu'une restriction à ces pouvoirs, c'est que l'archiprêtre ne pourrait en user, sans avoir pris d'abord le conseil et l'avis du provincial anglais des Jésuites. Les vœux des pères étaient réalisés. Ils n'avaient plus qu'un souci : choisir avec discernement celui qu'on allait investir de la dignité nouvelle. Il fallait que ce fut un ami et quelque chose de plus, un instrument. Georges Blackwell offrait toutes les garanties désirables. C'était un bon prêtre, un élève des Jésuites, un chaud partisan de l'Espagne, fier de l'autorité qu'on lui mettait en main, mais trop faible pour l'exercer lui-même, trop peu instruit pour en discerner les limites. Aussi des froissements ne tardèrent-ils pas à se produire. Plusieurs prêtres s'émurent d'abord des ordres impérieux, qui leur venaient du nouvel archiprêtre. Leur étonnement fut extrême quand on leur ordonna, sous peine des plus graves censures de se déclarer ouvertement contre la reine Elisabeth, en faveur de l'Espagne. Ils ne comprenaient pas que la révolte contre le pouvoir établi fût un devoir de leur charge, et ils formulèrent des remontrances. Mais bientôt la querelle s'envenima, les Jésuites entrèrent en scène : on échangea de part et d'autre des libelles et des pamphlets, tandis que l'archiprêtre privait de leurs pouvoirs et même déclarait schismatiques les prêtres récalcitrants. Ils en appelèrent à Rome. L'archiprêtre, au mépris de tout droit, leur défendit de quitter le territoire anglais. Ils hésitèrent d'abord, mais leur situation de parias n'était plus tolérable ; malgré la défense de l'archiprêtre, trois d'entre eux, Thomas Bluett, Jehan Mirlews, Antoine Campnews se mirent en route, afin de porter leur cause aux pieds de Clément VIII. C'était une témérité : leurs ennemis étaient tout puissants à Rome. Ils ne l'ignoraient pas, et en quête à leur tour de protecteurs écoutés, ils résolurent d'appuyer leur faiblesse sur le crédit du roi de France.

Henri IV comprit aussitôt quel bélier puissant cette affaire inattendue mettait dans sa main, pour battre en brèche auprès de Clément VIII la politique espagnole. Il fit à ces prêtres le plus aimable accueil : il écouta avec intérêt l'histoire de leurs malheurs, recueillit de leur bouche les renseignements qu'il tenait à connaître, et quand il se fut assuré qu'il n'y avait pas de dessein caché dans leur voyage, il leur fit donner des passeports pour Rome et des lettres pour son ambassadeur. Un autre prêtre anglais, réfugié à Paris, et adversaire lui aussi des Espagnols et des Jésuites, le docteur Cécil, se joignit à eux, et ils partirent pleins d'espérance. (¹)

Informé de leur arrivée prochaine, Persons n'était pas sans inquiétude. Leur passage à Paris, dont il soupçonnait la cause, lui donnait des appréhensions. Il courut chez Béthune, à la fois pour tâcher de connaître les instructions qu'il avait reçues, et le circonvenir contre les prêtres appelants. « C'étaient de mauvaises gens, assurait-il, et qui « n'étaient pas catholiques. » (²) Béthune écouta, mais resta impénétrable. Persons fut plus heureux auprès du Pape. Aussi, quand Béthune voulut, quelques jours après, recommander à Clément VIII les prêtres anglais, qui venaient d'arriver, trouva-t-il le Pontife fortement prévenu contre eux. Il accueillait volontiers la recommandation du roi de France, mais l'ambassadeur ne devait pas ignorer « que ces prêtres et quelques autres étaient des per-

---

(¹) La copie des passeports est aux archives de Sully. — Après avoir annoncé qu'il a donné des passeports à ces prêtres, Henri IV ajoute : Ils vont à Rome « pour se plaindre à Sa Sainteté de l'autorité qui est don-
« née sur eux, à la poursuite des pères Jésuites, à un autre prêtre du
« pays, pour favoriser les menées des Espagnols, plutôt que la religion
« catholique, au préjudice de leur pays et des catholiques d'icelui, qui
« y vivent en grande langueur. Les dits prêtres ont obtenu permission
« de ceux du conseil de leur dame de passer la mer. » Béthune recevra le double des passeports, ce qui lui permettra de les reconnaître. « Et
« aurai à plaisir, ajoute le roi, que vous les favorisiez de ma recom-
« mandation, à l'endroit de Sa Sainteté et du cardinal Aldobrandini, s'ils
« vous en requièrent ; si d'aventure vous ne découvriez qu'ils aient
« quelque autre dessein que celui qu'ils nous ont fait dire, qui soit
« indigne d'être favorisé de mon nom. » Du roi à Béthune, 6 janvier 1602. B. N. M. 3484.

(²) De Béthune au roi 4 février 1602. Arch. de Sully.

« sonnes inquiètes, qu'ils avaient désobéi sans sujet à
« ceux qu'il avait établis sur eux, et outre cela qu'ils
« avaient fait tout plein de livres dans lesquels ils parlaient
« trop librement ou même scandaleusement de l'autorité
« du Saint Siège. » Sans contredire ouvertement les paroles du Pape, Béthune insinua que ces prêtres étaient peut-être des coupables, mais qu'ils pouvaient être aussi des calomniés. On avait entendu leurs accusateurs, pourquoi n'écouterait-on pas leur défense ? Clément VIII se rendit à la sagesse de ces raisons et déclara qu'il les recevrait volontiers. (¹)

Ce fut pour Persons une désagréable nouvelle. Il vint encore trouver l'ambassadeur, mais combien « plus humble et plus mortifié qu'autrefois ! » Il demandait seulement « qu'on lui gardât une oreille. » Ses adversaires, en ayant recours à la protection des princes séculiers « faisaient d'une question de religion une affaire d'Etat » et il ne comprenait pas, et il s'indignait. Mais pourquoi était-ce plutôt un crime à ces prêtres de faire appel aux bons offices du roi de France, « qu'à leurs ennemis d'employer « depuis des années la faveur du roi d'Espagne ? » Ce fut la question de Béthune, et Persons n'y répondit pas. (²)

Décidément la fortune n'était plus avec lui. Battu en brèche auprès de Clément VIII, il venait encore d'apprendre les fatales nouvelles qui arrivaient d'Irlande. Encore

(¹) Lettre de Béthune au roi, 4 mars 1602. Arch. de Sully.
(²) Lettre de Béthune au roi, 4 mars 1602. Arch. de Sully. Tous les Jésuites étaient loin de partager le dévouement de Persons à la cause espagnole. Béthune le reconnait loyalement : « Autant que le dit Persons, écrit-il, se montre mal affectionné à ce qui touche V. M. et son
« service, autant j'ai reconnu ici des Français de son ordre passionnés,
« ayant même reçu tout plein d'avis d'eux dont je me suis bien servi. »
— De Béthune au roi, 23 décembre 1601. B. N. M. 3492.

une espérance écroulée. Tirone battu, les Espagnols rejetés à la mer après quelques médiocres succès, tel était le résultat de cette néfaste campagne « aussi mal fondée que mal conduite. » Elle avait assuré le repos d'Elisabeth, elle avait ruiné le parti catholique et l'Irlande comme Henri IV l'avait « prévu et toujours craint. » Qu'allait dire le Pape ? Peut-être n'était-il pas l'instigateur de l'expédition, comme s'en était vanté dans un manifeste le général des Espagnols don Juan del Aquila ; lui-même déclarait qu'il n'y était pour rien, car il savait que cette campagne déplaisait au roi de France ; mais l'expression que prit son visage, quand Béthune lui annonça l'échec des Espagnols, la hâte qu'il mit à parler d'autre chose, le ton ironique même qu'Aldobrandini affecta, prouvèrent assez à l'ambassadeur qu'ils avaient toujours compté sur le succès et qu'ils regardaient cet échec comme un coup fatal à leurs chimériques desseins. (¹) La fortune tournait visiblement du côté du roi d'Ecosse. Son envoyé, qui n'avait eu jusque-là du Pape et d'Aldobrandini que des paroles vagues et générales, fut mieux reçu depuis ce jour, et plus favorablement écouté. Persons lui-même eut peur que ce coup de vent imprévu ne ruinât pour jamais son œuvre, et il reprit avec plus d'ardeur ses intrigues. Le premier, dit-il à Béthune, il conseillerait de penser au roi d'Ecosse pour la succession d'Angleterre, à condition, non plus qu'il se fît catholique, mais qu'il accordât seulement la liberté de conscience. Persons ajoutait que le roi de France obtiendrait cela, sans nul doute. Au fond, il espérait que non. On aurait alors profité de ce refus du roi d'Ecosse pour inviter Henri IV à l'abandonner, et les Espagnols se seraient retrouvés les plus forts. Mais Béthune et le roi étaient sur

(¹) Lettres de Béthune au roi 4 et 18 mars 1602. Arch. de Sully.

leurs gardes ; Persons ne pénétra rien de leurs desseins. (¹)

A leur tour les prêtres anglais profitèrent de l'échec des Espagnols en Irlande. Béthune fit remarquer au Pape que cette expédition malheureuse ne manquerait pas d'attirer des représailles sur les catholiques révoltés : représailles d'autant plus terribles qu'on pouvait croire à Londres, que le mot d'ordre leur venait du Pape, et qu'ils n'avaient rien fait que d'après ses conseils. Si la reine Elisabeth voyait au contraire le Pape prendre la défense des prêtres, qui refusaient de s'allier à ses ennemis, contre les Jésuites, qui soulevaient contre elle les catholiques, on pouvait espérer de la reine reconnaissante une amélioration à leur sort. (²) L'expérience prouvait à Clément VIII qu'après l'échec des armes, il n'y avait plus que ce moyen à tenter désormais.

(¹) De Béthune au roi, 4 mars 1602. Arch. de Sully.
(²) Aux archives de Sully, parmi les papiers de Béthune, une feuille spéciale indique ainsi, en dehors des lettres officielles de Henri IV et de Villeroi, la conduite à tenir dans cette affaire ;

« Pour engager le Pape à bien recevoir les dits prêtres, lui remon-
« trer : Que s'il les soutient et favorise, il en tirera plus de profit pour
« la propagation de la foi catholique, que par les moyens violents,
« dont usent Jésuites et Espagnols ; par lesquels ils n'ont gagné autre
« chose que d'avoir donné occasion à la reine d'Angleterre, d'user de
« beaucoup de rigueur à l'endroit des catholiques ses sujets : là où
« ceux-ci, en s'humiliant, ont déjà impétré d'elle et senti quelque douceur.

« Si donc il vient à la connaissance de la reine que ces prêtres sont
« soutenus par sa Sainteté contre les Jésuites, elle aura quelque occasion
« de se persuader, que pour être catholique on ne lui sera pourtant
« ennemi, ni ne tâchera-t-on d'user envers elle d'hostilité ; même que
« sa Sainteté ne sera pour émouvoir et inciter quelque autre prince
« séculier pour attenter contre son état.

« Par ainsi étant hors de ces soupçons elle est sans doute pour faire
« plus doux traitement aux prêtres et autres catholiques de son royaume,
« qu'elle n'a fait par ci-devant. De sorte qu'eux se trouvant par ce
« moyen en quelque liberté pourraient plus profiter à la religion catho-
« lique, que ne feront les armes. »

Il accorda aux prêtres anglais une première audience : il écouta avec intérêt leurs plaintes et chargea deux cardinaux, Arrigone et Borghèse, d'examiner leur cause et de lui en adresser un rapport. Ces deux cardinaux penchaient légèrement du côté de l'Espagne, où l'un d'eux, Borghèse, avait été nonce ; mais intègres, modérés, sans passion, on pouvait espérer d'eux l'impartialité et la justice. (¹)

C'était bien là ce que redoutait Persons. Il avait compté que son crédit auprès du Pape suffirait pour écarter les révélations indiscrètes des prêtres appelants, et qu'ils ne seraient pas même entendus. Et voilà qu'on donnait des juges à ces prêtres, à ces sujets fidèles de la reine Elisabeth, à ces ennemis de sa chère Espagne. Il était menacé de voir s'écrouler en quelques jours l'édifice de ses quinze ou vingt ans d'intrigues. Il lui fallait sauver à tout prix ses amis menacés, sa politique compromise ; et pour cela, rendre à la fois ces prêtres et leur protecteur, le roi de France, suspects à Jacques d'Ecosse, et jeter Jacques lui-même dans les bras de l'Espagne, afin de le ruiner plus facilement après. C'est ce qu'essaya Persons, auprès du chevalier de Lindsey, envoyé de Jacques VI à Rome. (²) Béthune n'eut pas de peine à ruiner ces nouvelles manœuvres. On pouvait tenter de circonvenir aussi Clément VIII, et donner l'ambition comme unique mobile à la conduite du roi de France. Béthune se hâta de parer le coup. Il annonça officiellement au Souverain Pontife que son maître venait d'envoyer en Ecosse « un ambassadeur catholique » le baron du Tour, avec mission « de faire tous bons offices en faveur des catholiques. » Cette nouvelle fut accueillie du Pape avec un extrême plaisir. Une circonstance

---

(¹) De Béthune au roi, 18 mars 1602. Arch. de Sully.
(²) De Béthune au roi, 1ᵉʳ avril 1602. Arch. de Sully.

inattendue la rendait plus opportune encore. Le roi d'Ecosse « avait parlé publiquement du Saint-Sacrement, « de la Vierge et de l'autorité du Pape, moins aigrement « que ne faisaient d'habitude les réformés. (¹) » Il ne paraissait donc pas impossible d'obtenir, sinon sa conversion à la foi romaine, du moins une certaine liberté pour les catholiques de son royaume. Henri IV promettait d'user en ce sens près de lui de son influence et de ses prières ; mais il appartenait au Pape de faciliter le résultat désiré en prenant fait et cause pour les catholiques fidèles à leurs princes, et en désavouant les factieux ; l'affaire des prêtres anglais lui en donnait une occasion inespérée. Clément VIII était de l'avis de Béthune.

Du reste, on n'avait pas tardé à trouver à Rome, la cause de ces prêtres meilleure, qu'on n'avait cru d'abord. Aux charges accumulées contre eux, ils avaient répondu en racontant ce qui s'était passé, en dévoilant les actes arbitraires de l'archiprêtre et les violences, dont ils avaient été les victimes. Persons s'agitait en vain, avec son confident Hadock et les deux procureurs Parker et Archer, que l'archiprêtre avait envoyés à Rome. La discussion rendait aux faits grossis leur importance exacte, aux incidents dénaturés leur vraie physionomie, à la lutte son vrai motif, qui n'était pas le motif religieux. Clément VIII pénétrait le secret des intrigues acharnées de Persons et de ses adhérents et le but caché de leurs desseins. Un extrait du livre sur la succession d'Angleterre et une lettre plus récente, où le père, organe au moins indiscret de la convoitise espagnole, persistait à traiter Henri IV, de roi de Navarre et de souverain illégitime, malgré la reconnaissance officielle du Saint Siège, ouvrirent de plus en plus

(¹) De Béthune au roi, 20 mai 1602. Arch. de Sully.

les yeux du Pontife. A mesure que les cardinaux Arrigone et Borghèse, avançaient dans l'examen de cette curieuse affaire, ils s'apercevaient à leur tour « que les Jésuites « d'Angleterre couvraient, pour la plupart, le désir qu'ils « avaient de servir le roi d'Espagne du nom de religion. » On voyait sous un jour tout nouveau ces affaires anglaises dont on n'avait jugé jusque-là, de l'aveu même d'Aldobrandini, que sur le rapport de personnes « passionnées et intéressées. (¹) » Déjà Clément VIII avait déclaré que les prêtres appelants et leurs amis de là-bas, « n'avaient pas encouru l'excommunication » qu'ils avaient usé validement des pouvoirs de leur charge, contrairement à ce que prétendaient l'archiprêtre et ses inspirateurs, et qu'enfin, malgré leur refus d'obéir à certaines injonctions de Blakcwell, ils n'avaient été ni schismatiques, ni insoumis à l'autorité du Saint Siège. (²) Leurs ennemis n'en répétaient pas moins que le Pape leur était hostile. Clément VIII tint à leur donner une preuve de sa bienveillance : sachant qu'ils manquaient d'argent, il leur en fit offrir : ils acceptèrent. C'était une réponse aux bruits répandus. (³)

Désormais la décision des cardinaux n'était plus douteuse, bien qu'elle fût lente à venir. Ils la rendirent enfin. Elle déclarait qu'on avait chargé gratuitement les prêtres appelants de crimes bien énormes et qu'ils devaient être absous de toutes les censures, que l'archiprêtre, dépassant ses pouvoirs, avait portées contre eux. S'il y avait une excuse pour l'archiprêtre, elle venait de son ignorance du

---

(¹) L'aveu est d'autant plus significatif, que six mois auparavant, Albdobrandini prévenu contre les prêtres appelants commandait au Nonce de France de les dissuader de venir à Rome. Arch. du Vatican. Nonciature de France. t. 291, p. 34. Lettre du 3 décembre 1601.

(²) De Béthune au roi, 15 avril 1602. Arch. de Sully.

(³) De Béthune à Villeroi, 15 juillet 1602. Arch. de Sully.

droit, et aussi de ce qu'il avait agi vraisemblablement sous l'influence de conseils étrangers. Les cardinaux ajoutaient qu'il fallait enlever à la juridiction de cet archiprêtre, les prêtres séculiers et les laïques qui n'avaient pas été élèves des séminaires, et lui enjoindre, contrairement aux prescriptions du cardinal Gaëtan, de ne traiter désormais aucune affaire de sa charge par l'avis du provincial anglais des jésuites, ou de quelqu'un de leur compagnie, qu'il résidât à Rome ou ailleurs; il devait s'adresser directement au cardinal protecteur des affaires d'Angleterre. Il fallait lui recommander en même temps de distribuer fidèlement les aumônes, qui lui étaient envoyées, aux indigents, et principalement à ceux qui étaient incarcérés pour la foi. De leur côté les prêtres appelants devaient réprouver les choses injurieuses contenues dans les livres écrits par eux contre les jésuites et les livres eux-mêmes. Il était défendu aux deux partis, sous peine d'excommunication, de rien publier sans l'approbation préalable du cardinal protecteur, et sous la même peine, de rien écrire, soit en public, soit en particulier, au sujet de cette controverse, qu'il fallait absolument étouffer. [1]

[1] Actes de ce qui s'est passé ou décisions prises dans la Congrégation du 20 juillet, touchant les affaires d'Angleterre.
Les cardinaux furent d'avis :
A. — 1° Que l'archiprêtre avait beaucoup chargé les prêtres appelants en les traitant de schismatiques, de rebelles, d'insoumis, et pour ce motif, leur défendant l'usage de leurs pouvoirs, les empêchant de se défendre de cette flétrissure et de cette censure, de se réunir, de se soutenir mutuellement, de passer aux pays d'outre-mer, et enfin, quand ils en appelaient au Saint-Siège, n'ayant pas voulu déférer à leur désir.
Du reste on peut d'une certaine manière excuser l'archiprêtre, en disant qu'il n'est pas très versé dans le droit, et aussi parce qu'il a vraisemblablement agi dans la plupart des cas poussé par des conseils étrangers.
2° Quant à ce qui regarde la forme du gouvernement de l'Eglise an-

Ce jugement obtenu, malgré l'opposition violente de tous les partisans de l'Espagne, et grâce à la faveur dont le roi de France et Béthune n'avaient cessé d'entourer les prêtres anglais, avait produit sur la cour romaine une impression considérable. Le roi de France, disait-on, n'avait qu'à poursuivre, et bientôt il aurait plus de pouvoir en Angleterre que n'en avait jamais eu le roi d'Espagne, malgré les dépenses qu'il avait faites et la conquête qu'il s'était promise. Elisabeth elle-même avait fait remercier Henri IV de la protection qu'il avait accordée à ces prêtres. L'action des jésuites anglais et du même coup les menées espagnoles se trouvaient entravées : elles pouvaient même être anéanties pour peu que la reine s'y prêtât, en usant de modération envers les catholiques partisans des

glicane proposée par les prêtres, les cardinaux furent d'avis qu'il n'était nullement expédient pour le moment de faire quelque changement ; mais, qu'il fallait enjoindre à l'archiprêtre de ne pas dépasser ses pouvoirs, comme il l'a fait, tant dans les peines et censures infligées, que dans sa manière de procéder envers les laïques et les prêtres, qui n'ont pas été élèves des Séminaires et contre lesquels on ne voit pas qu'une juridiction quelconque lui ait été donnée. — (Le bref à l'archiprêtre dit expressément : *Nullam tamen nolumus exercere te protestatem in presbyteros, qui seminariorum alumni non fuerunt.*) — Que si ces pouvoirs paraissent douteux dans quelques cas, qu'on les revise et qu'on les détermine.

b. — Qu'il faut enjoindre en outre à l'archiprêtre de traiter et d'expédier toutes les affaires de sa charge, sans en rien communiquer au provincial de la Société de Jésus ou aux autres prêtres de la même compagnie, qui sont en Angleterre, et qu'il y a lieu d'abolir et d'abroger sur ce point les instructions du cardinal Gaëtan.

Pour cela, il faut prescrire à l'archiprêtre que pour tout ce qui touche le gouvernement de l'Eglise d'Angleterre, ou pour les choses qui se rapportent en quelque manière à ce gouvernement, il ne traite point par lettre ou par intermédiaire avec les prêtres de la même société, qui résident à Rome ou ailleurs ; mais qu'il adresse tout à notre Seigneur, le protecteur actuel ou futur. Il faut aussi recommander à l'archiprêtre de

prêtres venus à Rome, maintenant que la cause de la religion ne serait plus de leur côté, entachée du crime de lèse-majesté.

C'est bien ce que vit Persons. Désapprouvé, vaincu, il n'avait plus qu'une pensée, amoindrir sa défaite, et si c'était possible, la transformer en victoire. Il fallait empêcher à tout prix que la reine fit une différence entre les catholiques amis des Jésuites et partisans de l'Espagne et ceux qui n'approuvaient pas leur conduite. Pour cela, il fallait laisser croire en Angleterre et faire voir à Rome, qu'après des malentendus passagers, les prêtres anglais et lui s'étaient réconciliés. L'habile père avait encore à la cour romaine tant de crédit, et dans son esprit cauteleux

distribuer fidèlement les aumônes recueillies aux indigents, surtout à ceux qui ont été incarcérés pour la foi.

B. — a. On s'est aussi occupé des livres publiés naguère en Angleterre ou à Rouen, dans lesquels se trouvent nombre de choses injurieuses pour les pères jésuites et même frisent l'hérésie ; les illustrissimes sont d'avis qu'il faut absolument les défendre et les condamner : quelques-uns pensent même que les appelants devraient déclarer en général qu'ils les improuvent.

b. Les mêmes sont d'avis qu'il faut défendre aux deux partis, sous peine d'excommunication *latæ sententiæ* et de la perte de leurs pouvoirs, de publier désormais des livres sans l'autorisation préalable du cardinal protecteur : que celui qui aura communiqué, retenu ou publié de pareils livres, ou quelque écrit que ce soit, injurieux ou capable d'exciter la haine et la désunion entre les deux partis, soit passible des mêmes peines. Qu'on n'écrive plus désormais, soit publiquement, soit en particulier, sur cette controverse, pour attaquer ou pour défendre l'un ou l'autre parti, ou quelques personnes, sous peine d'excommunication *ipso facto* ; car il faut terminer absolument et assoupir cette dispute.

C. — Enfin, ils sont d'avis qu'il faut rendre aux prêtres appelants leurs pouvoirs et enjoindre à l'archiprêtre de ne procéder désormais, contre eux, qu'après en avoir informé le cardinal protecteur et reçu sa réponse.

Une copie de ce jugement est aux archives de Sully.

Cf. Béthune au roi, 12 août 1602. Arch. de Sully.

tant de ressources qu'il faillit réussir. Un jour, le 3 octobre, au matin, un messager du Pape, prévint les prêtres anglais que sa Sainteté voulait les voir, et les attendait vers les deux heures au palais apostolique. Joyeux, ils partirent, persuadés qu'ils allaient entendre enfin leur sentence définitive, et qu'après ils pourraient songer au retour. Ils étaient arrivés depuis une demi-heure à peine, quand ils virent entrer Persons et les deux procureurs de l'archiprêtre. Une même pensée leur vint à la fois : ils étaient tombés dans un piège. Persons avait ménagé cette entrevue, afin que le Pape leur commandât à tous de se réconcilier et de s'embrasser sans réplique. On imagine facilement leur trouble quand on songe surtout aux graves conséquences qu'allait avoir leur conduite. Refuser, c'était s'aliéner le Pape ; accepter, c'était « se plonger en mille et « mille autres malheurs pires que tout le mal passé. » Dans cette perplexité, ils se recommandèrent à Dieu et à Notre-Dame. Bientôt arriva le cardinal Farnèse : c'est en sa présence que devait avoir lieu la réconciliation. Mais « Dieu voulut » qu'un autre cardinal vint encore ; et celui-ci entretint si longuement le Pape, que le temps de l'audience y passa tout entier. Persons voyant qu'il n'y avait désormais rien à faire, pour ce jour-là, parla quelques instants à un camérier du Pape et puis se retira, faisant dire par un des siens aux prêtres anglais qu'ils pouvaient s'en aller aussi, qu'ils perdraient leur temps à attendre. Ils lui firent répondre qu'ils n'avaient rien de commun avec lui, et qu'il ne prit pas la peine de leur donner des conseils. Puis, quelque temps après, ils se retirèrent aussi pour aller rendre compte à Béthune de ce qui s'était passé. Béthune avait le lendemain son jour d'audience ; ils le supplièrent de faire entendre au Souverain Pontife « l'appréhension et la peine qu'ils avaient eues » et d'obtenir de lui qu'on ne les contraignit pas à cette réconciliation insidieuse. Le Pape se rendit aux raisons de l'ambassadeur (¹). Deux jours après, ils obtenaient la bulle définitive : (²) elle était rédigée dans le sens indiqué par les cardinaux rapporteurs. Aussitôt ils prirent congé de Clément VIII. Le Pape les combla de grâces personnelles. Mais déjà le docteur Hadock, qui avait fort assisté Persons, avait quitté Rome pour une destination inconnue, pour la Flandre, disait-on, et pour Londres peut-être. Comme ils pouvaient tout craindre, les prêtres se hâtèrent d'expédier en Angleterre la copie de la bulle, qui témoignait de l'issue heureuse de leur procès. (³) Après quoi, ils reprirent eux-mêmes le chemin de la France.

Ils se croyaient à la fin de leurs maux ; ils furent promptement détrompés. Ils trouvèrent à leur retour les catholiques anglais plus travaillés et aussi divisés que jamais. Les menées en faveur de l'Espagne continuaient plus acharnées : les vaincus prenaient leur revanche, ils tentaient d'empêcher à tout prix la brèche, que le jugement de la cour romaine menaçait d'ouvrir dans le parti espagnol. Le jugement condamnait les mesures injustes prises par l'archiprêtre contre les prêtres anglais : il déclarait indirectement qu'on pouvait sans être schismatique demeurer fidèle à la reine ; mais il laissait les catholiques libres de leur conduite, et les factieux en profitaient pour tenter de rallier à eux les sages. » (⁴) Les puritains s'émurent les premiers de cette agitation fiévreuse. Ils accusèrent

(¹) Lettres des prêtres anglais. Arch. de Sully.
(²) Bref du Pape à l'archiprêtre, 5 octobre 1602.
(³) Lettre d'un prêtre anglais du 8 octobre 1602. Arch. de Sully.
(⁴) Du roi à Béthune 11 janvier 1603. B. N. m. 3485.

Elisabeth de tolérance scandaleuse envers une fraction du parti catholique ; et leurs cris provoquèrent de la part de la vieille et ombrageuse reine de nouvelles rigueurs. Un édit plus sévère encore que les anciens fut porté contre les catholiques. Religieux et prêtres étaient condamnés au bannissement, s'ils n'avaient — les premiers et leurs adhérents dans les trente jours, les autres dans les trois mois, — prêté le serment inacceptable qu'on leur demandait. (29 janvier 1603). Une conspiration découverte en ce moment contre le roi d'Ecosse et dont on soupçonna les Espagnols d'être les instigateurs, justifiait de plus en plus, aux yeux de la reine, cette mesure violente.

Cependant les ministres anglais tenaient à connaître ce que les prêtres arrivés de Rome avaient négocié avec Clément VIII. L'un d'eux Thomas Bluette, fut mandé à Londres par le chef du Conseil, lord Cecil. Campnews et Mirlews s'y rendirent aussi secrètement. Ils venaient consoler leurs amis et chercher, malgré les édits, un terrain d'accommodement. Mais divisés à Rome, où Béthune avait eu grand'peine à les tenir d'accord, ils ne s'entendaient pas encore à Londres. L'ambassadeur français, de Beaumont, intervint en leur faveur auprès du Conseil de la reine. Mais les ministres d'Elisabeth, même ceux, qui dans l'âme étaient catholiques, — soit faiblesse, soit intérêt — se refusaient à rien relâcher de leur dernier édit. A leurs yeux l'Espagne et le Pape étaient unis contre l'Angleterre, et ils regardaient comme ennemis tous les Anglais, qui vivaient sous l'obéissance du Pape. On demanda aux prêtres anglais de signer une formule de serment, rédigée par l'évêque de Londres. Ils refusèrent et eux-mêmes obtinrent d'en rédiger une nouvelle, dans laquelle ils reconnaissaient à Elisabeth la même autorité civile qu'à ses prédécesseurs et s'engageaient à découvrir tout complot ou toute invasion projetée, eussent-ils pour prétexte le rétablissement de la religion catholique. L'évêque de Londres s'était contenté de ces déclarations, mais les ministres se montraient intraitables. (¹) Les négociations continuèrent : elles ne devaient pas aboutir du vivant de la reine.

Or, la succession d'Angleterre devenait de plus en plus la grande, la passionnante affaire du moment. Elle était l'objet de tous les discours, le point de mire de tous les intérêts, la préoccupation de toutes les chancelleries catholiques. Toute espérance de conversion de la part du roi d'Ecosse était tombée ; et les catholiques, qui ne voulaient ni d'un roi huguenot, ni d'un prince étranger, partageaient maintenant leurs vœux entre deux des plus nobles gentilshommes anglais ; les uns souhaitaient Arthur Pole, en ce moment à Rome, chez Farnèse, les autres, plus nombreux préféraient le comte d'Huntingdon, qui n'avait pas quitté l'Angleterre. De son côté, Clément VIII revenait à ses anciens projets. Deux brefs adressés aux catholiques anglais, et les exhortant, sans nommer personne du reste, à s'opposer à l'avènement de tout souverain hérétique, étaient, depuis bientôt deux ans, entre les mains du Nonce de Flandre et devaient être remis à leurs destinataires, aussitôt après la mort de la reine. (²) Non seulement le

---

(¹) De Beaumont à Béthune, 30 janvier et 6 février 1603. B. N. M. 3490.

(²) De Béthune à Villeroi, 24 février 1603. Lingard parle de deux brefs. Béthune n'en connaît qu'un : « Il y a un bref du Pape, dépêché, il y a près de deux ans, pour s'en servir vers les catholiques, lorsque la mort « de la reine arrivera, dans lequel du reste personne n'est nommé. Le « Pape exhorte les catholiques à ne recevoir personne d'hérétique à la « succession. Mais le plus mauvais, c'est que le bref est entre les mains « du Nonce, en Flandre, lequel, selon qu'il serait affectionné à l'archi- « duc, quand l'occasion viendra de s'en servir, le pourrait tourner à « l'avantage de qui il leur plairait. »

Pape ne les retirait pas, mais froissé de l'accueil plein de défiance fait à l'évêque de Vaison, qu'il avait envoyé en Ecosse, il priait de nouveau Henri IV de prendre les mesures nécessaires pour assurer la succession d'Elisabeth à un prince catholique. Sans doute il y allait à ses yeux de l'intérêt de la religion et de la foi, mais il y allait de l'intérêt de la France aussi. Tenus en respect par la politique sage et ferme du roi, les huguenots français pouvaient s'agiter plus tard, sous la minorité de ses enfants peut-être. Il importait qu'ils ne trouvassent pas, comme jadis, un appui dans le roi protestant d'Angleterre. (¹)

Henri IV n'avait guère à se louer en ce moment du roi d'Ecosse. Il venait d'apprendre à quels motifs ambitieux et bas ce prince attribuait publiquement sa conversion à la foi romaine, et il était mécontent de la conduite de Jacques VI envers les catholiques. Il fit répondre tout cela à Clément VIII. Il ajoutait que le roi d'Ecosse était un esprit inquiet, sans énergie, presque sans volonté en face de ses ministres. « Mais le moyen de l'exclure, il ne le voyait pas. » Il regardait comme introuvable ce prince indifférent que le Pape avait cherché jusque-là. L'ayant trouvé, il ne croyait pas possible de l'installer au préjudice de celui auquel, de droit et légitimement, revenait la couronne. Quant à lui, il ne pouvait, sans paraître manquer à l'honneur et à la foi jurée, prêter l'oreille, en ce moment, à des propositions de ce genre, « la reine d'Angleterre et le roi d'Ecosse étant alliés de la France. » Du reste les catholiques anglais, dont le Pape cherchait le bien, et sur lesquels il fondait son espoir, étaient « plus excités que jamais les uns contre les autres, » grâce aux partisans de l'Espagne. Entreprendre de leur sû « quelque dessein pour la succes-

---

(¹) De Béthune au roi, 12 février 1603, B. N. M. 3494.

sion » d'Angleterre, il n'y fallait pas songer. Ils ne manqueraient pas de s'entre accuser et de livrer aussitôt le secret. Ce serait leur ruine définitive. Prévenus que les catholiques travaillaient contre eux dans l'ombre, la reine d'Angleterre et le roi d'Ecosse n'auraient plus qu'un souci : les poursuivre à outrance, et, vaincus, les exterminer. (¹) Le péril était immense et l'espérance nulle. Il n'y avait pour eux qu'un moyen, qu'un espoir de salut, l'union dans la paix et la fidélité à leurs princes. Pour cela il fallait arrêter énergiquement, — ce qu'on n'avait pas fait jusqu'ici — les menées que certains, à l'instigation des Jésuites, continuaient follement en faveur de l'Espagne ; il fallait composer leurs différents, et faire en sorte qu'il ne fussent et ne parussent plus des rebelles.

Clément VIII apprécia la sagesse de ces conseils. Il promit de les faire entendre à tous ceux, qui lui parleraient de cette délicate affaire et de recommander fortement la concorde et l'union aux catholiques anglais. Il comptait, — Béthune l'en assurait d'ailleurs, — que la bienveillance du roi de France ne les abandonnerait pas auprès d'Elisabeth et du roi d'Ecosse, et qu'enfin ils pourraient respirer. Persons lui-même, qu'il fût sincère ou non, parut un moment se rallier à cette politique. Convaincu, disait-il, que le roi d'Espagne ne voulait ni pour lui, ni pour les siens, de la couronne anglaise, il « accepterait » que le roi d'Ecosse succédât à la reine, à condition qu'il se fit catholique : c'était le seul moyen d'assurer la paix. (²).

Si l'Espagnol se ravisait maintenant, comme l'affirmait Persons, c'est qu'il était à peu près sans espoir de voir aboutir désormais ses prétentions au trône d'Angleterre.

(¹) Du roi à Béthune, 23 mars 1603. B. N. M. 3485.
(²) De Béthune au roi, 7 avril 1603. B. N. M. 3495.

Du moins comptait-il toujours faire pencher de son côté le roi d'Ecosse, et ensuite le dominer. Mais Jacques VI mettait peu de hâte à serrer la main qu'on lui tendait : il se défiait de toutes ces caresses, « la jalousie des royaumes, « suivant le mot de Béthune, n'admettant pas plus de « rivaux que celle que l'on a des maîtresses. » L'Espagne eut alors recours à ses armes ordinaires : la corruption et le poignard. La doctrine sortie de chez elle, qu'il est permis de tuer un tyran, la justifiait d'avance. Comment douter que le roi d'Ecosse ne fut un tyran, puisqu'il disputait un royaume à l'Espagne ? Découverte aussitôt que formée, la conspiration fut sans effet. Elle confirma seulement Henri IV dans le dessein qu'il méditait depuis longtemps d'attirer à sa Cour le fils de Jacques VI et de le faire élever dans la religion catholique, qui était la religion de sa mère. Ainsi les catholiques anglais auraient une garantie pour l'avenir, et les Espagnols seraient moins tentés d'entreprendre contre le père, puisqu'ils ne trouveraient aucun profit à sa mort. (¹)

Les évènements ne permirent pas de réaliser ce projet : la nouvelle de la maladie d'Elisabeth venait d'arriver à Paris. Les Anglais ne permettraient pas maintenant qu'on élevât hors de l'Angleterre et dans la religion catholique leur futur souverain. Pour ne pas leur déplaire, le roi d'Ecosse ne s'y prêterait pas davantage. Il savait qu'il avait pour lui la plupart des conseillers de la reine, et à peu près tout le peuple. Aucun parti n'était désormais assez puissant, ni au dedans ni au dehors, pour lui disputer sérieusement la couronne, Seuls les amis des jésuites semblaient vouloir l'entreprendre. Ils répandaient partout le bruit d'un accord des souverains catholiques pour mettre sur le

---

(¹) De Béthune à Villeroi, 23 février 1603. *Arch. de Sully.*

trône d'Angleterre un prince de leur religion. Clément VIII, disaient-ils, était l'instigateur du projet, et le roi de France l'appuyait. De pareilles manœuvres étaient en ce moment une folie. Elles ne pouvaient avoir qu'un résultat : indisposer le roi d'Ecosse contre les catholiques et mettre Henri IV dans l'impossibilité de faire désormais rien pour eux. (¹)

Cependant la vieille reine s'en allait, consumée par une mélancolie secrète et profonde. Sa maladie n'avait rien de mortel ; mais elle refusait obstinément tous les remèdes, malgré les prières et les menaces de mort de ses médecins. « Je ne puis attribuer qu'au regret de la mort du feu « Comte d'Essex, écrivait le comte de Beaumont à Béthune, « qu'elle soit émue à la désirer elle-même. » A peine atteinte de ce mal inconnu, elle déclara qu'elle « voulait mourir ». Elle demeura « quinze jours assise sur des cous- « sins et vêtue, les yeux fixés à terre, sans vouloir ni « parler, ni voir personne. » Elle se mit au lit seulement « trois jours avant sa mort. » L'archevêque de Cantorbéry, l'évêque de Londres et son aumônier, l'assistèrent à sa dernière heure. Elle donna, dit-on, « beaucoup de signes « de dévotion et de reconnaissance envers Dieu » et mourut le 3 avril 1603, à trois heures du matin. Elle n'avait désigné personne pour son héritier, elle n'avait fait aucun testament. (²)

Le roi d'Ecosse fut proclamé aussitôt roi d'Angleterre, sous le nom de Jacques I, dans la cour du château de Richmond, où venait de mourir la reine, et le jour même, sur les ordres de lord Cecil, à Londres « par un hérault « d'armes, à cheval, accompagné de tous les seigneurs du

(¹) Du roi et de Villeroi à Béthune, 8 avril 1603.
(²) De Beaumont à Béthune, 3 avril 1603. B. N. M. 3490.

« Conseil, des archevêques, évêques, comtes, barons et
« gentilshommes qui se trouvaient alors à Londres,
« au nombre de trois cents. » L'enthousiasme fut universel. La différence des religions, les haines séculaires entre Ecossais et Anglais, tout fut oublié dans une acclamation unanime d'assentiment et de joie. Jacques I avait pour lui le droit légitime ; mais d'autres considérations avaient aussi décidé les Anglais : il apportait avec ses enfants au royaume la sureté pour l'avenir, il fermait la porte à l'étranger.

Ainsi s'était accomplie cette succession d'Angleterre, qui préoccupait toute l'Europe, sans division, sans trouble, sans secousse ; et le Comte de Beaumont n'admirait pas moins le bonheur des Anglais que leur sagesse. (¹)

(¹) De Beaumont à Béthune, 3 avril 1603. B. N. M. 3490.

CHAPITRE V.

Clément VIII impose aux catholiques anglais la politique que lui conseille le roi de France.

Le Pape brise définitivement avec la politique espagnole. — Jacques Ier : Sa conduite envers les catholiques. — Conspiration de Cobham. — Nouveaux édits contre les religieux et les prêtres. — Persons exilé à Naples.

La surprise du Pape fut grande, à la nouvelle, que le roi d'Ecosse était proclamé roi d'Angleterre ; elle fut extrême, quand il connut les détails de cette proclamation, et surtout cette unanimité des esprits, après tant de divisions en apparences irréductibles. Mais il ne s'attarda pas à de vaines récriminations. Comme les intérêts de la religion catholique étaient son unique souci, il ne s'inquiéta plus que des moyens de les sauvegarder ; il ne donna plus qu'un but à ses efforts : assurer aux fidèles anglais la tolérance, à défaut de la liberté. Les circonstances commandaient plus que jamais la discrétion et la prudence. Il fallait, avant d'agir, connaître les intentions du nouveau roi ; il fallait éviter de l'aigrir, en attendant, et ne pas l'obliger d'hériter en même temps que du trône, de la malveillance d'Elisabeth envers ses sujets catholiques. C'étaient les conseils de Béthune. L'ambassadeur mettait en garde en même temps Aldobrandini et le Pape contre ces intempérants, dont le zèle inspiré par d'autres intérêts que les intérêts religieux, voudrait leur persuader, si le roi d'Angleterrs ne se convertissait, d'user contre lui des foudres de l'Eglise (¹)

Clément VIII avait été jusque-là hésitant. S'il avait penché, dans les derniers temps, vers la politique modérée de Henri IV, ce n'avait été qu'en paraissant regretter l'autre, la politique violente de Persons et de l'Espagne. Cette fois, il allait briser franchement avec cette dernière. Tout l'y invitait, l'y entraînait en quelque sorte. Des premiers, il le savait, les catholiques anglais avaient acclamé le nouveau roi. Des jésuites même étaient venus à Rome le supplier d'interdire à Persons et à ses amis, « de faire aucune pratique qui put altérer contre eux l'esprit du prince. » Clément VIII y était décidé. Aux maux qu'il voulait guérir, il ne voyait, en attendant, qu'un remède, dont on put espérer quelque résultat efficace : l'intervention amicale de Henri IV auprès du nouveau roi. Il la sollicita plus instamment que jamais, et promit de ne rien faire en Angleterre sans les conseils du roi de France. (²)

Pendant ce temps Jacques Ier quittait Edimbourg et venait lentement, à travers les provinces anglaises, prendre possession de sa nouvelle couronne. Il arrivait en roi pacifique. A peine proclamé, il avait donné ordre d'arrêter le départ de la flotte que la feue reine destinait à soutenir

---

(¹) De Béthune au roi, 21 avril 1603. B. N. m. 3495. — « Quant à
« la religion catholique, mon avis était qu'il fallait attendre de connaître
« quelle serait l'inclination du nouveau roi, quelle intention il montrerait ; en attendant, il ne fallait pas l'aigrir, et ne pas l'obliger, en
« succédant à la reine, d'hériter aussi de sa mauvaise volonté contre les
« catholiques ; que sa Sainteté ne fit ni ne dit rien, qui put faire croire
« à sa mauvaise volonté ; quelques-uns sans doute, autant pour autre
« intérêt que celui de la religion le voudront persuader d'user de ses
« armes spirituelles, si le dit roi ne montrait signe de conversion. »

(²) De Béthune au roi 6 mai 1603. B. N. m. 3495.

contre l'Espagne les Etats révoltés de Hollande. Il avait maintenu provisoirement au pouvoir les ministres d'Elisabeth ; il agissait avec prudence, il paraissait bien conseillé. On lui fit à Londres un accueil enthousiaste. Ainsi que Beaumont l'avait prévu, « il voulut entrer avec la clémence, » il diminua la rigueur des édits contre les catholiques. A Rome, comme à Paris et à Londres, la première impression fut heureuse.

Sans doute Clément VIII eût préféré un roi catholique. Mais cet avènement n'avait pas, comme il l'avait craint, mis en péril la paix du monde, et les sages débuts du nouveau règne permettaient quelques espérances. Une imprudence pouvait les rendre vaines ; il fallait éviter d'offenser, même en apparence, l'esprit de Jacques Ier, qui était d'une défiance extrême. Clément VIII s'y appliqua, avec une suite et un tact dont rien ne put le détourner. Un protestant écossais converti, un partisan acharné de l'Espagne, Colvin, avait écrit jadis contre le roi d'Ecosse. Chassé de son pays, (1) il venait d'arriver à Rome avec l'intention de solliciter du Pape, un asile et des secours. Clément VIII le reçut avec bienveillance, comme il recevait toujours les hérétiques convertis. Mais il se fut exposé, en le gardant à Rome, à laisser croire à Jacques Ier qu'il soutenait un ennemi de sa personne, et non un catholique banni. Aussi invita-t-il Colvin à retourner en Angleterre et à donner satisfaction au prince, que ses écrits avaient vivement offensé. Après cela, il lui promettait à Rome l'assistance qu'il demandait. Béthune avait fait à Colvin la même

---

(1) Colvin s'était réfugié d'abord à Paris, d'où il entretenait une correspondance suivie, lui écossais, avec le secrétaire de l'ambassadeur espagnol à Rome. Il faisait porter ses lettres, non par des courriers ordinaires, mais par des gens à lui. Béthune à Villeroi, 15 avril, 17 juin 1602.

réponse, et lui avait donné les mêmes conseils. Colvin se résigna : il repartit pour Londres, et promit de faire entendre à son roi la cause de son retour. Béthune voyait à cela un double avantage : Jacques I aurait ainsi une preuve des bonnes dispositions du Pape ; il verrait aussi que là où le roi de France avait quelque crédit, ses ennemis, à lui, ne trouvaient pas d'accès : ce qui l'inclinerait de plus en plus vers Henri IV. (1)

Mais déjà, en Angleterre même, les illusions des premiers jours tombaient. Jacques I n'avait rien de cet extérieur sympathique et brillant qui captive les foules, rien de cet esprit sage, net et ferme, qui fait les vrais souverains. De moyenne taille, gros, avec de grands yeux inquiets, et une démarche hésitante, il ne rappelait en rien sa mère, Marie Stuart, à la légendaire beauté, ni son père, Darnley, de si grande distinction. Sa personne, comme ses actes, étonna d'abord et bientôt indisposa les Anglais. Ils avouaient hautement qu'ils avaient été trompés dans leurs espérances. Grand discoureur, à table surtout, « il aimait à mettre en « dispute toutes matières, principalement celles de reli- « gion, » ce que les Anglais n'approuvaient pas. Il faisait profession de mépriser grandement les femmes. — qui le lui rendaient bien, — et donnait « des leçons en public selon les préceptes de la vertu. » Il blâmait ceux qui les aimaient, et s'amusait — du reste sans beaucoup d'esprit, — du penchant qu'avait pour elles le roi de France.

Ces moqueries inoffensives ne touchaient guère Henri IV. Ce qui le préoccupait autrement, c'était l'esprit crédule du roi d'Angleterre, et l'incapacité politique dont il le croyait à la veille de donner des preuves, au grand détriment de la France et des intérêts catholiques. Depuis quelques

(1) De Béthune au roi, 3 juin 1603. B. N. m. 3495.

mois, des manœuvres, moins habiles que persévérantes, tendaient à inspirer des soupçons à ce prince sur l'amitié désintéressée du roi de France. On répandait de nouveau de vieilles calomnies, cent fois réfutées : on insinuait qu'en protégeant à Rome les prêtres anglais, Henri IV n'avait eu qu'un dessein : se créer un parti en Angleterre au détriment de Jacques d'Ecosse. Des lettres d'un Jésuite venaient de tomber, en apparence comme par hasard, en réalité d'après un plan voulu, entre les mains des ministres anglais. Ces lettres présentaient Henri IV comme le seul espoir des catholiques d'Angleterre, qui attendaient son intervention. Rien n'était négligé pour mettre Jacques I en défiance, et le jeter dans les bras de l'Espagne. Déjà plusieurs membres du Conseil, penchaient de ce côté du vivant même d'Elisabeth. Ils regrettaient de voir les Etats de Philippe III fermés à leurs navires et ils proposaient à ce prince de permettre chez lui le commerce aux Anglais catholiques, sous le couvert desquels les autres le feraient aussi. Ces manœuvres n'avaient pas abouti du vivant de la reine. Elles recommençaient maintenant plus pressantes. Comme Beaumont les contrariait, en les démasquant, lord Cécil obtint de Jacques I qu'il demandât au roi de France le rappel de cet ambassadeur. Une première fois Henri IV répondit qu'il fallait attendre. A une nouvelle demande plus vive, blessé, il refusa avec hauteur, et il écrivit à Béthune, qu'il continuait à ne pas voir clair dans les intentions du roi d'Angleterre. (¹)

Les catholiques étaient plus inquiets encore. « Je ne « peux me persuader, disait publiquement le roi, qu'un « papiste puisse être un bon sujet. » C'est à table surtout qu'il donnait libre cours à ses intempérances de langage.

(¹) Du roi à Béthune, 29 mai 1603. B. N. m. 3485.

Là, « il déclarait que le Pape était l'Antechrist, et qu'il voyait en lui tous les signes de « l'Apocalypse. » Dans une de ces circonstances, un seigneur écossais lui rappela « qu'il avait promis un jour d'abolir, quand il serait roi « d'Angleterre, toutes les superstitions papales ». — « J'y compte bien », avait répondu Jacques I (¹). Ce n'étaient là que des paroles : sa conduite à l'égard des catholiques n'en était pas plus rigoureuse. Mais on ne savait qu'attendre de cet esprit soupçonneux et dissimulé, de ce théologien couronné, qui pouvait faire sortir un édit de persécution d'un syllogisme scolastique.

Il ne tarda pas à se proclamer chef de l'Eglise d'Angleterre. Clément VIII ne s'en émut pas outre mesure. Du moment que Jacques ne se faisait pas catholique, il devait prendre, — c'était inévitable, — tous les titres que s'était donnés la feue reine. Le Pape se bornait à recommander les catholiques anglais à la sollicitude des princes qui envoyaient des ambassadeurs au successeur d'Elisabeth. Lui-même eut un moment l'intention de députer un légat à Londres. (²) Mais c'est toujours sur le crédit du roi de France auprès de Jacques I que le Pontife fondait son meilleur espoir. Henri IV, en dépêchant le marquis de Rosny, comme ambassadeur extraordinaire au roi d'Angleterre, l'avait chargé, lui protestant, de prendre en mains, avec la discrétion et la prudence voulues, la cause des catholiques. Rien n'était plus habile. Aucun ambassadeur ne pouvait être plus agréable à Jacques I, aucun lui inspirer moins d'ombrage, et lui paraître plus désintéressé. Rosny s'acquitta loyalement de sa mission. Par malheur on venait d'arrêter un prêtre déguisé, entré, disait-on, en

---

(¹) De Beaumont à Béthune, 3 juin 1603. B. N. m. 3490.
(²) De Béthune au roi. 14 juillet 1603. B. N. m. 3495.

Angleterre, avec l'intention de tuer le roi, s'il se faisait persécuteur. Jacques I en fut impressionné vivement, et il se confirma dans le dessein, qu'il avait toujours eu de tenir les catholiques en bride. Il consentit néanmoins, à la demande de Rosny et malgré ses ministres, à surseoir à l'exécution de l'édit porté contre eux par la feue reine, et à ne pas exiger l'impôt spécial qui les frappait, — vingt livres par mois lunaire, — avant la réunion du Parlement, en septembre. C'était toujours quelques mois de répit. Les catholiques n'avaient, en attendant, qu'à mettre un soin extrême à ne pas indisposer le roi.

Clément VIII avait une autre espérance : il comptait sur la nouvelle reine, qui, en secret, était catholique. A peine arrivée à Londres, elle avait fait part au Comte de Beaumont de son intention de défendre ses coréligionnaires. (¹) Malheureusement le ménage royal n'était pas très uni, et c'était précisément la faute de la reine. (²) Fière, cassante, toute à ses plaisirs, elle n'avait pas répondu, même par des égards, à l'affection que son mari avait eue au début pour elle. Tout le terrain qu'elle avait perdu dans l'esprit et dans le cœur du roi, d'autres, des favoris et des ministres, l'avaient gagné à son détriment, et son influence semblait pour longtemps compromise.

Mais cette tolérance dont jouissaient les catholiques anglais grâce à l'intervention du roi de France et à la conduite modérée et prudente du Pape, déplaisait à quelques Français, protestants factieux, réfugiés sur le sol

---

(¹) De Beaumont à Béthune, 9 août 1603. B N, m 3490.

(²) Le roi « ayant l'humeur douce, comme il a, si elle changeait de « façon avec lui, et qu'au lieu d'y aller de bravade, comme souvent « elle fait à son endroit, elle y employât les caresses, il n'y a point de « doute qu'elle ne le gouvernât entièrement, vu l'inclination qu'il a à « l'aimer. » — De Béthune à Villeroi, 29 juillet 1603. Arch. de Sully.

britannique. Ils imaginèrent d'y mettre un terme, en irritant le Pape, et en effarouchant les catholiques, et pour cela ils publièrent une profession de foi du roi d'Angleterre, conçue dans les termes les plus violents contre l'Eglise romaine. Ils donnaient à ce manifeste une date toute récente. En réalité il avait été publié treize ans auparavant par le roi d'Ecosse, à l'instigation des ministres presbytériens. Informé aussitôt par Béthune de la supercherie, Clément VIII ne tomba pas un instant dans le piège. Les actes du roi d'Angleterre parlaient plus haut que les phrases méchantes qu'on lui faisait prononcer. Il savait quels malheurs les catholiques anglais avaient éprouvés pour la cause de son infortunée mère, et il inclinait, — en se le reprochant presque, il est vrai, — à user d'une certaine indulgence envers eux. Il avait même promis ouvertement à Rosny de les laisser en paix.

Ce résultat confirmait le Pape dans la politique nouvelle qu'il avait adoptée. Il fit officiellement commander aux catholiques anglais par les nonces de France et de Flandre la modération et la fidélité à leur prince : il parla dans le même sens aux jésuites ; il défendit à Persons, qu'il savait violent et intempestif, de se mêler des affaires d'Angleterre ; il l'invita même à oublier qu'il était anglais, de peur que ce souvenir ne lui fit commettre des imprudences. Quant à lui, il se déclara prêt « à prendre, « suivant le conseil de Béthune, le contrepied de ses « prédécesseurs », dont les mesures de rigueur avaient tout ruiné en Angleterre. Non seulement il ne ferait rien, qui put offenser le nouveau roi, mais il était même disposé « à user à son endroit de toutes sortes de compli- « ments et courtoisies, » s'il pouvait croire que Jacques I les reçût bien « et qu'ils lui fussent agréables » (¹)

L'impatience — explicable d'ailleurs — de quelques imprudents trop zélés, et la mauvaise humeur de quelques ambitieux déçus, faillirent compromettre les résultats, que le Pape pouvait justement attendre de sa modération. On venait de découvrir une conspiration contre le roi d'Angleterre. Aussitôt les protestants français réfugiés accusèrent les catholiques d'en être les auteurs. En réalité deux prêtres Watson (²) et Clarke l'avaient inspirée : ils furent pris et l'avouèrent. Ils voulaient forcer le roi d'Angleterre à tenir les promesses faites jadis par le roi d'Ecosse, à donner à ses sujets la liberté de conscience. Mais il y avait aussi des puritains mécontents, comme lord Grey, d'anciens ministres d'Elisabeth, comme Raleigh et Cobham, parmi les conjurés. On les soupçonna tous de travailler pour le compte et avec l'argent de l'Espagne, et d'être en relation avec le comte d'Aremberg, que l'Archiduc avait envoyé en Angleterre, pour négocier avec le nouveau roi. Les aveux des accusés confirmèrent plus tard ces soupçons. Ils avaient projeté d'enfermer à la Tour, le roi, la reine et le prince de Galles, d'élever au trône lady Arabelle, et de rétablir officiellement la religion catholique. Le comte d'Aremberg leur avait promis trois cent mille écus. Il leur demandait seulement de se conduire après leur attentat, tant pour le mariage de lady Arabelle, que pour le gouvernement du royaume, selon les désirs et les vues du roi d'Espagne, de l'Archiduc et du duc de

---

(¹) De Béthune au roi, 26 août 1603. *Arch. de Sully*.

(²) Watson avait toujours combattu sous le dernier règne les prétentions espagnoles : il avait même écrit en faveur de Jacques d'Ecosse et avait obtenu de lui les plus belles promesses. Devenu roi d'Angleterre, Jacques I, de parti pris, les oublia.

Savoie.(¹) Pendant ce temps l'ambassadeur, que Philippe III envoyait au roi d'Angleterre, accomplissait son voyage avec une lenteur incroyable, comme s'il eût attendu, disait Jacques lui-même, le succès de la conspiration. (²) Dans le châtiment des coupables, comme dans tout le reste de sa conduite, Jacques Ier se montra beaucoup plus doux qu'on n'avait espéré. Les deux prêtres seuls et deux conjurés subalternes furent exécutés. Il écouta la prière du comte de Beaumont, qui lui demandait de ne pas faire retomber sur la tête de tous les catholiques la faute de quelques-uns. Comme l'ambassadeur l'engageait même, — un peu indiscrètement, — à suivre l'exemple de Henri IV, « qui avait l'âme contente depuis sa conversion, » il répondit « qu'il n'était pas hérétique, qu'il admettait la hiérarchie, » qu'il reconnaissait le Pape « comme le premier des Evêques, comme président et modérateur au concile, » mais non « comme chef et supérieur dans l'Eglise ». A son avis, « seul un concile général bien et dûment assemblé pouvait ramener à l'unité les diverses chapelles. » (³)

Ce n'étaient pas là de trop méchantes paroles. Les actes y répondaient. Le procès contre les conjurés avait prouvé au roi d'Angleterre que le complot s'était fait en dehors du Pape et que Clément VIII le désavouait hautement. Les catholiques ne furent pas inquiétés. Bien que la rigueur des édits demeurât la même, on les laissait vivre et

---

(¹) « Bien que les conjurés publiassent leur dessein de faire reine lady Arabelle, le traité se faisait au nom de l'Infante, chose que je puis vous assurer comme très certaine, l'ayant appris de très bon lieu. » (Beaumont à Béthune, 1er septembre 1603.

(²) De Beaumont à Béthune, 23 août 1603. B. N. m, 3490.

(³) Du roi à Béthune, d'après une dépêche du comte de Beaumont, 12 août 1603. B. N. m. 3490.

pratiquer leur religion, dans le royaume et même à la Cour, « sans aucun trouble et sans recherche particulière. » Quelques députés d'Irlande, enfermés jadis à la Tour, pour avoir réclamé, au nom de leurs compatriotes, le libre exercice du culte national, étaient remis en liberté et les officiers royaux dans l'île avaient ordre « de n'y violenter, ni contraindre aucun catholique. » (¹)

Les paroles du roi d'Angleterre et toutes ces mesures de clémence, obtenues grâce au roi de France et à son ambassadeur Beaumont, produisirent sur l'esprit du Pape l'effet le plus heureux. Clément VIII se réjouissait de trouver tant de zèle d'un côté, tant de modération de l'autre, et il se félicitait plus que jamais de cette politique, qu'il avait résolu de suivre en Angleterre, dès le début de ce nouveau règne. Plus que jamais il s'étudiait à prévenir les défiances que Jacques I pouvait prendre de ses paroles ou de ses actes. Un nouveau Colvin, un certain Pierre Basset, l'apprit à ses dépens. Basset, avait quitté Londres après avoir revendiqué par écrit de prétendus droits à la couronne d'Angleterre, comme petit-fils d'un bâtard du roi Edouard. Jacques s'en était vivement ému et il avait prié Henri IV d'arrêter l'imposteur. (²) Mais Basset avait échappé à la police française et était venu se réfugier à Rome. Le Pape lui ordonna de quitter la ville.

Le roi d'Angleterre continuait à correspondre à ces avances pacifiques. Le Nonce du Pape en France, l'évêque de Camerino, lui avait écrit pour recommander à sa bienveillance les catholiques anglais, et lui proposer certains articles, moyennant lesquels, il lui promettait leur obéissance et l'amitié du Pape. Jacques I reçut favorablement

(¹) De Beaumont à Béthune, 16 octobre 1603. B. N. m. 3490.
(²) De Beaumont au roi, 1ᵉʳ septembre 1603. B. N. m. 3490.

la requête, et fit faire au Nonce, par son ambassadeur à Paris, une réponse courtoise. Mais l'évêque de Camerino ne s'en était pas tenu là : il avait conseillé aux catholiques anglais de s'affirmer tels publiquement et même de « donner « leurs noms, pour se fortifier et se connaître ». C'était une imprudence. Combien de catholiques hésiteraient à s'afficher ainsi, de peur de se voir personnellement exposés dans la suite aux coups qu'on pourrait diriger encore contre eux. Henri IV fut étonné de cette démarche, il fut même légèrement froissé, que le Nonce l'eût faite à son insu, malgré les instructions formelles du Pape (¹) : il craignait qu'une influence espagnole n'eût secrètement inspiré l'évêque de Camerino. Il n'en était rien. Le Nonce avait pour mission d'employer tout son zèle, de travailler de tout son pouvoir au maintien, et si c'était possible, au développement de la religion catholique en Angleterre. S'il avait agi de sa propre initiative, s'il n'avait pas consulté Henri IV, c'est qu'il n'avait pu le voir depuis deux mois.

Henri IV du reste était plus heureux que personne du résultat obtenu, de la réponse du roi Jacques, et il en soulignait l'importance. Jadis on ne pouvait prononcer, en Angleterre, le nom du Pape, sans s'exposer à un châtiment ; et maintenant les ministres anglais avaient, non seulement la liberté, mais l'ordre de correspondre avec ceux du Souverain Pontife. Le roi d'Angleterre était même à la veille de faire un pas de plus : il avait résolu de négocier directement avec Clément VIII, et il avait choisi un ambassadeur pour l'envoyer à Rome. (²).

(¹) Les lettres du Nonce au cardinal Aldobrandini d'octobre et de novembre 1603, semblent indiquer que le Pape n'avait pas absolument ignoré cette démarche. Arch. du Vatican, nonciature de France, t. 48.

(²) Du roi et de Villeroi, 3 décembre 1603. — De Béthune au roi, 16 décembre 1603. Arch. de Sully. — D'après Lafleur de Kermaingant

Henri IV trouvait à cette décision plusieurs avantages. L'intervention d'un prince séculier, la sienne surtout, prétexte incessant aux insinuations perfides des protestants et de l'Espagne, risquait de mettre tôt ou tard en défiance l'ombrageux Jacques I. Désormais rien de pareil n'était à craindre. Sans priver le Pape de ses conseils, Henri IV n'userait plus que de prières envers le roi d'Angleterre : ainsi, l'amitié s'accroissant entre les deux couronnes, les catholiques seraient mieux traités, « ce qui doit être le but, écrivait-il, de « ceux qui véritablement et sincèrement « affectionnent, comme je fais, leur soulagement, par pure « et vraie charité, et non par ambition et désir d'en profi- « ter. » De son côté, Clément VIII espérait, en négociant personnellement avec Jacques I, faire tomber les préventions, dissiper les malentendus. C'était le moyen, non pas seulement de maintenir la religion catholique dans l'île, mais de l'y enraciner davantage, et d'obtenir pour ses fidèles, « plus de repos, que par le passé ». (¹)

Un incident nouveau menaça de réduire à néant toutes

« Henri IV, qui dissimule avec Béthune son irritation de voir le nonce « communiquer avec le roi d'Angleterre, se montrer à découvert à Beau- « mont. » Il ne se cache point tant que cela à Béthune. Il suffit de lire sa lettre à l'ambassadeur, du 18 novembre 1603, pour sentir percer son dépit de ce qu'il croit avoir été moins encore un manque de confiance de la part du Pape, qu'une manœuvre espagnole dirigée contre lui. « Il ne fau- « drait pas qu'on fît tomber à l'honneur et avantage des Espagnols les « services qu'on leur rendra (aux catholiques), comme quelques-uns « pourraient le faire, considérant plus leurs intérêts privés que ceux de « sa Sainteté ». « Il ne faudrait pas, dit à son tour Villeroi, le 3 décem- « bre, que les espagnols se prévalussent de cela, et le prissent pour eux « et s'attribuassent la protection des catholiques, afin de faire valoir un « jour leurs prétentions sur l'Angleterre ». Henri IV et son ministre soupçonnaient alors le nonce d'avoir agi à l'instigation de l'Espagne.

(¹) Du roi à Béthune, 16 décembre 1603. B. N. m. 3487.

ces espérances. On venait d'apprendre à Rome l'emprisonnement de Standen. Standen arrivait d'Italie où le roi d'Angleterre l'avait envoyé. Catholique zélé, il fut convaincu d'avoir négocié, sans mission, à Florence, par l'intermédiaire du grand-duc, avec les cardinaux Aldobrandini, Saint-Marcel et Borghèse. Lui avait-on promis le cardinalat, s'il obtenait que la reine d'Angleterre se déclarât fille de l'Eglise ? Avait-il, pour l'y disposer, tenté d'introduire près d'elle des Jésuites ? On l'en accusa aussi, mais sans preuves. La vérité, c'est que Standen avait été chargé par le Pape de remettre à la reine quelques présents pieux, et qu'il l'avait fait, malgré les conseils de Henri IV, qui jugeait la démarche hâtive. A l'indiscrétion, Standen avait ajouté l'imprudence. (¹) Il avait écrit de Florence à Persons. Sa lettre, légèrement confiée à un anglais, fut aussitôt envoyée au roi d'Angleterre. Jacques I y était dépeint comme profondément hérétique, opiniâtre et dissimulé envers les catholiques ; la reine comme sujette à ses plaisirs, sans souci des affaires sérieuses, incapable d'être utile à ceux de sa religion. Ces portraits peu flattés piquèrent sans doute au vif l'amour-propre royal : mais ce que Jacques I pardonnait moins encore, c'était les relations de Standen avec son ennemi personnel, irréconciliable, Persons. Par bonheur — le roi le vit bien, — Clément VIII n'était pour rien dans cette affaire : il ne prenait plus les conseils de l'intrigant et passionné Jésuite. Il lui avait

---

(¹) Lors de son passage à Paris, Standen avait donné encore d'autres preuves de son manque de discrétion et de tact, par des insinuations malveillantes à l'égard de Henri IV et de son ambassadeur à Londres. — C. f. Lafleur de Kermaingant : Mission de Christophe de Harlay, comte de Beaumont, t. I, p. 147.

même expressément défendu de se mêler des choses d'Angleterre. (¹).

L'entourage huguenot de Jacques I n'en eut pas moins aucune peine à réveiller dans l'esprit du prince ses anciennes défiances envers le clergé catholique. Le 22 février 1604, un édit enjoignit à tous les ecclésiastiques de l'Eglise romaine, Jésuites, prêtres ou autres, d'avoir à sortir, avant le 19 mars, des états du roi d'Angleterre. Les protestants français réfugiés triomphaient. Ils comptaient bien que c'en était fini maintenant de tous les ménagements passés, que c'était bien cette fois la guerre entre Jacques I et le Pape. C'était mal connaître le prince, que d'attendre de lui une conduite si nettement hostile et si franche. Il cherchait au contraire à tempérer la rigueur de l'édit, aux yeux de Clément VIII, par les soins qu'il mettait à ne pas offenser sa personne. Il traitait avec plus d'égards le catholique emprisonné Standen. Dans sa déclaration, il reconnaissait le Pape comme évêque de Rome. Il lui offrait en qualité de prince séculier, « tous ses offices et devoirs d'amitié » Il s'y sentait porté, disait-il, par les courtoisies qu'il en avait reçues et dont il protestait de « se revancher ». Clément VIII ne remarqua pas sans plaisir les termes courtois dont le roi se servait en parlant de lui. Mais sa première impression avait été un étonnement pénible, et il continuait à trouver cet édit étrange, à n'en pas devenir la cause. La cause, Jacques I l'avait indiquée lui-même au comte de Beaumont : c'était la profession de foi dans laquelle, au sortir de leurs séminaires, les prêtres déclaraient qu'ils ne pouvaient légitimement obéir à un souverain hérétique. Beaumont s'informa : le fait était vrai : les ecclésiastiques promettaient

---

(²) De Villeroi à Béthune, 16 février 1604. B. N. m. 3488. — De Béthune à Villeroi, 22 mars 1604. Arch de Sully.

de se conformer en tout aux volontés de l'archiprêtre, et Blackwell, partisan endurci de l'Espagne, exigeait d'eux « plusieurs choses contraires à la loi du royaume. » Du temps d'Elisabeth, certains prêtres avaient rédigé eux-mêmes une formule de serment. Beaumont les engageait à la reprendre. De son côté le roi assurait que s'il était sûr d'eux, il leur permettrait de rester, et il accorda, à la prière de l'ambassadeur français, quinze jours de sursis à l'exécution de l'édit. (¹).

Jacques Ier avait promis aussi de profiter de la tenue du Parlement pour améliorer le sort des catholiques. Mais il ne le tentait même pas, reculant d'avance sur ce point, comme sur d'autres, devant l'opposition prévue des membres puritains de l'assemblée. Les catholiques déçus s'agitaient. Le roi mécontent de leur impatience, blâmait leur animosité, « qui sentait plus, disait-il, la faction que la religion. » (²) Cependant il promettait encore à Beaumont de les traiter avec douceur, s'ils se conduisaient envers lui en sujets fidèles.

Le Pape devenait inquiet, mais il était résolu à ne pas se départir de la modération qu'il s'était imposée. Il y avait en ce moment à Rome, quelques délégués des catholiques anglais. Clément VIII voulut les voir, leur parler, les conseiller lui-même, persuadé que tombés de sa bouche, ses conseils seraient mieux entendus. Mais il y avait aux yeux de Béthune un moyen autrement sûr de les rendre efficaces, c'était d'empêcher qu'ils ne fussent combattus par des conseils contraires, c'était d'ôter à Persons la charge du séminaire des Anglais. « Il est tellement accoutumé, « disait-il, à se mêler des affaires du monde, et a une telle

(¹) De Beaumont à Béthune, 10 mars 1604. B. N. m. 3490.
(²) Du roi à Béthune, 4 juin 1604. B. N. m. 3486.

« autorité sur ceux du Séminaire, qu'il n'y avait pas moyen
« de douter que ses avis souvent répétés ne fissent oublier
« les sages et prudents conseils que Sa Sainteté donnait à
« ceux, qui étaient envoyés de dèlà. » Peut-être était-ce
aussi le moyen de désarmer le roi d'Angleterre. L'affaire
de Standen avait montré combien Jacques détestait Persons, et le dernier édit, combien il tenait pour suspects les
jésuites, qui dépendaient de lui. Quelle ne devait pas être
dès lors la défiance du roi envers les élèves d'un
pareil maître, envers ces Anglais qui revenaient de Rome,
formés à son école, imbus de ses doctrines, gagnés à sa
politique ? Clément VIII promit de soumettre la question
au général de la Compagnie. Le général était peu satisfait
lui aussi des manières d'agir de Persons et il semblait disposé à brider énergiquement cette influence compromettante. C'était l'avantage du roi de France, Béthune ne s'en
cachait pas ; c'était plus encore l'avantage des catholiques
anglais. [1]

Mais à Rome tout se fait à la longue. Pendant ce temps
des nouvelles de plus en plus graves arrivaient d'Angleterre. Au lieu d'améliorer la condition des catholiques,
Jacques Ier, sous la pression des puritains du Parlement,
venait de renouveler contre eux les lois d'Elisabeth. Peut-
être ne l'avait-il pas fait à contre-cœur. Il était urgent,
pour la cause des opprimés, de témoigner que le Pape ne
faisait pas cause commune avec l'inspirateur secret des
impatients de là-bas, avec Persons. Lui enlever la charge
de recteur du Séminaire des Anglais, ne semblait plus suffisant, il fallait l'éloigner de Rome.

Les circonstances y invitaient le Pape. Peu satisfait des
catholiques, Jacques Ier était fort mécontent aussi des pu-

[1] De Béthune au roi, 1er juin 1604. Arch. de Sully.

ritains. L'un de leurs ministres avait prêché si librement et si indiscrètement devant lui, qu'il l'avait fait arrêter. (¹) Comme ils s'agitaient, scandalisés des doctrines religieuses du roi, maintenant ennemi de leur secte, il avait voulu les astreindre de force, à la religion anglicane. Ils s'y refusaient bruyamment. Quelques ministres d'Ecosse osèrent même excommunier des évêques, coupables de favoriser les intentions du roi. Jacques Ier était de plus en plus irrité. Il y avait, semblait-il, pour les catholiques, tout intérêt à demeurer calmes, à mettre leur conduite en contraste avec celle des puritains. C'est ce que conseillait Henri IV, (²) ce que recommandait Clément VIII ; mais ni l'un ni l'autre, le Pape ni le roi, ne savaient que se promettre de la conduite équivoque de Jacques d'Angleterre. Esprit indécis et sans franchise, Jacques flattait le Pape, il permettait à la reine, sa femme, de se montrer favorable aux catholiques, et il faisait des lois contre eux. Clément VIII remettait cette affaire entre les mains de Dieu, et il continuait à travailler, avec une persévérance attristée, et sans compter avec les sacrifices, à cette œuvre de liberté et de paix, qu'il avait entreprise. De nouveau il invita les catholiques anglais à la modération et au calme ; et pour bien montrer à leur roi qu'il n'était pas avec les factieux, se souvenant des conseils de Béthune, il commanda au général des jésuites d'enlever à Persons la charge du Séminaire anglais et de l'envoyer loin de Rome. Clément VIII priait Henri IV d'en informer le roi d'Angleterre. (³) En même

(¹) Du roi à Béthune, 27 juillet 1604. B. N. m. 3486.
(²) De Béthune au roi, 21 septembre 1604. Arch. de Sully.
(³) Du roi à Béthune, 23 août 1604. B. N. m. 3486. — « Si l'on a
« renouvelé contre eux (les catholiques) les lois de la feue reine, on en
« a fait aussi de plus sévères contre les puritains, ce qu'ils ne suppor-
« teront pas avec la même patience que les catholiques. Ainsi, je suis

temps, dans le même esprit de conciliation, il permettait aux Vénitiens d'accepter un ambassadeur anglais, qui ne fut pas catholique.

Le roi d'Angleterre, ennemi du sang, ne semblait pourtant pas disposé à la violence. Le chevalier de Lindsey, qu'il avait choisi depuis longtemps, pour l'envoyer à Rome, et dont il avait jusque-là retardé le départ, allait se mettre en route, chargé d'une mission secrète auprès de Clément VIII. Béthune ne fut pas peu surpris du choix d'un tel ambassadeur. Il l'avait connu deux ans auparavant à Rome. Il le savait léger, inconstant, débauché, prêt à se vendre à tous ceux qui voudraient l'acheter. Il était à cette époque le pensionnaire des Espagnols, et l'avouait lui-même à l'évêque de Bologne. C'était pour ses exigeants et peu scrupuleux amis une occasion rare de chercher à battre en brêche, et, si c'était possible, de ruiner pour jamais le crédit du roi de France auprès du roi d'Angleterre. Ils n'y manquèrent pas. Ils engagèrent Lindsey à faire tout ce qu'il faudrait, pour échouer dans sa mission, et à rejeter, près de son maître, la cause de cet échec, sur l'opposition de Béthune. (¹) C'est ainsi qu'en mettant toujours en avant cette pieuse cause, les Espagnols se jouaient de la religion

« d'avis qu'ils doivent rester calmes : s'ils n'améliorent pas leur situa-
« tion, ils ne l'empirent pas non plus ; qui sait temporiser, acquiert
« avec le temps un grand avantage. »

(¹) De Béthune au roi, 27 décembre 1604. Arch. de Sully. — « Les
« espagnols ayant crédit sur lui, parce qu'il est leur pensionnaire,
« l'avaient recherché de faire qu'il ne réussit en rien de ce qu'il traitait,
« et qu'il fit entendre au roi d'Angleterre que la cause était que je m'étais
« opposé à ses desseins et les lui avais traversés auprès du Pape ; ce qui
« me semble digne d'en avertir sa Sainteté afin qu'elle connaisse à
« quelles gens elle a affaire, et comment ils se jouent de la religion
« selon leurs intérêts. » Béthune avait appris cela de l'évêque de Bologne, qui le tenait de Lindsey lui-même.

selon leurs intérêts. La preuve n'était plus à faire. Depuis longtemps Aldobrandini et Clément VIII avaient vu sous le masque. Ils tinrent à témoigner eux-mêmes à Lindsey du zèle, avec lequel Béthune s'était toujours employé, tant auprès d'eux que de la cour romaine, en faveur du roi d'Angleterre. (¹) Henri IV n'en était pas moins obligé en ce moment même de défendre, auprès de Jacques Ier, son ambassadeur à Rome, accusé par les Espagnols, comme si déjà la déloyauté qu'ils attendaient de Lindsey, avait eu son effet.

La conduite même de Béthune était une réponse à ces impostures. Le docteur Hadock, l'âme damnée de Persons, dans l'affaire des prêtres anglais, avait tenté de persuader à l'ambassadeur que le moyen le meilleur de rétablir en Angleterre la religion catholique, c'était la guerre. On devine avec quelle énergie Béthune répondit à ce partisan obstiné de l'épée ; et comme il était à prévoir qu'on tenterait de rallier Clément VIII aux mesures violentes, il prévint Hadock qu'il mettrait le Pape en garde contre elles (²). Comme Hadock, Persons de son côté préconisait le recours à la force. Mais il était à Naples ; sa parole n'avait plus le même écho qu'autrefois. Il le sentait et il demandait à hauts cris à revenir à Rome, au centre de ses intrigues. A la prière de Béthune, le général des jésuites avait promis de laisser Persons à Naples tout l'été. C'était là le dernier

(¹) De Béthune au roi, 11 janvier 1605. Arch de Sully. — Lindsey « me dit alors qu'on avait voulu faire savoir au roi Jacques que je lui « avais été contraire à Rome, mais que depuis il avait reconnu que « c'était impossible ; que lui-même en avait eu confirmation du Pape « et du cardinal Aldobrandini, qui avaient témoigné combien favorable- « ment j'avais toujours parlé pour son maître et comme en toutes occa- « sions je lui avais fait de bons offices tant auprès d'eux que dans toute « cette cour. »

(²) De Béthune à Villeroi, 11 février 1605. Arch. de Sully.

des mauvais services que l'ambassadeur français avait rendus au roi d'Angleterre. (¹)

Mais déjà le chevalier de Lindsey, après quelques jours seulement passés à Rome, était reparti pour l'Espagne. C'était une preuve que la négociation, dont il était chargé, était de peu d'importance. Néanmoins Clément VIII en avait reçu, semble-t-il, une impression favorable. Il forma aussitôt une commission de dix cardinaux pour aviser aux moyens de ramener l'Angleterre à la foi catholique. Le Pape avait décidé encore d'envoyer un ambassadeur au roi d'Angleterre ; mais il ne le voulait avec raison, ni espagnol, ni français, ni flamand. Trouver l'homme qu'il fallait, était difficile. (²) Ce fut la cause de quelques retards. La Providence ne devait pas permettre à Clément VIII d'exécuter son dessein.

(¹) De Béthune au roi, 21 mars 1605. Arch. de Sully.
(²)   id.   21 janvier 1605. Arch. de Sully.

CHAPITRE VI

MODIFICATION DES RAPPORTS DE L'ESPAGNE AVEC L'ANGLETERRE APRÈS L'AVÈNEMENT DE JACQUES Ier.

Projet de mariage de l'Infante avec le Dauphin. — Orientation nouvelle de la politique espagnole à l'avènement de Jacques Ier. — Le catholique Philippe III négocie la paix avec le roi huguenot d'Angleterre.

L'affaire des prêtres anglais avait porté subitement sur un nouveau théâtre la lutte entre les politiques rivales de la France et de l'Espagne. Dans les premiers mois de 1603, la succession d'Angleterre semblait avoir absorbé toute l'activité des hommes d'Etat espagnols. Henri IV n'avait eu depuis à se plaindre d'aucune provocation nouvelle de leur part, et sans être cordiales, les relations entre les deux couronnes paraissaient moins tendues. Le ciel politique s'était momentanément éclairci. Le dernier nuage, la vacance prolongée de l'ambassade française à Madrid, s'était dissipé. Malgré la complicité nettement établie du roi d'Espagne dans la conspiration de Biron, et dans la tentative avortée du prince de Joinville, Henri IV, dissimulant son dépit, et paraissant ne céder qu'aux sollicitations pressantes du Pape, avait envoyé M. de Barrault, comme ambassadeur en Espagne. Philippe III, ses ministres et ses sujets avaient fait à l'ambassadeur un accueil bienveillant, (¹)

(¹) Du roi à Béthune, 21 avril 1603. B. N. M. 3406. — M. de Barrault était arrivé le 18 mars à Valladolid, où résidait alors la Cour d'Espagne.

C'était le résultat des remontrances réitérées de Clément VIII ; Henri IV en fit remercier le Pontife. (¹) Le roi d'Espagne avait en outre abandonné le duc de Savoie, après la tentative malheureuse du prince sur Genève ; le vent, sur le continent du moins, soufflait donc à la paix.

Mais un coin de l'Europe était toujours en feu ; les Pays-Bas révoltés. Directement soutenus par l'Angleterre, secrètement encouragés par la France, ils résistaient avec une incroyable énergie aux armes espagnoles, On pouvait toujours craindre que l'incendie s'étendit encore. C'était depuis longtemps, avec la succession d'Angleterre, la préoccupation inquiète de Clément VIII. Il crut le moment venu de faire un suprême effort pour affermir la paix. Le moyen, c'était l'entente franche, sincère, entre la France et l'Espagne, et cette entente rien, à son avis, ne pouvait mieux la cimenter qu'une alliance entre les deux maisons souveraines. La cour d'Espagne la première avait mis ce projet en avant : Clément VIII l'avait caressé dès le jour où il avait appris la naissance presque simultanée du Dauphin et de l'Infante. Depuis une fille était née au roi de France, un fils au roi d'Espagne, Clément VIII avait vu là l'occasion d'un nouveau mariage. (²) Mais le premier surtout était d'une capitale importance. Le Pape en fit de

---

(¹) De Béthune au roi, 19 mai 1603. B. N. M. 3495.

(²) Le Pape « ayant appris que le Dauphin était merveilleusement
« grand et fort pour son âge, dit qu'il faudrait désormais songer à le
« marier. L'Infante étant née presque le même jour que lui, il semblait
« que Dieu eût d'avance indiqué cette union, qui serait le moyen d'as-
« surer davantage l'intelligence entre les deux rois. » *De Béthune au roi,
9 septembre 1602. Arch. de Sully.*

« L'ambassadeur d'Espagne parlant à moi, et sa femme à ma femme,
« ils ont mis en avant par forme de propos le mariage de l'Infante avec
« le Dauphin. A quoi il leur a été répondu sans montrer entendre que
« cela se fasse. » *De Béthune au roi, 30 décembre 1603. Arch. de Sully.*

nouveau la proposition à Béthune. Les princes étaient bien jeunes sans doute, mais d'avance on pouvait les fiancer l'un à l'autre et s'assurer « par serments, otages et contrats » que le mariage serait célébré un jour.

Béthune accueillit sans enthousiasme ces ouvertures nouvelles. Il ne voyait dans les propositions de l'Espagne qu'une hypocrite manœuvre, destinée à endormir les défiances du roi. Mais il tenait avant tout à savoir si le Pape, parlait de lui-même, inspiré par le seul désir de la paix, ou s'il était dans cette circonstance, l'intermédiaire autorisé du roi d'Espagne. La question était nette, la réponse fut vague. Clément VIII déclara qu'il était l'interprète « des principaux ministres » d'Espagne : il ajouta que les propositions espagnoles étaient vraiment sincères, et qu'on avait besoin à Madrid, de la paix, car le Portugal s'agitait et l'Aragon aussi. (¹)

Béthune transmit à son maître, comme il faisait toujours, les aspirations du Pontife, et les réponses qu'il avait faites aux projets exposés. Henri IV n'eut pas de peine à démontrer la fragilité des assurances dont Clément VIII avait parlé. Qu'y a-t-il de plus instable qu'un traité, de plus sujet à modification qu'un contrat ? A chaque instant, les circonstances plus fortes que les hommes, font de ces changements un expédient inévitable, une nécessité. Du reste le besoin même, qu'avaient les Espagnols de cette alliance, invitait à la circonspection ; leurs avances aimables étaient plus dangereuses que leur mauvaise humeur. « Ils ont donné, écrivait le roi, tant de preuves de leur « bonne foi, depuis le traité de Vervins, que l'on peut « toujours craindre un piège sous chacune de leurs pro- « positions. » Henri IV recommandait cependant à Bé-

(¹) De Béthune au roi 27 janvier 1603. B. N. m. 3493.

thune de ne « pas décourager le Pape » et de s'informer même, par égard pour le Pontife, par forme seulement, des conditions qu'offrait le roi d'Espagne. (¹)

Clément VIII sans nier la force des objections présentées par le roi, se promettait, malgré tout, de faire tomber peu à peu les difficultés accumulées. Rien n'est plus épineux qu'un contrat de mariage : il le savait et n'avait jamais voulu se mêler d'aucun. S'il « se départait cette fois de sa résolution, » c'était « pour le bien qu'il jugeait devoir réussir d'un bon accord entre les deux rois. » Il promit de « s'informer des avantages que Philippe III voudrait « faire à sa fille et quelles suretés il voudrait et pourrait « donner pour l'accomplissement du mariage. » Le Pape n'ignorait pas quelles défiances l'union projetée devait infailliblement éveiller chez les alliés protestants du roi de France : l'Angleterre, les Pays-Bas, les princes d'Allemagne ; le seul bruit, semé au hasard, d'une entente possible avec le roi d'Espagne les avait déjà plusieurs fois émus. Mais Clément VIII, « bien qu'il eut mieux aimé Henri IV, « autant leur ennemi qu'il leur était lié, ne le conviait pas « pas à se mettre mal avec eux. » Sans doute, comme le disait Béthune, le roi de France n'était pas le premier auteur de ces alliances : ses prédécesseurs les avaient contractées, afin de museler l'ambition famélique de l'Espagne : il les avait resserrées seulement, le danger n'étant pas écarté ; mais Clément VIII souhaitait « l'alliance avec l'Es- « pagne, afin que le roi de France eût moins besoin des « princes hérétiques. (²) »

C'était ne rien comprendre à la politique française de Henri IV. L'abaissement de l'Espagne était la condition

(¹) Du roi à Béthune, 26 février 1603. B. N. M. 3485.
(²) De Béthune au roi, 14 mars 1603. B. N. M. 3495.

nécessaire et voulue de la suprématie future de la France. Cependant, bien que gêné grandement par ces ouvertures hâtives, et résolu à n'y pas donner suite, le roi se gardait bien de briser trop ouvertement les espérances du Pape. Il prévoyait que l'avènement prochain du roi d'Ecosse au trône d'Angleterre ne tarderait pas à modifier la tactique espagnole. Déjà, il le savait, Philippe III avait fait à Jacques VI les mêmes propositions qu'à lui-même ; il avait tenté de négocier le mariage de l'Infante avec le prince royal d'Ecosse. S'il avait échoué, c'est qu'il demandait trop. Il exigeait que le jeune prince fût envoyé aussitôt en Espagne, pour y être élevé dans la religion catholique et que le roi d'Ecosse s'unit à lui pour l'aider à chasser du trône, la reine Elisabeth. Jacques VI n'avait pas accepté ces conditions perfides.[1] Les Espagnols se montrèrent moins exigeants avec le roi d'Angleterre. Pour se dédommager de n'avoir pu lui ravir cette couronne tant convoitée, ils cherchèrent à le détacher à la fois des Pays-Bas révoltés et de la France. Leur hauteur, leurs prétentions, leur vanité y mettaient de sérieux obstacles. Mais ils trouvèrent des alliés parmi les conseillers mêmes de la feue reine, et dans les dispositions ouvertement pacifiques du prince. Jacques Ier n'éprouvait contre Philippe III rien de cette animosité, qui avait régné si longtemps dans le cœur d'Elisabeth. Il ne savait comment concilier la haute idée qu'il se faisait de la dignité royale, avec la prudence, qui lui conseillait de prêter main forte à des sujets révoltés contre leur souverain ; et déjà il avait arrêté la flotte qu'Elisabeth destinait à secourir les Pays-Bas.

Instruits de ces dispositions inquiétantes, les Etats avaient aussitôt envoyé au roi d'Angleterre une ambassade

[1] Du roi à Béthune, 21 avril 1603. B. N. M. 3485.

pompeuse. Mais Jacques se tenait en garde contre leurs flatteries : il éludait sous divers prétextes les demandes d'audience, et, dans ses repas, il n'hésitait pas à flétrir les ambassadeurs et leurs maîtres du nom honteux de traîtres. (¹) Il se montrait en même temps charmé de la conduite de l'Archiduc. Pour flatter le roi, ce prince avait rendu la liberté à tous les prisonniers anglais, comme sujets d'un monarque ami. Il avait sollicité et obtenu la permission d'envoyer en Angleterre un ambassadeur, et il avait choisi le comte d'Aremberg, de la première noblesse du pays. Le comte avait pour mission, non pas de négocier, mais de gagner du temps, en attendant les instructions d'Espagne, d'étudier le caractère de la cour, et d'acheter par des présents l'amitié du Conseil.

Henri IV s'inquiétait de ces démonstrations inattendues. L'abandon des Etats par l'Angleterre pouvait leur être fatal, et mettre fin à une guerre, que la France avait tout intérêt à voir se prolonger, puisqu'elle ruinait l'Espagne. La paix avec l'Espagne n'était pas moins à craindre. Jacques, poussé par des ministres, que les intérêts du commerce anglais guidaient seuls, semblait pencher de plus en plus vers les ennemis de la France. Du reste les insinuations perfides, les calomnies impudentes étaient plus que jamais mises en œuvre, pour donner à Jacques Iᵉʳ des soupçons sur l'amitié de Henri IV. C'étaient là des symptômes alarmants, qu'il fallait aussitôt dissiper : Aussi Henri IV avait-il hâté le départ de Rosny, choisi pour aller féliciter en son nom le nouveau roi d'Angleterre. (²)

(¹) Du roi à Béthune, 4 juin 1603. B. N. m. 3485.
(²) De Villeroi à Béthune, 6 mai 1603. B. N. m. 3487. — « Le nou-
« veau roi d'Angleterre fait démonstration à présent de vouloir autant et

Le choix de cet ambassadeur, protestant convaincu, universellement estimé pour ses services et sa valeur, était un coup de maître. Jacques Ier l'avait accueilli avec des démonstrations extraordinaires de contentement et de joie. Les Espagnols virent là un fâcheux présage. Ce n'était pas sans raison. Rosny s'opposa victorieusement aux intrigues de d'Aremberg. Quelques présents habilement distribués, l'élégance de ses manières, ses flatteries délicates, son éloquence insinuante, lui assurèrent l'amitié des courtisans, et bientôt le rendirent maître de l'esprit du roi. Rosny apprit à Jacques à se défier de la fidélité de ses conseillers : il osa même accuser de duplicité le tout puissant Cécil. (¹) Il réussit dans sa mission si complètement, qu'il obtint non seulement le renouvellement des anciennes alliances, mais encore un traité nouveau. Jacques Ier s'engageait à secourir les Etats par des avances secrètes d'argent, et, si Philippe III se plaignait, à lui faire la guerre (25 juin 1603).

Rosny parti, les Espagnols comptaient bien réduire à néant son œuvre ; et bientôt, en effet, il sembla que l'influence de l'ambassadeur français n'avait tenu qu'à sa présence. Les Espagnols excitaient secrètement Jacques Ier à faire valoir les prétendus droits de ses prédécesseurs sur la France, à réclamer aussitôt Calais ; et ils promettaient de l'aider de troupes et d'argent. (²) Jacques, il est vrai, n'ouvrait guère l'oreille à ces conseils. Ce qui l'étonnait le plus c'était de voir que les ambassadeurs d'à peu près tous les

« plus pencher du côté d'Espagne que du nôtre, à ce porté, comme nous
« estimons, par les principaux conseillers de la feue reine d'Angleterre,
« et le commun désir qu'ont les Anglais d'entrer en la jouissance du
« commerce d'Espagne, duquel ils ont été privés longtemps. »

(¹) Lingard : Histoire d'Angleterre.
(²) Du roi à Béthune, 14 juillet 1603. B. N. m. 3485.

Etats de l'Europe étaient venus le féliciter, et que celui du roi d'Espagne seul manquait encore. C'en était assez pour inspirer de la défiance à son esprit « ombrageux. »

Cependant le roi d'Espagne sentait bien, qu'il rechercherait vainement, sans cette courtoisie, l'amitié du roi d'Angleterre et bien que Jacques se déclarât huguenot intraitable, qu'il refusât aux catholiques anglais la liberté, le fils de Philippe II choisit un ambassadeur et le chargea de porter ses compliments au successeur d'Elisabeth. Mais le comte de Villa Médiana, don Juan de Taxis, était parti avec une autre mission encore : il devait étudier sur place les conditions d'une alliance entre l'Espagne et l'Angleterre. Pour y disposer plus vite les esprits, il n'eût garde, on le pense bien, de négliger le ressort ordinaire de la politique espagnole : il emportait avec lui cent mille écus. Au dire des Espagnols, cet argent n'avait qu'une destination : servir à la gloire de Dieu « essentiellement « incorporée à leurs intérêts et assujettie à leur convoitise » (¹). Ils se vantaient de courir au secours des pauvres catholiques anglais ; mais tout le monde était convaincu qu'ils allaient acheter des consciences. C'était l'opinion de Villeroi ; c'était aussi l'opinion de Béthune, « laquelle plus « librement je confesse, écrivait ce dernier, que, quand « ils voudraient me tenir pour excommunié et hérétique, « comme ils ont accoutumé de faire, tous ceux qui ne « croient pas en leurs piperies, je suis en bon lieu pour « m'en faire absoudre ». (²)

Don Juan de Taxis devait traverser la France et s'arrêter à Paris. Henri IV s'attendait à ce que l'ambassadeur vint le remercier, au nom de son maître, d'avoir envoyé

(¹) De Villeroi à Béthune, 23 août 1603. B. N. m. 3487.
(²) De Béthune à Villeroi, 23 septembre 1603. *Arch. de Sully.*

M. de Barrault en Espagne, et lui apportât une lettre du prince en réponse à celle qu'à cette occasion il lui avait écrite lui-même. Taxis n'apportait rien, ni remerciements, ni compliments, ni lettre. Le roi de France ne revenait pas de ce sans gêne de Philippe III. Décidément la politique espagnole redevenait provocante. Le roi d'Espagne recevait dans ses états et donnait des pensions aux complices de Biron, à Rigault, conspirateur en fuite, et au secrétaire du maréchal, Hébert. Comme s'il eût trouvé ces démonstrations insuffisantes, il venait de frapper d'un impôt de 30 0/0 toutes les marchandises françaises qui entraient en Espagne. Au nom de son maître, Béthune se plaignit vivement au Pape de ce manque d'égards et de ces vexations injustifiées. Clément VIII excusa de son mieux le roi d'Espagne. Une telle inexpérience « une telle ignorance présidait, disait-il, au gouvernement des affaires espagnoles, que rien ne s'y faisait » au moment opportun. Il croyait du reste qu'à l'heure où se plaignait Béthune, la lettre de remerciement était partie d'Espagne. C'était dire qu'il avait invité lui-même Philippe III à réparer sa négligence. Mais ignorant l'impôt frappé sur le commerce, Clément VIII ne savait, qu'en penser et que répondre. (¹)

Pendant ce temps Taxis avait repris son voyage vers l'Angleterre ; mais il s'avançait avec une lenteur infinie, « à l'espagnole » ce qui faisait dire au Pape « que les Es-
« pagnols avaient tant d'égard à l'apparence, que cela leur
« faisait manquer souvent ce qu'il y avait de plus essentiel
« à faire. » (²) Dans l'intervalle, on avait découvert en Angleterre la conjuration de Cobham et presque aussitôt la preuve qu'elle était secrètement encouragée par les

(¹) De Béthune au roi, 28 juillet 1602. *Arch. de Sully.*
(²) De Béthune à Villeroi, 26 août 1603. *Arch. de Sully.*

Archiducs et l'Espagne. L'incident était de nature à raviver l'inimitié, qui semblait près de s'éteindre entre les deux couronnes. Jacques Ier crut meilleur de paraître tout ignorer. On lui offrit d'être le médiateur de la paix entre les Etats de Hollande et l'Epagne : il accepta ; mais il y trouva bientôt des difficultés insurmontables. Les Espagnols n'en étaient pas moins exigeants ; ils prétendaient comprendre les Etats dans leur traité avec l'Angleterre. De son côté, Jacques Ier protestait aux représentants du roi de France, qu'il n'abandonnerait pas les Pays-Bas. [1]

Enfin Taxis était arrivé à Londres, et déjà les Espagnols proclamaient à Rome, « que le roi d'Angleterre était tout à eux ». Ils durent bientôt en rabattre. Le peuple de Londres, persuadé que le roi d'Espagne avait trempé dans la conjuration contre Jacques Ier, menaçait de faire un mauvais parti à l'ambassadeur espagnol : au même moment l'ambassadeur français était partout accueilli avec sympathie. Béthune ne manqua pas d'en faire la remarque au milieu de la cour romaine et de souligner ce contraste instructif. [2]

Peu s'en fallut que le roi d'Angleterre ne manifestât à l'égard de Taxis les mêmes sentiments que son peuple de Londres et ne prit pour des offenses les compliments du roi d'Espagne. Depuis Henri V, les souverains de l'Angleterre prenaient le titre de roi de France ; Elisabeth avait même ajouté celui de reine d'Irlande. Philippe III, comme s'il eût voulu réserver ses droits chimériques sur ces deux pays, refusait l'un et l'autre au nouveau souverain anglais. Il l'appelait, non pas mon frère, comme les rois avaient coutume de s'écrire entre eux, mais mon cou-

---

[1] De Beaumont à Béthune, 28 août 1603. B. N. m. 3490.
[2] De Béthune au roi, 7 octobre 1603. *Arch. de Sully.*

sin, comme ils écrivaient aux plus grands de leurs Etats. Jacques Ier en fit la remarque avec amertume. Les paroles arrogantes, les manières hautaines de Taxis l'aigrissaient davantage encore. Rien n'égalait la morgue de l'Espagnol, si ce n'est peut-être sa vanité. Il vivait mesquinement à Londres, mais l'apparat suppléait à la bonne chère : il se faisait servir sous un dais, dans une salle d'une longueur extraordinaire, décorée de ses propres armes, non de celles du roi d'Espagne. Sans cesse, il parlait de sa grandeur, de sa puissance, de sa fortune même. Sa première audience fut un scandale, par le mépris ou l'ignorance qu'il témoigna des formalités en usage : il tarda même tant à se découvrir en présence du roi, qu'on put croire à une impertinence. (¹)

Le marquis de Vigliena, nouvel ambassadeur d'Espagne auprès de Clément VIII reproduisait, à s'y méprendre à Rome, la hauteur et les vanités du Taxis d'Angleterre. C'était partout le caractère saillant de la diplomatie espagnole. Jamais on n'avait vu tant d'incapacité unie à tant d'outrecuidance. C'était pour Béthune un sujet toujours nouveau de fine et pénétrante satire auprès de Clément VIII. Henri IV voyait tous ses vœux dépassés, le crédit de l'Espagne était définitivement ruiné dans l'esprit du Pontife. Vigliena et Taxis avaient contribué à ce résultat plus encore que la diplomatie de Béthune. Taxis n'avait-il pas commis l'insigne maladresse d'user de termes méprisants en parlant à Jacques Ier des princes d'Italie. Clément VIII, le premier de ces princes, prit pour lui l'injure et manifesta hautement l'indignation que lui causaient ces

---

(¹) De Beaumont à Villeroi, 22 septembre, et au roi 10 octobre 1603, B. N. m. 3507. Du roi à Béthune, 3 novembre. B. N. m. 3485.

paroles blessantes. (¹) On pense bien que Taxis ne tenta pas de réparer ou d'atténuer cette faute ; il était pressé d'en commettre d'autres. Avant que Jacques Ier eût donné la moindre preuve de bienveillance à l'égard de l'Espagne quand aucun article de la paix désirée n'était arrêté encore, il mit en avant le mariage de l'Infante avec le prince de Galles.

L'effet n'était pas douteux sur un esprit aussi défiant et aussi ombrageux que celui du roi d'Angleterre. Il fut déplorable à Rome, un peu grâce à Béthune et à sa grande satisfaction. On voyait enfin à nu cette politique espagnole, masquée depuis si longtemps de « beaux et spécieux » prétextes. Les principes religieux, dont Philippe III, par tradition, se proclamait le défenseur armé, qu'il donnait pour motif à toutes ses entreprises, pour excuse à tous les attentats encouragés par lui contre les rois, ses rivaux, étaient sans façon foulés aux pieds, dès qu'ils étaient en contradiction avec « les intérêts » particuliers du prince. Lui, le roi catholique, malgré les lois de l'Eglise, alors en vigueur, dans un chimérique espoir de prépondérance impossible, il offrait sa fille en mariage au fils « d'un

---

(¹) De Béthune au roi, 1er décembre 1603. *Arch. de Sully.* — « J'ai
« fait part de tout cela au Pape, blâmant les paroles du Taxis, mais de
« différentes façons, me riant des unes, qui me rappelaient les vanités de
« l'ambassadeur espagnol à Rome ; des autres,... »

« Mais quand j'en vins au mépris dont Taxis avait usé envers les prin-
« ces d'Italie, parmi lesquels le Pape tient le premier rang, voulant
« absoudre son maître de prétendre à la monarchie universelle, le Pape
« se montra presque indigné, déclarant que rien n'avait retenu le feu roi
« de s'assujettir l'Italie, que la crainte qu'il avait de n'y pouvoir réussir.
« Quant à celui d'à présent, il n'avait point à se justifier de pareils
« attentats, ne gouvernant point ses affaires de façon que l'on en put
« rien craindre. »

huguenot ». (¹) La manœuvre n'eut du reste aucun succès. Jacques I ne fut pas un instant séduit par cette perspective d'alliance, dont les diplomates espagnols s'étaient promis mille avantages. (²) Il n'en fut pas moins énergique à rejeter les conditions de paix qu'offrait l'ambassadeur Taxis. On lui demandait comme préliminaires, de remettre entre les mains du roi d'Espagne, les villes qu'il tenait en gage des Etats, pour la protection qu'il leur accordait, et l'argent dont les avait aidés la feue reine : il refusa. On lui proposa de lui laisser entre les mains ces villes, et même d'en ajouter d'autres, s'il voulait abandonner les Etats à leurs seules forces : il refusa, malgré le désir sincère qu'il avait de la paix. Les Espagnols n'en répétaient pas moins à Rome que cette paix était assurée et toute à leur avantage. (³).

Sur ces entrefaites arrivait à Paris la nouvelle que le roi d'Espagne envoyait le connétable de Castille en Flandre. A quelle fin ? on ne le savait pas ; le champ était libre aux conjectures. Don Fernandez de Velasco avait-il pour mission, en passant par la France, de dissiper entre Henri IV et son maître tous les malentendus et de régler la question du Commerce ? Ce n'était pas l'opinion du Conseil. On ne croyait pas davantage qu'il fût chargé d'offrir à l'Archiduc une retraite plus calme que n'étaient les Pays Bas, bien que le bruit en courut depuis quelque temps déjà, et que le royaume de Valence semblât la compensation désignée. La paix d'Angleterre, le désir de hâter les négociations,

---

(¹) De Béthune à Villeroi, 1ᵉʳ décembre 1603. *Arch. de Sully.*
(²) Jacques 1ᵉʳ remarqua qu'on « avait l'habitude de rechercher les filles, non de les offrir, mais qu'il ne se laisserait ni chatouiller, ni tromper. D'ailleurs les filles d'Autriche étaient toutes laides et lippues et le sang de France serait certainement plus agréable à son fils. » D'après Beaumont 1ᵉʳ décembre 1603. Au roi.
(³) De Béthune au roi, 27 décembre 1603. B. N. M. 3495.

en donnant au Connétable les plus amples pouvoirs, avait dû seuls dicter la décision du roi d'Espagne. (¹) C'était cela en effet. Jacques Ier avait ouvertement témoigné de dispositions pacifiques. Mais pressé de montrer les pouvoirs qu'il avait de traiter, Taxis avait dû avouer que ni le comte d'Aremberg, ni lui, n'avaient pour cela de mandat, et qu'ils attendaient un plus grand qu'eux. Les négociations s'étaient arrêtées là. D'Aremberg était reparti pour la Flandre. Choisir avec le roi d'Angleterre le lieu des conférences, en fixer l'époque, déterminer le nombre des Commissaires espagnols qu'il fallait envoyer ; à cela se bornait maintenant le rôle de Taxis. Le Connétable avait pour mission de négocier au nom du roi d'Espagne et de signer le traité conclu.

On ne s'étonna pas moins à Rome qu'à Paris du choix d'un tel négociateur. Esprit borné, mais vaniteux et suffisant à l'excès, prenant pour des mérites ses dignités dues à la faveur, et sa morgue pour du talent, le connétable jouissait à l'étranger d'une réputation médiocre. On le disait menteur et fourbe, sans respect pour la parole donnée, sans souci de la bonne foi, et beaucoup plus capable de compromettre la paix que de l'établir. (²) S'il n'était le

---

(¹) De Villeroi à Béthune, 23 octobre 1603. B. N. m. 3487.

(²) De Villeroi à Béthune, 18 novembre 1603. B. N. m. 3487. De Béthune au roi, 1er et 16 décembre 1603, et à Villeroi, 11 février 1604. *Arch. de Sully.* — « L'on continue à nous écrire d'Espagne, que le con-
« nétable de Castille passant par ici, doit traiter avec le roi des moyens
« de faire cesser les soupçons et jalousies qui traversent les effets de la
« paix entre les deux rois. Il sera très bien venu, car il trouvera sa Ma-
« jesté très disposée d'y entendre et procéder franchement et de bonne
« foi. Mais certainement nous n'avons pas grande occasion d'espérer que
« les autres en fassent de même ; car, en premier lieu, l'on tient le
« connétable pour un grand menteur et trompeur. » Lettre de Villeroi, 18 novembre 1603.

résultat de l'aveuglement, le choix du roi d'Espagne prenait des airs d'énigme. Clément VIII l'expliqua bientôt à Béthune. Le Connétable disputait au duc de Lerme la faveur de Philippe III ; il fallait à tout prix et pour le plus de temps possible l'éloigner de la cour. Le duc inventa la mission de Flandre et fit investir Velasco de pleins pouvoirs. Hautement flatté dans son amour propre, le connétable partit, sans soupçonner un instant la manœuvre intéressée de son rival. (¹) Pour suppléer à l'insuffisance de ses talents diplomatiques, on lui avait donné trois cent mille écus ; de quoi corrompre toute une cour.

Ami de ses aises, préoccupé de laisser « aux pays qu'il traversait une haute idée de la grandeur de son maître, et de sa propre importance », le connétable voyageait avec une solennelle lenteur. Enfin, deux mois après son départ, il arrivait à Paris, accompagné de l'ambassadeur Taxis qui était allé au-devant de lui, et de don Loïs de Velasco, venu tout exprès de Bruxelles « pour le rencontrer. » Il emmenait avec lui don Balthazar de Cuniga, successeur désigné de Taxis, qui allait rentrer en Espagne. Henri IV lui accorda aussitôt l'audience qu'il avait fait demander. L'entrevue fut cordiale, mais sans importance. Le Connétable assura le roi de l'amitié de son maître, répondit vaguement à quelques allusions à la question du Commerce, et après avoir déclaré qu'il allait en Flandre auprès des Archiducs, il prit on ne peut plus humblement — ce qui fut remarqué en une « si altière personne », — congé du roi de France. (²)

Il ne pouvait quitter Paris sans laisser quelque preuve encore inédite de la vanité espagnole. On donnait communément aux ambassadeurs le titre d'excellence. Le conné-

(¹) De Béthune au roi, 22 mars 1604. Arch. de Sully,
(²) De Villeroi à Béthune, 29 décembre 1603. B. N. M. 3487.

table eut cru manquer à sa dignité, en donnant à d'autres le titre, dont il se glorifiait lui-même. Il traita l'ambassadeur de Venise de clarissime, et le Nonce du Pape de révérendissime (¹) Habitué depuis quelque temps à ces manques d'égards et à ces vanités, Clément VIII informé, tout en les ressentant, prit le parti d'en rire. (²)

Jacques I fut moins indulgent. Après avoir été quatre mois sans parler d'affaires, Taxis vint enfin annoncer au roi, l'arrivée du connétable à Bruxelles. Mais Velasco demandait qu'on s'assemblât ailleurs qu'en Angleterre pour discuter la paix. Il donnait pour raison une indisposition subite, les rigueurs de l'hiver, le mauvais état de la mer, qu'il ne voulait pas affronter, la dignité de son maître, qu'il eût compromise, en faisant quelques pas de plus (³). Jacques I souhaitait la paix. Malgré la complicité bien établie du comte d'Aremberg dans la conspiration de Cobham, il traitait l'ambassadeur d'Espagne avec autant d'égards que si Philippe III eut toujours été son ami. Au sû de tout le monde, les Espagnols achetaient les favoris du roi et cherchaient à corrompre les membres du conseil, «.avec autant d'artifice que d'effronterie.» Mais en face des prétentions ridicules de Velasco, quand, la veille encore, on lui répétait que le connétable avait ordre de venir le trouver et de traiter près de lui, Jacques I se révolta. Il permit aussitôt qu'on envoyât en Hollande de nouvelles recrues, et commanda d'armer des navires. « Colères d'amoureux ! » écrivait justement Villeroi. (⁴) Ces démonstra-

(¹) De Béthune au roi, 25 janvier 1604. B. N. M. 3495.
(²) De Villeroi à Béthune, 16 décembre 1603. B. N. M. 3487.
(³) De Beaumont au roi, janvier 1604. B. N. M. 3508. — De Villeroi à Béthune, 16 février 1604. B. N. M. 3488.
(⁴) De Villeroi à Béthune, 16 février 1604. B. N. M. 3487. — Du roi, 24 février. B. N. M. 3486.

tions belliqueuses n'avaient qu'un but : échauffer l'Espagne à la paix en lui faisant redouter la guerre.

Béthune tenait jour par jour Clément VIII au courant des faits et gestes du connétable, relevant adroitement ses fautes, et mettant en relief ses échecs. N'avait-il pas eu la maladresse insigne, quand les Archiducs tenaient pour assurée la paix avec l'Angleterre, et pouvaient entrevoir un avenir plus calme, de leur offrir une compensation en Espagne, en échange des Pays-Bas ? C'était aller au devant d'un refus, qui fut catégorique. Tout cela confirmait Clément VIII dans l'opinion qu'il avait de ce singulier diplomate. Plus que jamais il le « croyait incapable de mener à bonne fin des affaires si embrouillées, » et dans son esprit le contraste se faisait de lui-même entre la sagesse politique du roi de France, si bien servi partout, et la légèreté du roi d'Espagne, qui confiait les plus importantes missions, « non pas à celui qui pouvait le mieux réussir, « mais à ceux de l'absence desquels il reviendrait plus de « bien à des particuliers. » Quant à lui, il appelait la paix de tous ses vœux. Les Espagnols répandaient au contraire qu'il cherchait à l'empêcher, d'accord « avec le roi de France et le « Sénat de Venise ». Sentant que leur crédit baissait près du Pontife, incapables désormais de peser sur sa volonté, ils cherchaient à le déconsidérer par des calomnies. [1]

Dans l'intervalle, le Connétable, après avoir demandé de nouvelles instructions en Espagne, s'était vu obligé d'humilier sa fierté devant le roi d'Angleterre. Jacques Ier exigeait qu'on traitât à Londres ; il avait fallu s'y résoudre, et le roi d'Espagne avait nommé comme commissaires de ses divers états, outre l'ambassadeur ordinaire Taxis, Alexan-

[1] De Béthune au roi, 11 février 1604. Arch. de Sully.

dre Rovida pour l'Etat de Milan, Richardot pour la Franche-Comté, le comte d'Aremberg pour les Flandres. (¹) Le connétable de Castille devait passer avec eux en Angleterre; mais au dernier moment, il ne put s'y résoudre, au grand mécontentement des ministres anglais. (²) Le 22 mai 1604, les délégués expagnols arrivèrent à Londres. On commença par émettre de part et d'autre les prétentions les plus inconciliables. Mais, ce n'étaient là que des manœuvres sans importance, des évolutions de parade. Les commissaires savaient leurs souverains déterminés à la paix, même au prix de quelque sacrifice. « Malgré les réclamations de « son Parlement, des puritains surtout, » qui protestaient hautement contre toute alliance avec le roi catholique, Jacques Ier, pour satisfaire à la fois son humeur pacifique, et l'âpre cri des intérêts, dont ses ministres se faisaient l'écho, était plus que jamais résolu à traiter. De son côté, Philippe III avait un besoin absolu de la paix. Il y était poussé par la nécessité impérieuse d'appliquer à la seule guerre de Hollande les faibles ressources qu'il pouvait trouver encore dans son trésor épuisé, par la peur « qu'il « avait des armes du roi » de France, et la crainte qu'un jour ou l'autre, Henri IV « ne voulût tirer vengeance des « injures passées. » (³) Malgré tout les négociations se prolongeaient. Les Espagnols tentaient d'obtenir des compensations sérieuses aux avantages que les Anglais réclamaient. La remise entre les mains de Philippe III des villes que l'Angleterre tenait en gage des Pays-Bas révoltés, fit l'objet de conférences animées et nombreuses : ce fut sans résultat pratique pour l'Espagne. Jacques Ier promit bien

(¹) Du roi à Béthune, 4 juin 1604. B. N. M. 3486.
(²) De Beaumont au roi, 3 juin 1604. B. N. M. 3507.
(³) Du roi à Béthune, 5 juillet 1604. B. N. M. 3486.

de fixer aux Etats « un terme pour le paiement de leurs
« dettes, mais avec l'intention de ne les presser jamais de
« s'acquitter. » (¹) Les Espagnols lui demandaient encore de
ne pas laisser entrer en Hollande des soldats recrutés en
Angleterre et en Ecosse, et même de rappeler ceux qui y
étaient déjà. Il s'engagea seulement à ne plus secourir ni
directement, ni indirectement la Hollande ; promesse dont
ils durent se contenter et qui blessa vivement Henri IV,
car elle était contraire au traité secret conclu avec Rosny.
En revanche les Espagnols déclaraient tous les ports de la
Flandre espagnols, tous ceux de l'Espagne, du Portugal et
de Naples ouverts au commerce anglais. Pour tous les
états de Philippe III, les sujets hérétiques du roi Jacques
étaient exemptés du droit de 30 o/o et déclarés à l'abri des
recherches de l'Inquisition. Les commissaires espagnols
obtinrent seulement quelques garanties illusoires (²) pour
que le commerce hollandais ne se fît pas sous le couvert
du nom et du pavillon britanniques. Leur amour propre se
vit obligé à une concession plus pénible encore : le commerce des Indes espagnoles avait été fermé jalousement
jusque-là aux nations de l'Europe. Jacques Ier exigeait
qu'il fût ouvert aux navires anglais. Ils n'y consentirent
pas expressément : mais on décida de n'en faire aucune
mention dans le traité. Ni les Anglais ne promirent de ne
pas négocier aux Indes, ni les Espagnols ne le défendirent.
On se contenta d'employer les mêmes termes qu'aux traités précédents entre l'Angleterre et l'Espagne, avant la

---

(¹) De Beaumont au roi, 20 juin 1604. B. N. M. 3507. — De Villeroi à Rosny, 3 juillet 1604. Œconomies royales.

(²) D'après l'article xii : « Par tous les pays et ports desdits sieurs princes seront marquées les marchandises par la justice des lieux, pour être dûment reconnues. »

découverte de ces pays nouveaux. (¹) Passé en Angleterre, le connétable, au nom de son maître, signa le traité conclu. (28 août 1604).

Cette « maigre paix, » suivant l'expression de Béthune, ne prouvait qu'une chose : la faiblesse, plus grande que jamais, de l'Espagne. Ce fut l'impression de Clément VIII et d'Aldobrandini, auxquels par ordre de Henri IV, Béthune en avait communiqué la substance. (²) L'ambassadeur espagnol à Rome publiait au contraire que son maître tirait d'immenses avantages de son traité avec Jacques Ier : mais il se gardait scrupuleusement d'en montrer les articles. Parmi ces avantages, il mettait, outre le commerce des Indes, interdit, disait-il aux Anglais, la liberté de conscience obtenue pour les catholiques. Le roi d'Espagne s'était, à l'entendre, engagé à payer au roi d'Angleterre une somme déterminée, pour qu'il exemptât désormais les catholiques de ses Etats des lourdes contributions spéciales, auxquelles ils étaient soumis. Béthune n'en croyait rien. « Car, disait-il, si aux intelligences que le roi
« d'Espagne a en Angleterre, par le moyen des séminaires
« qu'il entretient en Espagne et en Flandre, il y ajoute
« encore celui-ci de s'obliger les catholiques, il bâtira un
« parti dans l'Angleterre, si fort, que le roi dudit pays
« s'apercevrait, mais bien tard, de la faute qu'il aurait
« faite, obligeant ses sujets par le moyen d'un autre. » Il n'était pas vraisemblable que Jacques Ier se fut laissé prendre à cet « or de Toulouse. » Clément VIII traitait lui-même de discours en l'air les vantardises espagnoles.(³)

L'intervention du connétable, en faveur des catholiques,

(¹) De Beaumont au roi, 20 juin 11 juillet 1604. B. N. M. 3507.
(²) Du roi à Béthune, 5 juillet 1604. B. N. M. 3486.
(³) De Béthune à Villeroi, 24 août 1604. Archives de Sully.

avait eu lieu cependant. Mais l'archevêque de Cantorbéry, Bancrof, et le roi, sous la poussée des ministres, s'étaient montrés inexorables. Jacques Ier assura Velasco, que lors même qu'il le voudrait, il n'oserait faire une concession, destinée à blesser aussi vivement les sentiments religieux de ses sujets protestants. (¹) Le traité de paix entre le roi d'Espagne et le roi d'Angleterre n'apportait pas l'amélioration la plus légère au sort des malheureux catholiques anglais.

(¹) La somme offerte avait été de 180.000 écus.

CHAPITRE VII

Influence qu'exerce l'avènement de Jacques Ier sur les rapports de l'Espagne avec la France. Le droit de 30 0/0.

Les dépenses et les expédients financiers des rois d'Espagne. — L'impôt du 30 0/0. — Henri IV interdit le commerce avec l'Espagne. — Inquiétudes de Clément VIII; joie mal dissimulée des Anglais. — Négociations à Rome, en Angleterre et en France.

Ainsi malgré l'assurance contraire, plusieurs fois donnée au comte de Beaumont, le roi d'Angleterre avait signé le traité conclu avec les Espagnols, avant d'avoir réglé l'affaire du commerce entre ses nouveaux amis et la France. Les sujets du roi Jacques étaient officiellement exemptés du droit de 30 0/0, auquel demeuraient soumis les Français trafiquant en Espagne ou dans la Flandre espagnole. Rarement vexation avait plus vivement blessé Henri IV. Elle était en réalité une preuve nouvelle du désarroi qui régnait dans le gouvernement espagnol et en particulier dans ses finances. L'histoire en est bonne à conter.

Au lieu de s'appliquer à conserver leurs vastes Etats, et à les administrer sagement, les rois d'Espagne, suivant la politique funeste de Charles-Quint, ne cherchaient qu'à les augmenter. Pour conquérir l'Angleterre, Philippe II avait équipé à frais énormes des *armadas* formidables, que la mer avait englouties. Pour s'assurer la couronne de

France, il avait semé l'or à pleines mains, jeté sur le pays à plusieurs reprises ses armées des Pays-Bas, qu'il s'exposait ainsi à perdre pour jamais ; et de tous ces trésors dissipés, il n'avait recueilli que la défaite et le dépit amer d'un dessein avorté. L'Espagne n'était plus en état de supporter des charges pareilles. « Son trafic d'épiceries des Indes orientales diminuait tous les jours », (¹) entravé qu'il était par de hardis corsaires anglais et par la jeune et vaillante marine des Etats révoltés. Les Indes méridionales étaient sans retour épuisées. Pour avoir leurs trésors, les Espagnols, avaient, en les maltraitant, décimé d'abord, et puis à peu près détruit les malheureux habitants de ces riches contrées. Des pays, des iles peuplées de cinq ou six cent mille Indiens, quand ils les conquirent, étaient maintenant, grâce à leur impitoyable avarice, à peu près inhabitées. Au lieu de les peupler, de les améliorer par la culture, de les faire refleurir par l'industrie, les Espagnols, les avaient pour la plupart, désertées, après fortune faite. La source d'où venaient les trésors de l'Espagne était irrémédiablement tarie. Comme il fallait, malgré tout, de l'argent pour suffire à tant d'ambitions coûteuses, Philippe II avait usé pour s'en procurer de tous les expédients : aliénation des biens ecclésiastiques, sommes annuellement extorquées aux Provinces, et déguisées sous le nom de « dons volontaires », création et ventes de nouveaux fiefs, réduction du montant des créances, quêtes même. Mais cela n'avait pas suffi. Il avait imaginé alors de saisir sous des prétextes divers, les marchandises des nombreux étrangers, qui trafiquaient en

---

(¹) Mémoire sur l'état des affaires des Pays-Bas, dans l'Estoile. Ed. Petitot, t, III, p. 447-448. t. XLVII de la collection des Mémoires. Première série.

Espagne ; et pourtant, c'était chose connue, il avait laissé en mourant la « couronne endettée et sans fonds. »

« Philippe III était plus bas encore. » Il dépensait en un an plus que son père en trois, au gré du favori qui le gouvernait, sans besoin, et sans discernement. Les expéditions diverses contre Alger, l'aventure d'Irlande avaient englouti sans profit des sommes considérables. Mais c'était dans les Pays-Bas surtout, que fondaient comme cire son or et ses meilleurs soldats. L'Espagne traînait à ses flancs les Etats révoltés, comme un de ces brûlots, qu'attachaient sur toutes les mers aux flancs de ses navires les hardis marins hollandais. Henri IV avait tout intérêt à voir se prolonger le plus longtemps possible une guerre qui épuisait l'Espagne. Reconnaissant aux Etats des services qu'il en avait reçus, et débiteur encore de l'argent qu'ils lui avaient prêté autrefois, il les assistait tous les ans de sept cent mille écus, des munitions et d'hommes. Le roi d'Espagne se trouvait ainsi réduit à dépenser des millions par dizaines. Dans son extrême indigence, il dut avoir recours, lui aussi, pour se procurer quelque argent, aux expédients les plus misérables. Il avait commencé par faire saisir les marchands français et confisquer leurs marchandises, il avait fait « arrêter les marchands gênois, « sous prétexte qu'ils prêtaient à usure, et à un taux plus « élevé, qu'il n'était permis en Espagne. En réalité, » il voulait « les forcer à lui prêter encore, ce qu'ils avaient « refusé. » (¹) La suite le prouva. Il contractait quelques mois après à Gênes un emprunt de onze millions, payables en trois années, 250.000 livres par mois en Flandre, « et le reste au *prorata* où il aviserait. » (²) Les millions

---

(¹) De Béthune au roi, mars 1602. *Arch. de Sully.*
(²) De Béthune au roi, 30 décembre 1602. *Arch. de Sully.*

de Gênes étaient à l'avance dépensés ou dilapidés. (¹) C'est alors que le conseil d'Espagne imagina un expédient nouveau, il frappa d'un impôt de 30 o/o toute marchandise qui entrerait de France en Espagne, ou qui sortirait d'Espagne à destination de la France.

C'était un impôt excessif. Une circonstance lui donnait son vrai caractère : on ne l'appliquait pas aux Anglais ; les Français seuls y étaient soumis : c'était un impôt agressif. Au nom de son maître, Béthune s'en plaignit vivement au Pape, et ne lui cacha pas les suites funestes qu'il pouvait entraîner. Le Pape, surpris de cet incident inattendu, ne sut, on l'a vu, que répondre, et il promit d'en écrire à son Nonce d'Espagne (²) Henri IV essaya d'abord de régler la question par des moyens pacifiques : il fit remarquer le dommage que cet impôt allait causer aux deux peuples : ce fut en vain. Le gouvernement espagnol refusa d'entrer en accommodement. Il n'y avait plus qu'une réponse possible. Après cinq mois de pourparlers inutiles. Henri IV frappa lui aussi d'un droit de 30 o/o toute marchandise espagnole entrant en France, et toute marchandise française destinée aux Etats de Philippe III.(³) (6 novembre 1603).

Les façons d'agir des Espagnols et l'aveuglement de leurs hommes d'Etat n'étonnèrent pas médiocrement Clément VIII. Sans doute les deux pays ne pouvaient guère se passer l'un de l'autre ; mais il semblait au Pontife que l'Espagne surtout avait besoin des denrées de la France.

(¹) Il contractait, un an après, un nouvel emprunt à Naples, de 800.000 écus. De Béthune à Villeroi, 18 juin 1604. *Arch. de Sully.*
(²) De Béthune au roi, 28 juillet 1603. *Arch. de Sully.*
(³) Du roi à Béthune, 2 décembre, 1603. B. N. m. 3485.

plus féconde et mieux cultivée. (¹) Les ordonnances rendaient désormais tout commerce impossible entre les deux peuples. Clément VIII craignait que l'interruption du commerce n'amenât celle de la paix. Décidé à s'entremettre il s'enquit des motifs, qui avaient fait agir le roi d'Espagne et pourquoi les seuls Français étaient visés par ses édits. La raison n'était pas difficile à trouver. Résolus à la paix à tout prix avec Jacques Ier, les Espagnols s'étaient imaginé en dispensant du 30 o/o les Anglais, rendre leur roi plus accommodant. Calcul puéril : Jacques Ier sentait sa force. Les Espagnols ne devaient rien gagner à leurs avances gratuites : c'était l'opinion de Béthune, on a vu qu'elle était justifiée. (²)

Mais déjà un nouveau point noir se levait du côté de la Suisse. Fuentès continuait en Italie ses empiètements successifs, il préparait maintenant, sous d'hypocrites prétextes, l'annexion de la Valteline à l'Etat de Milan. Clément VIII, ne s'en inquiéta pas tout d'abord. L'affaire du Commerce, qui venait de s'aggraver encore, absorbait ses préoccupations.

Henri IV s'était promis que le droit de 30 o/o, dont il avait à son tour frappé toute marchandise espagnole, amènerait le gouvernement de Philippe III à tempérer ou à suspendre la rigueur de ses propres édits. Il n'en fut rien. Plus que jamais insensible à toutes les plaintes, sourd à toutes les remontrances, le Conseil d'Espagne ne se prêtait à aucune ouverture. En face de ce mauvais vouloir obstiné, Henri IV n'hésita plus à tendre jusqu'à l'extrême

(¹) Le Pape « ne peut assez s'étonner de ces façons d'agir, car il est notoire que l'Espagne a beaucoup plus besoin de nos denrées que nous des siennes ; il veut s'informer qui a poussé le roi d'Espagne. » De Béthune à Villeroi, 16 décembre 1603. S.

(²) De Béthune à Villeroi, 16 décembre 1603. Arch. de Sully.

une situation trop longtemps équivoque : sous les peines les plus sévères, il défendit à ses sujets tout commerce avec ceux du roi d'Espagne (Edit du 8 février 1604). Le commerce était alors le seul lien visible de la paix et de l'amitié entre les peuples. Briser ce lien, c'était courir à la guerre. Henri IV ne reculait pas devant cette perspective fatale. Clément VIII était plus que jamais anxieux et sa mauvaise humeur retombait sur l'entêtement de l'Espagne. Car Béthune avait eu soin de justifier les décisions de son maître : il avait mis en évidence le désir, qu'avait le roi de France, de conserver la paix, ses avances nombreuses, et la disposition où il était toujours de retirer ses ordonnances le jour où le gouvernement espagnol aurait rapporté les siennes. (¹) Mais celui-ci ne daignait même pas tenir compte des démarches pacifiques de Clément VIII. En vain le Pontife avait écrit à son Nonce d'Espagne, en vain il avait mis l'ambassadeur espagnol à Rome sur ce sujet brûlant ; le nonce Gennasio, n'avait obtenu que des réponses vagues, et Vigliena, l'étrange ambassadeur d'un

---

(¹) D'après les instructions du roi. « Je vous ai souvent écrit avec
« plaintes les rigueurs avec lesquelles les ministres et officiers du roi
« d'Espagne traitent mes sujets trafiquant sous la protection de la paix,
« en leur pays, tant devant, que depuis la publication du dernier placard,
« qu'ils ont fait, pour faire payer 30 o/o aux susdits trafiquants, vous
« mandant le peu de compte qu'ils ont fait des remontrances qui
« leur ont été faites de ma part. Cela a passé si avant que j'ai été
« contraint de défendre et interdire du tout à mes sujets de trafiquer en
« leur pays, ni d'admettre et recevoir en mon royaume leurs marchan-
« dises et denrées, ainsi que vous verrez par l'ordonnance que je vous
« envoie, et comme je prévois, s'il faut que la pratique d'icelle continue
« longtemps, elle engendrera encore pis et nous portera indubitablement
« à une rupture, vous serez soigneux aussi de justifier envers sa Sainteté
« le conseil que j'ai, non choisi, mais été contraint de prendre en cet
« accessoire, pour conserver ma dignité et mes sujets contre l'imposture
« et impudence des susdits Espagnols. Vous tirerez du propre texte

gouvernement plus étrange encore, n'était pas informé. (¹)

Les instances du Pape n'en devinrent que plus pressantes, et Vigliena reçut enfin des instructions d'Espagne. Philippe III ne pouvait tarder plus longtemps à donner au Pape les motifs de sa conduite. Les vrais n'étant pas avouables, il eut recours aux récriminations démodées d'autrefois. Il fit accuser les Français d'aller prendre à Dunkerque les marchandises hollandaises et de les transporter sous leur nom en Espagne. On aura peine à croire que les Anglais n'usassent pas du même subterfuge, puisqu'il y avait un profit à tirer. Du reste depuis plus de huit mois que cette affaire était l'objet de pourparlers constants, jamais à Bruxelles, ni à Madrid, l'Archiduc, ni Philippe III, n'avaient fait entendre aux ambassadeurs français une plainte semblable. Le gouvernement espagnol ne voulait en cette occasion, — c'était chose évidente, — que distraire, en lui jetant cette mince pâture, la curiosité gênante de Clément VIII. Béthune l'insinua clairement, et le Pape ne douta point que l'Espagne ne se jouât encore de sa bonne foi. (²)

Il en eut bientôt une preuve nouvelle. Acceptant comme fondées les plaintes de l'Espagne, Béthune demanda au Pape, quelles mesures proposait l'ambassadeur espagnol,

« d'icelle les raisons que vous aurez à représenter à sa Sainteté pour « défendre et justifier ma cause. Car je dis par icelles le devoir auquel « je me suis mis pour éviter ce coup et déclare encore que je suis prêt « à faire ce qui sera nécessaire pour le réparer, quand les autres révo- « queront ou règleront leur placard. » — Du roi à Béthune, 11 février 1604. L'original de cette lettre est aux archives de Sully. On ne le trouve pas dans le manuscrit 3486, qui contient les lettres de Henri IV à son ambassadeur à Rome pour l'année 1604.

(¹) De Béthune au roi, en réponse à celle du 11 février, 23 mars 1604. Arch. de Sully.

(²) De Béthune au roi, 17 mai 1604. Arch. de Sully.

quelles garanties son gouvernement réclamait pour y remédier. Le cardinal de Givry depuis quelque temps à Rome, parla dans le même sens au Pontife. Mais Vigliena ne savait rien. Henri IV renouvela ses avances. Il fit offrir par son ambassadeur de rétablir le commerce dans les conditions où il se trouvait avant les édits et de défendre à ses sujets, sous les peines accoutumées, d'avoir sur leurs navires aucune marchandise étrangère. Ces propositions semblaient raisonnables. Mais Vigliena n'avait aucun ordre pour les accepter, aucune instruction pour en discuter d'autres. (²) Il déclara seulement que l'interdiction absolue du commerce était contraire au traité de Vervins, et par conséquent à la paix. Béthune n'eut pas de peine à faire retomber sur les Espagnols ce spécieux reproche. Les premiers n'avaient-ils pas innové, n'avaient-ils pas les premiers, par leur droit de 30 o/o, altéré la liberté du commerce, telle que l'avait spécifiée le traité de Vervins? Henri IV avait d'abord répondu par un impôt semblable ; puis il avait défendu tout commerce, aimant mieux se priver de profits qui lui revenaient, que de laisser ses sujets subir un double impôt si pesant pour eux.

Du reste les façons d'agir des Espagnols étaient de plus en plus suspectes à Béthune. Tout lui donnait à croire

---

(²) De Béthune au roi, 17 mai, 1ᵉʳ et 15 juin 1604. Arch. de Sully.
Le 16 mai Béthune « ayant demandé si l'ambassadeur d'Espagne n'a-
« vait point proposé un parti par lequel on put porter remède à cette
« connivence des Français avec les Hollandais, le Pape répondit que
« non. » Le 1ᵉʳ juin même demande, et même réponse. — Le 30 juin,
à son tour, le cardinal de Givry, sur les conseils de Béthune, demanda
au Pape « si l'on pouvait savoir quel remède le roi d'Espagne désirait
que sa Majesté « apportât pour empêcher le préjudice qu'il recevait de la
« connivence, qu'il prétendait que les sujets du roi avaient avec les siens
« rebelles. Le Pape répondit qu'il n'avait rien pu tirer de l'ambassadeur
« d'Espagne. »

« qu'ils ne traitaient pas franchement avec Sa Sainteté » puisqu'ils « changeaient ainsi » à chaque instant « de plainte et ne s'arrêtaient à aucune ». Clément VIII s'apercevait aussi « que cette affaire traitée à Rome », ne faisait aucun progrès, « l'ambassadeur espagnol semblant ne la connaître point », aussi avait-il écrit une fois de plus à son Nonce d'Espagne, au cardinal Gennasio, pour qu'il négociât directement à Madrid. [1] Mais du moment qu'ils ne pouvaient plus lui dicter leurs volontés, les Espagnols n'avaient aucun motif d'être agréables au Pontife. Ils avaient au contraire un immense intérêt à flatter le roi d'Angleterre, auprès duquel ils mendiaient la paix. Sincèrement pacifique et naturellement attiré par les habitudes scolastiques de son esprit vers toutes les difficultés à résoudre, Jacques Ier avait plus d'une fois laissé percer son désir de réconcilier entre eux Philippe III et Henri IV. Les Espagnols, si réservés avec Clément VIII, encouragèrent dans ce dessein, le roi protestant d'Angleterre, et Jacques Ier invita bientôt les ambassadeurs espagnols et français à chercher ensemble les moyens de rétablir entre les deux peuples le commerce interdit [2]. Mais si les Espagnols acceptaient de discuter cette affaire, ce n'était point encore avec l'intention d'aboutir. Ils étaient d'accord sur ce point avec les ministres anglais. Henri IV s'offrait à leur donner les mêmes garanties que Jacques Ier pour empêcher l'entente, qui existait, disaient-ils, entre les

---

[1] De Béthune au roi, 12 juillet 1604. Arch. de Sully.

[2] Du roi à Béthune, 27 juillet 1604. B. N. m. 3486. Le roi d'Angleterre a demandé aux ambassadeurs d'Espagne et Archiduc et à M. de Beaumont de voir ensemble pour aviser à rétablir le commerce. De quoi je n'ai pas voulu éconduire le dit roi, tant pour montrer ma bonne volonté, que pour espoir de succès et contentement. De quoi avertir Sa Sainteté... »

marchands français et les révoltés de Hollande. On ne pouvait être plus conciliant et Clément VIII, ignorant encore que l'affaire se traitait maintenant par l'entremise du roi d'Angleterre, promit d'en dire quelque chose à l'ambassadeur espagnol, à sa première audience. (¹)

Le Pontife souffrait tout bas de ces procédés hypocrites de l'Espagne, de son obstination à refuser la paix. Pour se consoler et se rassurer à la fois, il s'efforçait d'en trouver les raisons dans les intrigues de cour, persuadé, non sans raison, « que les affaires publiques » marchent souvent au gré des « intérêts de ceux qui les dirigent ». La faveur, dont jouissait le duc de Lerme auprès de Philippe III, avait subi un moment d'éclipse. L'abattement profond du favori, éloigné quelque temps de la cour, la crainte que ses conseils fussent moins bien écoutés, l'avaient empêché jusque-là de s'entremettre. Il était « revenu maintenant guéri de corps et d'esprit, et le Pape espérait que le différend se règlerait à l'amiable ». (²) Le Pape se trompait : il y avait à l'entêtement de l'Espagne d'autres motifs, que le Pape ignorait, et que Béthune peut-être ne connaissait pas. Il n'est pas douteux que l'interdiction absolue du commerce, si elle eût été observée, n'eût amené promptement l'Espagne à reviser ses édits. Mais c'est parmi les Français qu'elle excita les

(¹) De Béthune au roi, 27 Juillet 1604. Arch. de Sully. — « Comme tous
« deux, Aldobrandini et le Pape, ne me donnaient sujet de parler du
« commerce je les en ai mis en propos, leur faisant connaître ce que les
« Anglais et Espagnols avaient accordé ensemble a ce sujet et que vous ne
« refuseriez pas les mêmes sécurités, pour empêcher l'entente qu'ils disent
« exister entre les Français et Hollandais, que fera le roi d'Angleterre
« pour les siens. Ce qui fut trouvé des deux très raisonnables, et promit
« le Pape d'en dire quelque chose à l'ambassadeur d'Espagne à sa pro-
« chaine audience. »

(²) De Béthune au roi 1ᵉʳ Juin 1604. Arch. de Sully.

plaintes les plus vives, et elle fut ouvertement violée dans les provinces de l'Ouest. Les gouverneurs eux-mêmes se prêtaient à ces contraventions. « Le long des côtes maritimes, de l'embouchure de la Loire à celle de la Garonne » des navires partaient, emportant des toiles et des grains et toutes sortes de denrées. On les vendait ce qu'on voulait en Espagne, à cause de la rareté de ces marchandises et on faisait des profits énormes. (Sully-Œconomies royales, t. v. p. 195, 196).

Henri IV froissé d'une résistance, qui rendait ses ordonnances vaines et lui donnait, aux yeux de ses rivaux, la posture un peu ridicule de roi désobéi, exigea des perquisitions sévères, édicta des peines rigoureuses (¹) L'intérêt fut le plus fort. Contre lui se brisèrent et la vigilance du marquis de Rosny et l'habileté des hommes qu'il avait envoyés en Poitou, pour empêcher les fraudes. Sans doute les navires français demeuraient maintenant dans leurs ports, la voile ployée, immobiles et vides ; mais tandis que notre commerce agonisait, les Anglais, se prévalant de leur titre d'amis, s'abattaient sur nos côtes, pour réaliser les profits interdits aux Français. Seuls, leur navires sillonnaient le golfe de Gascogne, apportant à Saint-Sébastien, ou dans les autres ports de la côte espagnole, les monceaux de grains achetés aux Sables d'Olonne (²). Ils inauguraient dès lors, Villeroi le vit bien, cette politique égoïste, qui a fait depuis leur grandeur : à la faveur des dissentions du continent, ils commençaient à établir leur suprématie sur la mer. Comment croire, malgré les

(¹) « Sur ce je vous dirai qu'il est nécessaire de faire exacte perquisi-
« tion et rigoureuse punition desdites contraventions, la plus grande
« partie desquels on nous mande sortir d'Olonne et des environs. »
Œconomies Royales. t. v. p. 289.

(²) De Villeroi à Rosny. 25 juin 1604. Œconomies Royeles, Ed. M. et P. t. v. p. 267.

assurances sincères de leur roi, que les ministres anglais travailleraient sérieusement à éteindre une hostilité, qu'ils avaient tant d'intérêt à nourrir. Mais, qu'il le voulût ou non, Jacques Ier se trouvait ainsi le complice de nos ennemis. Le comte de Beaumont fit entendre des plaintes énergiques. Jacques Ier l'assura qu'il ne signerait pas la paix avec l'Espagne, avant d'avoir réglé l'affaire du commerce. (¹)

Les circonstances étaient favorables : les Espagnols répétaient « partout qu'ils allaient retirer leur placard ». On s'étonnera de cette condescendance et de cette sagesse subites. Il y avait à ce revirement une cause pressante : l'appréhension d'un ennemi, sur lequel ils n'avaient pas compté jusque-là : la famine. La récolte avait été mauvaise en Espagne, surtout en Andalousie ; elle n'avait pas été meilleure en Sicile. Les grains qui venaient du Danemarck arrivaient avariés, et, l'Angleterre n'en produisant guère, les Espagnols étaient menacés de la disette, « s'ils n'avaient recours à la France » (²). Aussi, grande fut leur satisfaction, quand Jacques Ier sur leur propre désir les invita à discuter plus sérieusement et de plus près l'affaire du commerce. (³) Ils allaient même, pour chatouiller davantage la vanité du monarque anglais, jusqu'à l'accepter pour arbitre. Henri IV rejeta l'arbitrage : il ne voulait que d'une médiation, d'autant plus facile à Jacques Ier, qu'il était l'ami maintenant des deux partis en présence. (⁴)

Le roi de France chargeait en même temps Béthune

(¹) D'après les instructions du roi à Beaumont du 23 mai et 27 juin, 1604 B. N. m. 3506.

(²) Du roi à Béthune, 11 août 1604. B. N. m. 3486.

(³) Du roi à Béthune, 27 juillet 1604. B. N. m. 3486.

(⁴) Du roi à Rosny, 12 juillet 1604. Citée dans les Œconomies Royales, t. v. p. 275-276.

d'exposer à Clément VIII cette phase nouvelle des négociations. Mais il fallait ménager les susceptibilités du Pontife ; surtout ne pas lui laisser croire, que Henri IV eut recherché, de préférence à la sienne, une médiation étrangère. C'était plutôt l'œuvre des Espagnols, que le besoin aiguillonnait. Mais une occasion, peut-être favorable, s'était présentée d'aplanir un différend, si préjudiciable aux intérêts français, et si pénible au Pape ; le roi n'avait pas cru devoir la repousser, désireux qu'il était de montrer jusqu'au bout son amour sincère de la paix. Du reste, ajoutait-il, il savait que l'intermédiaire, « pourvu que l'accord s'achevât », était indifférent à Clément VIII. (¹)

Le Pape affecta cette indifférence. Mû par « le seul désir « de conserver l'honneur de Dieu », et d'éviter à la chrétienté le fléau de la guerre, il verrait, disait-il, sans jalousie aucune, le roi d'Angleterre accommoder, de préférence à lui, cette affaire. Mais sa physionomie, livre toujours ouvert, pour qui savait y lire, démentait ses paroles. Il souffrait des procédés peu délicats et peu respectueux de l'Espagne, « si dure » à traiter avec lui, si empressée à saisir les offres d'un roi hérétique, et peut-être à les provoquer, par pure flatterie.

Cette dernière opinion était commune à Rome. Les Espagnols avaient contribué à la répandre, en faisant sonner haut l'amitié du roi d'Angleterre, dont ils se disaient sûrs, et ils continuaient à l'entretenir. Une fois de plus ils témoignaient, de l'aveu même du Pape, qu'ils avaient pour guide, non pas la religion, prétexte invoqué tant de fois, hypocrite drapeau de parade, mais leur seul intérêt. A chaque instant, ils faisaient un grief au roi de France, d'être l'allié de princes hérétiques ; ils déclaraient haute-

(¹) Du roi à Béthune, 27 juillet 1604. B. N. M. 3486.

ment qu'on ne les verrait jamais, eux catholiques sincères, tendre la main à un roi protestant. L'occasion venue, ils n'avaient eu qu'une hâte, faire de leurs actes le catégorique démenti de leurs paroles. (1)

Ils n'en persévéraient pas moins à répéter au Pape, par l'intermédiaire de leur ambassadeur à Rome, leur plainte d'autrefois : la violation du traité de Vervins. Ils voulaient laisser croire à Clément VIII, qu'ils traitaient toujours par son entremise. C'étaient là d'enfantines manœuvres ; un souffle de Béthune suffit à les faire crouler. L'ambassadeur profita de l'occasion, pour mettre en regard de ces fausses démonstrations de respect, la conduite loyale du roi de France : au nom de son maître, il mit Clément VIII au courant des négociations qui se poursuivaient en Angleterre. Elles étaient déjà si avancées qu'on n'attendait plus que l'arrivée du connétable à Londres pour conclure. Henri IV acceptait, pour obvier aux abus dont se plaignait l'Espagne, les mêmes conditions que le roi d'Angleterre. Les Espagnols, si obstinément sourds aux démarches pacifiques de Clément VIII, avait donc discuté là-bas : conduite bien étrange, et pour laquelle, ils n'eussent pas trouvé de blâmes assez retentissants, si elle eût été le fait du roi de France. Clément VIII assura bien que les Espagnols avaient perdu leur peine, s'ils avaient cru le mortifier, et qu'il se souciait peu de l'intermédiaire, pourvu que l'accord fut acquis : mais Béthune s'aperçut vite qu'une fois de plus il était vivement piqué ; « et au contraire, « ajoute-t-il, en écrivant au roi, eut agréable la confiance « que vous lui montriez en lui faisant déclarer l'assurance « que vous aviez de l'amitié du roi d'Angleterre, en laquelle

(1) De Villeroi à Béthune, 9 août 1604. De Béthune au roi, 24 août et 6 septembre 1604. Arch. de Sully.

« il ne craignait pas que le connétable de Castille vous
« troublât. » Clément VIII exprimait en même temps
l'opinion que tant que Jacques Ier serait prudent et sage
il préfèrerait l'amitié de la France à celle de l'Espagne. (¹)

Cependant la paix était loin d'être aussi avancée que
l'avait cru Henri IV et qu'il l'avait écrit à Béthune. Déjà
l'entente était complète entre l'Angleterre et l'Espagne, et
l'affaire du commerce n'était pas résolue. Les commissaires espagnols avaient d'abord accepté les conditions que
Beaumont leur offrait au nom du roi de France, mais le
connétable avait seul le pouvoir de les ratifier. Tandis
qu'il tardait à venir, les Espagnols, mettant en avant des
exigences nouvelles, soulevèrent des difficultés imprévues.
Le roi de France percevait un droit, léger du reste, et
toujours levé avec modération, sur le sel et le vin, qui
entraient à Calais. Les Espagnols réclamèrent l'abolition
de ce droit. Après s'y être d'abord refusé, comme les
Espagnols s'obstinaient, Henri IV céda ; la promesse de le
supprimer fut écrite et remise au roi d'Angleterre. Le
connétable maintenant arrivé, ne fut point satisfait. Sur
les conseils de Rovida, sénateur de Milan, il exigea qu'un
article spécial du traité mentionnât cette suppression.
C'était une vétille au fond, mais Henri IV voulait paraître
agir par courtoisie et non pas par contrainte ; il refusa, à
la grande joie des ministres anglais, les vrais inspirateurs
de l'Espagne dans toute cette affaire. (¹) Tout retard à la
conclusion de la paix était un profit pour les sujets du
roi Jacques. Plus que jamais « ils enlevaient avec furie
nos toiles et nos blés » pour les transporter en Espagne,

(¹) De Béthune au roi, 21 septembre 1604. Arch. de Sully.
(¹) De Beaumont au roi, 17 septembre 1604. B. N. m. 3509.

et ils consommaient ainsi la ruine du commerce français. (¹) Grâce à leur complicité, l'Espagne se trouvait momentanément à l'abri de la famine, redoutée tout d'abord. Cette fois Henri IV n'y tint plus ; il fit dire au roi d'Angleterre, que s'il signait la paix avec l'Espagne avant d'avoir réglé l'affaire du commerce, il se verrait contraint d'empêcher, par des règlements, « que les Anglais ne fissent leur profit à notre dommage. » (²) Mais quand cette menace arrivait à Londres, Jacques Ier avait signé son traité de paix, les négociations étaient rompues entre les représentants de la France et de l'Espagne, et le connétable se préparait à quitter l'Angleterre.

La rupture des négociations pouvaient amener la guerre : chacun redoutait cette éventualité formidable, mais surtout le Nonce du Pape en France, le cardinal de Buffalo. Comme le connétable de Castille devait repasser par la Cour, le Nonce résolut de tenter un suprême effort. A sa prière on nomma de part et d'autres de nouveaux députés, et l'on discuta l'affaire en sa présence. L'entente semblait impossible. Le Nonce obtint alors que seul le marquis de Rosny et ceux qu'ils désigneraient du côté de l'Espagne traitassent avec lui. Il choisit l'ambassadeur espagnol en France, don Balthazar de Cuniga, et Rovida, sénateur de Milan. Rosny trouva, il l'avoue lui-même, le terrain admirablement préparé. Il mania si bien les esprits, il donna aux délégués de telles appréhensions de guerre, en énumérant les forces du roi, en armes, en argent et en hommes, que Rovida le premier, s'engagea à faire accepter au connétable les douze articles précédemment arrêtés en Angle-

---

(¹) Villeroi à Beaumont, 14 octobre, B. N. m. 3500.
(²) Villeroi à Rosny, 22 septembre 1604. Citée dans les Œconomies Royales, t. v. p. 353.

terre ; don Balthazar de Cuniga se rendit à son tour. (¹)
La question des droits perçus à Calais ne fut plus une
difficulté. On remit au cardinal de Buffalo la promesse
écrite de les supprimer, le jour même, où seraient levés
l'impôt du 30 o/o et l'interdiction du commerce, et l'on
n'y fit allusion qu'en termes généraux dans l'un des derniers articles. Le 14 octobre 1604, l'ambassadeur espagnol
et le sénateur de Milan, avec Rosny et Sillery, apposaient
leur signature, en présence du cardinal, au bas du traité
conclu. (²)

Ainsi se termina cette grave affaire, qui avait failli un
moment bouleverser l'Europe. Henri IV reconnaissant
des services que lui avait rendus le Nonce, en fit remercier
affectueusement le Pape, et Clément VIII respira, à peu
près assuré maintenant de la paix.

(¹) D'après Sully et une lettre du roi du 20 octobre 1604.
(²) Du roi à Beaumont, 14 octobre 1604. B. N. m. 3509.

CHAPITRE VIII

LA QUESTION ITALIENNE : LA VALTELINE.

Empiètements de Fuentès en Italie. — Rupture avec les Grisons. — Le gouverneur de Milan menace la Valteline. — Négociations en Suisse, à Milan et à Rome.

L'affaire du commerce ainsi réglée, une détente s'était produite entre le gouvernement espagnol et la France. Philippe III avait félicité le connétable des résultats inespérés de sa mission, et le duc de Lerme, avec une insistance qui paraissait sincère, assurait l'ambassadeur français à Madrid, des intentions pacifiques de son maître. Cependant au delà des Alpes, l'affaire de la Valteline demeurait en suspens, et la politique de Fuentès ne cessait pas d'être une menace pour l'indépendance des princes d'Italie. Seule une solide alliance entre les grands Etats : la Toscane, le Saint-Siège et Venise, était capable, avec l'appui de la France, de mettre un terme aux empiètements du gouverneur de Milan. Mais le grand duc était l'ennemi des Aldobrandini : Clément VIII, placé entre les politiques rivales de la France et de l'Espagne, refusait de sortir de sa neutralité, et Venise ne voulait point d'une alliance, dont le Saint Siège ne serait pas. Du reste, en cédant au duc de Savoie le marquisat de Saluces, Henri IV s'était fermé l'entrée de l'Italie, et les princes italiens en avaient conclu que la France ne se souciait plus d'eux. Vainement nos ambassadeurs protestaient : ils n'arrivaient pas à détruire cette conviction enracinée. Aussi Fuentès, avec une ténacité, qui ne se lassait pas, cherchait-il à écarter de plus en plus la France de l'Italie, et à placer la Péninsule sous l'hégémonie espagnole.

Déjà dans les premiers mois de 1601, il avait travaillé fiévreusement à détacher les Suisses de Henri IV, en les détournant de renouveler avec la France leurs anciennes alliances. Le Nonce du Pape à Soleure était tout avec lui. En vain Aldobrandini, négociant la paix de Savoie, avait interdit à ce prélat de se mêler d'intrigues politiques, le Nonce n'avait pas obéi, entraîné par un de ses parents, Julio de la Torre, agent lui aussi de l'Espagne. Malgré tout, le traité avait été conclu, et l'article le plus désagréable à Fuentès, celui qui permettait le passage aux gens de guerre du roi, à travers le pays des Grisons, de nouveau consenti. La porte fermée à Saluces, se rouvrait au Splügen. Ces nouvelles arrivèrent à Rome, en même temps que le bruit, bientôt changé en certitude de l'échec des Espagnols en Irlande. Ce fut une double joie pour les partisans de la France. [1]

Mais Fuentès n'était pas homme à prendre facilement son parti d'un échec, quel qu'il fut, important ou léger, militaire ou diplomatique. Déjà il organisait sa revanche : la conjuration de Biron, et il se consolait de son peu de succès en Suisse, en usurpant sur le côté de Gênes, le marquisat de Final. Sur les ordres du Comte, deux mille hommes étaient venus frapper aux portes de la place. Ceux qui les gardaient, bien que payés par l'Espagne, étant là au nom de l'Empereur, refusèrent d'ouvrir. [2] Les soudards

[1] De Béthune au roi et à Villeroi, 18 mars 1602. Arch. de Sully.
[2] Une première fois, le duc d'Albuquerque, gouverneur de Milan,

entrèrent de force. Il fallait un prétexte pour justifier ce vol avec effraction : les Espagnols n'en manquaient jamais. Ils parlèrent de contrat conclu, de compensation promise au marquis dépouillé, de terres par lui acceptées ailleurs. Personne avec raison n'y crut. La vérité, c'est que depuis deux ans, Fuentès méditait l'agression. Le roi d'Espagne le savait et ne l'en avait pas détourné : la possession de Final pouvait neutraliser Gênes ; elle facilitait « merveilleusement » la défense du duché de Milan, qu'elle mettait en communication directe avec les autres Etats espagnols d'Italie : Naples et la Sicile. (¹)

Les Génois, qui avaient sur ce petits pays, des prétentions sérieuses, — des offres antérieures d'achat, — protestèrent et réclamèrent l'appui de Clément VIII. Philippe de Béthune soutint leurs doléances : tous les Etats d'Italie, le Saint-Siège lui-même étaient menacés par cette usurpation. Le prince italien, qu'il y avait dans le Pape, n'avait pas une autre opinion : lui aussi, il trouvait que les Espagnols « avaient déjà trop d'Etats » dans la Péninsule, et depuis deux ans, il s'était opposé, tant qu'il avait pu, à l'invasion prévue de Final. Pour appuyer les prétentions de Gênes, et protester en son nom personnel, il avait aussitôt écrit à Fuentès et venait d'envoyer un nonce spécial en Espagne, le jésuite Cigale. Mais il ne se faisait aucune illusion sur le résultat de cette double démarche : trop d'intérêts poussaient Philippe III à conserver Final. (²)

---

avait envahi Final, en 1571. L'Empereur ayant protesté, le duc consentit à rendre la place, à condition que la garnison allemande serait commandée par un gouverneur favorable au roi d'Espagne, et payée par ce prince.

(¹) De Béthune au roi, 20 janvier, 1602. Arch. de Sully.

(²) De Béthune au roi, 4 février et 18 mars 1602. Arch. de Sully. — En somme le Pape « voudrait parler haut, mais, comme il dit, en une autre occasion, il est un peu poltron. » — 18 mars au roi.

Pourtant le roi d'Espagne daigna répondre aux Génois et leur expliquer sa conduite. S'il avait pris Final, c'était dans l'intérêt de Gênes, pour conserver à la République une place que les Français convoitaient, disait-il, et qui était plus que jamais aux Génois maintenant. Fuentès n'accueillit pas avec une moins sérieuse ironie, les réclamations de l'empereur. Rodolphe était le suzerain direct de Final et en exigeait la restitution immédiate. Il était malheureusement incapable de faire suivre d'une armée les commissaires et les lettres qu'il envoyait au comte. On le savait à Milan, et les Espagnols ne rabattaient rien de leur entreprenante audace. Déjà même Final ne répondait plus à leurs vœux, et leur convoitise jetait les yeux ailleurs. Ils avaient entendus parler d'anciennes prétentions du marquis dépouillé sur Savone ; en trouver les titres et les faire valoir à leur profit était leur principal souci maintenant. Améliorer le port de Final était difficile et coûteux : celui de Savone était tout prêt et sûr. Mais si le morceau allait à leur faim, il était à craindre qu'une tentative de leur part ne se heurtât désormais à l'opposition formidable de trop d'intérêts en éveil [1]

Du reste les affaires de France absorbèrent bientôt toute l'activité du gouverneur de Milan et toute l'attention de l'Espagne. Au lieu de tomber sur la tête du roi, le coup de foudre qu'ils avaient préparé, écrasait leurs complices, et menaçait de les atteindre eux-mêmes. Un moment le duc de Lerme, pour couvrir Philippe III trop ouvertement compromis, songea à faire désavouer et frapper Fuentès. La peur et l'intérêt le retinrent. Représentant autorisé des traditions du vieux règne, le comte avait encore de nombreux partisans à la cour, et l'heure du danger venue, il

---

[1] De Béthune au roi, 4 mars 1602. Arch. de Sully.

eût été le meilleur général de l'Espagne. Sujet fidèle, mais en somme gouverneur sans contrôle de l'Etat de Milan, il se sentait nécessaire autant que redouté, et il continuait d'agir à sa guise, en homme avant tout jaloux de la suprématie de l'Espagne. « Tant que je serai en charge, disait-il, « je ferai, ce qui sera du service de sa Majesté, quand « même elle ne le voudrait pas. »

La mort du seigneur de Piombino lui servit de prétexte pour continuer en Italie la série de ses empiètements. Trois ou quatre prétendants se disputaient l'héritage. Fuentès vit là « une occasion honnête de l'assurer » à l'Espagne. Au nom de son maître, duc de Milan et prince du Saint-Empire, il mit « la place sous séquestre, en attendant que les autres se fussent accordés. » L'émoi fut grand en Italie, mais surtout à la cour du grand duc, dont Piombino touchait et menaçait les Etats. Déjà une brochure courait à Milan, sous ce titre : « Ponte Tremolo, Porto « Hercole, Piombino, Luca et il Finale habbino a fare « presto uno servitiale à lo stato fiorentino. « C'était dépasser toute mesure : c'était pousser l'audace jusqu'à la hâblerie. Le bruit ne tarda pas à courir d'une réconciliation du grand duc avec le cardinal Aldobrandini et le Pape. Il était fondé, mais n'eut pas de suite, tant la défiance était invétérée entre les deux familles. Béthune le regretta : cet abus de la force était de la part de l'Espagne un exemple funeste. Si on n'y remédiait promptement, chaque prince ne s'en autoriserait-il pas pour justifier ses convoitises, « aux dépens de ceux qui ne pouvaient pas se défendre ? » L'ambassadeur en fit la remarque au Pape, au nom du roi de France. Au vicaire de Jésus-Christ il appartenait de prendre la défense des faibles, et de tenir ferme et au besoin menaçant, au dessus des ambitions sans scrupule, le drapeau de la justice et du droit. Mais Clément VIII était las de ces démarches vaines. Après tout « il n'avait pas, disait-il, les épaules du plus intéressé dans cette affaire, de l'empereur, qui laissait tout aller à l'abandon. » [1] Dernièrement encore Rodolphe avait envoyé des députés à Milan : Fuentès les avait éconduits, et l'empereur n'avait pas relevé l'outrage. [2]

Mais déjà avec sa ténacité ordinaire, le comte avait repris ses projets d'autrefois : détacher les Suisses, les Grisons surtout, de la France, et méditait des desseins plus vastes encore. Il trouva presque aussitôt l'occasion d'en préparer de loin le succès. Une alliance défensive venait d'être conclue subitement à Soleure, le 16 août 1603, entre les Grisons et Venise. Bien qu'ami des deux parties contractantes, le roi de France n'avait pas été consulté ; mais « comme cette alliance favorisait la ligue contraire à la maison d'Autriche, dont il était le chef, » à la prière de la Seigneurie, Henri IV avait commandé à de Vic, son ambassadeur en Suisse, de la favoriser. Cette circonstance poussa jusqu'à la fureur, le dépit de Fuentès. Il défendit aussitôt de porter des grains chez les Grisons, de recevoir leurs marchandises, et d'en faire passer chez eux de Milan. C'était la famine et la ruine. Les Grisons n'en envoyèrent pas moins sept des leurs à Venise pour jurer l'alliance conclue. (27 septembre 1603).

Mais Fuentès ne s'en tint pas à ces mesures de rigueur. Il fit commencer aussitôt la construction d'un fort, à Montecchio, à l'endroit même indiqué jadis par Baronius, aux portes de la Valteline. C'était pour se défendre, affirmait-il, contre une agression imprévue : ce motif dissimu-

---

[1] De Béthune au roi, 10 mars 1603. B. N. m. 3496.
[2] De Béthune au roi, 8 avril 1603. Arch. de Sully.

lait mal les intentions du comte. Comme Final au sud et pour d'autres raisons, au nord, la Valteline, belle et riche vallée, position stratégique admirable, complément naturel du duché de Milan, dont elle avait jadis fait partie, et qu'elle reliait à l'Autriche, « accommodait merveilleusement » le roi d'Espagne. Désormais, si l'on n'y mettait ordre, elle était à la merci d'un premier coup de main. Le prétexte ne manquerait jamais : arracher ce pays catholique à la tyrannie des Grisons protestants.

Henri IV pénétra aussitôt les intentions lointaines du comte. Moins clairvoyants, les Grisons sentirent pourtant vaguement la menace. A la Saint-Martin, à l'assemblée générale des peuples de la Suisse, à Soleure, ils se plaignirent hautement du fort que Fuentès bâtissait à leur vue, et réclamèrent la médiation de la Ligue helvétique. Leurs paroles froidement accueillies trouvèrent à peine un écho. Les cantons protestants hésitaient à faire cause commune avec eux : (¹) les cantons catholiques, dès longtemps travaillés par l'Espagne, penchaient ouvertement pour elle. (²) Encore s'ils avaient trouvé chez leurs nouveaux alliés, l'appui qu'ils étaient en droit d'en attendre ! Mais Venise elle-même, dans la crainte de blesser son puissant voisin, leur refusait de la poudre pour de l'argent. Isolés, abandonnés à leurs propres ressources, les Grisons ne savaient que résoudre. Ils députèrent enfin un des leurs, Schamestein, en France et décidèrent « d'envoyer des ambas-

---

(¹) Zurich, Berne, Glaris et Soleure seuls se prononçaient pour eux. Schaffouse, Bâle, Appenzell, occupés ailleurs, suivaient d'un œil indifférent les destinées de leurs coreligionnaires des Alpes.

(²) Surtout Lucerne, Uri, Schwitz et Zug, plus intéressés que les autres, maîtres des passages du Saint-Gothard, route nouvelle du commerce. De Vic à Béthune, 16 octobre 1603. B. N. m. 3490.

sadeurs à Milan, pour aviser aux moyens de vivre en paix avec le gouverneur. » (¹)

Les ambassadeurs reçurent à Milan un accueil des plus empressés. Prévenances, caresses, sollicitations, tout fut mis en œuvre pour circonvenir ces rudes montagnards, et les porter à s'allier « au grand roi d'Espagne. » Du traité avec Venise, il fut question à peine ; c'est au traité avec la France que, dès le premier jour, Fuentès tenta de faire brèche. Ce qu'il exigeait avant tout des Grisons, c'était la révocation de la clause, qui permettait aux gens de guerre français le passage à travers leur pays. Cette clause n'était pas nouvelle, elle remontait à 1559. Jamais Philippe II, si pointilleux pourtant, ne s'en était ému, sachant bien que les rois de France n'avaient désormais aucune prétention sur les Etats d'Italie. En bâtissant le fort, Fuentès agissait donc contre la France ; il cherchait de gaieté de cœur une querelle, il menaçait la paix. (²)

C'est sous ce jour que dès la première heure, Béthune présenta l'affaire à Clément VIII. Le Pape fut moins ému que n'aurait souhaité l'ambassadeur. En froid lui-même avec les Vénitiens, (³) il trouva pour eux seuls des blâmes, les accusant d'être cause de tout, par la hâte qu'ils avaient mise, à conclure, sans prévenir personne, leur alliance. C'était précisément la raison et l'excuse que les Espagnols donnaient, à Rome, aux entreprises de Fuentès. Elles exprimaient presque brutalement des prétentions inaccepta-

---

(¹) De Vic à Béthune, 27 novembre 1603. B. N. m. 3490.
(²) Du roi à Béthune, 2 décembre 1603. B. N. m. 3485.
(³) Les Vénitiens, pour détourner le cours du Pô, dont les crues ravageaient une partie de leur territoire, avaient creusé au fleuve un lit nouveau, sur les limites de la république et du Ferrarais qui appartenait au Pape. Clément VIII leur reprocha d'avoir empiété sur les territoires de l'Eglise et Fuentès soutenait ses protestations.

bles ; elles faisaient implicitement un crime aux princes d'Italie de leur indépendance ; elles leur déniaient le droit d'agir, sans avoir pris d'abord le conseil et obtenu le consentement de l'Espagne. C'était les traiter en vassaux : Béthune protesta. Il approuva hautement les Vénitiens d'avoir fait, sans s'inquiéter de leur voisin maussade, ce qu'ils croyaient utile « à la sûreté de leur république ». Du reste les prétentions de l'Espagne, eussent-elles été légitimes, n'expliquaient pas pourquoi dans cette affaire, le gouverneur de Milan, s'attaquait, non pas au traité des Grisons avec Venise, mais à leur traité avec la France. (¹)

Henri IV, qui n'avait guère aidé les Vénitiens à conclure leur alliance, les aidait à la maintenir : c'était le grief du comte. Béthune ne l'ignorait pas, mais il tenait à l'entendre dire par Clément VIII lui-même, afin de maintenir la question sur le terrain plus brûlant et plus large que son maître avait choisi. Les Grisons étaient négligeables ; il n'en était pas ainsi de la France, qu'atteignait l'attitude provocante du gouverneur de Milan. Le Pape convint que Fuentès exigeait trop « en voulant que le passage des Grisons « dépendît absolument de lui, et de ses successeurs

---

(¹) De Béthune au roi, 13 janvier 1604. B. N. m. 3495. — Cela prouve dit l'ambassadeur au Pape, « que le roi d'Espagne prétend tenir en vas-
« salité les princes d'Italie, voulant qu'ils ne fassent rien sans son con-
« sentement, bien qu'il n'ait aucune juridiction sur cette république.
« Mais que quand les Vénitiens eussent dû le prévenir, ce qu'il ne peut
« raisonnablement prétendre, leur traité n'avait rien de commun avec
« celui de France, séparé et fait depuis plusieurs années. » — Du roi à Béthune, 11 février 1604. — Original aux archives de Sully. —
« Bien que les Vénitiens ne m'aient pas communiqué la poursuite de
« l'alliance qu'ils ont faite avec les Grisons, je ne saurais les blâmer, car
« ils ne sauraient être obligés de rechercher le consentement, et moins
« encore la permission de leur voisin pour faire chose, qui apetement
« importent à la sûreté de leur république, quand elle ne peuvent nuire
« à personne. »

en la charge » mais comment le blâmer, s'il n'avait d'autre dessein, comme il l'affirmait, « que d'assurer l'Etat de Milan contre les « étrangers ». (¹) Il eût été facile de réduire à leurs vraies proportions ces imaginaires dangers. Béthune ne s'y attarda pas. Des raisons plus hautes : l'indépendance des princes d'Italie, l'intérêt même du Saint-Siège, justifiaient amplement la politique du roi de France. Henri IV ne pouvait tolérer que l'Italie entière devint la proie de l'insatiable Espagne. « Sans doute il n'avait plus « d'Etats dans la péninsule, mais il y avait des amis, et « c'est pour les secourir qu'il gardait ce passage » à ses troupes « avec autant de soin que s'il y avait » eu « des Etats ». (²) Le passage fermé, les Espagnols seraient maîtres de l'Italie et voudraient l'être. Peut être le Pape actuel échapperait-il à leur domination, à coup sûr pas ses successeurs ; il y avait dans ce conflit une menace « de servitude pour eux ». (³)

C'était toucher Clément VIII à la fibre sensible ; mais que pouvait-il faire pour détourner les inconvénients entrevus ? Etudier de plus près l'affaire, et obtenir en attendant, que Fuentès cessât les violences dont il avait usé jusque-là. C'était le conseil de Béthune ; il voulait ainsi donner au roi le temps de traiter avec les Grisons et de leur faire connaître, par l'intermédiaire de son ambassadeur de Vic, récemment arrivé parmi eux, « la brèche qu'ils feraient à leur honneur, « en ne tenant pas leurs promesses. » Mais le Pape n'avait pas attendu jusque-là pour s'occuper de cette affaire. Il avait écrit déjà à Fuentès. « Les princes, disait-il, pour engager le comte à la

(¹) De Béthune au roi, 22 mars 1604. Arch. de Sully.
(²) De Béthune au roi 22 mars 1604. Arch. de Sully.
(³) De Villeroi à Béthune 24 février 1604. B. N. m. 3488.

« modération, approuvent parfois les nouveautés de leurs
« ministres », mais parfois aussi ils les frappent de blâmes
sévères, quand ils se sont trop engagés : parfois même ils
leur savent gré de n'avoir pas exécuté leurs ordres. Le
comte ne pouvait ignorer la disgrâce éclatante de Varegas,
ambassadeur à Rome, sous le feu roi d'Espagne. Pour
avoir pris sur lui de disputer la préséance au ministre
français, « il avait été vivement blâmé et banni de la cour
jusqu'à sa mort » (¹). Il est probable que l'aventure de
Varegas impressionna médiocrement le comte. Les temps
étaient changés, les hommes aussi, et ce n'était pas à son
désavantage : il n'avait pas modifié sa conduite.

Or, plus l'affaire traînait en longueur, plus l'embarras
des Grisons était extrême. Ils n'écoulaient plus leur bétail,
seule source de profit dans leurs arides montagnes (²) : ils
ne recevaient plus de Milan les grains indispensables : ils
perdaient les cent mille écus, que les marchandises d'Italie laissaient, en passant chez eux ; (³) car le commerce à
la grande joie, et au grand avantage des cantons catholiques, se détournant maintenant de la route fermée de
Chiavenne, avait pris celle du Saint-Gothard. Pendant ce
temps, malgré leurs réclamations, le fort s'achevait « si
formidable, qu'on l'eût cru bâti contre les Turcs ». (⁴)
Malgré tout, sûrs de leurs droits, et à cause peut-être des
espérances que l'amitié du roi de France leur faisait concevoir, les Grisons tardaient à prendre une décision. Mais
ces délais dureraient-ils longtemps encore ? N'était-il pas à
craindre, que lassés enfin d'une résistance douloureuse

(¹) De Béthune au roi, 7 avril 1604. Arch. de Sully.
(²) De Vic à Béthune 27 novembre 1603. B. N. 3490.
(³) De Vic à Béthune 16 octobre 1603. B. N. 3490.
(⁴) De Vic à Béthune 25 décembre 1603. B. N. 3490.

pour eux seuls, ils n'oubliassent leurs anciens serments, pour condescendre aux demandes du comte ? Ventre affamé n'a point d'oreilles, écrivait avec raison Béthune à Villeroi. (¹)

Peu s'en fallut que le proverbe ne se vérifiât une fois encore. Une nouvelle assemblée générale des Cantons de la Suisse, avait eu lieu, le 8 février, à Bâle. Elle n'avait imposé aucune décision aux Grisons ; elle n'en avait pas le pouvoir ; mais elle avait déclaré qu'à son avis l'alliance avec l'Espagne ne paraissait pas incompatible avec celle de France et de Venise. Cette fois Fuentès crut le succès de ses combinaisons assuré. Pour le précipiter encore, pour enlever le vote du Pittag, assemblée générale des Grisons, il suspendit pour quinze jours le blocus de leurs frontières et fit interrompre la construction du fort.

Mais à ce moment même, revenu de Paris, Schamestein arrivait à Coire. Un changement à vue s'opéra dans les dispositions des Grisons. Assurés d'être soutenus par la France, s'ils tenaient tête encore à l'Espagne ; menacés, s'ils violaient leur foi, d'être abandonnés à eux-mêmes, et de voir leurs pensions supprimées, ces âpres et besogneux montagnards, la veille prêts à céder, furent acquis à la résistance. Venise elle-même leur promettait maintenant son appui. Le vote du Pittag n'était plus douteux désormais. D'un commun accord les députés des trois Ligues, (²) réunis le 20 mars, décidèrent de maintenir intactes leurs anciennes alliances, et de n'en conclure aucune nouvelle qui pût leur porter atteinte. Seule la Ligue des Cades ajouta : « Quant au passage des gens de guerre par notre

(¹) De Béthune à Villeroi, 22 mars 1604. Arch. de Sully.
(²) Les Grisons se composaient de trois Ligues : la Grise, la Cadée et les dix Droitures.

« pays, nous ne voulons pas être obligés d'en aviser le
« gouverneur de Milan, ou que cela dépende de lui ; mais
« bien voulons-nous promettre de n'octroyer ni permettre
« à personne le passage, à qui voudrait assaillir par armes
le duché de Milan » (¹) En conséquence, ce ne fut plus un
traité d'alliance, mais une promesse de bon voisinage,
qu'un ambassadeur fut chargé de porter à Fuentès. Cette
première campagne se terminait à la confusion du comte
gouverneur.

Le dépit de Fuentès redouble son opiniâtreté. Il rend
aussitôt le blocus plus rigoureux ; il reprend la construction du fort, il lève des soldats, il devient menaçant.
Henri IV songe alors à jeter sur le Milanais, les Etats de
la Péninsule. De Vic est chargé d'échauffer les Grisons ;
un corps d'Allemands est prêt à les soutenir ; trente mille
protestants d'Italie marcheront avec eux dès l'ouverture
des hostilités. (²) Béthune a ordre d'agiter aux yeux de
Clément VIII le spectre redouté de la guerre. En face de
l'attitude ouvertement offensive de Fuentès, les Grisons
n'ont désormais qu'un recours : les armes. L'appui du roi
de France, leur allié, leur est à l'avance acquis. La France
entraînera Venise, et l'on ne sait plus où s'arrêtera l'incendie. (³)

Clément VIII souffrait en ce moment de la goutte.
Béthune s'acquitta de sa mission auprès d'Aldobrandini.
En quelques mots fermes et brefs, il enveloppa l'âme du
cardinal de troublantes appréhensions. Aldobrandini promit de transmettre fidèlement au Saint Père, les graves

---

(¹) Déclaration des Ligues, B. N. m. 3460.

(²) D'après de Vic à Béthune, 13 janvier 1604, de Soleure, B. N. m. 3489.

(³) Du roi à Béthune, 8 avril 1604. B. N. m. 3486.

déclarations de l'ambassadeur. Pour sa part, il était d'avis qu'il fallait « couper le chemin aussitôt à ces discordes ». Mais Fuentès ne semblait pas vouloir se désister sans un ordre d'Espagne. Le Pape, à n'en pas douter, s'emploierait encore, mais seulement à la longue, si l'on ne trouvait un expédient pour l'y porter plus vite. Cet expédient, Aldobrandini le suggèra lui-même. Il connaissait son oncle, il le savait lent par nature à prendre une décison ; mais l'apparence du danger l'impressionnait toujours et le faisait agir. Soucieux avant tout de conserver la paix, qu'il regardait comme son œuvre, il ne redoutait rien tant qu'une guerre entre la France et l'Espagne, Les paroles l'émouvaient peu ; mais il était facile de l'ébranler, en lui faisant craindre, par une démonstration quelconque, une rupture. Plus de doute qu'il « ne se mit alors des deux mains à l'ouvrage ». (¹)

Henri IV trouva d'autant meilleur le conseil, qu'il cadrait avec ses intentions. Le Pape en effet, comptant que le temps arrangerait tout entre les deux souverains, tant cette affaire des Grisons, que celle du commerce, ne croyait pas à la guerre. Il fallait faire tomber ces illusions, causes de ses lenteurs. D'autre part, effrayés des grandes levées d'hommes de Fuentès, et sur les conseils mêmes de Clément VIII, les Vénitiens ne semblaient plus disposés à la

---

(¹) De Béthune au roi, 20 avril 1604. Arch. de Sully. Rott prétend, (Henri IV, les Suisses et la Haute Italie) qu'Aldobrandini était dès lors gagné à Fuentès : ce n'est pas ce que semblent prouver les conseils que le cardinal donne à Béthune et par lui au roi de France. Rott ajoute qu'à son tour Aldobrandini gagna Clément VIII, aidé en cela par le duc de Sessa. Or le duc de Sessa n'était plus depuis dix mois à Rome. Il avait été remplacé par le marquis de Vigliena, dont le manque de tact et l'insolence ridicule avaient blessé toute la cour romaine et particulièrement Clément VIII.

moindre action énergique, en faveur des Grisons. Leur ambassadeur à Rome avait déclaré à Béthune que la Seigneurie fournirait bien à ses alliés des vivres et trente mille écus, mais qu'elle ne se croyait pas obligée à faire davantage. Surtout elle se refusait à toute déclaration ouverte, qui eût pu entraîner la guerre chez elle. (¹) Au fond ce qu'elle redoutait encore plus que la colère de Fuentès, c'était la dépense ; car la Seigneurie n'était pas prodigue. Henri IV s'irritait de voir les Vénitiens, dont l'alliance inopportune était cause de tout, s'effacer ainsi et disparaître, quand il fallait, non pas même agir, mais parler seulement. Béthune reçut ordre de le faire entendre à leur ambassadeur, sans colère, sans doute, mais aussi sans réticence. (²).

Or, de penser que Fuentès consentit à détruire son fort, sur les seules instances des Suisses, c'était désormais illusion pure. Les paroles étant impuissantes, il fallait des actes. Henri IV fit partir pour la Suisse Mr de Montmartin. Ce gentilhomme avait pour mission « de se rendre compte, » sur les lieux mêmes, « des dispositions et des forces des Grisons, de l'état actuel du fort », et des moyens les plus propres à l'assaillir. On résoudrait après ce qu'il faudrait faire. Béthune d'après les instructions reçues fit part à Clément VIII, « sans insister, » des décisions du

---

(¹) De Béthune au roi, 4 mai 1604. Arch. de Sully.
(²) Du roi à Béthune, 20 mai 1604. B. N. m. 3486.
« Quant aux Vénitiens... ils craignent d'irriter le gouverneur de Milan
« mais surtout la dépense qu'il faudrait faire pour soutenir la querelle
« des Grisons, qui est la leur. Ils cherchent à s'arranger plutôt que d'y
« contribuer, eux, dont l'alliance inopportune, commencée sans mon sû,
« et conclue grâce à moi, est cause de tout. Vous direz tout cela à l'am-
« bassadeur de Venise, sans altercation, ajoutant que c'est moi qui
« peux me passer mieux dudit passage et des gens de guerre de ce pays,
« qu'eux et tout autre d'Italie. »

roi, laissant entendre que Henri IV renonçait désormais à tout concours étranger pour régler cette affaire. Il annonçait en même temps au Pape, que le roi en personne viendrait prochainement à la frontière, qu'il avait décidé un voyage en Provence. (¹)

Cette fois Clément VIII inquiet sembla résolûment prêt à tout faire, pour éviter des malheurs. Lui aussi il s'était déjà brisé à l'opiniâtreté de Fuentès ; mais, depuis quelques jours, il avait écrit en Espagne, et il attendait de plus favorables réponses. Ses ministres n'imitaient pas tous cette pacifique et sage conduite. De nouveau le nonce de Suisse encourageait ouvertement Julio de la Torre dans ses négociations contre la France. Autorisé par lui, l'abbé de Saint-Gall avait reçu de l'argent des Espagnols et était allé grossir leur parti : mais la ville avait refusé de le suivre. Glaris, que les Espagnols travaillaient aussi, avait imité Saint-Gall. C'était bien la preuve que Fuentès cherchait à s'attacher les cantons catholiques, mais non pas que tous étaient avec lui, comme l'insinuaient les Espagnols, à Rome. En le favorisant, le Nonce le couvrait de l'approbation tacite du Pape ; il l'encourageait à ne pas détruire son fort, et par suite à s'emparer, quand il voudrait, de la Valteline ; car c'était le dessein de plus en plus manifeste du Comte. Le Pape promit de brider encore une fois le zèle indiscret du Nonce. (²)

Au fond, malgré ces appréhensions de commande, Béthune pas plus que de Vic, — à tort peut-être, — ne jugeait cette affaire d'une extrême importance pour le service du roi. Mais « pour sa réputation, il n'était pas « expédient, croyait-il, que les Espagnols emportassent

---

(¹) De Béthune au roi, 1ᵉʳ juin 1604. Arch. de Sully.
(²) De Béthune à Villeroi, 18 juin 1604. Arch. de Sully.

« cela de bravade sur lui. » Pour le moment l'affaire du commerce était autrement grave, et c'est avant tout, celle-ci que Henri IV était pressé de résoudre. Clément VIII de plus en plus inquiet des menaces dont se chargeait l'horizon politique, l'y aidait maintenant de tout son pouvoir. La paix sur ce point capital, c'était la tempête écartée. Tandis que le roi de France et le Pape y travaillaient d'un commun et sincère effort, Fuentès qu'aucune remontrance ne gênait plus, avait gagné à prix d'argent, les quatre cantons catholiques et conclu avec eux un traité, par lequel ils s'engageaient à ouvrir leurs routes à ses troupes et à les fermer à ses ennemis. Ainsi le roi d'Espagne était maître désormais du passage du Saint-Gothard, il obstruait ceux du Splügen, il guettait ceux du Valais. Les Grisons, après avoir résisté désespérément, semblaient prêts à fléchir. Mais le connétable de Castille venait de signer en ce moment à Paris le rétablissement du commerce : le but essentiel était atteint. Soulever de nouveau la question de la Valteline, c'eût été altérer encore les relations à peine améliorées de la veille entre la France et l'Espagne : Henri IV ne le voulut pas.

La question restait entière. On sait quelles discordes elle souleva depuis. Béthune qui l'avait vue naître, dut revenir à Rome, vingt ans après, pour la résoudre.

CHAPITRE IX

La Question Hollandaise. — La Guerre des Pays-Bas

Guerre de l'indépendance et paix de Vervins. — Siège d'Ostende. — Clément VIII cherche à détacher Henri IV des Hollandais. — Béthune et d'Ossat défendent la politique de Henri IV : les fautes de la politique espagnole les secondent. — Embarras des Hollandais. — Prise de l'Ecluse, prise d'Ostende.

Sous le coup des graves nouvelles venues des Pays-Bas, les Espagnols modestes enfin, n'avaient même pas dit un mot des succès du gouverneur de Milan en Suisse. La prise de l'Ecluse, assiégée depuis trois mois par le comte Maurice, les avait abattus, en leur montrant debout et plus fiers que jamais ces revoltés des Provinces-Unies, qu'ils croyaient écrasés. Bientôt, il est vrai, la capitulation d'Ostende mit du baume sur leur orgueil blessé. Mais ce succès lui-même ne les relevait pas : les résultats, ils le sentaient bien, ne répondraient jamais à l'opiniâtreté ruineuse de l'effort.

Ainsi se prolongeait sans gloire et sans profit pour l'Espagne cette guerre entreprise depuis quarante ans. L'intolérance et les cruautés du trop fameux duc d'Albe avaient provoqué la révolte : l'ambition de Philippe II, en lui permettant de s'étendre et de se fortifier, l'avait rendue à peu près invincible. Seul Alexandre Farnèse, diplomate autant que général, aurait pu la dompter : la convoitise de Philippe II, interrompant son œuvre, l'avait jeté sur la France. La gloire du général y trouva son compte, mais non pas le roi d'Espagne. Au lieu de la couronne et de la grandeur rêvées, Philippe II ne rapporta de France que les sarcasmes de la *Satire Ménippée*, et quand il songea à rappeler son général dans les Pays-Bas, c'était trop tard, Alexandre Farnèse était mort. En l'absence de son habile adversaire, Maurice de Nassau était tombé à l'improviste sur les Espagnols : il leur avait enlevé successivement Breda, Deventer, Nimègue, Groningue ; il avait conclu une alliance offensive et défensive avec l'Angleterre et la France, et les Espagnols avaient vu reculer dans un avenir, plus que jamais lointain et vague, tout espoir de victoire.

Un moment les Etats purent craindre que le traité de Vervins fut fatal à leur cause : pour faire sa paix avec l'Espagne Henri IV s'était détaché d'eux. Mais le roi de France prit soin de les rassurer. S'ils n'étaient plus ses alliés, ils étaient les ennemis d'un commun adversaire : ils restaient ses amis. Le traité de Vervins lui-même importait à leur liberté. Grâce à leur puissante marine, aux secours certains de l'Angleterre, à l'appui détourné, mais non moins efficace de la France, ils obligeraient l'Espagne à user contre eux en stériles efforts ce qu'elle avait encore de forces, à consumer ce qui lui restait d'argent et de crédit. Pendant ce temps calme au dedans sous la main paternelle mais ferme de son roi, enrichie par une administration habile et sage, toutes ses blessures guéries, réorganisée, relevée, florissante, la France serait prête à porter à sa rivale, au jour incertain encore, mais prévu, le coup fatal, inévitable, dont elle ne se relèverait plus. Ce jour-là, avant peut-être, ce serait pour les Etats des Provinces-Unies la liberté de conscience assurée avec l'indépendance politique conquise.

En attendant Henri IV ne pouvait, sans violer la paix, leur envoyer officiellement des secours : il n'en eut pas besoin ; les secours leur vinrent d'eux-mêmes. L'armée royale licenciée, de nombreux soldats, qui faisaient métier de la guerre, se trouvaient tout à coup sans emploi. Ils se hâtèrent, suivant les habitudes du temps, d'aller prendre du service ailleurs ; quelques-uns, des catholiques, à l'armée de l'Archiduc ; d'autres, des protestants, en plus grand nombre, parmi leurs coréligionnaires de Hollande. Henri IV, heureux de s'en débarrasser, ne les arrêta pas. Mais pour payer ces troupes nouvelles, pour suffire aux besoins d'une guerre toujours plus âpre, les Etats avaient besoin d'argent. Pendant sa lutte contre la Ligue et l'Espagne, Henri IV en avait reçu d'eux ; quelles sommes exactement ? On ne le sut jamais ; mais au moment du traité de Vervins, en habile politique, le roi se réserva le droit de s'acquitter de sa dette, dès qu'il en aurait les moyens. Il n'y manqua pas, on peut le croire. A peine le marquis de Rosny eut-il ramené un peu de prospérité dans le trésor royal, que son maître se hâta de faire passer chaque année des sommes considérables à ses créanciers de Hollande. (¹)

Prévenus, les Espagnols n'en soufflèrent mot tout d'abord. Mais bientôt il leur fallut trouver une excuse aux mauvais traitements auxquels étaient soumis les marchands français en Espagne ; aux insultes dont M. de la Rochepot avait été la victime, et aux projets plus noirs qu'ils préparaient déjà ; ils n'en trouvèrent d'autre que les secours d'argent et d'hommes envoyés, disaient-ils, par le roi de

---

(¹) On en trouve le détail dans le registre des comptants de Sully, aux archives du château de Sully.

France aux Etats. Leurs plaintes redoublèrent pendant le siège d'Ostende. Humiliés de la stérilité de leurs efforts et d'échecs, dûs souvent à leurs fautes, ils tentaient d'en rendre responsable Henri IV auprès de Clément VIII.

Ostende était, après Anvers le meilleur port de la côte flamande. Bâtie sur un sol marécageux, presque environnée de canaux, elle était, au pouvoir des Etats, un abri précieux pour leurs navires, une place de premier ordre. Ils n'avaient rien négligé pour la rendre imprenable. Dix-huit forts la défendaient ; elle avait dans ses murs une garnison nombreuse, commandée par un officier d'expérience, et toujours abondamment pourvue. Rien n'était plus facile que de la ravitailler, tant que les Hollandais restaient maîtres de la mer. Le duc de Parme s'était rendu compte du peu d'avantages qu'il y aurait à la prendre et des forces considérables, des ressources immenses qu'exigerait le siège. Aussi après l'avoir un moment investie en 1583, s'était il promptement retiré. Plus téméraire et bien inférieur en talents militaires, l'Archiduc résolut de s'en emparer. Le 5 juillet 1601, le siège, depuis quelque temps décidé, commença à la grande joie du comte Maurice. Frédéric de Berghe, maréchal de camp, investit la place du côté de l'Est avec cinq régiments. Le lendemain, Auguste Mixin arriva, avec un nombre égal de troupes pour l'attaquer du côté des forts Albert et Isabelle. Il fut repoussé et contraint de se retirer vers les Dunes, après avoir perdu cinq cents hommes. Le 10 et le 11, l'armée espagnole forte de 30.000 hommes, commença le bombardement. Le chevalier de Vaër et le colonel Verstembroug arrivèrent pour défendre la place. Grâce à une feinte trêve, ils entrèrent dans Ostende, le 15, avec 34 enseignes anglaises et « vallonnes » environ 7.000 hommes, et 40 navires chargés de munitions et de vivres. (¹)

Henri IV n'avait pas caché un instant ses sympathies pour ses anciens alliés des Etats. Il les manifesta si hautement, en accourant à Calais, au début du siège d'Ostende, que les Espagnols en prirent ombrage. L'occasion était favorable pour venger l'injure récente faite à l'ambassadeur français à Madrid : nul doute que le roi de France ne vint pour en profiter. Il n'en était rien ; mais la démonstration demeurait inquiétante, et les Espagnols pressèrent plus que jamais Clément VIII de détacher, par persuasion ou par force, Henri IV des Etats. Clément VIII avait pour les Hollandais une aversion profonde : c'étaient des hérétiques : leur défaite était, à ses yeux, mieux qu'un succès pour l'Espagne, ce serait une victoire pour l'Eglise.

Seule, au dire des Espagnols, l'amitié que Henti IV portait aux rebelles, empêchait cette défaite, retardait cette victoire. Au nom des services qu'il lui avait rendus, et des intérêts supérieurs de l'Eglise, Clémennt VIII par l'intermédiaire du Nonce de Paris, supplia le roi de France de briser avec les Etats, ou tout au moins de rappeler l'agent qu'il avait en Hollande, M. de Busenval. (²)

La politique et la reconnaissance engageaient également Henri IV à ménager les sentiments, et à tenir compte, en apparence du moins, des désirs du Pontife, Il rappela pour quelques mois Busenval. Encouragé par ce premier succès, le Nonce demanda bientôt au roi de compléter la mesure, en bannissant de sa cour, Arsens, le représentant des Etats. C'était trop d'exigences : Henri IV s'excusa de n'y pas satisfaire. Il laissa même entendre que le rappel de

---

(¹) L'Estoile. Edition Petitot. t. III. p. 415.
(²) Du roi à Béthune, 18 octobre 1602. B. N. m. 3484.

Busenval était momentané. De nombreux Français trafiquaient en Hollande : leurs intérêts, leur sûreté même, exigeaient là-bas la présence d'un agent français. Les mêmes intérêts et d'autres encore lui faisaient un devoir de garder Arsens à sa cour. Les Etats étaient puissants sur mer : il y avait danger à les offenser : jadis il avait reçu d'eux d'appréciables services, ils avaient droit à sa reconnaissance, et « l'on devait se contenter qu'il ne se mêlât pas plus avant « de leurs affaires. » (¹)

Du reste de quelle utilité pouvaient bien être aux Espagnols le rappel de Busenval et le renvoi d'Arsens : il ne le voyait pas. Attribuer, comme ils le faisaient, aux relations cordiales de la France avec les Etats, l'insuccès de leurs armes, c'était de l'aveuglement, ou plutôt de la mauvaise foi. Ravitaillée tous les jours par les vaisseaux anglais, Ostende se ressentait à peine du siège .(²) Il en serait ainsi tant que resteraient libres les entrées de la mer ; les fautes de l'Archiduc faisaient le reste. Il avait été assez heureux, grâce aux gelées, pour dégager Bois-le-duc, assiégé par le prince Maurice. C'était un immense avantage, il n'en avait pas profité ; il n'avait pas pressé le siège d'Ostende, et il en était réduit maintenant à attendre qu'un accident imprévu forçât les assiégés à parlementer. (³)

Or, c'est à ce moment, qu'au grand étonnement de Béthune, les plaintes des Espagnols, sans cesser tout à fait, se faisaient de plus en plus rares à Rome. Devant l'ambassadeur, autour de Clément VIII, ils ne parlaient que de bonne amitié, que de cordiale entente avec le roi de France. Ces protestations étaient trop affectées, pour n'être

(¹) Du roi à Béthune, 2 janvier 1602. B. N. m. 3484.
(²) Du roi à Béthune, 18 octobre 1602. B. N. m. 3484.
(³) Du roi à Béthune, 2 janvier 1602. B. N. m. 3484.

pas suspectes : les Espagnols avaient quelque trame à cacher. Des symptômes alarmants justifiaient toutes les défiances. A chaque lettre venue de France, Henri IV parlait d'agitation inaccoutumée à travers ses provinces, d'argent étranger répandu, de sourdes excitations à la révolte. Au même moment — coïncidence étrange — des levées avaient lieu à Milan, à Naples, en Sicile ; sur terre et sur mer, l'Espagne armait avec furie ; et, sans but apparent, une armée était concentrée autour de Barcelone. En face de ces préparatifs suspects, se mettre en garde était de la plus vulgaire prudence. Henri IV ordonna des levées de Suisses, et envoya des troupes aux frontières. Les Espagnols aussitôt protestèrent. Prévenu par eux, Clément VIII s'alarma, Philippe III, disait-il, ne menaçait que les Flandres ; et il blâmait Henri IV de s'émouvoir pour d'imaginaires dangers. (¹) A ses yeux il provoquait l'Espagne, il mettait en danger la paix. La conjuration de Biron éclaira tout à coup le Pontife. Les Espagnols s'étaient joués de sa bonne foi : ils avaient voulu le faire complice d'un crime, et à ce crime, ils ne trouvaient qu'une excuse, toujours la même, les secours d'argent et d'hommes donnés par Henri IV aux Etats de Hollande.

Cette fois, nature douce et loyale, Clément VIII s'indigna. Il se souvint à regret de s'être fait lui-même l'écho de plaintes, qui couvraient de si abominables desseins. Mais s'il ne trouvait aucun mot assez expressif pour marquer son horreur du complot tramé à l'instigation de l'Espagne ; il s'affligeait aussi de la conduite toujours inexplicable, toujours injustifiée pour lui, du roi de France. Que Henri IV donnât aux Etats de l'argent, qu'à cette heure encore deux régiments français fussent sous leurs

(¹) De Béthune au roi, 1ᵉʳ avril 1602. Arch. de Sully.

drapeaux, c'était chose connue, certaine. Clément VIII voulut avoir à ce sujet une explication décisive, et avec tous les ménagements possibles, sans que rien dans ses paroles put sembler un reproche, dès les premiers jours de septembre 1602, il posa nettement la question à Béthune, et le mit en demeure de justifier son maître. (¹)

A son départ de France, Béthune avait emporté les instructions nécessaires, renouvelées plusieurs fois depuis, pour répondre à cette question prévue. (²) Il en avait fait jusque-là peu d'usage. Mais cette fois Clément VIII lui demandait de parler librement, comme s'il n'avait pas devant lui un Pape, comme s'il n'était pas ambassadeur. Béthune accepta de bonne grâce. Il savait que le roi de France avait donné de l'argent aux Etats ; qu'il dût leur en donner encore, il ne pouvait pas en douter. Mais que l'Espagne s'obstinât à chercher dans cet acte du roi des intentions hostiles, c'est ce qu'il ne comprenait pas. Henri IV, — l'Espagne le savait, Clément VIII ne pouvait l'ignorer, — s'acquittait d'une dette. Il n'était pas moins vrai qu'il y avait en Hollande des régiments français, dont les soldats avaient pour la plupart servi dans les armées du roi. Libres après la paix, inaptes à tout autre métier que la guerre, ils eussent été un danger pour la France, et le roi

(¹) Le Pape déclara, écrit Béthune au roi, « qu'il eût fort désiré entendre une réponse sur les plaintes que les Espagnols faisaient de l'argent dont Sa Majesté avait secouru les Etats de Flandre, et de vos sujets qui avaient toujours été à leur secours en bon nombre, s'y trouvant même encore aujourd'hui deux régiments, ce qu'il me semble qu'il proposait de la façon, afin qu'il le rendit moins suspect de reproche à Votre Majesté ou qu'elle ne s'en offensât. » De Béthune au roi 9 novembre 1602. Arch. de Sully.

(²) Instructions données à Béthune. B. N. m. 3465. Renouvelées dans la lettre du roi, du 7 mai 1602. B. N. m. 3484. L'ambassadeur expose exactement à Clément VIII les raisons de Henri IV.

leur avait permis, pour en débarrasser ses provinces, d'aller où bon leur semblerait. Aussi en avait-on vu partout où l'on faisait la guerre, dans les deux camps à la fois, en Hongrie comme en Flandre. Cependant, depuis la paix de Lyon, pour déférer aux prières du Pape, Henri IV avait sommé de rentrer ceux qui étaient en Hollande. Quelques-uns, des chefs surtout, La Noue entre autres, avaient obéi. Le reste n'ayant rien à perdre chez eux, n'avait pas tenu compte des défenses du roi. Depuis, quelques huguenots étaient allés les rejoindre. Fallait-il l'avouer ? Connaissant leur esprit, ami des nouveautés, Henri IV les aimait mieux dehors que dedans. On ne pouvait guère conseiller au roi, — le Pape en conviendrait sans doute, — « d'éteindre le « feu de la maison de son voisin, pour l'allumer en la « sienne. » Si, malgré les motifs de vengeance qu'il avait contre les Espagnols, le roi de France montrait tant de modération, c'était à la prière du Pape. Il est douteux que ses ennemis en eussent fait autant dans des circonstances pareilles. Ils portaient aujourd'hui la juste peine de leur ambition et de leur fautes. La force des Etats datait du jour où les Espagnols les avaient négligés, dans l'espoir de conquérir la France : la faute fut grossière, le mal était irréparable. (¹)

On pouvait le croire du moins. En vain, vers le milieu de 1602, Ambroise Spinola était arrivé devant Ostende avec cinq régiments, et avait apporté aux assiégeants l'appoint de ses talents militaires : les Espagnols ne faisaient pas un pas. Le passage était toujours libre par mer aux secours venus d'Angleterre, et grâce aux forts extérieurs, dont les assiégés restaient maîtres, Maurice de Nassau ravitaillait facilement la place. En décembre, deux régi-

(¹) De Béthune au roi, 9 septembre 1602. Arch. ds Sully.

ments français et des troupes de cavalerie arrivèrent encore, enseignes déployées, au camp du prince. Il était alors devant Graves, qu'il était venu assiéger, après son échec autour de Bois-le-Duc. La prise de la ville suivit de quelques jours seulement l'arrivée des Français. Les Espagnols ne manquèrent pas de crier bien haut aux oreilles du Pape, qu'elle en était la conséquence. La vérité c'est que Graves avait succombé, grâce à la mutinerie des soldats de l'Archiduc, qui s'étaient retirés à Hoochstratten. (¹) Clément VIII l'ignorait et d'un seul coup s'effaça dans l'esprit du Pontife toute trace de la justification qu'avait tentée Béthune des actes de son maître. Encore sous l'émotion que lui avait causée ce succès nouveau des protestants de Hollande, Clément VIII se plaignit avec tristesse du roi de France au cardinal d'Ossat. (²) Que n'avait-il pas fait pour ce prince ? et voilà qu'il favorisait les ennemis du Saint-Siège, tout en n'ignorant pas les exactions dont les catholiques étaient de leur part victimes, les abominations et les sacrilèges dont ils se rendaient coupables envers les lieux sacrés. Le cardinal prit hautement la défense du roi. Il rappela une fois de plus au Pontife l'attitude inqualifiable des Espagnols envers le roi et la France dans ces dernières années. Une revanche était nécessaire : si Henri IV ne l'eût cherchée, il eût en partie mérité tout le mal que les Espagnols lui voulaient.

Il n'y avait plus d'espoir, — Clément VIII le sentait maintenant — que le roi de France abandonnât les Etats à la vengeance espagnole. Mais du moins pouvait-il s'entre-

(¹) De Béthune au roi, 27 janvier 1603. Arch. de Sully.
(²) Le cardinal d'Ossat était alors vice-protecteur des affaires de France, il n'était pas le représentsnt officiel de Henri IV. Devant l'ambassadeur, le Pape ne renouvela pas ses plaintes.

mettre pour amener la paix. Le Pape exprima ce désir : il semblait borner là ses vœux. D'Ossat n'y voyait qu'un obstacle : la mauvaise foi espagnole : son mépris des traités. Il savait aussi de quelle haine jalouse les Espagnols poursuivaient la France et son roi, et il craignait de les voir, une fois en paix tourner de ce côté toutes leurs forces. A cette heure même, malgré leurs embarras de Flandre, ne cherchaient-ils pas un prétexte de faire la guerre à la France ? L'entreprise de Genève connu d'eux, approuvée par eux, ne tendait pas à une autre fin. Certes le cardinal n'était pas d'avis que le roi de France déclarât la guerre à l'Espagne, mais qu'il l'aidât à se tirer d'embarras, il ne le lui conseillerait jamais. [1]

Clément VIII insista. Les Etats eux-mêmes avaient intérêt à la paix. Philippe III irrité d'une résistance si longue pouvait jeter à la fois toutes ses forces dans les Pays-Bas et terminer d'un seul coup la guerre. D'Ossat n'en croyait rien. L'Angleterre, les Etats protestants d'Allemagne étaient là, l'arme au pied ; trop d'intérêts communs les liaient aux rebelles : ils ne les laisseraient pas écraser. Le roi d'Espagne n'était pas au bout de ses peines en Flandre : « Il y a de la besogne taillée pour si longtemps, « ajoutait le cardinal, que, quelque jeune qu'il soit, il « aura les cheveux blancs avant d'en venir à bout. Et « cependant notre Dauphin, avec l'aide de Dieu, sera crû, « et le roi aura mélioré la France et assuré la succession à sa « postérité ». Avec la paix, les Espagnols sortiraient tous des Pays-Bas. « Je les aime mieux là, vieillessants, harassés, « meurtris par autres que par nous, qu'aux côtes de « Provence et de Bretagne et en Bresse, Bourgogne et « Lyonnais, nous faisant la guerre, soulevant notre no-

[1] D'Ossat au roi et à Villeroi, 10 février 1603.

« blesse, et soûlant leur rage et leur haine contre les
« Français ». (¹)

A cette haine réciproque, Clément VIII ne voyait qu'un remède toujours le même : le mariage de l'Infante d'Espagne avec le Dauphin de France. Pour premier présent, le jeune prince apporterait à son futur beau-père la paix des Pays-Bas, et elle serait enfin terminée cette guerre, qui épuisait l'Espagne, au grand détriment de l'Eglise. C'était là le rêve le plus caressé du Pape. Contemporain de Philippe II, ébloui par le sombre éclat de cette formidable puissance, à l'ombre de laquelle s'abrita pendant quarante ans l'Eglise, habituée à regarder l'Espagne comme le bouclier du monde catholique, Clément VIII se dégageait avec peine de la longue et craintive admiration qu'il avait eue pour elle. Son abaissement, ses revers le frappaient au cœur, tant il croyait ses destinées liées à celles de l'Eglise. Tant de grandeur avait été fatale à l'Espagne, elle s'était crue destinée à régner sur le monde, et elle s'était ruinée afin de réaliser ce rêve magnifique : la France avait toujours été un obstacle à ses desseins ambitieux. Bien déchue pourtant, elle était redoutable encore, et pour la briser, pour l'écraser un jour, Henri IV l'enserrait dans un cercle, de plus en plus étroit, d'alliances avec tous les Etats protestants de l'Europe. Et c'est cela surtout qui attristait le Pape. Henri IV représentait en vain au Pontife que la question religieuse n'était pour rien dans ces alliances, et qu'elles étaient purement politiques. Clément VIII ne s'habituait pas à cette distinction pour lui inacceptable. Il voulait à tout prix séparer Henri IV des protestants : il rêvait de dresser en face d'eux, comme en un seul faisceau, les forces catholiques de la France et de

(¹) D'Ossat à Villeroi, 10 février 1603.

l'Espagne, unies entre elles par une étroite et solide amitié. Un mariage cimenterait à jamais cette alliance. Projet séduisant, magnifique, mais qui n'eût sans doute pas amené les résultats attendus. Que pouvait un mariage pour concilier entre deux peuples des intérêts rivaux? La France ne pouvait oublier ni les humiliations subies, ni celles que sa haineuse rivale lui préparait encore. On peut reculer, on n'empêche pas les luttes pour la suprématie. En habile politique, en grand homme d'Etat, Henri IV en préparait de loin l'issue favorable à la France. Au lieu de travailler à éteindre une guerre qui épuisait l'Espagne, il avait tout intérêt à l'entretenir. Les rebelles de Hollande étaient des protestants ; que lui importait? ou plutôt ils étaient ainsi deux fois les ennemis de l'Espagne; c'était un profit pour sa politique. Aussi s'obstinait-il à la poursuivre, malgré les remontrances du Pape. Ce fut la vraie raison de cette lettre amère du 18 avril, dont l'affaire de Genève avait été le prétexte. D'ailleurs, même aux yeux de Henri IV, en reprenant son rang dans le monde, la France reprenait aussi son rang dans l'Eglise, et là, comme ailleurs, au lieu de la servitude morale, qui régnait depuis quarante ans, elle apportait la liberté.

Béthune et d'Ossat étaient d'avis qu'on exposât nettement cette politique à Clément VIII. Henri IV voulait attendre encore ; il respectait les sentiments du Pontife, qu'il savait profonds et sincères : le temps seul, la patience habile et les évènements devaient les modifier peu à peu. Aussi mettait-il plus que jamais tous ses soins à ne pas ouvertement les blesser. La guerre avait fait des vides dans les régiments français des Pays-Bas. Pour les combler les Etats demandèrent à lever des recrues en France. Henri IV le permit : cela servait ses desseins ; mais il exigea les précautions les plus minutieuses pour que l'engagement passât inaperçu et qu'il ne lui vînt pas des reproches de Rome. (¹)

La situation devant Ostende s'était à peine modifiée jusque-là, malgré les 200.000 coups de canon tirés par l'archiduc, et les 100.000 tirés par la place. Les Espagnols avaient perdu 18,000 hommes, les assiégés 7.000, à la fin de février 1603. Le 5 avril, les Espagnols tentèrent un assaut général : ils échouèrent. Pour s'emparer de la place ils en étaient réduits à attendre ces sombres alliés, qui tardaient à venir : les maladies, la famine, le manque de munitions et d'hommes. (²) Pour hâter leur venue, l'important était de fermer la mer. Frédéric Spinola l'essaya. Avec douze galères et 3.000 hommes, il attaqua quatre vaisseaux des Etats. La bataille fut longue et furieuse. La flotte espagnole fut détruite et Spinola tué. Un échec suivit de près sur terre la victoire des Etats sur mer. Les Espagnols resserraient de plus en plus les assiégés dans leur ville, une digue que construisait Bucquoy était inquiétante surtout. Les Hollandais tentèrent de l'emporter d'assaut. Repoussés trois fois avec pertes, ils furent contraints de rentrer dans la place. Les Espagnols avaient fait un pas en avant. A la même époque, arrivaient à leur camp les 18.000 hommes et les 2.500 chevaux qu'Ambroise Spinola avait fait lever à ses frais en Allemagne, en Italie et en Suisse. De son côté, l'archiduc mettait sur pied 20.000 fantassins, et la prise d'Ostende, bien qu'éloignée encore, ne paraissait plus improbable. (³)

Plus que jamais les Etas se montraient hostiles à la

(¹) Du roi à Sully, 4 mars 1603. Œconomies Royales. t. IV. p. 203.
(²) Œconomies royales, t. v. p. 71.
(³) De Villeroi à Béthune, 21 avril 1602. B. N, m. 5485.

paix. Un moment ils avaient compté sur la protection plus qu'autrefois efficace de l'Angleterre, et ils s'étaient hâtés d'envoyer au nouveau roi des ambassadeurs, à la première nouvelle de son avènement. L'accueil que leur avait fait Jacques Ier n'avait pas, on le sait, répondu à leurs espérances. Il leur avait permis de lever les recrues promises par la feue reine, mais il avait arrêté le départ des navires prêts à les secourir. Une autre nouvelle augmentait bientôt leur inquiétude : le roi d'Angleterre traitait de la paix avec le roi d'Espagne. Jacques Ier avait bien promis au marquis de Rosny, de n'abandonner jamais ses alliés de Hollande : mais cette promesse ne les rassurait pas.

Clément VIII appelait de tous ses vœux la paix d'Angleterre, persuadé que la paix de Hollande suivrait d'elle-même après. De nouveau il priait Henri IV de s'entremettre pour les faciliter toutes deux. Béthune y voyait des obstacles : il doutait que les Espagnols eussent pour agréable l'intervention du roi de France. Accepter « qu'un « esprit, clair comme le sien, se mêlât d'un marché, où « peut-être, sous de belles apparences, ils n'apporteraient « que de la tromperie, » ils ne le voudraient jamais. Tels n'étaient pas les sentiments du Pape. Donner au roi cette preuve de confiance, c'était l'obliger, c'était s'en faire un ami ; agir autrement, vu les circonstances, serait une faute sans nom, la dernière qui restât à commettre ; le Pape n'en croyait pas les Espagnols capables. (¹) C'était les estimer trop encore : cette faute, ils la commirent et Henri IV s'en félicita. Il ne voyait à l'intervention, que souhaitait le Pape, « ni honneur pour lui, ni profit pour son royaume. » Il tenait cependant « à ce qu'on le crût à

(¹) De Béthune au roi, 23 décembre 1603. Arch. de Sully.

« Rome toujours prêt à favoriser ce bon œuvre » et il commandait à Béthune d'en assurer le Pape, mais en termes généraux toujours. (¹)

Le gouvernement espagnol prit soin de faire disparaître lui-même, le dernier obstacle, qui tenait en échec la politique française à Rome. Philippe III avait rappelé son ambassadeur. C'était le duc de Sessa. Représentant du vieux règne, il avait maintenu à la cour romaine, malgré les fautes de son gouvernement, l'ancien prestige de l'Espagne. Clément VIII l'aimait et le redoutait à la fois. Mais un parti nouveau l'emportait à la cour : le duc de Lerme disposait en maître des charges et des honneurs. Malheureusement pour son maître et pour son pays, rien ne l'avait préparé à ce rôle, et « sans miracle, selon le mot de Clément VIII, l'apprentissage et la maîtrise ne se rencontrent point ensemble. » A la place du duc de Sessa, sans choix d'ailleurs et au hasard des circonstances, le duc de Lerme avait envoyé le marquis de Vigliena, dont nous avons déjà signalé la morgue. Le nouvel ambassadeur représentait à merveille l'inexpérience du jeune gouvernement. A peine arrivé à Rome, il trouvait moyen, par sa vanité sotte et hautaine, de faire plus de mal à son pays, que ne lui en avait fait Béthune en deux ans. Le prestige de la France s'était soudain accru de tout ce que perdait celui de l'Espagne, et le crédit du duc de Sessa s'en était allé tout entier à Béthune. Lentement la cour romaine tourna les regards vers le soleil nouveau. Depuis longtemps déjà Aldobrandini lui apportait en secret ses hommages. Presque à son insu, Clément VIII subit l'influence nouvelle : il parut moins ému de la politique de Henri IV, ou peut-être la comprit-il mieux. Parfois encore,

(¹) Du roi à Béthune 23 octobre 1603. B. N. en 3485.

il parlait de la paix des Pays-Bas, mais sans insister, simplement comme pour remplir un devoir.

L'attitude de Jacques Ier était plus inquiétante. Malgré la lenteur des négociations engagées pour la paix entre l'Angleterre et l'Espagne, les Hollandais ne se faisaient pas illusion : ils étaient sûrs qu'elles aboutiraient, « dût-il y rester du poil des Provinces-Unies. » Sans doute Jacques résistait aux exigences de l'Espagne et refusait de rompre avec ses alliés, mais il avait déjà fait une concession énorme. Il avait consenti à rendre aux Espagnols, les villes qu'il tenait des Etats, moyennant l'acquittement des sommes pour lesquelles elles étaient engagées, si les Etats ne les avaient pas rachetées au terme convenu. Dans les circonstances si onéreuses du siège d'Ostende, d'où les Etats auraient-ils pu distraire l'argent nécessaire au rachat ? Malgré tout ils promettaient au roi de France de tirer jusqu'à leur dernier coup de canon : ils connaissaient son dessein de leur assurer toutes les côtes jusqu'à la frontière de Calais, et de fermer ainsi définitivement à l'Espagne toute communication par mer avec ses provinces de Flandre ; ils étaient prêts à tout pour lui permettre de le réaliser. En attendant ils manquaient de poudre, tant ils en consommaient à Ostende et devant l'Ecluse, que le prince Maurice assiégeait depuis la prise de Graves. Henri IV commanda à Rosny de leur en expédier cent milliers. [1]

Cependant les circonstances devenaient graves : la paix était conclue entre Jacques Ier et Philippe III. Les Espagnols s'en vantaient, à Rome, comme d'une victoire. Une douloureuse nouvelle vint calmer à propos leur vantardise: l'Ecluse avait capitulé. Ce fut comme un coup de foudre :

[1] Du roi à Rosny, 12 juillet 1604. Economies Royales. t. v. p. 277.

ils n'y pouvaient croire : ils avaient la capitulation dans les mains, qu'ils doutaient encore. Tout en regrettant cet échec, Clément VIII n'en témoigna pas une peine extrême. Aldobrandini et quelques cardinaux eurent peine à cacher leur joie de la blessure vive que ce coup faisait à l'orgueil de l'Espagne. Maintenant beaucoup, le duc de Parme même, doutaient de la prise d'Ostende. Cependant un mois après, l'archiduc entrait dans la place. De l'excès de l'abattement les Espagnols passèrent sans transition aux excès du triomphe. Trois jours durant, l'ambassadeur d'Espagne, celui de l'archiduc, et, à leur exemple, tous les sujets de leurs maîtres, qui se trouvaient à Rome, allumèrent devant leurs portes des feux de joie. Par permission du Pape, le canon du Château Saint-Ange célébra lui aussi la victoire. (¹) Bien triste victoire pourtant, et plus ruineuse que la plus sanglante défaite ! Ces trois ans de siège coûtaient à l'Espagne près de 10.000.000 et 80.000 hommes. Son trésor était pour longtemps épuisé, l'élite de ses soldats étaient morts, et les Etats étaient moins que jamais soumis.

Aussi les Espagnols semblaient-ils disposés maintenant, sinon à conclure la paix, du moins à contracter une trêve. Ils parlaient même de confier la négociation au Pape. Aldobrandini se hâta de prévenir Béthune, et par lui Henri IV ; il croyait de l'intérêt du roi de France, si la paix se traitait, qu'elle se traitât par ses mains. Henri IV ne voulait pas la paix, et il chargea Béthune d'exposer au cardinal, dont il était sûr maintenant, les raisons de sa politique. Fier de cette confiance, Aldobrandini promit d'y répondre ; il s'engagea à prévenir Béthune de tout ce qu'il apprendrait sur cette affaire. En attendant, il était

(¹) De Béthune au roi, 18 décembre 1604. Arch. de Sully.

urgent d'empêcher l'accord, et d'y intéresser moins vivement Clément VIII. Il y avait à ceci un moyen, « faire en sorte que les Provinces-Unies traitassent plus doucement leurs sujets catholiques. » (¹) Le conseil était bon : le roi fit la démarche. Les Etats l'accueillirent avec déférence. Sans permettre encore aux catholiques l'exercice public de leur culte, ils les laissèrent libres de s'y livrer chez eux. Ils ajoutaient même « que s'ils ne craignaient pas les « menées des gens d'Eglise, ils leur permettraient d'exer- « cer leurs fonctions sur leur territoire aussi librement « qu'ailleurs. » (²) Clément VIII n'insista plus ; et les Etats, après n'avoir pu s'accorder avec l'Espagne pour une trêve de plusieurs années, se préparèrent plus que jamais à la guerre. Comme ils manquaient d'argent, Béthune avait ordre de négocier pour eux, à son retour, un fort emprunt auprès du grand duc de Toscane. (³)

(¹) De Béthune au roi, 11 janvier 1605. Arch. de Sully. — « J'ai fait « entendre à M. le cardinal Aldobrandini avec la liberté et confiance que « Votre Majesté me le commandait, ce qu'elle m'écrivait par sa lettre du « 3 du passé. Le cardinal a montré de vouloir correspondre à cette fran- « chise, me disant que ce qui l'avait convié à dire ce que j'ai mandé à « Votre Majesté était qu'on l'avait averti que les Espagnols voulaient « employer le Pape à traiter cette paix. » D'après lui, « pour divertir « cet accord, le roi devrait faire en sorte que les Provinces-Unies trai- « tassent plus doucement les catholiques... Bref à ce qu'on peut en « connaître, le cardinal ne voudrait point que cet accord se fît, car il « donnerait trop d'autorité aux affaires d'Espagne, dont il ne désire « nullement l'accroissement. »

(²) Du roi à Béthune, 8 février 1605. B. N. m. 3486.
(³) De Villeroi à Béthune, 7 mars 1605. B. N. m. 3488.

CHAPITRE X

Vengeance de l'Espagne.
Conspiration du comte d'Auvergne.

Clément VIII veut entraîner Henri IV contre les Turcs. — Henri IV s'y refuse ; il a d'autres ennemis à combattre. — Protection accordée par le roi d'Espagne aux complices de Biron. — Pressentiment général de la mort violente du roi. — Conspiration du comte d'Auvergne ; son but, ses résultats.

L'entente cordiale entre la France et l'Espagne et leur action commune contre les protestants n'étaient pas le seul projet politique de Clément VIII. Depuis Saint Louis, depuis la prise de Constantinople surtout, les Papes n'avaient cessé de rêver une croisade nouvelle, permanente, définitive. Maîtres de la Syrie, établis solidement en deçà du Bosphore, les Turcs, toujours emportés en avant, menaçaient d'envahir toute l'Europe chrétienne. Déjà au sein de la Hongrie, tantôt battus et tantôt victorieux, mais tenaces toujours, ils avançaient lentement sur Vienne. L'Allemagne ne semblait plus capable de les contenir seule ; l'empereur Rodolphe d'ailleurs avait de plus sérieux soucis : il se préoccupait de mesurer les astres, tandis que la marée turque rongeait peu à peu les frontières de son empire. Cependant l'armée chrétienne, recrutée de partout, combattait vaillamment. Elle avait à sa tête un prince français, le duc de Mercœur. Après s'être soumis, le dernier de la Ligue, au roi de France, et lui avoir remis la Bretagne, il avait demandé comme une grâce d'aller combattre les Turcs. C'était noblement expier sa révolte.

L'année 1601, venait de finir par un échec pour les chrétiens, et par un deuil personnel pour le Pape. Le duc de Mercœur et l'archiduc Ferdinand, impuissants à reprendre Kanitz, tombée l'année précédente au pouvoir des Turcs, avaient dû battre en retraite, et Jean François Aldobrandini, que son oncle, Clément VIII, avait envoyé au duc à la tête d'un petit corps d'armée, était mort de la fièvre sous les murs de la place. Ce fut pour le Pontife un coup douloureux. Son neveu mort, ses troupes décimées, découragées, menacées par l'hiver, lui remettaient plus que jamais en l'esprit son projet de croisade. Déjà à l'époque de l'absolution, il avait songé à imposer comme l'une des conditions au roi la rupture de son alliance avec les Turcs. L'alliance datait de François Ier, Clément VIII lui-même avait eu plus d'une fois l'occasion d'en constater les avantages, pour le sort des chrétiens d'Orient. Mais l'extermination des Turcs, c'était le danger écarté pour jamais ; et au moment du traité de Lyon, Aldobrandini avait de nouveau sondé à ce sujet les intentions du roi. Henri IV s'était toujours dérobé : il avait à surveiller des ennemis plus redoutables, plus voisins. Les succès mêmes du prince Doria, l'amiral espagnol, en Afrique et sur mer, contre les Musulmans, l'obligeaient à ne perdre jamais de vue ses côtes de Provence. Le Pape n'ignorait pas quelles raisons avait pour cela Henri IV ; aussi hésitait-il à lui faire des ouvertures nouvelles.

La mort du duc de Mercœur parut à Rome l'occasion souhaitée d'intéresser plus particulièrement Henri IV aux choses d'Allemagne. Après avoir déploré devant Béthune la perte que la chrétienté faisait par cette mort, Clément VIII avisa l'ambassadeur « qu'il avait une prière à adresser au roi. » Cette prière, il la formula aussitôt : il souhaitait que le maréchal de Biron remplaçât le duc de Mercœur en Hongrie : il ajoutait, sans s'expliquer davantage, que cela servirait probablement un jour les intérêts du roi de France. Le cardinal Pallavicini, protecteur des affaires d'Allemagne, avait formulé les mêmes vœux, et fait la même allusion discrète aux mêmes et mystérieux avantages. Il n'était pas difficile à Béthune de pénétrer leur pensée. La succession au trône d'Allemagne préoccupait déjà les chancelleries catholiques ; il n'y avait pas de roi des Romains désigné, et il était à craindre qu'à la mort de Rodolphe les protestants et les catholiques ne créassent chacun un empereur. Grande était déjà la réputation que le duc de Mercœur avait acquise là-bas aux Français, le Pape ne doutait pas que Biron ne l'accrut encore et n'attirât sur Henri IV les regards des princes électeurs. Le roi de France ne prit jamais au sérieux ce rêve ; mais des vœux plus réalisables, et qui cadraient avec sa politique, lui venaient en même temps de Rome. Ses amis de là-bas souhaitaient qu'il s'employât à faire « sortir l'empire de la maison « d'Autriche, dont il semblait être devenu l'héritage » : du même coup c'était frapper l'Espagne et de plus en plus l'abaisser. (¹)

Mais envoyer Biron en Hongrie, c'était rompre ouvertement l'alliance avec le sultan : Henri IV ne le pouvait et ne le voulait pas : et le maréchal, qui devait réclamer, à la veille de sa mort, cette faveur comme une grâce, travaillait à ce moment même à s'en rendre indigne.

Du reste, malgré leur succès à Kanitz, les Turcs n'avançaient pas. La peste et des soulèvements victorieux déchi-

(¹) De Béthune au roi, 18 mars et 16 décembre 1602. Arch. de Sully.

raient l'empire affaibli du Sultan. L'heure semblait venue de négocier une paix, dont les chrétiens n'avaient pas moins besoin que les Turcs. Le marquis de Castillon, ambassadeur de Rodolphe à Rome, déclarait bien que son maître n'y voulait pas entendre : mais ses paroles semblaient une manœuvre destinée à obtenir du Pape les subsides et les renforts que l'empereur réclamait encore. Clément VIII était à bout d'efforts, et souhaitait la paix. Seul, parmi les princes chrétiens, Henri IV était l'allié du grand Turc : et il travaillait à ce moment même à resserrer encore avec lui son alliance. (¹) Le Pape le pria de s'entremettre entre les deux empires. L'intérêt commandait le contraire au roi de France ; il s'en expliqua franchement. (²) Néanmoins pour satisfaire aux désirs du Pontife, il écrivit à Rodolphe, et chargea son ambassadeur à Constantinople d'intervenir auprès du sultan. L'empereur ne daigna pas répondre à la lettre du roi. C'en était trop. Henri IV déclara qu'il ne se mêlerait plus de cette affaire. Clément VIII attristé n'insista pas : il demanda seulement que M. de Brèves, l'ambassadeur français à Constantinople, ne rompît pas les négociations commencées. Pour lui, il allait travailler à ramener l'empereur ; la paix lui semblait nécessaire au monde catholique. (³)

Ses efforts furent vains. Le regretta-t-il ? Pas longtemps sans doute ; car, peu de mois après, ses sentiments étaient pleinement modifiés : il rêvait plus que jamais de croisade. « Les difficultés, au milieu desquelles se débattait le Sultan, » l'indiscipline qui soufflait sur ses troupes, tout semblait engager les princes chrétiens à l'écraser pour jamais ;

(¹) Ce qu'il fit par le fameux traité de 1604.
(²) De Béthune au roi, 3 juin 1603. B. N. m. 3495.
(³) De Béthune au roi, 28 juillet 1603. Arch. de Sully.

et Clément VIII ajoutait qu'ils « en répondraient à Dieu, s'ils ne le faisaient pas. » Il ne demandait plus une ligue entre les nations catholiques ; il en voyait les difficultés presque insurmontables et « le long temps qu'elle demanderait pour s'établir. » Mais l'une d'elles s'offrait à marcher en avant, l'Espagne ; une seule raison l'arrêtait : la crainte d'être pendant ce temps inquiétée par le roi de France. Il fallait dissiper ce sujet d'inquiétude, établir définitivement entre les deux pays une solide paix ; rien plus n'empêcherait alors les Espagnols de partir, et les Français, si avides de « mouvement », si amoureux des batailles, de s'associer à cette noble entreprise. (¹)

Le vœu était digne d'un Pape : mais il fallait le réaliser ; c'etait le point délicat, le côté difficile. Les offres du roi d'Espagne étaient pour Béthune suspectes, et les craintes, qu'il mettait en avant, pour le moins hypocrites. L'obstacle à la paix, le provocateur incorrigible, le boutefeu d'Occident, n'était-ce pas précisément le roi d'Espagne ? Terminer toutes les querelles, « éteindre toutes les jalousies entre les princes chrétiens » ce devaient être les premiers préparatifs d'une guerre contre les Turcs. En attendant, Henri IV « avait assez à faire chez lui : les brouillons protestants s'agitaient en Provence, » d'autres plus dangereux, soutenus des encouragements de l'étranger, n'avaient pas perdu toute espérance : le zèle même du roi d'Espagne, les craintes imaginaires, dont il se disait inquiété, étaient autant de motifs de défiance ; ce zèle semblait un zèle de parade, ces craintes, la couverture de quelque intrigue nouvelle. (²)

Ce n'étaient pas là des raisons vaines. Presque au même

(¹) De Béthune au roi, 1ᵉʳ juin 1604. Arch. de Sully.
(²) De Béthune au roi, 1ᵉʳ juin 1604. Arch. de Sully.

moment, Henri IV découvrait la conspiration du comte d'Auvergne. L'ambassadeur espagnol en France en était l'âme, la cour d'Espagne le point d'appui.

Depuis la conjuration de Biron, les Espagnols semblaient avoir renoncé à ce moyen odieux de créer des troubles en France. Cependant Henri IV se défiait toujours : des symptômes significatifs l'y autorisaient assez. La plupart des complices du maréchal avaient cherché un refuge en Espagne. La sympathie de Philippe III ne leur avait jamais manqué. Les protestations de l'ambassadeur français à Madrid, les remontrances du Pape n'y faisaient rien. Philippe ne cessait de parler de ses intentions pacifiques, et il recevait personnellement Hébert, secrétaire de Biron, lui permettait de s'établir à Valladolid, et lui faisait une pension de mille écus. (¹) Un autre, Rigault, était accueilli avec la même faveur, sur des lettres de recommandation du duc de Savoie. Bientôt, il est vrai, sur les plaintes de M. de Barrault, Philippe III le renvoyait à Milan avec ses deux fils, mais avec mille écus de pension, (²) comme pour le consoler de cette mesure sévère, qui en réalité était encore une grâce, Rigault étant de Provence. (³)

A l'intérieur, Henri IV se sentait enveloppé de menées ténébreuses : il veillait, mais ne s'en inquiétait pas autrement. Brave par nature, insouciant du danger, un peu fataliste même, comme tous les grands hommes, il était

---

(¹) De Barrault, ambassadeur d'Espagne à Béthune, 27 juillet 1603. B. N. m. 3490. — De Béthune au roi, 23 septembre 1603. Arch. de Sully.

(²) De Barrault à Béthune, 6 septembre 1603. B. N. m. 3490 et 25 janvier 1604. B. N. m. 3490.

(³) De Béthune au roi, 16 juillet et 23 septembre 1603. Arch. de Sully. A Villeroi, 3 novembre 1603. Arch. de Sully. — De Barrault à Béthune, 6 septembre 1603. B. N. m. 3490.

peu accessible au trouble et à la crainte. Il n'ignorait pas davantage que sa vie était menacée. Il y avait toujours quelque part, en France ou ailleurs, quelque cerveau égaré, imprégné de doctrines funestes, entraîné à machiner la mort de celui que la Ligue, l'Espagne et leurs fauteurs attardés, avaient appelé tant de fois hérétique, relaps, usurpateur, tyran. On n'imagine pas à quelles inventions étranges, bizarres, ils s'arrêtaient parfois. Le poignard, le poison, étaient aux yeux de plusieurs des procédés trop vieux, contre lesquels d'ailleurs, le roi était, — on le savait, — en garde. C'est pour cela sans doute que le duc de Savoie faisait prévenir Henri IV d'un empoisonnement, — sans chance de succès, — dont il était menacé, et lui envoyait l'assassin, (¹) Mais toujours fourbe, et toujours implacable, il était lui-même à la recherche d'un expédient moins banal et plus sûr. Il l'avait trouvé, s'il faut en croire une révélation circonstanciée, précise, faite à Béthune par un français, qui l'avait apprise de bonne source à Turin. Le duc avait imaginé d'utiliser contre le roi, sa passion pour les femmes. Le moyen était simple : gagner peu à peu la confiance de la favorite du jour. Préoccupée, comme toutes les autres, de régner longtemps sur le cœur du monarque, il eût été facile d'exploiter à la fois sa passion et sa crédulité, en lui offrant sous forme de toxique à base de napel, un prétendu moyen de se faire aimer à jamais. L'usage de « cet onguent » est difficile à préciser par nos plumes modernes ; celle de Béthune n'a pas de ces pudeurs. L'effet qu'il devait produire n'était pas, dit-on, sans exemple : Ladislas, roi de Naples, avait dû la mort à une invention de ce genre. (²)

(¹) Un certain Richard, seigneur de la Voulte.
(²) De Béthune à Villeroi 3 juin 1603. B. N. m. 3496.

La marquise de Verneuil était pour le moment un obstacle ; on n'avait pas d'intérêt à la perdre, on le verra plus tard. Il fallait attendre sa disgrâce, qui menaçait toujours, et son remplacement par une favorite nouvelle. Un an après, c'était fait, grâce à la conspiration de son frère d'Auvergne ; et peut-être faut-il rattacher à cette circonstance l'avis mystérieux que reçut en ce moment Béthune d'une lettre apportée par le courrier de Gênes : « Monsieur, « vous êtes averti d'une conspiration faite contre la vie du « roi votre maître, laquelle doit s'effectuer entre ci et « Pâques, et c'est par poison. » (30 novembre 1604).

Tout le monde en France et au dehors avait le sentiment de ce fanatisme obscur, de ces haines sourdes, qui menaçaient Henri IV. On en parlait partout, partout on s'attendait à la mort violente du roi, et plusieurs, le Pape lui-même, regardaient « comme un miracle du ciel » qu'il y eût échappé jusque-là. On racontait à ce sujet des histoires merveilleuses, toujours avidement accueillies et aussitôt répandues. Vers le milieu de juillet 1604, l'une d'elles venue de Venise, faisait le tour de Rome. Le roi, disait-on, étant naguère à genoux devant le Saint-Sacrement, et prêt à communier, avait senti tout-à-coup comme une force étrange qui l'éloignait de l'hostie. « Sur sa parole qu'il ne pouvait pour l'instant communier, » le prêtre avait consommé l'hostie qu'il lui destinait et il était tombé foudroyé sur place : l'hostie était empoisonnée. (¹) La vérité était moins poétique et moins dramatique à la fois. Le danger auquel venait d'échapper Henri IV, ce n'était pas un empoisonnement, mais une conspiration, la conspiration du comte d'Auvergne.

Charles de Valois, comte d'Auvergne, fils naturel de

(¹) De Béthune à Villeroi, 27 juillet 1604. Arch. de Sully.

Charles IX, était par sa mère, Marie Touchet, devenue comtesse d'Entragues, le frère utérin d'Henriette d'Entragues, marquise de Verneuil, qui avait succédé à Gabrielle d'Estrées dans les faveurs du roi. Il avait déjà pris part, on le sait, à la conspiration de Biron. Bien qu'il fut aussi coupable que le maréchal, le roi lui avait fait grâce de la vie, en considération de sa naissance, et aussi des prières de la marquise, sa sœur, du Connétable et de Madame de Ventadour. Mais le comte ne tenait pour rien cette grâce, s'il n'avait encore la liberté. Il l'avait obtenue à force de bassesses, en avouant au roi ses intelligences avec les Espagnols, sans paraître les regretter du reste, et peut-être même en les faisant plus grandes qu'elles n'étaient, pour donner plus de mérite à son aveu. Ce n'était là que la première ruse de cette nature déloyale et perfide. Il demanda un oubli absolu du passé, et offrit au roi de le servir, en renouant, en apparence plus étroitement que jamais, ses relations avec la Savoie et l'Espagne, dont il découvrirait ainsi, pour en prévenir Henri IV, tous les secrets desseins. Henri IV eut la faiblesse de consentir, plein de mépris, au fond pour ce prince, qui s'offrait à faire le métier d'espion, mais espérant tirer quelque profit de cette honteuse conduite.

Le comte reprit presque aussitôt, sur des bases nouvelles, non pas en apparence, mais en réalité, ses négociations criminelles ; il entra en correspondance avec le duc de Bouillon, la Trémouille, tous les mécontents du dedans, tous les ennemis et tous les révoltés du dehors. Mais la cour ne tarda pas à devenir le centre des intrigues. La marquise de Verneuil n'avait jamais pardonné au roi son mariage : elle se prétendait la seule femme légitime du roi, et déclarait son fils le seul héritier du trône. Son père, le comte d'Entragues, l'encourageait dans ses prétentions. L'occasion était trop belle de mettre à profit contre le roi de France ce mécontentement, pour que l'Espagne n'en profitât pas. Au mépris des droits les plus respectés, l'ambassadeur espagnol en France, Taxis, l'entreprit, d'accord avec le comte d'Auvergne. Il avait pour intermédiaire, deux Anglais, dont l'un Morgan, était déjà suspect d'avoir eu quelque part à la conjuration de Biron. Le plan de Taxis était des plus habiles : arracher des mains du comte d'Entragues la promesse de mariage qu'il avait jadis obtenue du roi pour sa fille, et entraîner en Espagne la marquise de Verneuil et ses enfants. On aurait dès lors « contesté la validité du mariage » du roi avec Marie de Médicis, et, l'occasion venue, — on la hâterait au besoin, — opposé comme compétiteur au Dauphin, le fils de la marquise, soutenu par toutes les forces d'Espagne. (¹)

Coïncidence singulière, et qui n'était sans doute pas étrangère au complot : un soir que le roi se rendait seul, sans escorte, à Marcoussis, auprès de la marquise, quelques individus masqués, demeurés inconnus, sortis tout-à-coup d'un des massifs du parc, se jetèrent sur lui, pour le tuer. Il ne dut son salut qu'à son courage. Cette agression lui ouvrit-elle les yeux ? Nous l'ignorons. Mais quelques jours après, des lettres du comte d'Auvergne étaient interceptées, ses intermédiaires avec l'ambassadeur d'Espagne interrogés, lui-même surveillé de près ; et le roi exigeait du comte d'Entragues la promesse de mariage qu'il avait eu la faiblesse de faire à la marquise de Ver-

---

(¹) Du roi à Béthune, 5 juillet 1604. B. N. m. 3486. — Parmi les papiers saisis du comte d'Entragues, on trouva trois lettres du roi d'Espagne et l'engagement pris envers la marquise de faire reconnaître son fils pour Dauphin de France. (Poirson. Histoire d'Henri IV, t. II. p. 64).

neuil. Cette promesse était restée deux ans entre les mains d'Antoine Chevillard, trésorier général de la gendarmerie, cousin germain de la comtesse d'Entragues : elle était depuis quelque temps cachée dans un coffre de fer, enfoui au pied d'un arbre dans le parc de Marcoussis. Le 2 juillet 1604, d'Entragues, n'osant pas désobéir, la remit entre les mains du roi. C'étaient des symptômes alarmants pour le comte d'Auvergne. Sous prétexte d'une querelle à régler avec le comte de Soissons, il se hâta de quitter la cour, et s'enfuit en Auvergne, bien résolu, s'il était poursuivi, à quitter le royaume.

Grande fut la colère du roi, au premier moment de cette découverte. Elle transpire dans sa lettre à Béthune : il déclare « impossible d'endurer plus longtemps la fourberie espagnole. » Le Pape savait déjà tout, quand l'ambassadeur lui fit part officiellement des nouvelles venues de France. Aussi ne témoigna-t-il aucun étonnement. Il ne laissa percer aucun doute sur la réalité des choses découvertes : il ne fit aucune réserve sur les aveux des intermédiaires, qui les avaient négociées ; il n'excusa pas, comme jadis, le roi d'Espagne. Lui, si prudent, si retenu, qui « parlait si peu en choses d'importance, de peur d'échapper une parole qu'il eût voulu retenir après, » il laissa entendre qu'il trouvait la conduite de Philippe III aussi folle que déloyale. A ses yeux, ces tentatives contre le roi et le Dauphin n'auraient qu'un résultat : « les affermir davantage, établir sans conteste la succession » au trône, seul moyen de dissiper pour jamais tout sujet de discorde. Mais il priait le roi d'agir avec « sa prudence ordinaire, » de ne pas oublier que la paix dont il jouissait, avantageuse pour le présent, était la garantie de sa force pour l'avenir, tandis que l'Espagne se consumait ailleurs. Béthune assura le Pontife que, malgré ses motifs de colère, et la difficulté « d'oublier de telles méchancetés, » Henri IV se rendrait toujours à sa prière et à « ses conseils. » Mais en même temps il faisait le Saint-Père juge de la sincérité du roi d'Espagne dans ses offres de croisade contre les Turcs, et du bien fondé des craintes qu'il exprimait pour trouver une excuse à ne pas les tenir. (¹)

Les amis de la France à Rome partageaient les sentiments du Pape. Ils regardaient comme une grâce divine que le roi eût découvert ces projets criminels, assez tôt pour y porter remède. Les autres trouvaient cela « étrange », mais ce que chacun avait dans l'âme, l'ambassadeur ne put le pénétrer, la discrétion l'obligeant lui-même à parler sobrement. (²)

Henri IV avait songé d'abord à livrer le seul Morgan à la justice, à le convaincre par le témoignage du comte d'Auvergne et du comte d'Entragues, et à l'envoyer au supplice, pour servir d'exemple, et donner ainsi plus de prix à la grâce qu'il avait résolu de faire aux deux autres. Pour cela, il fallait ramener le comte d'Auvergne à la cour. Le roi l'essaya vainement. Non content de désobéir, le comte se sentant menacé, avait repris de plus belle ses négociations avec les ennemis de la France : ses courriers Laborde, la Rocherte, Lasalle allaient et venaient sans cesse, et la marquise de Verneuil, dépitée de ce que le roi eût repris sa promesse de mariage, d'accord avec d'Entragues, encourageait son frère. Le roi n'hésita plus : il bannit de sa cour la marquise, fit conduire à Saint-Germain les enfants qu'il avait eus d'elle, et juger Morgan comme conspirateur, devant le Parlement. Le comte

(¹) De Béthune au roi, 27 juillet 1604. Arch. de Sully.
(²) De Béthune à Villeroi, 27 juillet 1604. Arch. de Sully.

d'Auvergne refusait de venir de bon gré à Paris: on décida de l'y amener de force. Le marquis de Rosny prit en mains la besogne, et bientôt, après une arrestation mouvementée, le comte fut sous bonne garde, conduit à la Bastille. D'Entragues, arrêté aussi, fut enfermé à la Conciergerie, la marquise toujours insolente et fière, gardée à vue au faubourg Saint-Germain, et le Parlement instruisit l'affaire.

Coup sur coup ces nouvelles arrivèrent à Rome. Chacun trouvait admirable la conduite énergique du roi. Clément VIII « lui recommandait seulement la modération », dont il avait fait preuve jadis, et « qui lui avait si bien réussi » (¹). Les Romains avaient d'autres sentiments; ils ne trouvaient pas des blâmes assez vifs pour les intentions criminelles des accusés, et ils attendaient avec impatience l'issue du procès commencé. « Moins miséricordieux qu'on ne l'est d'ordinaire en France », ils escomptaient déjà des sentences sévères, des exécutions impitoyables. Béthune connaissait mieux le cœur du roi; il ne prévoyait pas de ces conséquences tragiques. (²)

A la cour d'Espagne où l'on n'était pas sans reproche, on n'était pas non plus sans inquiétude. Sous le coup des lettres sévères du Pape, et aussi dans la crainte d'accidents plus sérieux, le duc de Lerme crut devoir renouveler avec plus d'insistance que jamais à M. de Barrault l'assurance des bonnes intentions de son maître. Il désapprouva hautement la conspiration, et promit même de faire « punir Taxis, s'il était convaincu d'y avoir pris part. » L'instruction de l'affaire ne permit pas d'en douter. Aussi Clément VIII qui avait eu tout d'abord fort agréables les nouvelles

---

(¹) De Béthune au roi, 14 décembre 1604. Arch. de Sully.
(²) De Béthune à Villeroi, 11 janvier 1605. Arch. de Sully.

venues d'Espagne, laissait-il bientôt deviner qu'il croyait que le duc s'était un peu trop avancé. Béthune n'allait pas tarder à le confirmer dans ses sentiments.

.Il fallait avant tout mettre en évidence le moyen, que les conjurés, d'accord avec tous leurs complices, avaient choisi pour arriver plus tôt à leur fin. Le Pape s'en enquit de lui-même. Il n'était autre, — les lettres de la cour le laissaient entendre, — que l'assassinat même du roi et du Dauphin. Clément VIII ne cacha pas son horreur d'un dessein si criminel. Lui, qui naguère encore recommandait la modération, ne prononça même plus « les mots de clémence et de miséricorde. » Le sort des conjurés lui semblait indifférent désormais. Une chose, — Béthune le devina, — l'inquiétait cependant, « leur complicité possible avec d'autres plus grands. » Cette complicité, l'ambassadeur crut le moment venu de l'établir, et il fit part au Pape des dernières découvertes du roi. (¹)

A la demande d'Hébert, quelques jours avant d'être arrêté, le comte d'Auvergne avait encore envoyé en Espagne, un gentilhomme Auvergnat, M. de La Rochette. Au commencement de décembre, ce gentilhomme avait été introduit par Hébert en personne auprès du secrétaire d'Etat, Franquèse, et avait négocié avec lui. (¹) Il était revenu avec des présents de toute sorte pour le comte d'Auvergne et la marquise de Verneuil, et des propositions conformes à ce que Taxis avait déjà traité avec eux. L'arrestation du comte avait tout compromis ; mais à

(¹) De Béthune au roi, 8 février 1685. Arch. de Sully.
(²) Depuis longtemps don Juan d'Idiaguez et Franquèse étaient en relation suivies avec Hébert et les autres réfugiés français. Dès 1603 de Barrault, comme il en témoigne dans une lettre à Béthune, avait énergiquement protesté.

tous ses amis, la Rochette, au nom de Franquèse, promettait l'assistance et la protection du roi d'Espagne. (¹)

Que le duc de Lerme ignorât le traité quand son ami et confident Franquèse en avait eu connaissance, cela n'était pas soutenable. Quel cas fallait-il faire alors de ses belles paroles ? Henri IV était décidé pourtant à taire encore à la prière du Pape ces vérités odieuses, à dissimuler ces offenses, pour n'avoir pas à les venger. Mais un jour viendra, ajoutait en substance l'ambassadeur, où sa patience poussée à bout, se changera sans remise en fureur. Ses ennemis corrompent à l'intérieur ses sujets, et soulèvent sous ses pas des conspirateurs acharnés : au dehors ils l'enveloppent, lui et ses amis, de forteresses nouvelles : Piombino, Final, les forts de la Valteline et de Soncino (²); il ne le supportera pas toujours : il a la force, il se garan-

---

(¹) « Il est certain et bien vérifié que Jehan Baptiste de Taxis a été
« principal ministre et conducteur de cette dernière conspiration. L'ayant
« fait dire au duc de Lerme, il a offert et promis, (la chose étant prouvée)
« d'en faire la punition. Et néanmoins j'ai découvert que le dit comte
« (d'Auvergne) ayant envoyé en Espagne quelques jours avant sa prise
« un gentilhomme nommé la Rochette, du pays d'Auvergne, sur la
« recherche et instance que le sieur Hébert lui en avait faite, ledit
« gentilhomme a été introduit par ledit sieur Hébert à traiter avec le
« secrétaire Franquèse, au commencement du mois passé, duquel il a été
« reçu très honorablement et a tiré plusieurs sortes d'offres de gratifi-
« cations et assurances pour le comte d'Auvergne et la marquise de
« Verneuil, en suite de quoi ledit Taxis avait traité avec eux. Ce qui
« eût été survi d'effet, sans la nouvelle de la prise dudit comté, laquelle
« fut cause que ledit Franquèse se contenta de donner charge audit La
« Rochette d'assurer les amis dudit comte qu'ils seraient toujours assistés
« et protégés par son maître au besoin qu'ils en auraient... par quoi
« vous pouvez voir ce que je puis espérer des belles paroles d'amitié et
« de réconciliation qui m'ont été tenues tant par ledit duc de Lerme,
« que par le connétable de Castille. »
Du roi à Béthune, 11 janvier 1605. B. N. m. 3486.

(²) Sur les frontières de la République de Venise.

tira. Mais si les princes italiens ne se liguent, qui empêchera les Espagnols de s'emparer de la Péninsule, de réduire en servitude les Papes, et de leur commander en maîtres, comme ils ont fait déjà. Il est temps de les arrêter ; il n'est point besoin pour cela d'une guerre : quelques paroles hautes et sévères y suffiraient, les Espagnols n'étant hardis que contre les humbles. Les paroles de Béthune trouvaient maintenant un écho dans l'âme du Pape. Lui aussi, il songeait comme Aldobrandini à la Ligue des Etats d'Italie : par malheur les Vénitiens exagéraient la prudence, le grand duc était trop défiant, « et chacun cherchant son intérêt, oubliait l'intérêt public ». Mais le Pape promit d'écrire en Espagne, en faisant siens, tous les griefs qu'avait mis en avant Béthune : il ne doutait pas que son nonce à Madrid, le cardinal Gennasio, ne servît dignement les intérêts du roi de France. (¹)

Cette parole était décisive. Les Espagnols avaient fait preuve de trop de maladresse, ils avaient commis trop de fautes, déployé mal à propos trop d'audace, usé de trop de perfidies : leur influence à Rome était pour jamais compromise : Clément VIII lui-même penchait définitivement du côté de la France.

C'est le résultat que poursuivait depuis quatre ans Béthune. Que lui importait maintenant le sort du comte

(¹) De Béthune au roi, 8 février 1605. Arch. de Sully.
Au sujet de la ligue des Etats d'Italie, le Pape répondit « que les
« Vénitiens étaient trop considérés, et se contentaient de paroles, comme
« dans l'affaire des Grisons, que d'autres, (le grand duc), pour certaines
« considérations demeuraient retenus, et que chacun cherchant son pro-
« pre intérêt oubliait l'intérêt public. Puis sa Sainteté, ajoute Béthune,
« renouvela ses assurances de l'affection qu'elle portait à Votre Majesté
« et promit d'écrire sur tout cela en Espagne, s'assurant que le cardinal
« Gennasio vous servirait dignement, et il reprit pour se les remettre en
« mémoire, toutes les particularités que j'avais mises en avant. »

d'Auvergne, du comte d'Entragues et de la marquise de Verneuil? L'attentat, qu'ils avaient médité, était venu lui fournir à propos le dernier coup qu'il fallait porter à l'Espagne. Le reste ne pouvait que satisfaire sa curiosité. Il apprit donc sans étonnement, sinon sans intérêt, la condamnation à mort des deux comtes, leur exécution arrêtée par la clémence du roi, et la grâce entière faite à la marquise. Bouillon en fuite, la Trémouille mort, d'Auvergne emprisonné, c'était la fin des troubles. Quelques mois après, de cette conspiration, en apparence si bien ourdie, il ne restait plus que le souvenir, Après ce nouvel essai malheureux, l'Espagne ne recommença plus.

DEUXIÈME PARTIE

Relèvement du parti français à Rome

CHAPITRE Ier

Premières négociations de Béthune pour le relèvement du parti français.

Défendre auprès de Clément VIII la politique du roi de France, et la venger des interprétations perfides de l'Espagne, n'était pas l'unique mission dont Henri IV avait chargé Béthune. C'était peu de gagner à la cause de la France le Pape régnant, il fallait pour compléter l'œuvre, pour la rendre solide et durable, lui assurer le Pape futur. On ne le pouvait qu'en ménageant à l'influence française un rôle prépondérant dans le futur conclave. Il importait donc de relever à la cour de Rome le parti français, et de le mettre au niveau, sinon au dessus du parti espagnol. C'était l'autre point important des instructions du roi. (¹)

(¹) « Sa Majesté jouissant à présent de la paix, et ayant les moyens
« de bien faire à ses amis et serviteurs désire en acquérir en la cour de
« Rome, qui lui aident à relever le parti français en icelle, affaibli par
« la longueur des troubles en ce royaume, et pour ce faire, leur faire
« accorder et payer des pensions et donner des bénéfices à ceux du col-
« lège des cardinaux, qui montrant déjà plus d'inclination au bien de
« cette couronne, ne sont point engagés ailleurs et seront bien aise de
« prendre parti avec elle. » Instructions données à Béthune, 23 août 1601. B. N. m. 3465.

Discrédité, ou même anéanti, sous les derniers Valois, le parti français ne comptait plus à Rome. Depuis bientôt trente ans, on le sait, le parti espagnol disposait des Conclaves, et le roi d'Espagne, des Papes. On avait vu naguère cette chose inouïe, Philippe II exclure du pontificat, en une seule fois, soixante-deux cardinaux. Lui-même il désignait les sujets parmi lesquels le Pape devait être choisi. Ainsi avaient été élus Sixte-Quint, Innocent IX, Urbain VII, Grégoire XIV et Clément VIII lui-même, après avoir été trois fois exclu. La plupart des cardinaux étaient espagnols ou sujets du roi d'Espagne ; les autres, les plus en vue surtout, tous les candidats à la tiare, recevaient de lui des pensions, qu'ils n'auraient osé refuser, de peur d'irriter à jamais contre eux l'hôte méfiant de l'Escurial. La reconnaissance forcée ou le dévouement fanatique des cardinaux, la gratitude des Papes, assuraient à la politique espagnole un appui toujours efficace, une approbation jamais refusée. Où le Pape inclinait, penchaient fatalement les catholiques. Henri IV ne l'avait que trop éprouvé. Aussi, à peine maître incontesté du trône, songea-t-il à modifier un état de choses si préjudiciable aux intérêts et au bon renom de la France. D'Ossat, depuis longtemps à Rome, avait été chargé de jeter les premières assises du parti français. Il avait réussi dans une certaine mesure. Créé lui-même cardinal, en grande estime auprès de la cour romaine et du Pape, il avait ménagé à la France des sympathies précieuses, mais c'étaient pour la plupart des sympathies cachées.

Seuls deux cardinaux penchaient ouvertement pour la France, étaient « français », comme on disait alors. L'un était le cardinal de Florence [1], le négociateur de la paix

---

[1] Alexandre de Médecis, cardinal de Florence, fils d'Octavien de Mé-

de Vervins, l'oncle par alliance et l'ami personnel du roi ; l'autre, le pieux et savant Baronius. (¹) Poussé vers Henri IV par ses sympathies personnelles, d'un désintéressement à toute épreuve, qu'aucune tentation n'avait pu entamer, Baronius avait doublement mérité la haine de l'Espagne. Les présents mêmes, s'ils venaient d'un prince, offusquaient sa délicatesse ; Henri IV, qui lui avait offert une chapelle, l'éprouva. Le cardinal l'accepta, mais seulement après l'autorisation du Pape ; puis, comme si la garder eût alarmé sa conscience, il en fit don à une église. (²) Mais à peu près aucun, parmi les cardinaux, n'avait l'indépendance de celui de Florence, et peu étaient capables de l'austère vertu de Baronius.

L'intérêt, ce mobile, trop commun alors à la cour romaine, des affections et des dévouements, paralysait et souvent étouffait les volontés les meilleures. Un cardinal n'était guère estimé à Rome, même de ses collègues, que par son train et par sa dépense. Recevant peu des Papes, ils acceptaient sous des noms divers, abbayes ou pensions, ce qu'on leur offrait du dehors. Depuis longtemps, le roi d'Espagne exploitait chez eux cette faiblesse. Le roi de France, dont les dilapidations et la guerre avaient épuisé

dicis, né en 1536, Come I l'envoya comme son représentant à Rome ; il fut pendant 16 ans, chargé de ces fonctions diplomatiques. Evêque de Pistoie, puis archevêque de Florence, il fut promu au cardinalat par Grégoire XIII, en 1583.

(¹) Baronius, né à Sora, dans le royaume de Naples, supérieur de la Congrégation des prêtres de l'Oratoire, après Saint Philippe de Néri, confesseur de Clément VIII, protonotaire apostolique, il fut créé cardinal le 5 juin 1596. Il avait montré d'abord peu de capacité. Pour obéir à son maître, Philippe de Néri, il se chargea d'écrire les Annales ecclésiastiques, dont la composition habile et le style élégant ont été justement loués. Il mourut en 1607.

(²) Du roi à Béthune, 24 décembre 1601. B. N. m. 3485.

le trésor, n'en avait pas eu jusque-là le moyen. D'autres, les plus estimés souvent, ceux dont les espérances étaient tournées du côté de la tiare, n'auraient eu garde, en se déclarant pour la France, de s'aliéner l'Espagne, qui disposait de tant de voix au conclave. L'un d'eux, Salviati, [1] l'avouait franchement à Béthune. Fait cardinal à la prière de Catherine de Médicis, il s'était montré d'abord tout dévoué à la France. Mais depuis il avait cherché à se mettre en garde contre l'opposition de l'Espagne et « s'était accommodé avec elle. » Malgré tout, — il l'affirmait du moins, — ses sentiments étaient restés français. Bien d'autres, à l'entendre, étaient comme lui, retenus « par la crainte des Juifs. » Mais du jour où ils reconnaîtraient que que le roi voulait « relever le parti français », qu'il pouvait « favoriser ceux qui lui seraient serviteurs », ils se montreraient « tels, qu'ils avaient toujours été dans leur cœur. » [2]

Tel était l'état du parti français à l'arrivée de Béthune à Rome. Les choses n'allaient pas tarder à changer de face. Le moment était favorable. Clément VIII, jaloux au fond du cœur de l'indépendance absolue du Saint-Siège, souffrait de la sujétion dans laquelle l'Espagne voulait tenir les Papes. A plusieurs reprises, il avait tenté de s'en affranchir : l'absolution, la dissolution du mariage du roi, le témoignaient assez. Mais dans les choses de moindre importance, où son devoir ne semblait pas nettement tracé, il était timide, hésitant ; peu capable de prendre des résolutions décisives et promptes ; il n'agissait qu'après avoir

---

[1] Giovanni Salviati d'une illustre maison florentine alliée aux Médicis, proche parent du cardinal de Florence, dont la mère était Francesca Salviati, protecteur éclairé des arts.

[2] De Béthune au roi, 4 février 1602. Arch. de Sully.

consulté de nombreux cardinaux ; et la plupart des cardinaux étaient dévoués à l'Espagne. Le cardinal neveu, Aldobrandini, n'aspirait pas moins à secouer un joug de plus en plus pesant et dur. Guidé par le seul intérêt, désireux avant tout de conserver sous un Pape nouveau, l'influence dont il jouissait sous Clément VIII, il cherchait un appui, qui fut pour lui une force, et ne fut pas une chaîne. Cet appui, il ne le trouvait pas en Espagne. On n'était l'ami des Espagnols qu'à condition d'être leur serviteur aveugle, en attendant, s'ils y avaient intérêt, qu'on devint leur victime. Aldobrandini souffrait de tout cela, et comme son oncle, il souhaitait le relèvement du parti français, pensant trouver en lui « plus de sûreté qu'avec les Espagnols. »

La naissance du Dauphin vint à propos donner à tous ces sentiments une consistance plus ferme. Au moment où commençait à décliner visiblement l'Espagne, c'était pour la France, la succession du trône assurée, le danger de complications futures écarté, un gage nouveau de paix, de grandeur et de prospérité. Clément VIII, nous l'avons vu, ne cacha pas sa joie : il manifesta hautement l'affection qu'il portait à la France et exprima l'espoir « qu'après sa mort, le roi prendrait la protection des siens. » Aldobrandini ne fut pas moins explicite. Il rappela que ses ancêtres avaient toujours été serviteurs de la France, et ajouta qu'il voulait marcher sur leurs traces. Aussi souhaitait-il que Henri IV, pour compléter ses chances de grandeur, relevât, à Rome, le parti de la France, en commençant par y envoyer sans délai, les cardinaux français. Comme Aldobrandini et Clément VIII, plusieurs cardinaux sortirent de leur réserve et ne cachèrent pas leurs espérances. « Il fait sûr maintenant avec le roi, » disaient-ils.

Henri IV vit aussitôt quel profit il pouvait tirer, pour la paix intérieure de la France et pour ses affaires de Rome, d'un évènement si heureux. Il fit demander à Clément VIII d'être parrain du jeune prince (¹). L'attention était délicate ; l'acceptation était sûre ; elle consacrerait de nouveau, aux yeux des catholiques, la validité du second mariage du roi, et la légitimité du Dauphin, que l'Espagne pouvait être tentée de contester un jour. Elle avait un autre avantage : elle inclinerait définitivement du côté de la France, le légat, que le Pape allait désigner pour le représenter. Quel serait ce légat ? nul ne le savait encore. Henri IV en prit occasion de faire témoigner à plusieurs cardinaux son désir que le choix du Pape, tombât sur eux. Nul ne pouvait y être insensible. Lors du traité de Lyon, Aldobrandini avait promis d'accepter,

---

(¹) La lettre de Henri IV au sujet du baptême est à citer. Elle est remplie d'un bout à l'autre d'une émotion grave et religieuse. Le roi vient de parler de son fils : « Comme il montre avoir envie de vivre, « ajoute-t-il, je veux le présenter à Dieu, et l'enregistrer et incorporer « en l'Eglise le plus dignement possible et promptement que faire se « pourra, afin, qu'il chemine par les pas de ses ancêtres, et qu'ayant à « me succéder au régime et gouvernement de cette monarchie française, « non seulement il puisse y prospérer, comme j'espère que Dieu lui fera « la grâce de faire, quand il aura reçu les caractères et institutions, qui « doivent être données au premier fils d'un roi très-chrétien, mais aussi « être digne d'hériter des grâces et bénédictions que sa divine bonté « m'a départie, et lui en rendre la gloire entière, telle qu'elle lui est « justement dû. Pour à quoi parvenir plus heureusement je désire qu'il « soit présenté et lavé aux saints fonds du baptême par N. S. P. le Pape. « Car j'espère que sa piété en cette action, lui causera et apportera tout « bonheur, et favorisera les vœux, que je fais pour lui, tout ainsi qu'elle « m'a guidé en la reconnaissance de mon salut, qui a été le commence- « ment de la consolation et félicité dont je jouis depuis. » Du roi à Béthune, 18 octobre 1601. B. N. m. 3484.

l'occasion venue, cette charge. Il ne le pouvait plus : des raisons personnelles, ses propres intérêts, le retenaient à Rome. Henri IV ne l'ignorait pas. Il lui rappela néanmoins sa promesse, non pour l'obliger à la tenir, puisqu'il y avait des empêchements graves, mais pour lui donner un nouveau témoignage d'affection et d'estime. Ainsi assuré que son refus ne mécontenterait pas Henri IV, Aldobrandini s'informa avec intérêt des sujets que le roi accepterait volontiers à sa place. Il ne fallait pas songer au cardinal de Florence : Béthune avait bien ordre de lui communiquer les désirs du roi : mais son âge, une santé délicate, une indisposition récente ne lui permettaient pas d'entreprendre un si long voyage. Aldobrandini en prévint Béthune et le cardinal de Florence lui-même exposa le lendemain à l'ambassadeur les mêmes motifs d'excuse. Du reste il ne croyait pas que sa présence à Rome fût moins utile au roi qu'en France. Béthune hasarda alors le nom d'Aquaviva. (¹) C'était un cardinal de mérite, et depuis longtemps bien disposé à l'égard de la France. Mais il n'était pas agréable, l'ambassadeur s'en aperçut vite. Aldobrandini fit remarquer qu'on choisissait pour ces missions là des « créatures du Pape. » Du reste Aquaviva était pauvre : et le Pape donnait peu. D'Este, Sforza, étaient plus riches : leur naissance, leurs qualités, leurs moyens les mettaient à même de rendre à Rome de précieux services au roi ; et il était facile au dire du cardinal de Florence, de se les attacher. Comme Aldobrandini demandait à Béthune une liste de ceux que le roi verrait

---

(¹) Ottavio Aquaviva, septième fils de Jean-Jérôme d'Aquaviva, duc d'Atri, nommé cardinal en 1591, par Grégoire XIV, fut légat d'Avignon, ce qui lui permit de s'employer en faveur de Henri IV à la fin de la Ligue. Il mourut archevêque de Naples, 15 décembre 1612, à l'âge de 62 ans.

le plus volontiers, l'ambassadeur écrivit d'Este, Sforza, (¹) Visconti, (²) et puis Aquaviva. Après quoi il attendit la réponse du Pape. Comme toujours, elle allait être lente à venir. (³)

Pendant ce temps un nonce extraordinaire était parti pour la France. Il apportait au roi les félicitations du Pape, et au Dauphin des langes et des couvertures spécialement bénis avec une oraison composée tout exprès. C'était un florentin de riche et noble famille, Barberini, référendaire de l'une et de l'autre signature, protonotaire apostolique de l'ordre des participants. Prélat de grande espérance, il était très en faveur auprès d'Aldobrandini et du Pape. Plein d'admiration pour Henri IV et d'estime pour le marquis de Rosny, il inclinait à servir la France et pouvait le faire utilement à Rome. C'était l'opinion de Béthune, et Barberini ne le démentit pas. Il s'acquitta de sa mission avec tact et prudence, et charma la cour par ses manières, sa bonne grâce, et sa sage conduite. Henri IV l'entoura d'attentions délicates, et le combla de faveurs. (⁴)

Barberini ne fut pas ingrat. Il remplit la cour romaine, à son retour, des bontés et des vertus de Henri IV, et donna pleine assurance au Pape de l'affection du roi. A son tour, Béthune, au nom de son maître, recommanda

---

(¹) Francesco Sforza, romain, né en 1562, combattit deux ans en Flandre, sous Alexandre Farnèse, son parent. Créé cardinal diacre par Grégoire XIII, en 1583, appelé au siège d'Albano, puis de Tusculum, il fut chargé d'affaires importantes. Il était doué d'une mémoire prodigieuse. Il mourut en 1624.

(²) Visconti, milanais, évêque de Cervia, dans l'Etat de l'Eglise, avait été nonce auprès de divers princes. Il fut créé cardinal en 1589 et mourut en 1608. Du parti d'Aldobrandini.

(³) De Béthune au roi, 12 novembre 1601. B. N. m. 3492.

(⁴) Lettere del cardinale del Buffalo, nuntio in Francia 4 et 16 décembre. Arch. du Vattcan. Nonciature de France, t. 48.

Barberini à la bienveillance du Pape. L'avenir glorieux du prélat devait justifier toutes ces prévenances. (¹).

Mais Henri IV ne dédaignait pas l'amitié de gens de moindre mérite, s'ils pouvaient le servir, surtout s'ils approchaient du Pape. Dès son arrivée à Rome, Béthune avait distribué mille écus aux prélats de la chambre apostolique. Aussi lui faisaient-ils toujours le plus aimable accueil, quand il allait à ses audiences. L'un d'eux, le référendaire Camaiano, avait été plus favorisé encore. Envoyé en France, à l'époque de la dissolution du mariage, il avait toujours pris les intérêts de Henri IV. Béthune lui remit, avec une lettre du roi, mille écus de pension. Ce fut un merveilleux coup à la cour romaine. On s'apercevait maintenant qu'on ne servait pas sans profit le roi de France, et chacun était d'avis que s'il « prenait pour « de bon ce chemin, bientôt l'Espagne n'aurait plus tant « de crédit à Rome. (²) »

Aux amis déjà éprouvés et dont la grandeur pouvait croître encore, et par conséquent le crédit, Béthune apportait des témoignages nouveaux de l'affection du roi. Il recommandait chaudement à Clément VIII l'ancien nonce en France, l'évêque de Modène. Il envoyait des lettres de Henri IV à l'archevêque d'Urbin, dans la famille duquel le dévouement à la France était héréditaire. Le père même du prélat avait eu la tête tranchée sous Henri II, pour avoir tenté un coup de main sur Savone, en faveur de ce prince. Riche, désintéressé, l'archevêque ne recherchait que l'honneur de l'amitié du roi, et il manifestait à

(¹) De Béthune au roi, 4 mars 1602. Arch. de Sully.
(²) De Béthune à Villeroi et au roi, 29 octobre et 9 décembre 1601. Arch. de Sully.

Béthune l'intention d'aller avec le légat en France. (¹)

Ce légat, enfin désigné, était le cardinal Visconti « créature » d'Aldobrandini. Le cardinal de Florence, dont il était l'ami, se réjouissait de l'heureux choix du Pape ; et ce que Barberini, encore sous le charme, racontait de la cour et du roi, donnait à Visconti un extrême désir de partir bientôt pour la France. Il ne le cacha pas à Béthune, quand l'ambassadeur vint lui porter les félicitations et lui exprimer le contentement de son maître. Visconti s'était toujours senti attiré du côté de Henri IV, qu'il admirait, disait-il avec son exagération italienne, « comme un miracle parmi les princes chrétiens. » Le cardinal était d'ailleurs un homme de grand mérite, estimé, vertueux, ferme de caractère et résolu. Il était milanais, par conséquent sujet du roi d'Espagne. On lui représenta qu'il allait nuire à sa fortune, en acceptant la mission qu'on lui offrait. Il répondit « qu'il ne dépendait « que du Saint-Siège, et que, faisant bien, il ne craignait « personne. » Il n'en éprouva pas moins aussitôt l'effet de la mauvaise humeur espagnole. Ayant besoin de quelques pièces de vin, il voulut les acheter au royaume de Naples, comme faisaient sans obstacle tous les cardinaux. On lui fit répondre « qu'il n'en avait que faire cette année, puis- « qu'il allait en France. » Mais Visconti était un caractère, les tracasseries espagnoles ne l'intimidaient pas ; Henri IV avait en lui désormais, quoi qu'il put advenir, un ami. (²)

Se créer des partisans nouveaux était difficile peut-être ; mais ramener à soi d'anciens amis, qui avaient depuis,

---

(¹) Post-scriptum à la dépêche à Villeroi du 21 janvier 1602. *Arch. de Sully.*

(²) De Béthune au roi, 7 et 20 janvier, 4 février et 18 mars 1602. *Arch. de Sully.*

comme ils disaient, « pourvu à leurs affaires, » c'est-à-dire étaient passés à l'Espagne, semblait bien plus ardu. Henri IV l'entreprit cependant, et chargea Béthune d'y travailler avec lui. Le cardinal de Camerini, (¹) sans presque s'en douter, devint le premier sujet de cette hardie expérience. Négocier avec lui, il ne fallait pas y songer encore : il recevait une pension d'Espagne ; mais on pouvait préparer les voies. Comme tous les cardinaux de ce temps-là, il avait un faible pour sa famille : les attentions qu'on avait pour elle, ne le laissaient pas insensible. Henri IV envoya l'ordre de Saint-Michel à Horatio Perbenedetti, proche parent du cardinal, et Camerini, flatté et charmé à la fois, découvrit dans ce prince des vertus qu'il n'avait pas aperçues jusque-là, et fit part à d'Ossat de sentiments moins froids à l'égard de la France. (²)

Mais celui dont il était urgent de fixer avant tout l'amitié versatile, de capter la sympathie flottante, c'était Aldobrandini. (³) Neveu de Clément VIII, secrétaire d'Etat, il disposait en réalité du pouvoir. De lui dépendaient toutes les faveurs et toutes les grâces. Courtisans, prélats, gentilshommes remplissaient sa maison. Il prenait connaissance de toutes les affaires, tout était soumis à son approbation :

(¹) Mariano Perbenedetti, cardinal de Camérini, né dans le Picenum, en 1540 ; préfet de la ville sous Sixte-Quint, qui le fit cardinal en 1589, pour le récompenser de sa bonne administration. Mort à l'âge de 71 ans en 1611

(²) D'Ossat au roi, 17 février 1602. (L'original de cette lettre est aux *Archives de Sully.*)

De Béthune au roi, 18 février 1602. *Arch. de Sully.*

(³) Pierre Aldobrandini, fils de Pierre Aldobrandini, frère de Clément VIII et jurisconsulte distingué, avait donné d'abord peu d'espérances. Mais entré aux affaires, il montra une habileté et une expérience, auxquelles on ne s'attendait pas. Il acquit la confiance des ambassadeurs étrangers, et toutes les affaires passèrent bientôt par ses mains.

l'exécution était dans ses mains. La plupart des cardinaux créés sous le pontificat de son oncle, lui devaient leur élèvation. Attachés à sa fortune, ses « créatures », comme on disait alors, ils seraient toujours prêts à recevoir de lui le mot d'ordre, à servir ses combinaisons dans le futur conclave, dont il serait l'arbitre à coup sûr. Il avait en face de lui le parti de Montalte, (¹) neveu du Pape Sixte-Quint. Le mérite des cardinaux créés par ce Pontife était en réalité souvent considérable, mais leur nombre diminuait tous les jours, et Montalte penchait visiblement du côté de l'Espagne. Si Henri IV n'attachait solidement le cardinal-neveu à sa fortune, nul doute que celui-ci ne fit un jour, s'il y avait intérêt, le jeu des ennemis de la France. C'est donc à le gagner que Henri IV dirigea constamment ses efforts et que Béthune avait ordre d'employer tout son art. Il fallait flatter sa vanité d'abord, lui laisser croire que le roi avait en lui une pleine, une absolue confiance, lui faire part avec franchise de toutes les affaires, et ainsi le mettre en état « de rendre en toute occasion près du Pape, les services jadis promis au roi. (²) » Henri IV n'avait pas à demander comme Louis XI : « Qu'aime-t-il ? » Il savait que le cardinal n'était pas insensible à l'argent, qu'il cherchait avant tout à consolider son pouvoir et à l'assurer pour plus tard. Henri IV s'attacha à flatter en lui ces deux goûts à la fois.

Après la prise de Ferrare, la duchesse d'Urbin, Lucrèce

(¹) Alexandre Perretti, petit neveu de Sixte-Quint, qui l'avait fait cardinal à l'âge de 20 ans. En 1585 il prit le nom de cardinal Montalte, qu'avait porté son oncle. Il était recommandable par une inépuisable charité. On lui reproche d'avoir été trop adonné aux plaisirs de la table. Il mourut à Albano, dont il était évêque, le 2 juin 1623.

(²) Instructions données à Béthune. B. N. m. 3465.

d'Este, (¹) étant venue à mourir, avait légué tous ses biens au cardinal-neveu, dont on la disait éprise. Aldobrandini traita de cet héritage avec dom César, duc de Modène, et consentit à prendre en échange cinquante mille écus, sur les sommes que les prédécesseurs du roi de France avaient empruntées à la maison d'Este, et que dom César, cousin seulement du feu duc, prétendait lui appartenir. Henri IV n'avait jamais reconnu la dette ; encore moins était-il disposé à l'acquitter, disputée qu'elle était à César par la duchesse de Mantoue, (²) comme tous les biens de la branche aînée, dont elle était la seule héritière. Mais « gratifier » le cardinal dans ces conditions singulières servait sa politique. Il lui fit répondre qu'il le verrait avec plaisir accepter les offres du duc, « et qu'il serait payé à raison de dix mille écus par année. » Sillery, alors ambassadeur à Rome, versait presque aussitôt au cardinal la première annuité. Depuis, la guerre de Savoie et l'alliance avec les Suisses avaient épuisé le trésor. Aldobrandini lui-même « avait sursis à ses instances, en raison de l'état des affaires. » Mais un peu de prospérité commençant à renaître, Henri IV crut le moment venu d'acquitter sa dette volontaire et de témoigner ainsi au cardinal sa gratitude des services reçus lors de la dissolution du mariage et de la paix de Lyon. Malgré l'arrêt obtenu en sa faveur, par la duchesse de Mantoue, malgré les besoins d'argent qu'avait encore le roi, Rosny reçut ordre de verser de nouveau dix mille écus au cardinal. C'était une générosité expressive : Philippe de Béthune était chargé d'en faire ressortir la valeur. Aldo-

---

(¹) Lucrèce d'Este avait obtenu de dom César d'Este, le duché d'Urbin en considération des services qu'elle lui avait rendus, pendant l'affaire de Ferrare.

(²) Comme seule sœur survivante du dernier duc Alphonse II.

brandini recevait en même temps l'assurance que le reste de la somme serait payé à des termes déterminés et prochains. Ce qui fut fait. (¹)

Henri IV fit un pas de plus. La charge la plus lucrative, le « morceau le plus gros » comme disait Béthune, était à la cour romaine, la protection des affaires de France. Le cardinal de Joyeuse (²) la possédait alors. Riche et n'aimant pas Rome, qu'il n'habitait jamais, il s'en fut démis volontiers. Une compensation, la charge de légat d'Avignon, par exemple, ou tout autre, qui le retint en France, lui eût semblé préférable. Faire tomber alors la protection entre les mains d'Aldobrandini, c'était lier indissolublement ses intérêts aux intérêts du roi : c'était un coup de maître. Le succès était difficile, impossible sans doute, pour le moment du moins ; mais l'offre était tentante. Pour la faire, Henri IV s'autorisa des récentes paroles du Pape, de l'espoir exprimé par Clément VIII naguère, « qu'après sa mort, le roi prendrait la protection des siens. » Emu, disait-il, il avait songé aussitôt à rendre entre le Pape et lui « l'union indissoluble, tant il la trouvait utile ». (³) Aldobrandini eût accepté volontiers : mais sa situation auprès de Clément VIII ne le permettait pas. Le Pape en donnait lui-même les graves raisons à Béthune : les ménagements à garder envers le parti espagnol, l'impossibilité de tenir longtemps l'acceptation secrète, l'occasion que cette affaire ébruitée don-

---

(¹) Du roi à Béthune, 18 novembre 1601. B. N. m. 3485. Le détail des sommes versées à Aldobrandini se trouve au Livre des Comptants de Sully. *Arch. de Sully.*

(²) François de Joyeuse, frère d'Anne duc de Joyeuse, était né en 1559. Archevêque à 23 ans, il occupa successivement les sièges de Narbonne, de Toulouse, et de Rouen. Comblé de bénéfice et de dignités, il fut créé cardinal en 1583. Il mourut à Avignon, le 23 août 1615.

(³) Du roi à Béthune, 22 novembre 1601. B. N. m. 3485.

nerait à plusieurs cardinaux, qu'il avait créés, et « qui déjà n'étaient pas trop fidèles, de faire bande à part » dans le prochain conclave, « et de ne pas donner leur voix à son neveu, selon qu'il en aurait besoin. » (¹) Malgré ce refus motivé, l'effet était produit. Aldobrandini avait une preuve nouvelle de l'affection certaine et de la confiance du roi, et la protection des affaires de France, qu'on lui faisait entrevoir après la mort du Pape, l'avait sinon gagné, du moins plus fortement incliné vers la France.

Mais Henri IV se défiait encore : il craignait la duplicité italienne ; il s'inquiétait du grand cas que le cardinal faisait disait-on « de l'amitié du duc de Lerme » (²) On ne pouvait raisonnablement pas l'obliger à rompre. Se tenir bien avec tout le monde était un besoin de sa situation, une nécessité de sa politique. Mais parfois, il est vrai, ses prévenances pouvaient sembler excessives. La sœur du duc, femme du vice-roi de Naples, passant à Civitta-Vecchia, pour retourner en Espagne, le cardinal se hâta d'aller à sa rencontre. Il avait compris lui-même quels soupçons une telle démarche pouvait donner à Béthune, et au roi, et il avait à l'avance prié l'ambassadeur « de ne prendre » aucun « ombrage » de cette visite de pure « courtoisie » : il n'en demeurait pas moins le serviteur dévoué du roi de France, et le prouverait, l'occasion venue. Le Pape à son tour crut devoir rassurer Béthune. Tant de précautions prouvaient au moins quel prix l'un et l'autre attachaient à l'amitié du roi de France, et l'ambassadeur, quoiqu'il eût toujours l'œil ouvert, et se tint en garde, s'appliqua à dissiper les craintes de son maître. (³) Il y

(¹) De Béthune au roi, 7 janvier 1602. Arch. de Sully.
(²) Du roi à Béthune, 18 janvier 1602. B. N. m. 3484.
(³) De Béthune au roi, 20 mai |1602. Arch. de Sully. — « Pour le

réussit. Henri IV fit assurer le cardinal de son inaltérable confiance. C'était le moment où il venait de découvrir la conspiration de Biron. Il savait, disait-il, Aldobrandini trop prudent pour prendre jamais le parti de ceux qui tentaient de ruiner la France : « il y perdrait plus qu'aucun autre en Italie. » (¹)

Plus d'un cependant à Rome, parmi les ennemis du cardinal, cherchait à voir dans ce voyage une preuve d'amitié pour l'Espagne. L'ambassadeur du grand duc surtout excitait Béthune à faire des représentations au Pape, « étant de ceux qui voudraient faire prendre la cou-
« leuvre par la main de leur ami, » écrivait pittoresquement l'ambassadeur. Mais c'étaient là des alarmes intéressées, qu'un court séjour d'Aldobrandini à la campagne renouvela bientôt, Béthune n'en tint aucun compte, et le cardinal l'en remercia. Comme preuve de sa ferme intention de servir les intérêts français, il conseilla plus vivement que jamais à Béthune d'engager le roi « à tenir
« compte de la cour romaine, à représenter à sa Majesté
« combien l'autorité et la faveur de ce Siège pouvait être
« utile à conserver ses sujets en son obéissance, et tenir
« les Espagnols en quelque crainte du devoir, par l'ap-
« préhension de la même autorité, dont ils s'étaient autre-
« fois aidés, pendant les troubles de France, à faire soule-
« ver les sujets du roi. (²) » Il manisfesta de nouveau son désir de voir à Rome les cardinaux français, le cardinal de Joyeuse surtout. C'étaient le cadre et le chef nécessaires

« bruit de cette court, mon opinion n'est pas que l'on doive y avoir
« beaucoup d'égard, attendu que la jalousie, que l'on pourrait même
« nommer haine, que l'on porte au cardinal, par la grande autorité qu'il
« a, ajoute beaecoup à ce qui est. »
(¹) Du roi à Béthune, 18 juin 1602. B. N. m. 3484.
(²) De Béthune à Villeroi, 3 juin 1602. *Arch. de Sully.*

au parti que le roi travaillait à y former. Pour faire ce parti puissant, et le mettre rapidement au niveau du parti espagnol, il fallait au moyen de pensions acquérir des cardinaux italiens. Suivre ces conseils — remarquait Béthune, — c'était se mettre en état de servir le cardinal ou de lui-même, sûr moyen de se l'attacher par la crainte et par l'intérêt. (¹)

Vers la même époque Aldobrandini, dont une nièce avait déjà épousé le duc de Parme, mariait l'autre au prince de Stillano. Henri IV surveillait avec soin ces alliances, il avait intérêt à ce qu'aucun membre de la famille du Pape n'entrât dans une maison hautement dévouée à l'Espagne; ç'eût été fortifier la faction espagnole. Le prince de Stillano possédait au royaume de Naples des biens considérables : il était par conséquent sujet de Philippe III. Le cardinal s'en excusa presque : il ne s'était, disait-il, résolu à ce mariage, que pour n'avoir pas trouvé un parti sortable dans l'Etat de l'Eglise. Du reste — Béthune l'avait appris d'ailleurs, — le prince « n'était pas plus espagnol que de raison. » Il descendait de la famille des Carafa, toujours dévouée à la France, et pour avoir trop hautement manifesté ses sentiments français, son grand'père avait vu ses biens en péril, lors de l'expédition du duc de Guise en Italie, sous Paul IV. En outre, le prince possédait une place importante, Gabionnetto. Philippe III la convoitait et voulait l'acheter. Il ne le pourrait plus désormais du vivant du Pape ; après sa mort, il n'oserait pas davantage la prendre, le cardinal espérant garder assez de crédit pour que le roi d'Espagne hésitât à l'offenser. (²)

On était en plein alors, à Rome comme en France, dans

(¹) De Béthune au roi, 17 juin 1602. *Arch. de Sully.*
(²) De Béthune au roi, 17 juin 1602. *Arch. de Sully.*

les émotions que causaient coup sur coup les nouvelles de l'arrestation, du procès et de l'exécution de Biron. L'attitude du Saint Siège, mal comprise du roi, renouvela plus que jamais ses défiances à l'égard d'Aldobrandini. Au lieu des représentations énergiques, des remontrances sévères, dont Henri IV eût souhaité que le Pape flétrit la perfidie espagnole, Clément VIII, préoccupé avant tout d'éviter d'irréparables malheurs, cherchait, — on s'en souvient, — à mettre hors de cause le roi d'Espagne, et s'inquiétait, — un peu trop vivement peut-être — des troupes que le roi de France envoyait, par précaution, aux frontières. Etre victime du plus odieux des complots, et presque blâmé de vouloir se défendre, Henri IV s'indignait, ne comprenant plus. (¹) Ces excuses, ces craintes, ces admonestations du Pape, dont l'anxiété de voir la paix rompue était le seul mobile, il les attribuait aux calomnies toujours écoutées, à l'influence toujours dominante, à Rome, de l'Espagne, et tous ses griefs contre le Saint Père lui revenaient à l'esprit : la dispense du duc de Bar retardée, l'indult pour la nomination aux bénéfices de Metz, Toul et Verdun, ajourné, la promotion de M. Benoit, son confesseur, au siège épiscopal de Troyes, depuis cinq ans refusée. (²) La défiance allait ici jusqu'à l'injustice. Si Henri IV se plaignait, avec quelque raison, des lenteurs de la cour de Rome à régler certaines affaires, il ne devait s'en prendre qu'à lui du refus opposé par le Pape à la promotion épiscopale d'un sujet qui n'en était pas digne. Il en prenait

---

(¹) Du roi à Béthune, 27 août 1602. B. N. m. 3484. — « Je n'es-
« time avoir mérité une telle défiance, aussi n'était-elle attendue de
« moi. »

(²) De Villeroi à Béthune, 14 août 1602. B. N. m. 3488. — Du roi à Béthune, 27 août et 6 septembre 1602. B. N. m. 3485.

occasion d'accuser Aldobrandini de le payer de belles paroles, mais d'être en réalité l'ami des Espagnols. Béthune, dont cette appréciation attaquait aussi la clairvoyance, n'avait pas trop de tout son art, et aussi de tout son sang froid, — car il en fallait, — pour détromper hardiment Henri IV et défendre le cardinal. (²)

De répondre absolument qu'Aldobrandini ne cherchait pas à se concilier l'amitié de l'Espagne, c'était chose difficile, — on ne pénètre pas si facilement les âmes italiennes, — mais l'ambassadeur n'en avait pas des preuves, car la conduite du cardinal, dans l'affaire de Biron, n'en était pas une à ses yeux. Sans doute il avait toujours, d'accord avec le Pape, agi de manière à conserver la paix, il avait appréhendé — officiellement du moins — toute manifestation capable d'amener une rupture. Mais était-ce pour servir l'Espagne ? Aldobrandini affirmait que non, et Béthune le croyait sincère. Les griefs du roi de France contre les espagnols étaient graves ; une guerre eût été légitime. Mais à une heureuse et rude vengeance — chose toujours aléatoire — le cardinal préférait, comme plus utile au roi, une paix, dont le monde catholique ferait honneur à son

---

(²) Le cardinal, « me disant au surplus que je vous assurasse en son
« nom qu'après le désir de contenter et satisfaire le Pape, il n'en avait
« pas de plus grand que de vous témoigner en quelque occasion le ser-
« vice qu'il vous a voué, » je lui ai dit : « Je crois, Monsieur, que votre
« intention est que je fasse savoir tout ceci au roi. » — « Oui, me dit-il,
« je vous en prie, étant paroles qui ne partent seulement de la bouche
« mais du cœur. » Mêmes assurances faites par Aldobrandini au cardinal de Florence. — « Bref, sire, par tout, ce que j'en ai connu jusqu'ici,
« je n'ai pas d'occasion de croire qu'il soit autre ; au moins faisant
« jugement de ce qu'il a dans le cœur, par ce qui paraît ; et n'en peux
« donner autre témoignage. » De Béthune au roi, 9 septembre 1602.
Arch. de Sully. — Le cardinal d'Ossat pensait comme Béthune, (voir sa lettre à Villeroi du 8 octobre 1602)

respect hautement affirmé des conseils et des prières du Pape. Seule son affection pour Henri IV, et son dévouement à la France avaient dirigé sa conduite ; et ces protestations, Aldobrandini les renouvelait au cardinal de Florence, en même temps qu'à l'ambassadeur.

Mais il sentait malgré tout, par les lettres de son confident, le nonce de Paris, la confiance du roi ébranlée, et il mettait à profit les moindres circonstances pour la reconquérir. Un ami de Henri IV, un français, Séraphin Olivary, qui depuis trente ans servait la France à Rome, comme auditeur de rote et comme camérier, désirant échanger contre une autre cette dernière charge, avait prié l'ambassadeur d'intervenir auprès du Pape. Clément VIII avait d'abord refusé. Mais trois jours après, par un revirement subit, il créait de lui-même Séraphin patriarche d'Alexandrie, charge vacante par la mort du frère du cardinal Gaëtan et disputée par nombre de prélats italiens. Cet accroissement de grandeur, qui était en même temps un accroissement de crédit, donnait un lustre nouveau aux affaires de France. Bientôt après, sur les désirs du roi, et sans rien objecter, Clément VIII investissait un autre français, l'abbé de Marquemont, de la charge de camérier, (¹)

Aldobrandini, dont il n'était pas difficile d'apercevoir la main dans cette distribution de faveurs, portait plus loin encore son zèle intéressé : il cherchait à recruter parmi les petits princes d'Italie, des partisans à la France. Comme les cardinaux, la plupart de ces princes, sous les derniers Valois et la Ligue, étaient passés à l'Espagne, attirés par l'appât des pensions. Quelques-uns, bien rares, étaient encore fidèles à leur sympathie pour la France. De ce

---

(¹) De Béthune à Villeroi, 26 août 1602. *Arch. de Sully.*

nombre était le duc de Poli, frère du vice-légat d'Avignon, Conti, dont la promotion au cardinalat semblait assurée et prochaine. D'autres, après avoir longtemps résisté, avaient fini par céder aux tentations espagnoles. C'était le cas du prince de la Miranda ; il passait à l'ennemi, au moment même où, pour se l'attacher, Henri IV se disposait à demander le chapeau pour son jeune frère, Alexandre. Mais le prince avait joui quelques mois à peine de la pension d'Espagne. Il venait de mourir, laissant à son frère ses droits et sa principauté. Aldobrandini entreprit aussitôt d'arracher celui-ci à l'influence espagnole ; il l'engagea à ne pas imiter son frère, et à demeurer indépendant et libre sous l'autorité du Saint-Siège. Il n'osa s'expliquer davantage, mais il engageait Béthune à poursuivre, et exprimait son vif regret de n'avoir pas encore une nièce à marier, pour la donner au jeune prince, l'arracher ainsi à l'Espagne, et en faire un ami dévoué, un serviteur de la France. Pour lui, ajoutait-il, s'il faisait bonne mine aux espagnols, « ce n'était pas qu'il les aimât, il les haïssait au contraire » mais il les ménageait, parce qu'il les sentait forts et capables de nuire. D'autres faisaient comme lui ; mais ils changeraient vite, le jour où le roi de France « ne négligerait plus la cour pontificale, et témoignerait par des actes qu'il voulait s'y acquérir des amis. » (¹)

C'était depuis longtemps, on l'a vu, le dessein arrêté de Henri IV. Allait-il enfin en faire une réalité ? Un bruit venu aux oreilles d'Aldobrandini pouvait le laisser croire. On disait que le roi de France allait donner au cardinal d'Este, les bénéfices confisqués de Biron. Béthune confirma ce bruit, et Aldobrandini, à plusieurs reprises, assuré par l'ambassadeur que tous les serviteurs de la France

(¹) De Béthune au roi, 22 octobre 1602, *Arch. de Sully.*

à Rome, seraient aussi les siens, approuva hautement la décision du roi.

Dès son arrivée à Rome, Béthune avait négocié avec le cardinal d'Este. Après Aldobrandini, c'était des membres du sacré collège celui qu'il souhaitait le plus acquérir à la France. Les gagner tous deux à la fois présentait quelques difficultés. Depuis l'affaire de Ferrare, les deux cardinaux étaient fort mal ensemble. Depuis cette même affaire, la maison d'Este toujours attachée à la France, s'était tournée du côté de l'Espagne. Le duc de Modène avait accepté de Philippe III une pension de douze mille écus, et le cardinal en avait demandé, disait-on, une de quatre mille, mais n'avait pas reçu de réponse. Le grand duc et la république de Venise mis au courant des négociations auraient pu facilement les rompre. Comptant l'un sur l'autre, aucun n'avait rien fait, ce que le Pape avait trouvé fort mauvais et aussi le roi de France. [1]

Mais Béthune ne désespérait pas. Dans la maison d'Este, — c'était de tradition, — « les frères étaient toujours rivaux, » toujours « le cardinal était l'ennemi de l'autre, » chacun avait ses intérêts à part. Cette fois — ce n'était pas rare d'ailleurs, — le cardinal dominait le duc de toute la hauteur de l'éducation, du talent et de l'esprit. Il n'était pas de parti pris l'ennemi de la France ; il penchait plutôt pour elle, comme tous les anciens cardinaux de sa famille. Il avait témoigné une joie très vive de la naissance du Dauphin, et sur les conseils du cardinal de Florence, Béthune l'avait mis au nombre de ceux que le roi accepterait volontiers comme légats pour le baptême. Mais son titre de prince l'obligeait à tenir près de lui une petite cour : ses seules ressources ne le permettaient pas. Il était

[1] Du roi à Béthune, 29 septembre 1601. B. N. m. 3484.

donc à craindre, si le roi de France ne prenait les devants, que le cardinal ne tendit de nouveau les mains à l'Espagne. (¹)

Aussi Béthune entra-t-il au plus tôt en relation avec lui, et proposa-t-il, sauf l'agrément d'Aldobrandini, de le gagner à la France. Henri IV comprit quel éclat l'amitié hautement avouée d'un pareil personnage donnerait à son parti à Rome, et de quel poids, s'il acceptait une pension de France, son exemple influerait sur l'attitude et les dispositions des autres cardinaux. Son parti fut pris aussitôt. Avant tout autre, il résolut, selon le langage du temps « de s'acquérir et de gratifier le cardinal d'Este. » Mais prendre pour cela de l'argent sur les deniers publics, il ne fallait pas y songer : Rosny gardait jalousement le trésor presque vide, et les consciences cardinalices, depuis le long temps que l'Espagne avait inauguré les pensions, étaient devenues formalistes et, sinon plus délicates, au moins plus ombrageuses. Accepter de l'argent eût paru à quelques unes de la simonie : elles préféraient des bénéfices.

C'était double profit pour le roi : il ne touchait pas au trésor ; et de revenus jusque là inutiles à sa couronne, il faisait les auxiliaires les plus puissants de sa politique. Or, les bénéfices de toute nature et de toute valeur étaient innombrables en France. Les rois avaient pris l'habitude de les distribuer au hasard, comme paiement de tous les services. Les soldats, les courtisans, les femmes, les protestants comme les catholiques, tout le monde avait part à cette scandaleuse curée. N'était-il pas temps d'en faire un usage plus noble et surtout plus utile ? Béthune et d'Ossat le demandaient avec instance à chaque lettre nouvelle.

(¹) De Béthune au roi, 23 décembre 1601. B. N. m. 3492.

Henri IV se rendit enfin à leurs vœux : il décida de mettre de côté, pour la cour de Rome, tous les bénéfices qui deviendraient vacants. La mort de Biron en laissait un des plus importants, l'abbaye de Clairac, à la disposition du roi. Il valait quatre mille écus. Sur l'heure, Henri IV le destina au cardinal d'Este. (¹) Quelques jours après peut-être, il eût été trop tard. « Les Espagnols ne s'endormaient pas. » Déjà le bruit courait qu'ils réservaient au cardinal trois mille cinq cents écus de pension. D'Este n'avait eu jusque-là que de vagues promesses de la part de la France : Béthune les précisa aussitôt. C'était assez ; l'Espagne distancée de tous points, était tenue désormais en échec.

Un brusque départ pour Modène, où des intérêts à régler l'appelaient, empêcha le cardinal de recevoir aussitôt la gratification annoncée. Béthune lui en exprima ses regrets. Il promit de la prendre au retour et demanda qu'en attendant sa résolution de s'attacher à la France ne fût pas divulguée. Ce n'était point là un motif de douter de son dévouement ; il le témoignerait par des actes, si, durant son absence, le siège devenait vacant. Béthune eût préféré une déclaration immédiate et publique : mais le but principal semblait atteint : le cardinal avait donné sa parole ; on pouvait le croire acquis à la France. (²)

(¹) De Villeroi à Béthune, 14 et 26 août 1602. B. N. m. 3488.
(²) De Béthune à Villeroi, 31 octobre 1602. *Arch. de Sully.*

CHAPITRE II

Béthune fait échec au parti espagnol dans le Sacré Collège.

Les assurances d'Aldobrandini, ses protestations de dévouement à la France étaient évidemment sincères, — il avait hâte de se mettre à l'abri de la pesante et peu sûre tutelle espagnole, — mais elles n'étaient pas définitives. Béthune sentait bien qu'il y aurait imprudence à tabler sur le cardinal, tant que le parti français ne serait pas fortement constitué à Rome. Pour tenir Aldobrandini, il fallait selon le mot de l'ambassadeur, « être en état de lui faire du bien ou de lui nuire. » Des cadres, un chef, manquaient au parti français : il fallait que le roi de France envoyât ses cardinaux à Rome. C'était le conseil d'Aldobrandini lui-même, c'était le vœu du cardinal de Florence, c'était le désir, à chaque instant exprimé, du Pape. (¹)

Mais les cardinaux français se souciaient peu de partir pour Rome. L'un d'eux, Gondi, ne le pouvait pas : son âge, ses infirmités ne le permettaient plus. Un autre, de Givry ; (²) manquait de ressources, bien qu'il eût dix mille livres de rente, au dire de Béthune. Le cardinal de Sour-

---

(¹) Lettres de Béthune au roi, du 7 Janvier, 18 février, 4 mars, 1ᵉʳ avril 1602, etc... *Arch. de Sully*.

(²) Anne d'Escars de Givry, cardinal en 1596, évêque de Lisieux, puis de Langres.

dis (¹) bataillait à Bordeaux avec ses chanoines, et le cardinal de Joyeuse, dont la santé s'accommodait mal, semble-t-il, avec le climat de Rome, s'accrochait au moindre prétexte, pour ne pas avoir à quitter la France. Henri IV, ne voulant pas être servi malgré les gens, hésitait à commander ; et l'on s'étonnait à Rome de ces hésitations du roi ; l'on ne comprenait pas ces résistances des cardinaux, « et moi-même, ajoutait Béthune, voyant que c'est ici leur empire, je m'étonne comme ils veulent vivre ailleurs. » (²)

Mais celui dont la présence était le plus nécessaire à Rome, dont l'influence, le caractère, le grand nom pouvaient le mieux servir les intérêts du roi, c'était le cardinal de Joyeuse. (³) Son séjour à la cour romaine à la fin de la Ligue et plus tard, lui avait créé des sympathies nombreuses. Son retour devait être pour Aldobrandini une garantie, et le Pape le désignait à Béthune comme le seul chef capable d'organiser rapidement et de diriger le parti français (⁴) Malgré sa valeur, son talent, ses mérites, le cardinal d'Ossat n'était pas apte à ce rôle. Il était d'humble origine et pauvre ; son train était modeste : et comme pour augmenter ses embarras, Rosny qui ne l'aimait pas, payait mal sa maigre pension. Timide, il n'était pas fait pour le commandement : et au moment du conclave, ses collègues ne lui

---

(¹) François d'Escoubleau de Sourdis (1575-1628) cardinal archevêque de Bordeaux, en 1599.

(²) De Béthune à Villeroi, 7 janvier 1602. *Arch. de Sully.*

(³) François de Joyeuse, second fils de Guillaume de Joyeuse, né en 1562, frère d'Anne, duc de Joyeuse, favori de Henri III. Successivement archevêque de Narbonne, de Toulouse et de Rouen, il avait reçu à 21 ans, en 1583 le chapeau de cardinal. Il sacra Marie de Médicis comme régente à Saint-Denis, Louis XIII comme roi à Reims, présida les Etats Généraux de 1614 et mourut à Avignon, le 23 août 1615.

(⁴) De Béthune au roi, 18 février 1602. — *Arch. de Sully.*

auraient pas « déféré. » Les cardinaux italiens ne faisaient cortège qu'à de plus grands qu'eux, aux grandes fortunes, aux grandes manières, aux grands noms ; et, c'est grâce à ces avantages, relevés encore par la décision du caractère et la finesse pénétrante de l'esprit, que le cardinal de Joyeuse jouissait à la cour de Rome d'une autorité considérable. Seul il était capable de démasquer hautement au conclave les menées espagnoles, et par son crédit de les faire échouer. Béthume croyait le trouver à Rome à son arrivée, sachant qu'à la prière du roi, il s'était décidé à partir. Mais bientôt il apprit que le cardinal ne venait pas encore : et ce ne fut pas une moindre déception pour le Pape que pour l'ambassadeur.

La nouvelle désirée vint bientôt effacer ces impressions premières. Henri IV avait décidé le départ, et Béthune annonçait au Pape la prochaine venue des cardinaux français. Grande fut la joie de Clément VIII et d'Aldobrandini, grande aussi la joie des cardinaux amis de la France ou même « de ceux, qui sans autre considération, que la leur, » étaient las de subir l'insolence, dont les Espagnols avaient donné tant de preuves, dans les derniers conclaves. Avec quatre voix françaises assurées, sans compter celles que l'inclination à la France, ou l'intérêt personnel de certains cardinaux pouvaient ajouter encore, le roi serait désormais en état, — ils le sentaient bien, — « de tirer au bâton avec « les Espagnols et de les empêcher d'en user, comme ils « avaient fait jusque là. » (¹)

En attendant, certaines affaires, — la dispense du duc de Bar, (²) par exemple, — souffraient de l'état actuel des

---

(¹) De Béthune au roi, 1ᵉʳ avril 1602. *Arch. de Sully.*
(²) Henri, duc de Bar, fils aîné, du duc de Lorraine, avait épousé, sans dispenses, lui catholique, Catherine de Bourbon, sœur de Henri IV

choses. En s'y montrant contraires, certains cardinaux de la commission, qui en avait l'examen, ne poursuivaient qu'un but : faire plaisir au parti capable de les aider un jour, s'imaginant que le roi de France serait sans autorité au conclave. « C'est un morceau friand que le pontificat. » (¹)

Ces considérations, l'intérêt pour Henri IV d'avoir un Pape ami, poussaient de plus en plus Béthune à circonscrire à peu près exclusivement ses efforts dans la cour romaine. « J'estime beaucoup plus, écrivait-il au roi, de « travailler à vous acquérir des cardinaux, que des princes « en Italie ; la plupart desquels étant conjoints pour leurs « intérêts avec le Saint-Siège, je tiens que leur volonté ne « s'en éloignera jamais guère. » Du reste les Espagnols avaient pris les devants. Voyant que le roi de France tournait les yeux du côté de l'Italie et de la cour romaine, ils avaient cherché à s'attacher, à grand prix, « tout ce qui « restait portant titre de prince ou de seigneur » ; et « dans « l'état où étaient les affaires » l'ambassadeur jugeait « que « le pouvoir d'un cardinal de mérite valait bien celui d'un « petit prince. » ( )

La venue de Joyeuse, annoncée comme prochaine de France rendrait la tâche commune facile. Mais il fallait qu'il arrivât « les mains pleines », c'est-à-dire avec des bénéfices pour les cardinaux affectionnés au service du

---

et protestante (1599). Le mariage était invalide aux yeux de l'Eglise, et Clément VIII protesta énergiquement. Inquiet, le duc chercha aussitôt à régulariser sa situation et demanda les dispenses voulues au Pape. Comme le cas était nouveau, on le discuta longuement, et malgré les instances de Henri IV, le duc n'obtint ses dispenses que 4 ans après. Catherine mourut presque aussitôt (1604).

(¹) De Béthune à Villeroi, 8 octobre 1602. Arch. de Sully.

(²) De Béthune au roi, 1ᵉʳ avril 1602. Arch. de Sully.

roi. Les revers des Espagnols en Irlande, l'échec de leurs complots en France et de leur politique en Angleterre, la décadence visible de l'Espagne, ne pouvaient manquer d'avoir leur contre coup dans les âmes cardinalices. A la cour romaine on ne s'attachait pas à outrance aux vaincus. Mais de nouveaux retards pouvaient être funestes : les évènements allaient le démontrer au roi.

Vers la fin d'octobre 1602, le Pape, tombé malade, avait suspendu tout à coup ses audiences : il ne recevait plus ni les ambassadeurs accrédités auprès de sa personne, ni les cardinaux chargés par lui de traiter les plus importantes affaires. Le bruit ne tarda pas à courir qu'il était au plus mal. Ce fut le signal des intrigues. Les divers partis dans Rome et le Sacré-Collège se mirent en mouvement : de toutes parts on se prépara fiévreusement à l'élection prochaine. Les Espagnols surtout s'agitaient. L'inaction voulue de Béthune, qu'ils prenaient pour de l'impuissance, stimulait leur ardeur. Encore une fois, ils allaient faire un Pape. Clément VIII avait trompé leurs espérances : il s'était montré trop français. Ils allaient se venger maintenant. Déjà ils avaient choisi leurs trois candidats à la tiare. L'un d'eux était le cardinal de Côme (¹) le promoteur de la Ligue, avec son ami, le cardinal de Sens, l'ennemi le plus acharné de Henri IV. Le second était le milanais Plata (²) Il poussait

---

(¹) Tolomeo Gallio, né à Côme, archevêque de Siponte, dans le royaume de Naples. Créé cardinal par Pie IV en 1565, il devint évêque d'Ostie, et doyen du Sacré-Collège. Il mourut en 1607, âgé de 82 ans. Il est connu sous le nom de Cardinal de Côme. Tout dévoué au roi d'Espagne, qu'il avait servi de tous ses moyens pendant la Ligue, à Rome, il avait été, après la Ligue, l'un des plus ardents à s'opposer à l'absolution de Henri IV.

(²) Flaminio Plata, milanais, créé cardinal en 1591, par Grégoire XIV, mort en 1611.

jusqu'au fanatisme son dévouement à la couronne, dont il était sujet. Ne l'avait-on pas vu, un an auparavant, tenter de défendre, seul de tout le Sacré-Collège, les prétentions de l'Espagne contre l'Etat de l'Eglise ? Le troisième, pensionné de Philippe III, était Montelparo. (¹) Ami du duc de Lerme, il se flattait d'arriver au pontificat, grâce à cette amitié. C'était peut-être le plus redoutable de tous. Sans valeur personnelle, sans caractère, il subissait toutes les influences : il eût été aux mains des Espagnols un instrument docile. Du reste ils avaient toujours recherché des Papes de ce genre. Les cardinaux les plus « habiles, quelque amis qu'ils leur fussent, » n'avaient pas à compter sur leurs suffrages ; ils se souvenaient trop de Sixte-Quint. (²)

Chose singulière, dont Béthune faisait la remarque en observateur sagace, dans ce conflit d'ambitions, dans ces aspirations au pouvoir, dans cette course au pontificat, les plus ardents n'étaient pas les plus jeunes ; bien au contraire. Tel cardinal, plus âgé que le Pape se flattait de lui succéder. Une prédiction courait que Clément VIII mourrait dans le mois ; et c'est sur cette enfantine assurance, qu'ils appuyaient leur espoir, « tant l'esprit de
« l'homme pour clairvoyant qu'il soit aux choses d'autrui,
« est aveugle en ce qui le touche » (³). Mais au moment

(¹) Petrocchi, dit cardinal de Montelparo, ancien général des Augustins, évêque de Palestrina, tout dévoué à l'Espagne.
(²) De Béthune au roi, du 9 et du 18 novembre 1602. Arch. de Sully.
(³) De Béthune à Villeroi 18 novembre 1602. Arch. de Sully. — « Ayant tout dit au roi sur ce sujet je n'ajouterai rien, sinon pour vous
« dire combien j'ai reconnu en cette occasion que l'ambition et le désir
« de commander est violent aux vieilles gens ; y en ayant tels qui,
« ayant beaucoup plus d'âge que le Pape, se promettent de lui succéder,
« flattant leur désir de certaines prédictions que l'on faisait courir ici
« que le Pape devait mourir certainement dans un mois, tant l'esprit de
« l'homme pour clairvoyant qu'il soit aux choses d'autrui est aveugle

où hommes et partis s'agitaient le plus, Clément VIII reprenait ses audiences, aussi bien portant que jamais : il n'avait eu qu'une douloureuse crise de goutte.

Béthune se hâta de témoigner au Saint-Père avec quelle satisfaction le roi de France apprendrait le rétablissement d'une santé, qui lui était si précieuse. Clément VIII, en riant, lui demanda : « Combien, pendant ma maladie, avez-vous fait de Papes ? » Béthune, rassuré par Aldobrandini, n'avait jamais pensé à cela : jamais il n'avait cru aux bruits alarmants. Clément VIII ne l'ignorait pas ; il témoigna qu'il lui savait gré de cette réserve, au milieu de la fièvre commune, et ajouta qu'il avait raison de ne pas souhaiter un changement de règne (¹). Aldobrandini fit remarquer une fois encore à quoi s'exposait Henri IV en négligeant la cour pontificale. Pour lui, affirmait-il, il essaierait d'empêcher la création d'un Pape hostile à la France ; mais il fallait que le roi lui en facilitât, d'ici là, les moyens. C'étaient de bonnes paroles. Béthune y répondit avec une entière franchise. Un Pape, à la dévotion de l'Espagne, était, à son avis, le plus grand danger que pût courir la fortune du cardinal. Henri IV n'avait pas, comme ses ennemis, la prétention d'asservir à ses volontés le Saint-Siège ; il souhaitait avant tout « un « Pontife digne de l'Eglise, père de tous les chrétiens et « sans partialité ». Il comptait sur le cardinal pour l'élection d'un tel Pape ; et, à cet effet, il mettrait à sa disposition toute l'autorité qu'il avait le dessein de s'acquérir à Rome. Les envieux avaient beau dire que le roi promettait toujours et ne tiendrait jamais ; l'arrivée de Joyeuse serait

« en ce qui le touche, prenant assurance, sur la chose du monde du « plus incertaine, qui sont telles prédictions. »

(¹) De Béthune au roi, 18 novembre 1602. Arch. de Sully.

une péremptoire réponse à toutes les calomnies. (¹).

Une circonstance habilement ménagée donnait à ces assurances une particulière valeur. Béthune les faisait au moment même, où, sur l'ordre du roi, comme preuve de confiance extrême, il venait de communiquer au cardinal, et à lui seul, après Clément VIII et d'Ossat, les révélations du comte d'Auvergne et du baron de Luz, si compromettantes pour le comte de Fuentès, et son maître, Philippe III.

Les Espagnols s'apercevaient-ils qu'Aldobrandini leur glissait peu à peu des mains ? La chose est peu sûre. Mais ils sentaient bien qu'il y avait pour eux quelque chose de changé à Rome. La politique nouvelle de Henri IV, les allées et venues inaccoutumées de ses ministres, d'Ossat et Béthune, leurs négociations discrètes, mais soupçonnées, les inquiétaient au fond. Ils avaient beau déclarer vaines des promesses toujours renouvelées et jamais tenues ; ils en craignaient la réalisation. Il fallait l'empêcher à tout prix. Béthune pêchait à la ligne, selon une expression célèbre ; ils tentèrent de tout prendre d'un seul coup de filet ; ils imaginèrent, avec moins d'habileté que de brutale audace, de s'assurer, par une démonstration sans précédent, la majorité dans le Sacré-Collège. Ils choisirent pour cela les fêtes de Noël. C'est l'époque des étrennes à Rome. Au nom de son maître, l'ambassadeur d'Espagne offrit pour vingt mille écus de pensions, sur biens ecclésiastiques, à dix-huit cardinaux à la fois. C'était crier sur les toits, suivant l'expression pittoresque du cardinal d'Ossat : « A qui veut se vendre ? » (²).

Les Espagnols poursuivaient deux buts à la fois : faire

(¹) De Béthune au roi, 18 novembre 1602. Arch. de Sully.
(²) De Béthune au roi, 30 décembre 1602. Arch. de Sully

échec à la politique du roi de France et mettre à leur merci Aldobrandini. Parmi les cardinaux auxquels ils s'étaient adressés, se trouvaient à peu près tous ceux que l'ambassadeur français avait décidé d'attacher à la France. Le cardinal d'Este venait en première ligne. Il figurait sur la liste pour trois mille écus de pension. Béthune se hâta de lui rappeler ses anciennes promesses, et de lui faire dire par un gentilhomme de sa maison, le comte de Fontanella, qu'il tenait à sa disposition une abbaye de quatre mille écus. Le cardinal répondit de manière à laisser intactes les espérances de l'ambassadeur. Il déclina respectueusement, mais nettement, les offres de l'Espagne et promit à Béthune, d'accepter, au retour de Modène, celles du roi de France [1].

La situation du cardinal Visconsti était plus délicate. La pension qu'on lui offrait n'était pas une preuve d'affection ; bien au contraire. Il savait à quoi s'en tenir sur le bon vouloir du roi d'Espagne, et de ceux qui le conseillaient. Depuis deux ans, sous je ne sais « quels mauvais « prétextes, le comte de Fuentès l'empêchait de jouir « d'une abbaye de deux mille écus, qu'il avait dans l'Etat « de Milan, » et l'année passée encore, il n'avait pu conclure un marché au royaume de Naples, « ce qu'on per- « mettait à tous les cardinaux. » Les Espagnols jouissaient de son embarras et attendaient curieusement sa réponse. S'il refusait, ils ne manqueraient pas de s'en venger, un jour ou l'autre, sur lui ou sur les siens ; s'il acceptait, il se rendait suspect au roi de France. L'alternative était également redoutable : Visconti demeurait indécis. Mais quoi qu'il arrivât, même s'il acceptait les offres de l'Espagne, son dévouement envers Henri IV, affirmait-il, n'en serait en

[1] De Béthune à Villeroi, 27 janvier et 11 mars 1603. Arch. de Sully.

rien altéré. Loyal et homme de bien, on pouvait compter sur sa parole. A sa prière, Béthune trancha le nœud gordien. Il pria le Pape d'empêcher le cardinal d'accepter la pension offerte, « puisqu'il était destiné à la légation de France. (¹) »

« Sans plaindre ses pas, ni sa peine, » comme il disait, Béthune courait ainsi d'un cardinal à l'autre, mais sans être toujours également satisfait de ses démarches. Malgré la bonne mine qu'on lui faisait, les bonnes paroles qu'on lui donnait, il avait à compter avec la dissimulation italienne. La manière dont s'était comporté le cardinal Bandini, (²) quand on lui avait offert la pension d'Espagne, les réponses évasives qu'il en avait eues, lui avaient causé un particulier déplaisir. Ce cardinal avait reçu tous ses bénéfices de Henri III ; mais comme ils étaient au marquisat de Saluces, « il nageait entre deux eaux », il voulait être neutre. Une attitude franchement hostile eût paru préférable à l'ambassadeur. Henri IV, sur les conseils de Béthune, n'en témoignait pas moins l'estime qu'il faisait de lui, au nonce de Paris, son parent. (³)

Autrement nette avait été la réponse du cardinal Bonnisi (⁴). C'était un vrai serviteur de la France et du roi. Malheureusement quelques mois après il mourait, et Béthune déplorait, en termes émus, sa perte. (⁵)

(¹) De Béthune au roi, 30 décembre 1602. Arch. de Sully.
(²) Bandini, évêque de Fermo, était un des hommes les plus habiles de toute l'Italie, trop habile même, ce qui devait nuire à sa fortune. Il avait été créé cardinal par Clément VIII, le 5 juin 1596. Du parti d'Aldobrandini, mais sans zèle.
(³) De Béthune à Villeroi, 27 janvier 1603. B. N. m. 3488.
(⁴) Lucquois, avait d'abord été clerc de la chambre apostolique. Créé cardinal par Clément VIII en 1599. Il était du parti d'Aldobrandini.
(⁵) De Béthune à Villeroi, 11 mars et 8 septembre 1603. Arch. de Sully.

Il ne semblait donc pas que les Espagnols eussent sérieusement entamé parmi les cardinaux les sympathies françaises. Mais c'était peu d'avoir amorti une partie des coups, Béthune ne désespéra pas de les rendre inutiles, et peut-être même nuisibles à leurs auteurs. La plupart des cardinaux qu'avait choisis le roi d'Espagne étaient des créatures d'Aldobrandini. Le cardinal, dont ils dépendaient, n'avait été ni consulté, ni prévenu, ni pressenti. C'était, selon le mot de Henri IV, une subornation. En regard et comme contraste à cette perfide conduite, Béthune mit en relief la franchise du roi de France. Lui aussi, il voulait s'acquérir des serviteurs à Rome ; mais, comme il l'avait affirmé bien des fois, il voulait que tous ses serviteurs fussent en même temps ceux du cardinal. Lui aussi, un jour ou l'autre, il offrirait des pensions, mais jamais sans avoir pris son avis, sans avoir son consentement. Entre les deux politiques Aldobrandini avait à choisir : « ou se laisser aller en proie aux Espagnols », se mettre à leur merci, « ou se reprendre. » [1]

Froissé déjà des façons d'agir du roi d'Espagne, Aldobrandini parut plus animé contre lui que jamais, sous le coup de paroles, qui cinglaient jusqu'au vif son amour-propre blessé. C'était de bon augure. [2] Béthune pouvait poursuivre sa campagne près du Pape. L'affaire de Joinville vint lui offrir à propos un terme de comparaison. Il en profita pour montrer les Espagnols partout les mêmes dans leurs desseins ambitieux. En France, ils poussaient à

[1] De Béthune au roi, 30 décembre 1602. Arch. de Sully.
[2] « Car il n'y a pas de doute que les cardinaux qui seront fidèles « au cardinal Aldobrandini et ceux qui tiendront votre parti, ne soient « toujours en plus grand nombre que les autres, outre le peu qu'en ont « la Seigneurie de Venise et le grand duc, que je me persuade qui se « joindront à V. M. » Arch. de Sully.

la révolte les principaux sujets du roi ; à Rome ils tentaient d'acheter les conseillers du Pape et ainsi de faire dépendre d'eux toutes les résolutions du Saint Père. Ils s'adressaient de préférence à ses créatures pour mieux le circonvenir. Mais ils en seraient pour leurs vains efforts : que le Pape laissât seulement libres les cardinaux. Plusieurs, l'ambassadeur en pouvait répondre, étaient prêts à refuser, les autres n'oseraient accepter, entraînés par l'exemple. Clément VIII suivit les conseils de Béthune : toutes les créatures d'Aldobrandini, Bandini lui-même, refusèrent. [1]

Il y eut moins d'unanimité dans le parti de Montalte. Les vieux cardinaux avaient tellement éprouvé jadis la puissance des Espagnols et l'opinon qu'ils en avaient gardée était si profondément imprimée dans leur âme, qu'ils ne voulaient en aucune manière les avoir pour ennemis. C'était le cas du cardinal Pallote. De tout temps, il s'était montré l'ami de la France, même quand nul autre n'osait encore. Ce motif seul entraînait, de la part des Espagnols, l'offre d'une pension. Ils forçaient ainsi le cardinal, ou à perdre la confiance de Béthune, en acceptant, ou en refusant, à se déclarer nettement contre eux. Longtemps les remontrances de l'ambassadeur le retinrent dans le devoir : dix fois il déclina l'offre des Espagnols. Ils insistaient toujours et à leur insistance se mêlaient de vagues menaces, que le cardinal ne comprenait que trop. Inquiet, anxieux, il protestait qu'il n'accepterait rien, sans l'autorisation de Béthune. L'ambassadeur était intraitable. Le cardinal se sentait déjà compromis. A sa prière, ses amis, Montalte lui-même, vinrent trouver Béthune : ils lui représentèrent qu'il ruinait l'avenir de Pallote, en lui défendant d'accep-

[1] De Béthune au roi, 14 janvier 1603. Arch. de Sully.

ter la pension d'Espagne, et qu'il nuisait par là même aux intérêts du roi de France. A son tour, d'Ossat intercéda. Résister n'était plus possible, Béthune le sentit bien : la crainte a toujours été mauvaise conseillère ; en acceptant malgré lui, Pallotte eût échappé à son influence. Mais il voulut le voir auparavant. Comme pour le lier davantage, il voulut tirer de sa propre bouche ses promesses de dévouement à la France. Pallote ne les ménagea pas. Il jura par tout ce qu'il avait de plus cher, qu'il serait à jamais quelque haut qu'il montât, « le serviteur très fidèle du roi. » En attendant il s'engageait à prévenir Béthune de tout ce qui pouvait être utile aux affaires de France. Acceptée dans ces conditions, la pension d'Espagne servait les intérêts de Henri IV. (¹)

Philippe III semblait en même temps prendre à cœur de briser une à une toutes les espérances qui pouvaient rattacher encore, d'un lien plus ou moins solide, Aldobrandini à sa couronne. La protection des affaires d'Espagne, la plus lucrative après celle de France, était depuis longtemps vacante. Le bruit courait qu'elle était réservée au cardinal-neveu, et ce bruit inquiétait Béthune. Subitement un cardinal espagnol, qui résidait à Rome, d'Avila, en fut investi. L'on n'en disait pas moins que parmi les pensions trois mille écus avaient été mis de côté pour Aldobrandini et que le tout lui serait remis avec les intérêts après la mort de son oncle. Béthune obtint un démenti, mais, soit indifférence, ou plutôt, soit politique, pour provoquer

---

(¹) De Béthune au roi, 10 mars 1603. B. N. m. 3493. — Giovanni Evangelista Pallote, né dans le Picenum en 1548. Le cardinal Montalte, à la fortune duquel il s'était attaché, devenu pape sous le nom de Sixte Quint, le nomma en 1587 archevêque de Cozensa et la même année cardinal. Il mourut en 1620.

quelque gage nouveau, ce démenti n'était guère ferme. Béthune n'hésita pas. Sans ordre précis, mais avec la ferme conviction de n'être pas désavoué, il offrit au cardinal une abbaye de revenu supérieur à la pension d'Espagne. Aldobrandini, pour le moment, refusa : il ne pouvait rien accepter du vivant du Pape. Mais comme réponse à cette marque de bienveillance, il insista sur la nécessité plus grande que jamais, après les tentatives récentes de l'Espagne, d'organiser le parti français, de le faire compact et solide, prêt à agir dans la main habile et ferme d'un chef. Plus que jamais s'imposait la venue de Joyeuse à Rome. Givry, qu'aimait beaucoup le Pape, devait s'y rendre aussi. C'était le sûr moyen de tourner les yeux des cardinaux du côté de la France. Offrir maintenant des pensions n'était pas à propos. [1]

C'était aussi l'opinion de Henri IV : il ne voulait pas avoir l'air d'emboîter le pas du roi d'Espagne. Mais bien que refusées, les offres de ce dernier avaient produit sur plusieurs leur effet, le duc de Sessa leur ayant assuré qu'ils trouveraient toujours la pension proposée à leur disposition. Il était donc urgent, en attendant le moment opportun, d'être prêt à récompenser les sympathies françaises. Chaque jour Béthune et d'Ossat travaillaient à les augmenter. La faute des espagnols était une leçon pour eux. Par leur ostentation, leur manque de réserve, les ministres de Philippe III avaient couru à un échec lamentable, la discrétion étant la première des lois en ces sortes d'affaires. Leurs offres multiples, que rien n'avait préparées étaient compromettantes pour ceux-là mêmes à qui elles étaient adressées, elles semblaient plutôt une tentative de corrup-

[1] De Béthune au roi, 30 décembre 1602, 14 janvier et 10 mars 1603. Arch. de Sully.

tion qu'une largesse. Négocier discrètement avec ceux, dont les inclinations déjà connues permettaient quelque espérance, telle était la méthode que d'Ossat préconisait avec sa profonde connaissance des âmes italiennes, et que Béthune pratiquait avec un succès constant depuis son arrivée à Rome. Mais l'ambassadeur avait hâte de consolider par des liens plus forts les sympathies acquises. A chaque instant il suppliait qu'on lui mit dans les mains les moyens de répondre, le jour venu, aux espérances qu'il avait provoquées. Il réclamait avec insistance les expéditions de l'abbaye de Clairac pour le cardinal d'Este et d'autres brevets en blanc de la valeur de l'évêché de Comminges, réservé pour un emploi semblable. Ils aviseraient ensuite avec d'Ossat « quels étaient ceux qu'ils pourraient « s'assurer, et de quelle somme il était à propos de les « gratifier. » Donner ne suffisait pas, il fallait donner avec art, proportionner la largesse au mérite et aux services attendus. [1]

Au fond Béthune souffrait de cette vénalité des consciences cardinalices : il déplorait cette plaie, dont le Sacré-Collège, qui comptait d'ailleurs tant de talents et de vertus, était redevable à la politique égoïste et à l'ambition sans scrupule de l'Espagne. Il ne fallait rien moins à ses yeux que l'intérêt supérieur de la France, auquel il croyait sincèrement liés les intérêts du Saint-Siège et l'indépendance de l'Eglise, pour engager Henri IV à user d'un moyen dont son ennemi, l'Espagne, se faisait contre lui une arme redoutable. « J'ai honte vraiment écrivait-il à Ville-« roi, qu'il n'y ait pas d'autre moyen de s'acquérir ici du

[1] De Béthune au roi, 30 décembre 1602 et 10 mars 1603. Arch. de Sully.

« crédit, et que l'intérêt ait tant de pouvoir parmi des
« personnes qui devraient servir d'exemple à tout le reste
« de la chrétienté. Mais puisque ainsi est, j'estime gran-
« dement à propos, pour le service du roi, de ne les point
« mépriser pour cela, et d'y faire de la dépense. A quoi il
« me semble que de delà l'on doit être d'autant plus
« convié, que pour parvenir à se les acquérir, il ne faut
« point mettre la main à la bourse, mais seulement em-
« ployer des bénéfices, dont plusieurs en France ont en
« grande quantité, sans pour cela faire service au roi. » (¹)

Le relèvement de l'influence française à Rome était plus que jamais souhaité. La plupart des cardinaux que rencontrait Béthune lui exprimait hautement ce désir. L'un d'eux surtout, Gallo, (²) du grand duché de Toscane, et par conséquent français de cœur, après une longue absence, arrivait comme pour encourager de plus en plus l'ambassadeur à cette œuvre. La gloire de Henri IV, l'avenir du Dauphin y étaient intéressés. Que le roi de France manifestât ses intentions enfin, et aussitôt accourraient à lui des cardinaux, dont le nombre grossirait tous les jours. C'étaient là de significatives paroles ; Béthune eût voulu y répondre catégoriquement ; mais il dut se borner à ses habituelles assurances : il n'avait rien à offrir. C'était décourageant. Aussi écrivait-il mélancoliquement au roi :
« Quelque chose que j'ai dite et nonobstant les serments
« que j'ai faits, je ne puis venir à bout de me
« faire croire, tant les artifices des Espagnols ont

(¹) De Béthune à Villeroi, 14 février 1603. Arch. de Sully.
(²) Gallo avait été fait cardinal par Sixte Quint en 1589 ; il était du parti de Montalte.

« imprimé en cette cour, que vous ne vous en souciez
« point. » (¹)

Malgré les délais dont se plaignait avec raison Béthune, Henri IV pensait aux affaires de Rome. Il avait commandé à Rosny de mettre de côté de l'argent pour les pensions des cardinaux ; il avait réservé pour le même emploi des bénéfices, il avait obtenu de Joyeuse une promesse formelle de départ, il avait décidé de donner à Givry les moyens de suivre Joyeuse. Le 12 du mois d'Août, celui-ci prenait congé du roi ; mais il ne partait pas « les mains pleines » suivant le désir tant de fois exprimé par Béthune. Du reste à Rome, où bientôt ces nouvelles arrivaient, on doutait encore de sa venue, parce que son agent « n'avait pas commandé de carrosses. » Comme les autres, Clément VIII s'inquiétait de cet inexplicable retard. Béthune le rassura en lui montrant les dépêches qu'il avait reçues du cardinal. Il lui confirma l'intention du roi d'envoyer Givry à la suite. Quant à Sourdis, Henri IV et Béthune ne jugeaient point sa présence indispensable à Rome ; jeune et dispos, il pouvait toujours arriver à temps en cas de conclave. (²)

Le bruit de l'arrivée prochaine de Joyeuse commençait « à faire dresser les oreilles aux cardinaux *papables*. » Il venait par Venise, lentement, afin de permettre l'aménagement complet du palais, qu'il avait loué un peu tard. Béthune était au comble de ses désirs. Enfin tous ensemble, Joyeuse, d'Ossat et lui, en face du parti espagnol, ils allaient pouvoir maintenant dresser le parti français, (³) Ils

---

(¹) De Béthune au roi, 30 décembre 1602 ; à Villeroi, 29 juillet 1603 Arch. de Sully.
(²) De Béthune à Villeroi, 8 septembre 1603. Arch. de Sully.
(³) De Béthune à Villeroi, 7 octobre 1603. Arch. de Sully.

allaient pouvoir attirer à eux Aldobrandini, qui n'aspirait, il est vrai, qu'à fortifier sa faction pour son propre avantage, mais qu'ils enserreraient de liens si forts, qu'il ne pourrait, s'il ne se gouvernait comme il faut, s'en dégager qu'à son détriment.

Le 15 octobre 1603, le cardinal de Joyeuse était enfin à Rome.

CHAPITRE III

L'ORGANISATION DU PARTI FRANÇAIS.
FACILITÉS ET ENTRAVES.

Un événement depuis longtemps prévu et impatiemment souhaité, allait favoriser, en les facilitant, les négociations des ministres français.

Déjà, le 6 mai 1602, Béthune écrivait à Villeroi que le duc de Lerme faisait rappeler l'ambassadeur espagnol à Rome, le duc de Sessa. « Je crois, ajoutait-il, que Sa « Majesté ne perdra rien au change, pour le crédit, que « l'autorité du feu roi d'Espagne, les grandes affaires qu'il « avait maniées, le mérite particulier du dit ambassadeur, « lui avaient acquis ici. » Du reste, pendant toute la durée de son ambassade, le duc de Sessa, qui était un fort galant homme, avait su éviter tout ce qui, de près ou de loin, eût pu ressembler à la morgue si naturelle à sa nation. Le marquis de Vigliena, désigné pour lui succéder, allait reprendre, pour le plus grand profit de la France, la tradition espagnole (¹). « La marquise, qui était Portu- « gaise, et par conséquent, plus vaine encore que les « Castillans, prétendait de l'Altesse ». Ils amenaient avec eux, d'après le bruit public « un train de Jehan de « Paris ; ils avaient, disait-on, à leur suite, douze aumô-

---

(¹) « Il est d'une humeur si fière et il vient avec tant de pampanade que « s'il ne change, il ne sera pas pour nous faire beaucoup de mal. » Béthune à Villeroi , 7 octobre 1603. Arch. de Sully.

» niers et cent femmes, et, comme l'on dit, sans les petits
» enfants, » ajoute malicieusement Béthune (¹). Deux
choses seulement manquaient au nouvel ambassadeur :
« la pratique des affaires » et la souplesse qu'exigeaient
ses fonctions. Mais il ne s'en inquiétait pas autrement que
ses maîtres. Il allait à Rome comme il serait allé aux
Indes ; il voulait avant tout un emploi. Comme il le
demandait avec instance au duc de Lerme, le favori, qui
ne l'aimait pas, lui avait répondu avec une désinvolture,
où l'incapacité le disputait à la présomption, qu'il n'avait
à lui offrir pour le moment que l'ambassade de Rome. Et
Vigliena était parti (²).

Les grands honneurs dont il fut l'objet à son arrivée,
furent pour sa vanité un triomphe : ce devait être le seul.
Les nombreux partisans que possédait encore l'Espagne,
tant en Italie qu'à Rome, parmi les laïques et le clergé,
profitèrent de cette occasion pour mettre au vent leurs
sympathies et faire étalage de zèle. Il est vrai que la
plupart de ces honneurs allaient au duc de Parme, dont
la marquise était la cousine germaine. Le cardinal Farnèse
reçut chez lui l'ambassadeur entouré de neuf cardinaux
qui s'étaient joints à lui. Béthune en conçut un assez vif
dépit. A vrai dire, deux ne pouvaient moins faire, le cardinal de Terranova, napolitain, sujet de Philippe III, et
la cardinal d'Avila, protecteur des affaires d'Espagne.
Mais rien n'obligeait les sept autres à une pareille
démarche, et parmi les sept, trois étaient des créatures
d'Aldobrandini. Au reste, le Pape lui-même, et le cardinal
Aldobrandini avaient usé envers Vigliena de « courtoisies

(¹) Post scriptum de la lettre de Béthune à Villeroi, 3 novembre 1603.
Arch. de Sully.

(²) De Béthune à Villeroi, 18 novembre 1603. Arch. de Sully.

extraordinaires ». Béthune crut devoir s'en plaindre. Il fit remarquer avec toute la modération possible au cardinal « le tort qu'il se faisait à lui-même et l'obligation en « laquelle il mettait le Pape d'en user ainsi envers les « autres ambassadeurs ». Aldobrandini excusa le Pape sur sa parenté avec le duc de Parme, et blâma les sept cardinaux. Il déclara que « cette réception et ces honneurs « faits au marquis de Vigliena s'adressaient, non à l'am- « bassadeur, mais au cousin du duc de Parme, et qu'on ne « voulait pas mettre une telle différence entre les ministres « d'Espagne et ceux de France ». Clément VIII fit à Béthune les mêmes déclarations. Quant aux sept cardinaux, leur nombre même prouvait combien l'Espagne avait perdu de crédit. Quelques années auparavant, quand le feu vice-roi de Naples était venu à Rome prêter serment, l'ancien ambassadeur, grâce à son influence, avait réuni dans son palais, à lui, dix-huit cardinaux. « Parmi les sept même, « quelques-uns, apprenant que Béthune avait pris ombra- « ge de leur conduite », s'étaient fait excuser, déclarant « qu'ils ne pouvaient refuser, sans manquer à un cardinal « qui les priait en sa maison. » (¹).

La venue du marquis de Vigliena à Rome ne devait pas améliorer les affaires d'Espagne. Il était à peine arrivé depuis quelques jours, qu'il avait déjà fait plusieurs mécontents. « Il a tant de fumée et de vanité, écrivait Béthune, « qu'il laisserait plutôt perdre un serviteur utile à son maî- « tre que d'user envers lui d'un terme de courtoisie plus « élevé, qu'il n'estime que la grandeur de l'Espagne ne le « permet. » Il porta cette vanité jusqu'aux pieds du Pape. A la première audience qu'il en obtint, il se couvrit devant lui « contre la coutume des autres ambassadeurs. En

---

(¹) De Béthune au roi, 18 novembre 1603, Arch. de Sully.

« quoi il fut averti de ne pas retourner une seconde fois ; ce
« que néanmoins il ne pouvait comprendre, s'imaginant
« que la prérogative de grand d'Espagne s'étendait aussi
« jusqu'au Pape » (¹).

Presque en même temps, il refusait le titre d'Altesse au grand duc, et dans ses lettres et dans ses rencontres avec l'ambassadeur de Toscane. Aussi ce dernier reçut-il aussitôt commandement exprès de son maître de ne pas retourner, sans ordre, chez l'ambassadeur d'Espagne. Jusque là les neveux des Papes, le prince de Stillano, neveu de Clément VIII et le marquis Perretti, frère du cardinal Montalte, neveu de Sixte Quint, avaient été traités d'Excellences, non pas seulement par les autres ambassadeurs accrédités à Rome, mais par le duc de Sessa lui-même. Vigliena déclara qu'il ne devait ce titre à « aucun des vassaux de son roi. » Clément VIII pria, insista : ce fut en vain. Il fit remarquer à l'ambassadeur que s'il persistait dans ses façons d'agir, il s'exposait à des représailles. Vigliena ne voulut rien entendre. Peu lui importait d'indisposer contre lui le Pape, d'aliéner peut-être pour longtemps, à son maître les deux plus puissants cardinaux du Sacré Collège, Aldobrandini et Montalte. Le prince de Stillano et le marquis Perretti se promirent alors de se faire justice eux-mêmes. Le Pape s'entremit, mais la réputation des affaires d'Espagne n'y gagna rien. Elle devait baisser encore sous le ridicule dont le marquis de Vigliena allait devenir l'inconsciente victime. (²)

La princesse de Stillano, froissée « comme son mari, « de ce que l'ambassadeur lui avait donné du *nostra merce*, » voulut prendre en mains la querelle et aussi la

---

(¹) De Béthune à Villeroi, 18 novembre 1603. Arch. de Sully.
(²) De Béthune à Villeroi, 1ᵉʳ décembre 1603. Arch. de Sully.

vengeance que le Pape avait interdite au prince. Le jour de la Saint-André, elle se rendit dans une église, que Vigliena devait visiter et l'attendit. L'ambassadeur arriva bientôt. Il était en compagnie de Farnèse, qui le promenait partout dans son carrosse, afin de le garantir des affronts, auxquels il s'était exposé. Alors « haut et clair, » la princesse le salua du titre de *nostra merce* « avec des façons plus pleines encore de mépris que ne l'étaient les « paroles. » Surpris, Vigliena lui donna de l'Excellence. Le bruit en courut bientôt dans Rome, et l'ambassadeur devint l'objet de la risée publique. Une autre circonstance y contribuait encore. On avait publié de lui et de la marquise, sa femme, des merveilles, avant leur arrivée à Rome ; « leur maison devait être comme une petite cour » d'Espagne, et rien ne se vérifiait. Leur train n'était que modeste, et — chose plus fâcheuse encore — « l'on disait déjà publiquement qu'ils manquaient d'argent et que sans Farnèse, qui continuait à les défrayer, » ils feraient piteuse contenance. (*)

En homme habile, Béthune profita des circonstances pour porter un coup droit à l'Espagne, et donner à ce peuple romain, qui jugeait tout des yeux, une idée sensi-

---

(*) Post-scriptum de la lettre de Béthune à Villeroi, 1er décembre 1603. Arch. de Sully. — Béthune ajoute : « Je ne vous eusse entretenu de ces « bagatelles, sinon afin qu'elles vous servent de poudre digestive après « votre dîner, sans que j'estime qu'avec la diligence que l'on y mettra, « le Maître et ses affaires en cette cour, se pourront ressentir du contre-« coup... Je commence à voir nos affaires prendre un bon pli, et oserais « assurer que dans peu de temps l'on jettera ici les yeux sur nous, « comme sur les Espagnols. Je vous en laisse juger l'importance, en vous « souvenant de ce qu'ont fait ici les Espagnols, quand ils y comman-« daient, et ce que peuvent et ont toujours pu sur les peuples les béné-« dictions ou excommunications sur les rois, au temps même que le pré-« texte spécieux de religion n'était point en vogue. »

ble de la grandeur et de la suprématie de la France. Il venait justement d'apprendre l'audience que Jacques d'Angleterre avait donnée récemment au prince de Taxis, et les propos extraordinaires de ce singulier ambassadeur. (¹) Béthune les fit répandre sourdement dans Rome. Il voulait « faire connaître que la même présomption accompapagnait les Espagnols partout, et que cette grande prudence, qui » régnait « dans leurs affaires » et dans leurs conseils du temps du feu roi, n'étaient même plus dans leur souvenir. En même temps comme l'exigeait l'étiquette, il visitait le premier l'ambassadeur d'Espagne. S'il avait retardé jusque là sa visite, c'était pour donner à Vigliena « le temps de laisser évaporer ses fumées, » certain malgré tout que le marquis « n'était pas pour en user avec lui, s'étant bien pu déjà être aperçu qu'il n'y gagnerait rien. »

Ce fut dans Rome un évènement. Personne ne se souvenait d'avoir vu, dans une visite, une telle compagnie, une si belle suite. La voiture de l'ambassadeur, précédée de cinquante gentilshommes français à cheval, était escortée de plus de soixante carrosses, — les chanoines de Latran, de tout temps dévoués à la France, en avaient envoyé vingt-cinq pour leur part, — et c'était pour chacun un singulier contraste avec le maigre train de l'ambassadeur d'Espagne ; Vigliena seul ne s'en aperçut pas : il prit cela pour un hommage. Du reste il fut avec Béthune d'une courtoisie extrême. Il vint à sa rencontre, et l'accompagna au départ plus même que n'avaient fait ses prédécesseurs. Il lui confirma, ce que Béthune savait déjà, qu'il avait ordre de vivre avec lui en bonne intelligence, et

(¹) Voir chapitre VI de la 1ʳᵉ partie.

« de ne lui donner aucune occasion de mécontentement. » Bonnes paroles, mais qui ne diminuèrent point « l'opinion qu'on avait de sa vaine gloire » : elles lui furent plutôt nuisibles, car elles donnèrent occasion « de dire que les Espagnols n'étaient superbes qu'avec ceux qui s'humiliaient. » Béthune, en s'en retournant, emportait une idée peu favorable de la capacité de Vigliena aux affaires. [1] Pour lui, comme pour tous les Français à Rome, c'était un motif nouveau de confiance. L'abbé de Marquemont s'en faisait l'interprète dans une lettre à son protecteur Villeroi : « L'occasion est venue de relever bandière en cette « cour, et d'employer utilement les libéralités de Sa « Majesté. La prospérité de nos affaires, le désordre de « nos adversaires, la mauvaise façon de faire de leur « ambassadeur, nous rendront toutes choses faciles. » [2]

Une question se posait cependant. Quelle attitude allait prendre dans cette affaire le gouvernement espagnol ? Obligé d'envoyer ses parents hors de Rome, pour les soustraire aux vanités offensantes de l'ambassadeur, Clément VIII avait écrit à Philippe III pour protester et pour se plaindre. [3] On imagine avec quelle curiosité impatiente, tous les intéressés, et avec eux, tous les oisifs de de Rome, « tous les spéculatifs, » comme disait Béthune, attendaient la réponse d'Espagne.

L'intérêt, à défaut de considération plus noble, commandait à Philippe de ne pas fermer légèrement l'oreille aux doléances du Pape. Sans doute il l'avait compris tout d'abord. On rapportait de lui cette parole : « Je croyais « avoir envoyé un ambassadeur à Rome, non pas un

---

[1] De Béthune à Villeroi. 7 décembre 1603. Arch. de Sully.
[2] De Marquemont à Villeroi, 16 décembre 1603. Arch. de Sully.
[3] De Béthune au roi, 16 décembre 1603. Arch. de Sully.

« correcteur. » Mais à côté du roi veillait l'amour propre offensé du duc de Lerme : ce qui pesait d'un tout autre poids dans la décision à prendre, que l'intérêt de tout un royaume. Le Pape ne venait-il pas de refuser au favori « le privilège de nommer qui bon lui semblerait aux béné- « fices du diocèse de Valladolid ? » Piqué qu'on « lui eût « manqué en chose si raisonnable, » il ne fut pas fâché d'avoir une occasion de mortifier le Pape, et il appuya l'ambassadeur, qu'au fond il désapprouvait. [1] Clément VIII ne prenait plus la peine de cacher, même à Vigliena, sa mauvaise humeur. Plus circonspect, mais non moins offensé, Aldobrandini, comme son oncle, faisait part en confidence de son mécontentement à Béthune. « Vous pouvez penser, écrivait celui-ci, que je souffle cette étincelle. » Mais il le faisait habilement, « sans animosité » apparente, « blâmant seulement le peu de respect que les « ministres d'Espagne avaient pour le Saint-Père et pour « les siens. » [2]

Le cardinal Montalte n'était pas moins froissé qu'Aldobrandini. Il n'avait pas répondu à la visite de l'ambassadeur d'Espagne, pas plus que ses créatures, Gallo, Perretti, [3] et Pallote. Lui aussi maintenant il se tournait du côté de Béthune. Il ne fallait pas espérer se l'attacher avec des présents : il avait l'âme trop haute ; mais il était soucieux des intérêt de l'Eglise, et ces intérêts — Béthune en avait la conviction sincère, — se confondaient avec ceux de la France. Les Espagnols ne cherchaient qu'une chose : — tous leurs actes passés et présents en fournis-

---

[1] De Béthune au roi, 29 décembre 1603. Arch. de Sully.
[2] De Béthune à Villeroi, 10 février 1604. Arch. de Sully.
[3] Andréa Perretti, neveu du cardinal Montalte, créé cardinal à la demande de son oncle, le 5 juin 1596.

saient la preuve — opprimer la liberté ecclésiastique ; en s'acquérant du crédit à Rome. Henri IV au contraire avait pour dessein de la relever ; « les Espagnols voulaient « réduire le Pape à n'être que leur chapelain, » Henri IV voulait un Pape libre, indépendant et impartial. Aussi l'ambassadeur ne demandait-il pas à Montalte « d'être « français ou de se déclarer tel » : qu'il continuât seulement « à affectionner le bien public et à se montrer bon « ecclésiastique : ainsi il pouvait être assuré que les inté- « rêts du roi de France et les siens s'accorderaient tou- « jours. » Ces paroles firent sur Montalte, d'ordinaire froid et retenu, une impression visible et l'ambassadeur se promit de cultiver cette amitié. (¹)

Mais Béthune savait employer d'autres moyens que la persuasion, quand l'exigeait l'intérêt de la France et du roi. L'implacable ennemi de Henri IV, l'âme damnée de l'Espagne, le cardinal de Côme, (²) en fit à ses dépens, l'épreuve. Doyen du Sacré Collège, « il prétendait en cette qualité ne visiter personne. » La prétention était étrange : Béthune soupçonnait qu'elle était toute politique. Il n'en douta plus, quand il sut que le cardinal, malgré le privilège qu'il s'octroyait, avait visité le nouvel ambassadeur d'Espagne. C'était, il est vrai, faisait-il dire, « non comme cardinal, mais comme sujet » de Philippe III, qu'il avait fait cette visite. La distinction était prévue ; Béthune eut bientôt l'occasion de témoigner qu'il ne l'admettait pas. Ayant reçu des lettres du roi et de la reine pour les membres de la congrégation des Rites, il les fit parvenir à tous les destinataires, si ce n'est au cardinal de Côme, qui en était le président. Etonné celui-ci se plaignit

(¹) De Béthune au roi, 29 décembre 1603. Arch. de Sully.
(²) Voir la note de la page 249.

en pleine congrégation au cardinal de Joyeuse : il ne s'expliquait pas la différence qu'on faisait entre ses collègues et lui. C'est ce que voulait l'ambassadeur. Joyeuse avait transmis les plaintes, Béthune le pria de transmettre aussi la réponse. Elle était hautaine et sévère. Béthune déclarait « qu'ayant l'honneur d'être à Rome l'ambassadeur du roi » de France, « il n'avait pas été traité » par le cardinal avec la déférence qu'exigeaient son titre et son rang. Ne voulant pas exposer les lettres de ses souverains au même manque d'égards, il ne les avait pas transmises au cardinal de Côme, et dans toute occasion semblable, il n'agirait pas autrement. Le doyen du Sacré Collège « ne le traitant pas comme ambassadeur, il le prévenait qu'il ne le traiterait plus à l'avenir comme cardinal. » Informé de l'incident, Clément VIII n'en parut point fâché. Le cardinal de Côme accablé, allégua mille raisons encore à Joyeuse pour ne pas visiter Béthune ; « mais enfin il but le calice » et se confondit en excuses devant l'ambassadeur. (¹)

L'humiliation de cet irréductible adversaire produisit une impression immense. C'était la démonstration éclatante du crédit acquis dès lors par le parti français. Et comme à Rome on aime volontiers les forts, chaque jour les sympathies se dessinaient plus vives, les amis de la France se manifestaient plus nombreux. Les Espagnols pouvaient bien encore nuire dans un conclave à un cardinal qu'ils n'aimaient pas. Mais faire seuls un Pape comme autrefois : se passer d'Aldobrandini et de Montalte, compter pour rien le parti français, ils ne le pouvaient plus. Encouragé par ses succès inespérés, Henri IV était plus disposé que jamais à seconder ses agents. « Je veux,

(¹) De Béthune à Villeroi, 4 mai 1604. Arch. de Sully.

« écrivait-il, mettre les deux mains aux affaires de Rome. »
Le moment lui semblait venu de frapper un coup : il fallait
décider un cardinal « à faire la planche et à montrer le
chemin aux autres », en acceptant une pension de France.
On avait la promesse du cardinal d'Este ; mais le cardinal
était toujours à Modène et ne revenait pas. Les sympathies d'Aquaviva, de Visconti, de Gallo, de Pallote, de
Césis, s'étaient plusieurs fois affirmées. Il ne semblait pas
difficile de faire accepter à l'un d'eux une pension, aux
deux derniers surtout, en attendant qu'il y eût des bénéfices libres. Henri IV autorisa Béthune à commencer les
pourparlers.

Cependant plus d'une entrave paralysait de temps à
autre, à Rome même, l'action de l'ambassadeur. L'ingé-
rence indiscrète du grand duc risquait d'être particulièrement nuisible à la formation du parti français. Le grand duc
se croyait un fin politique, et peut-être l'eût-il été en effet,
s'il n'eût poussé ses qualités à l'excès. L'intérêt le liait au
roi de France ; ils avaient le même ennemi ; mais il poussait si loin la prudence, ou plutôt la dissimulation, qu'on
l'eût pris pour un partisan de l'Espagne, si on l'eut jugé à
ses actes. C'est ainsi qu'il avait refusé, sous des prétextes
futiles, et s'en était repenti après, d'être parrain du Dauphin, en même temps que Clément VIII. Sur son ordre,
son ambassadeur à Madrid, vivait avec l'ambassadeur de
France, comme s'il ne le connaissait pas ; et naguère encore, pendant la maladie du Pape, et par haine d'Aldobrandini, on l'avait vu disposé à soutenir Montelparo,
l'un des candidats de l'Espagne à la tiare. Avec cela vaniteux à l'excès, il aspirait à jouer un rôle prépondérant
dans le futur conclave, et prétendait, en attendant, disposer à sa guise du crédit du roi de France à Rome. Aux

membres du Sacré Collège, auxquels Henri IV faisait offrir des pensions, il laissait entendre qu'il leur avait procuré cet avantage : aux sujets papables il faisait dire, qu'il inclinerait toujours où il voudrait la France. On conçoit l'inquiétude de Clément VIII, à ces bruits, et plus encore celle d'Aldobrandini, dont le grand duc était l'implacable ennemi. Le cardinal n'allait-il pas se croire dupe ? C'était la ruine du parti français, Aldobrandini en étant, d'après la politique suivie jusque là, le pivot et l'espérance. Il fallait couper court aux vantardises venues de Florence. Béthune le fit à la hâte. Sans doute, disait-il, le roi de France portait beaucoup d'affection au grand duc, « et était prêt « à s'employer pour lui faire plaisir, » mais l'intérêt des deux princes étant uni, l'ambassadeur « prétendait que le grand duc suivrait le roi, et non pas le roi le grand duc, comme il convenait à leurs dignités respectives. » Les propos de Béthune, et la circonspection qu'il montra dès ce jour envers la cour de Toscane, déplurent à Florence ; et le grand duc, chatouilleux à l'excès, se plaignit de Béthune au roi. Pour se défendre, l'ambassadeur n'eut qu'à exposer les faits. (¹) Il ne voyait qu'un remède à la situation : réconcilier les deux ennemis, Aldobrandini et le grand duc ; il l'essaya ; mais des deux côtés l'animosité était trop vive, la défiance trop enracinée ; il ne fallait pas compter réussir.

Une épreuve plus grande encore, une perte irréparable pour le parti français, ce fut la mort du cardinal d'Ossat. « Pris subitement de fausse pleurésie, » dans les premiers jours de mars 1604, il était bientôt au plus mal. Béthune et Joyeuse inquiets ne le quittaient guère plus. Le vendredi 13 au matin, le cardinal expirait, en pleine posses-

(¹) De Béthune à Villeroi, 9 mars 1604. Arch. de Sully.

sion de ses facultés : il avait 67 ans (¹). Depuis plus de trente ans il servait la France à Rome. Secrétaire d'ambassade, agent de la reine Louise, ambassadeur de Henri IV à Venise et Florence, cardinal, il avait été mêlé aux plus importantes affaires : l'absolution du roi, la dissolution de son premier mariage, étaient en grande partie l'œuvre de d'Ossat. Sa capacité, son long séjour à Rome, sa grande connaissance des âmes italiennes, faisaient de lui, pour le roi de France, un conseiller précieux, et un initiateur de premier ordre à leurs délicates fonctions pour les ambassadeurs, qui se succédaient tous les trois ans à Rome. Luxembourg, Sillery, Béthune lui-même, diplomate de carrière pourtant, et des plus habiles d'alors, avaient dû pour une bonne part, leurs succès à sa direction toujours prudente et sûre. Sa disparition faisait un vide immense. « L'on reconnaîtra encore plus par son « manquement, écrivait l'ambassadeur, le défaut qu'il « fera au service du roi, qu'on ne s'apercevait de l'utilité « qu'y apportait sa présence » (²), tant était grande sa modestie. Béthune perdait en lui plus qu'un collaborateur éminent et plein d'expérience, il perdait un ami. « Pour « mon particulier, je porte tous les déplaisirs du monde « de ce malheur, car, outre la cause publique qui m'y « convie, nous avons vécu, depuis que je suis ici, en « toute confiance l'un de l'autre... j'avais reconnu tant de « franchise et d'intégrité en son âme, que je lui avais « toujours ouvert mon cœur. » (³). Clément VIII eut lui aussi une extrême douleur de cette mort. Pour honorer,

---

(¹) De Béthune à Villeroi, 9 mars, et au roi, 16 mars 1604. Arch. de Sully.
(²) De Béthune à Villeroi, 16 mars 1604. Arch. de Sully.
(³) De Béthune à Villeroi, 9 et 16 mars. Arch. de Sully.

autant qu'il était en lui, la mémoire du cher défunt, il fit assister aux funérailles tous les membres de sa famille et tous les évêques assistant à son trône. Aldobrandini et la cour entière portèrent le deuil. D'Ossat avait toujours gardé tant de modération dans ses actes, que ceux-là même, auxquels « il avait fait le pis qu'il avait pu, étaient « contraints d'en dire du bien » et regrettaient sa perte. « Aussi avait-il tant de dextérité en toute chose qu'on ne « savait comment s'en plaindre. » (¹).

Cette unanimité de la cour romaine dans l'estime, la sympathie et les regrets rendit plus sensible encore au roi de France la perte qu'il venait de faire ; et il fit part en termes émus à Béthune de sa surprise et de sa douleur (²).

Quelques jours après, un cardinal espagnol, celui de Terranova, mourait à son tour. « Pour les voix, la perte » était égale, mais à la vérité bien différente par la valeur ».

Il semblait donc que la présence du cardinal de Joyeuse fut maintenant plus que jamais indispensable à Rome. Mais les chaleurs de l'été lui inspiraient une insurmontable frayeur, et, dix jours à peine après la mort de d'Ossat, il dépêchait un gentilhomme au roi pour obtenir la permission de retourner en France. Béthune était navré. Cette œuvre lentement édifiée, ce parti français né à peine, et qui promettait tant, le départ de Joyeuse allait en compromettre l'essor. L'éloignement du chef allait rendre

---

(¹) De Béthune à Villeroi, 16 mars 1604. Arch. de Sully.
(²) Du roi à Béthune, 8 avril 1604. B. N. m. 3486.
« Aussi ne pouvais-je faire perte pour mon service plus grande qu'a « été la sienne. Sa suffisance et probité concouraient en lui à l'égal l'une « de l'autre, et avaient en tout temps produit des fruits très savoureux « d'une âme aussi candide et loyale que précieuse et vraiment vertueuse, « du mérite et service de laquelle, si j'ai perdu l'assistance, je ne perdrai « jamais la mémoire. »

plus réservées les sympathies acquises, refroidir les jeunes espérances, déconcerter les vieilles amitiés. L'ambassadeur fit, pour retenir le cardinal, tous les efforts possibles, « il se heurta à une résolution inébranlable ». Joyeuse osa même lui demander de plaider sa cause près du roi. Béthune n'en fit rien : Il exprima au contraire, sans réticence et presque avec amertume, les appréhensions que lui causait ce départ (¹). Mais Henri IV connaissait Joyeuse : il ne voulait pas de services forcés, il exigea seulement que le cardinal, selon une promesse faite, assurât huit mille écus sur ses bénéfices pour les pensions de Rome, et il accorda la permission demandée. Ce fut à la cour romaine une désagréable surprise. Pour en atténuer l'effet, Béthune répandit que l'absence de Joyeuse n'était que momentanée, et donna comme assuré son retour à l'automne. Le cardinal, très à contre cœur, confirma ces promesses. Mais l'ambassadeur n'entendait pas qu'il les éludât, et il suppliait le roi, au nom des intérêts les plus graves, d'obliger au besoin Joyeuse à les tenir. Il mettait surtout en avant la faveur générale dont le parti français était l'objet en ce moment à Rome. Le Pape lui-même, fatigué de l'insolence espagnole et dési-

---

(¹) De Béthune au roi 23 mars 1604. Arch. de Sully. « M. le cardinal « de Joyeuse m'a fait savoir qu'il dépêchait ce gentilhomme exprès pour « vous supplier de lui permettre de retourner en France, m'alléguant « plusieurs occasions qu'il avait de ce faire... me priant instamment « de vous les présenter. De quoi néanmoins je me remettrai sur lui, « estimant que comme en une chose qui le touche, il le saura mieux « faire que moi ; joint que pour le peu d'affection que j'ai à l'effet de « cette demande, je n'estimerais pas être guère à propos de la persuader « à Votre Majesté. Car, à la vérité, commençant maintenant à former un « parti ici, je ne puis nier que son absence ne soit préjudiciable à vos « affaires, et principalement à cette heure que le cardinal d'Ossat est « mort, ainsi que je lui ai représenté. »

reux de trouver près de lui des conseillers prêts à l'appuyer contre elle, travaillait à le fortifier. Naguère il avait défendu à ses créatures de recevoir des pensions d'Espagne, il était résolu à leur permettre d'en accepter de France. Il l'assurait à Joyeuse, en s'étonnant du départ, dont celui-ci venait de lui annoncer la nouvelle (¹). Le cardinal, muni des plus amples informations, portait au roi les propositions de Béthune et ses propres avis pour les pensions de Rome. L'ambassadeur demandait qu'on lui envoyât promptement les provisions nécessaires. Laisser passer cette occasion, ne pas manifester par des actes les intentions royales, c'était décourager à la fois les cardinaux et le Pape. Il fallait agir au plus tôt, et décider sans remise le retour du cardinal à Rome ; car « il n'y a pas de pire condition, ajoutait Béthune, que de » remettre ses résolutions de jour à autre, et poussant le » temps avec l'épaule, espérer toujours et ne se résoudre » jamais. » (²).

Une lettre que reçut l'ambassadeur, effaça bientôt à demi l'impression pénible qu'avait causé le départ de Joyeuse ; le cardinal de Givry était en route pour Rome. Lui aussi il avait longtemps résisté aux désirs du roi et à l'appel du Pape. Sa pauvreté, l'impossibilité de pourvoir aux frais du voyage et aux dépenses d'un long séjour à Rome, lui avaient fourni tout d'abord une légitime excuse. Mais il avait déjà reçu six mille écus du roi qu'il hésitait encore ; il ne fallut rien moins qu'une lettre pressante du Pape pour le décider à partir. L'annonce de sa prochaine arrivée fournit à Clément VIII l'occasion de manifester de nouveau l'intérêt qu'il portait à la cause

---

(¹) Du Béthune au roi, 4 mai 1604. Arch. de Sully.
(²) De Béthune à Villeroi, 4 mai 1604. Arch. de Sully.

française. La mort de d'Ossat avait laissé vacante la vice-protection des affaires de France. Aldobrandini conseillait de l'offrir à un cardinal italien : à Justiniani (¹). Ce ne fut pas l'avis de Clément VIII, il voulut qu'on la réservât au cardinal de Givry. En attendant il offrit de remplir lui-même la charge, et de faire en consistoire les propositions pour les évêchés et les abbayes, dont les expéditions ne pourraient attendre. Quelques jours après (30 mai) Givry était à Rome. Béthune accueillit avec bonheur ce collaborateur nouveau, Il n'avait ni la finesse insinuante de d'Ossat, ni l'autorité de Joyeuse ; mais il possédait la confiance du Pape, et en quelques jours « sa » grande bonté et son intégrité reconnue » lui avaient acquis à la cour romaine toutes les sympathies (²).

Là se borna son œuvre et cela suffisait tant que l'ambassadeur d'Espagne n'avait pas modifié sa conduite. Le marquis de Vigliena demeurait le collaborateur le plus apprécié de Béthune. Son arrogance envers le prince de Stillano et le marquis Perretti avaient enfin ouvert les yeux aux neveux des Papes. Jusque-là, à peine avaient-ils quelque argent, qu'ils se hâtaient d'acquérir des domaines au royaume de Naples, cette terre promise d'Italie. Ils devenaient ainsi, — c'était le côté noir — sujets du roi d'Espagne. Le cardinal Aldobrandini n'avait pas échappé à l'entraînement. Malgré Clément VIII, dont il avait failli perdre à cette occasion l'amitié, il avait commencé des pourparlers pour l'achat du duché de Bari, d'une valeur

---

(¹) Benedetto Justiniani, noble génois, né en 1534, à Chio. Après la prise de cette île par les Turcs, la famille des Justiniani revint en Italie, et Benedetto se rendit à Rome, où il remplit plusieurs fonctions près des Papes. Sixte-Quint le nomma Cardinal. Il mourut en 1621.

(²) De Béthune à Villeroi, 15 juin 1604. Arch. de Sully.

de huit cent mille écus. C'était un gage énorme qu'il allait jeter entre les mains du roi d'Espagne. L'importance de la somme, dont Clément VIII ignorait la provenance, et les artifices des ministres d'Espagne, qui pour mieux tenter Aldobrandini, avaient décidé leur maître à lui céder pour la moitié de sa valeur la terre de Bari, avaient ému, dit-on, le Saint Pontife jusqu'aux larmes. Tandis que Clément VIII gémissait sur les malheurs entrevus de l'Eglise, dont les princes séculiers cherchaient « à corrompre les principaux ministres, » Henri IV, pour d'autres motifs, suivait d'un œil inquiet les démarches d'Aldobrandini. (¹) Le cardinal céda pour l'instant aux remontrances de son oncle, mais avec l'arrière-pensée de reprendre les négociations plus tard. L'humiliation de son neveu, le prince de Stillano le fit soudain réfléchir. Béthune mit à profit les circonstances. Il fit remarquer au cardinal quel peu de cas les Espagnols faisaient des neveux des Papes, dès qu'ils étaient devenus leurs sujets. Qu'était pour eux aujourd'hui le prince de Lara, fils de Grégoire XIII? (²) Le marquis Perretti ne serait pas moins négligé, s'il n'était le frère du cardinal Montalte, et encore l'ambassadeur d'Espagne, lui ôtait-il ses titres, ainsi qu'au prince de Stillano. Dans les Etats de l'Eglise au contraire les Ursini, les Colonna et d'autres encore, bien qu'inférieurs aux premiers en richesses, étaient traités comme princes. Aldobrandini s'était dit tout cela. Déjà il avait cherché à s'établir dans les Etats de l'Eglise, mais ses exigences s'étaient encore heurtées au *non possumus* du Pontife. (³) Enfin il trouva l'occasion d'acquérir une grande terre, et il l'annonça

---

(¹) De Béthune au roi, 7 avril 1603. Arch. de Sully.
(²) Grégoire XIII avait été marié avant d'entrer dans les ordres.
(³) De Béthune à Villeroi, 7 avril 1604. Arch. de Sully.

triomphant à Béthune. En réalité celui qui triomphait, c'était l'ambassadeur. Le roi de France conservait désormais sur le cardinal autant de prise que le roi d'Espagne, tandis qu'à Naples il n'y aurait eu rien à espérer pour la France.

Béthune ne poursuivait pas avec moins de zèle un autre projet cher au roi : la réconciliation des deux hommes sur l'influence desquels il voulait toujours bâtir le parti français, d'Aldobrandini et du cardinal d'Este. Aldobrandini était tout disposé à y entendre, c'était prudence de sa part, maintenant qu'il espérait si peu de l'Espagne. Pour y pousser plus vite, Clément VIII fit de lui-même au cardinal d'Este une pension de quinze cents écus d'or. C'était un témoignage de bienveillance et d'estime. Béthune, en s'en réjouissant faisait en même temps part au cardinal d'Este des bonnes dispositions d'Aldobrandini à son égard. (¹) La trêve dura tant que vécut le Pape. Mais bientôt nous verrons les deux cardinaux en lutte et de nouveau leurs intérêts en conflit aigu.

Si aveugle que fut Vigliena il ne pouvait manquer d'entrevoir un jour ou l'autre ces déplorables effets de sa politique. Il se heurtait à chaque instant, dans ses audiences, à la mauvaise humeur manifeste du Pape. Il pouvait s'y briser, et désireux de rester à Rome, il se décida à « ployer « plutôt que de rompre. » Ce ne fut pas sans de pénibles détours. Il demanda une entrevue seul à seul, à la campagne, au cardinal Aldobrandini. Là il déploya des lettres du roi d'Espagne qui approuvaient sa conduite passée et le laissaient libre « d'en user comme il voudrait à l'avenir. » Profitant de cette liberté, il était résolu, assura-t-il, à donner au prince de Stillano, en considération du car-

---

(¹) De Béthune au roi, 17 mars 1604. Arch. de Sully.

dinal, les titres qu'il désirait. Aussitôt le prince revint à Rome. Après des retards inexpliqués, l'entrevue eut enfin lieu en territoire neutre, chez le Pape. L'ambassadeur et le prince se donnèrent mutuellement de l'*Excellence*. La paix était conclue. (¹)

Mais vainement Vigliena tentait de donner à cette politique nouvelle un air de spontanéité. L'opinion de Béthune était qu'elle lui avait été secrètement, mais formellement imposée par ses maîtres. On était à la veille des promotions cardinalices. Il était dangereux de laisser en ce moment le Pape mécontent : raison peut-être pour laquelle il se montrait intraitable aux exigences de l'Espagne. La manœuvre, on va le voir, ne devait pas réussir.

(¹) De Béthune à Villeroi, 1ᵉʳ et 2 juin 1604. Arch. de Sully.

CHAPITRE IV

Les Promotions Cardinalices

On était au printemps de 1604. Depuis cinq ans le Pape n'avait pas créé de nouveaux cardinaux : dix-huit titres étaient maintenant à pourvoir. On imagine avec quelle fiévreuse impatience en France, aussi bien qu'en Espagne et à Rome, on attendait les promotions prochaines. Des choix que ferait le Pape, allaient nettement apparaître de quel côté penchaient ses sympathies.

Le roi de France avait à présenter des sujets pour la pourpre. Quels candidats allait-il désigner ? La question était d'importance. Il les fallait d'éclatant mérite ou de haute maison : à ce prix là seulement ils pouvaient avoir de l'influence à Rome, et servir le parti français. Henri IV y avait depuis longtemps songé. Lors du voyage d'Aldobrandini à Lyon, il avait recommandé, avec l'évêque d'Evreux, Duperron, Alexandre de la Miranda, pour le cardinalat. Suivie d'effet, cette recommandation eût infailliblement attaché la maison du jeune prince italien à la France. Mais les promotions n'avaient pas eu lieu : et bientôt Béthune apprit au roi qu'Alexandre, comme tous les siens, s'était donné, pour une pension à l'Espagne. Dès lors Henri IV ne songea plus qu'à des prélats français ; un plus grand éclat devait en rejaillir sur l'Eglise de France, et l'on serait moins en peine de leur fidélité. Désormais l'évêque d'Evreux fut préféré à tous. Ses talents, ses vertus, les services rendus au roi justifiaient amplement cet honneur, et l'on pouvait s'étonner seulement qu'il l'eût si longtemps attendu. L'évêque de Clermont ([1]), de la maison de Randan, et M. de Villars, archevêque de Vienne, étaient les autres candidats de Henri IV. C'étaient des prélats droits et vertueux. M. de Villars, humble autant que zélé, au moment où le roi cherchait à le revêtir à son insu de la pourpre, travaillait à ramener à l'Eglise les protestants nombreux de son diocèse.

Mais la date du Consistoire étant encore éloignée, Béthune en profita pour donner son opinion au roi sur les sujets présentés. L'éloignement, la lenteur des communications faisaient alors des ambassadeurs autant les conseillers que les mandataires des princes. Il ne discutait pas les titres de l'évêque d'Evreux. Bien que l'évêque de Clermont fut cousin des La Miranda, il ne doutait pas de sa fidélité. Mais « qu'était le vieil archevêque de Vienne ? » Béthune ne le connaissait pas, et il était allé s'informer auprès du cardinal d'Ossat. Il en avait appris que « c'était un docteur « en théologie, homme de bien, » et il loue Henri IV d'avoir surtout égard à « la prud'hommie, » quand il s'agit d'élever quelqu'un aux honneurs. Mais jaloux, en ministre scrupuleux, de faire entendre au roi, « ce qu'il « croit le plus utile à son service » il ajoute : « Je dirai à « Votre Majesté, qu'ayant la volonté qu'elle me témoigne « de relever ses affaires en cette cour, qu'outre la pru- « dhommie, il faut encore qu'un cardinal, pour y bien « servir votre Majesté, soit longtemps nourri parmi les « affaires du monde, et ait l'esprit un peu plus éveillé, que

---

([1]) François de la Rochefoucauld. (1558-1645). Evêque de Clermont, puis de Senlis, cardinal en 1607.

« ne l'a, comme j'ai ouï dire, le bonhomme d'archevêque. »
Partant l'ambassadeur appréhendait que ce prélat « comme
« docteur en théologie ne fît plusieurs scrupules sur les
« occasions qui s'offriraient de faire son devoir. » (¹)
Henri IV prit en bonne part les observations de Béthune,
comme « pertinentes et bien fondées ; » mais il s'en tint
aux choix déjà faits.

L'ambassadeur n'avait plus qu'à les transmettre au Pape.
Clément VIII ne le lui permit pas tout d'abord. Il lui
déclara « qu'avant de créer de nouveaux cardinaux, il
« devait songer à faire vivre ceux qu'il avait. » (²) C'était
une raison peut-être, ce n'était pas la seule du retard de la
promotion. Aldobrandini avait un candidat qu'il voulait
revêtir avant tous les autres de la soutane rouge. C'était
son neveu Silvestre, le fils de sa sœur Olympia et de Jehan
Francesque Aldobrandini, tombé sous les murs de Kanitz.
Le Pape s'y était opposé jusque-là, Silvestre étant un enfant encore. Il avait même dit « qu'il aimait beaucoup sa
« famille, mais que pour l'amour d'elle, il ne voulait point
« aller en enfer. » La promotion semblait donc ajournée
à la Noël, ou même à la Pentecôte prochaine. Silvestre
aurait alors quatorze ans, « âge auquel plusieurs avaient
« été précédemment élevés » au cardinalat. (³)

Béthune eut enfin l'occasion d'entretenir librement Clément VIII de la promotion attendue. Il en profita pour
déclarer avant tout que Henri IV ne voulait pas être, quant
au nombre des cardinaux, moins bien traité que le roi
d'Espagne. Le roi d'Espagne prétendait même en cela
l'emporter sur le roi de France. Naguère il avait écrit de

(¹) De Béthune au roi, 3 janvier 1602. Arch. de Sully.
(²) De Béthune au roi, 14 mars 1602. Arch. de Sully.
(³) De Béthune au roi, 17 juin 1602. Arch. de Sully.

sa main une lettre au Pape pour lui demander quatre cardinaux. L'ambassadeur espagnol à Rome, qui était encore le duc de Sessa, trop avisé pour exposer son amour propre à l'accueil prévu, fit transmettre par un secrétaire au Pontife, les désirs de son maître. Clément VIII ne put maîtriser un mouvement d'impatience. Il n'y avait alors que neuf titres vacants : « il ne savait pas, ajouta-t-il, où « le roi d'Espagne voulait mettre ses quatre cardinaux, « à moins que son intention ne fût, qu'entre les prières « des princes, on n'eut égard qu'aux siennes. » Béthune était moins exigeant. Le Pape l'assura que Henri IV « n'aurait pas occasion de se plaindre. » Les intentions du Pontife à l'égard de la France se dessinèrent presque aussitôt. C'est à cette époque qu'il créa soudainement patriarche d'Alexandrie le prélat français Séraphin, (¹) qui servait son pays à Rome, comme auditeur de Rote, depuis bientôt trente ans. C'était le mettre en vue pour une dignité plus haute. (²)

Mais Noël passa, la Pentecôte aussi, et les promotions étaient toujours retardées. Tout à coup à la surprise générale, le mercredi des Quatre-Temps de septembre (1603), le Pape fit cardinal son petit neveu Silvestre. Il en déve-

---

(¹) Séraphin Olivary était fils d'un français et d'une italienne. Docteur et professeur de l'Université de Bologne, il fut l'un des jurisconsultes les plus éminents de son siècle. Il resta, 30 ans, auditeur de Rote, et dans toutes les affaires graves, son opinion faisait loi. Il parvint très tard aux honneurs. Patriarche d'Alexandrie en 1603, il fut cardinal l'année suivante à 76 ans, et mourut cinq ans après. A la fin de la Ligue, il avait tenu à Clément VIII ce propos hardi. « Très Saint-Père, Clément VII a perdu l'Angleterre pour avoir voulu complaire à Charles-Quint ; s'il continue à complaire à Philippe II, Clément VIII perdra la France. »

(²) De Béthune au roi, 16 août 1603 et de Marquemont à Villeroi, 16 août 1603. Arch. de Sully.

loppa lui-même les raisons en plein consistoire. Décidé à ne pas créer de nombreux cardinaux, malgré la demande des princes, il avait voulu néanmoins consoler la famille et la veuve de Jehan Francesque Aldobrandini, mort au service de la chrétienté. Quant aux empêchements provenant de l'âge du candidat, et de la défense de Sixte Quint d'élever au cardinalat plus de deux membres de la même famille, au premier et au second degré, « il en dispensait « ayant les mêmes pouvoirs que Sixte Quint lui-même. » Les cardinaux consultés acquiescèrent unanimement. Seul, le cardinal de Sainte Cécile, Sfondrati, neveu de Grégoire XIV, ennemi-né des Aldobrandini, formula des réserves au nom du Concile de Trente violé [1] et de la discipline ecclésiastique atteinte. Sa protestation était sincère, légitime peut-être, mais elle avait le tort d'être ou de paraître intéressée. On passa outre. Silvestre d'ailleurs, au dire de Béthune, « était si bien né, » il était doué de qualités si heureuses, qu'elles suppléaient amplement aux garanties exigées des autres candidats. Les malveillants et les jaloux pouvaient seuls reprocher au Pape de montrer trop d'affection pour les siens. [2]

Il n'en est pas moins vrai que les promotions de ces tout jeunes gens, n'allaient pas toujours sans inconvénients graves. Clément VIII lui-même l'éprouva peu après. Il avait élevé au cardinalat un autre de ses petits neveux, Deti, dont le principal mérite était d'appartenir à la famille du Pape. Agé de vingt ans à peine, et facilement oublieux de sa dignité, Deti se conduisait avec l'étourderie de son âge. Un jour qu'il se promenait avec un dogue énorme, il

---

[1] Le concile de Trente, sess. 22, ch. 2, exige pour un cardinal, le même âge, la même science, et les mêmes qualités que pour un évêque.
[2] De Béthune au roi, 23 septembre 1603. Arch. de Sully.

trouva plaisant de l'exciter contre un passant inoffensif. Le passant fut-il mordu, comme l'insinuaient quelques-uns, ou seulement eut-il peur, comme affirmaient les autres, toujours est-il qu'il mourait peu de jours après. On ne put cacher le fait à Clément VIII. Il consigna aussitôt le cardinal dans sa maison, et de deux mois on ne le vit plus en public. Pendant ce temps la justice pontificale informait de l'affaire. Clément VIII avait hâte de mettre, par une absolution, son neveu à l'abri des poursuites et « des rigueurs » d'un autre Pape, toujours à redouter pour les parents du Pape mort. Après quoi, il envoya pour quelque temps le cardinal à Frascati. (¹)

Mais alors Aldobrandini et Clément VIII étaient tout à la joie de l'élévation de Silvestre. La politique commandait à Béthune de s'associer à ce bonheur. Sa démarche fut accueillie presque avec gratitude, et il reçut l'assurance qu'à l'exemple de celui dont il portait le nom, le père du Pape, (²) Silvestre serait toujours un ami de la France. Henri IV écrivit de sa main une lette au nouveau cardinal pour le féliciter. Cette lettre était désirée. Clément VIII la lut avec bonheur. Mais Aldobrandini, la signora Olympia, et le cardinal San-Cœsario — c'était le titre et le nouveau nom de Silvestre, — l'eurent bien plus agréable encore. (³)

Peu de temps après divers symptômes firent croire prochaines des promotions nouvelles. Quatorze titres étaient vacants. Aldobrandini ne pouvait laisser longtemps au

(¹) De Béthune à Villeroi, 29 juin 1604. Arch. de Sully.
(²) De Béthune au roi, 23 septembre 1603. Arch. de Sully. « Lors du « voyage de M. de Guise en Italie, pour secourir le royaume de Naples, « le dit Sylvestre écrivit contre les prétentions du roi d'Espagne, en fa-« veur de celles des rois de France. Dont depuis on lui voulut mal. »
(³) De Béthune au roi, 18 novembre 1603. Arch. de Sully.

hasard le choix de tant de cardinaux. Le Pape, quoique très bien portant, pouvait mourir, et abandonné aux soins d'un Pape nouveau, une promotion d'une telle importance serait faite infailliblement de manière à ruiner le parti jusque-là tout puissant du cardinal. D'autre part le Pape venait d'élever à l'évêché de Vicence, le procureur de Saint-Marc à Venise, Delphino, ancien ambassadeur de la Seigneurie, à Paris et à Rome, très en faveur, auprès des Aldobrandini. C'était à n'en pas douter, dans le secret dessein de « teindre bientôt sa robe en rouge, » seul moyen d'éviter au prélat les examens auxquels étaient soumis tous les nouveaux évêques, excepté ceux de France. « Car ajou-
« tait Béthune, bien qu'il soit habile aux affaires du monde,
« je ne le tiens pas pour un grand théologien. » (¹)

Il était mieux que cela à ses yeux, c'était un ami de la France. Bien des fois Delphino l'avait témoigné. Il voulut encore, avant de quitter Venise, voir l'ambassadeur français, et lui protester de nouveau de son dévouement au service du roi. Béthune reçut bientôt les mêmes protestations à Rome. Il mit, on peut le croire, tout son art à cultiver ces dispositions pleines de promesses. Mais il lui fallait user d'une extrême prudence, afin de ne pas nuire au prélat. Aldobrandini se fut offusqué d'une amitié trop ouverte : défiant, il écartait quiconque n'était pas soumis à son influence exclusive. L'intérêt, qu'avait le roi de France à l'élévation de Delphino, eût au besoin donné de l'adresse à Béthune. L'ambassadeur conseillait de tenir prête une pension de deux mille écus pour le futur cardinal. Pauvre comme il était, il l'accepterait sans nul doute, « ce qu'on trouverait moins mauvais de lui qui

---

(¹) Post-scriptum de la lettre à Villeroi, 3 novembre 1603. Arch. de Sully.

« avait été si longtemps ambassadeur en France. » (¹)

On donnait en même temps comme certaine, — et Béthune notait ces bruits avec joie, — l'élévation au cardinalat du Nonce d'Espagne, Gennasio, du secrétaire d'Aldobrandini, Valente, et du père Monopoli, général des Capucins. Gennasio (²) était regardé à la cour romaine, comme un des prélats les plus distingués et les plus en vue pour les destinées les plus hautes. Il inclinait visiblement vers la France. Dans tous les différends entre les rois de France et d'Espagne, il avait pris toujours plus ou moins ouvertement, le parti de Henri IV, et ce prince, dont la reconnaissance, en ces occasions, servait l'habileté, l'en avait à plusieurs reprises discrètement remercié, par Barrault, son ambassadeur. Valente aussi était un prélat de mérite et n'avait pas montré de moins favorables dispositions à l'égard de la France. Il se souvenait avec bonheur et il se rappelait avec fierté l'honneur que Henri IV lui avait fait de lui parler familièrement à Lyon, où il avait accompagné le cardinal Aldobrandini. Le père Monopoli avait été du même voyage. C'était un homme de grand savoir, « un maître moine ». Les attentions que le roi avait eues pour lui, et l'estime excessive, disait-il, qu'il lui avait témoignée, étaient restées chèrement dans sa mémoire ;

(¹) De Béthune au roi, 1ᵉʳ décembre 1603, et à Villeroi 27 janvier 1604. Arch. de Sully. Giovanni Delphino, ambassadeur à Rome (1595) sénateur de Venise (février 1597) ambassadeur extraordinaire en France, pour les noces du roi, (décembre 1600) mort en 1622.

(²) Gennasio, Bolonais, savant dans les Ecritures, référendaire de l'une et l'autre signature, sous Grégoire XIII, nommé par Sixte-Quint à l'archevêché de Manfredonia, envoyé comme nonce en Espagne par Clément VIII, meurt doyen des cardinaux, évêque d'Ostie en 1639, âgé de 90 ans.

et dans plusieurs affaires, dans celle du duc de Bar surtout, Henri IV n'avait eu qu'à se louer de son dévouement.

La promotion s'annonçait ainsi peu à peu favorable à la France. On comprend la hâte qu'avaient le roi et Béthune de la voir arriver. Enfin Aldobrandini demanda catégoriquement à l'ambassadeur quels étaient les candidats de Henri IV. Après avoir obtenu de nouveau la promesse que la France ne serait pas moins favorisée que l'Espagne, Béthune nomma les évêques d'Evreux et de Clermont, « laissant au Pape le soin d'achever en M. Séraphin, l'œuvre » qu'il avait commencée. Le cardinal déclara la chose impossible. En vain chercherait-on à couvrir des plus plausibles prétextes l'élévation du patriarche d'Alexandrie, les Espagnols n'en accuseraient pas moins le Pape, d'avoir « accordé trois sujets à la France et à eux, deux seulement. » Si Séraphin n'était pas créé comme français, il ne le serait pas du tout. On ne pouvait raisonnablement priver des honneurs du cardinalat un prélat, qui les avait si bien mérités. Béthune interprétant les intentions du roi, le recommanda seul dès lors avec l'évêque d'Evreux. Vainement après la mort de d'Ossat, il tenta d'obtenir un sujet de plus : il se heurta à une décision arrêtée. [1]

Cependant Aldobrandini et le Pape n'avaient encore pu se mettre d'accord. Fatigué en outre de l'insistance indiscrète de l'ambassadeur de Savoie, qui voulait à tout prix un cardinal, et des exigences de l'ambassadeur d'Espagne, qui en réclamait trois, Clément VIII tomba malade, ou feignit de l'être, et garda la chambre pour se soustraire à leurs obsessions. Contrarié plus que personne de voir ainsi remise une promotion qui devait affermir pour long-

[1] De Béthune à Villeroi, 1ᵉʳ et 16 décembre 1603. Arch. de Sully.

temps son pouvoir, Aldobrandini supplia presque Béthune d'intervenir auprès de Clément VIII, en lui faisant part des désirs pressants du roi de France. Béthune accueillit avec empressement la prière d'Aldobrandini : elle servait les intérêts de son maître. Du reste le cardinal lui avait suggéré le moyen infaillible de piquer au vif et de « faire « cabrer » Clément VIII. Il insinua que le roi de France attribuait le retard de la promotion à des influences jalouses, à la peur qu'avaient les Espagnols de voir se fortifier contre eux la puissance d'Aldobrandini, et fondre entre leurs mains, le pouvoir, auquel ils aspiraient encore, de disposer du pontificat. Le Pape répondit : « *Difficile est* « *dare verba seni.* » En vain les Espagnols se montraient exigeants : il ne s'inquiétait pas de leurs artifices. Quand il croirait le moment venu, il créerait de nouveaux cardinaux, et il faudrait bien que Philippe III « se contentât de « ceux qu'il lui attribuerait. (¹) »

Cependant les rangs du sacré Collège s'éclaircissaient tous les jours. Les titres vacants, au nombre de neuf en mars 1602, de quatorze en septembre 1603, étaient de dix-huit maintenant. Il n'était plus possible de retarder la promotion au delà des Quatre Temps de la Pentecôte. Quelques-uns pensaient qu'elle aurait lieu avant, sur les instances d'Aldobrandini. C'était mal connaître le Pape, dont « le naturel ordinaire » répugnait tant « aux choses extraordinaires. » Mais qu'elle qu'en fût l'époque, nul ne doutait plus guère, après les maladresses de l'ambassadeur d'Espagne, qu'elle ne fût favorable à la France,

Elle eût lieu enfin. Le 9 juin 1604, au soir, Béthune expédiait un exprès au roi. Le jour même, Clément VIII avait créé dix-huit cardinaux. Du nombre étaient le pa-

---

(¹) De Béthune à Villeroi, 19 mars et 7 avril 1604. Arch. de Sully.

triarche d'Alexandrie, Séraphin, et l'évêque d'Evreux, Duperron, pour la France; l'archevêque de Burgos, Zopada, et le jeune Doria, pour l'Espagne; l'évêque de Trente, Madrucci, pour l'Empereur; l'archevêque de Cracovie, Mazicowitz, pour le roi de Pologne. Tous les autres étaient des créatures d'Aldobrandini, dont le parti devenait ainsi plus puissant que jamais et l'amitié plus précieuse. A peu près aucun parmi ces derniers, si ce n'est peut-être le napolitain Spinelli, (¹) n'était supect à la France. Quelques-uns, Delphino, Gennasio, Valente, Monopoli, lui étaient, on le sait, favorables. Comme eux, Sannezio (²) était tout dévoué aux intérêts du roi. Henri IV, avait déjà apprécié ses services dans l'affaire de l'absolution. Pamphilio, d'une vieille famille romaine, qui devait plus tard donner à l'Eglise un Pape, portait trois fleurs de lis dans ses armes. Sa maison devait cet honneur, racontait-il à Béthune, au dévouement de ses ancêtres à la France. Lui-même, dans la dissolution du mariage du roi et dans l'affaire de Saluces avait fait preuve de zèle. Marco Pio, de la maison des comtes de Carpi, comptait parmi ses grands pères un ambassadeur à Rome du roi François Ier. Il le rappelait avec fierté à Béthune, et se déclarait prêt à servir, l'occasion venue, le roi de France. Pendant son gouvernement de Rome, Taberna, tenu pour excellent ecclésiastique, et fait pour cela cardinal, s'était toujours montré plein d'attention et d'égards pour les Français. Aguecchi, prélat de grand esprit et de grande capacité, bien que neveu du trop

---

(¹) Spinelli, devait sans doute son évêché de Colocza en Hongrie, à la faveur de la maison d'Autriche, il devint ensuite évêque d'Aversa, et mourut en 1616.

(²) Sannezio, secrétaire de la Consulte, était frère du seigneur Clément, qui faisait partie de la maison d'Aldobrandini.

fameux Sega, cardinal de Plaisance, n'avait pas hérité de la haine que son oncle portait à la personne du roi. Il ne demandait au contraire qu'à prouver son affection pour lui. L'ex-vice légat d'Avignon, Conti, était le frère du duc de Poli, de tout temps dévoué à la France. Il avait été fait cardinal à la prière du duc de Parme et du cardinal Farnèse. Henri IV s'était toujours montré plein de bienveillance pour lui. Aussi d'après les assurances de son frère, le duc, était-il prêt à lui témoigner sa reconnaissance, en tout ce qui ne toucherait pas aux intérêts de ses protecteurs. Quant au nonce de Paris, cardinal de Buffalo, le roi l'avait sous la main : il saurait le combler tellement avant son départ d'attentions et de faveurs, qu'il l'attacherait définitivement à la France. (¹)

Béthune donnait à Villeroi tous ces détails, afin qu'on y fit allusion dans les lettres du roi aux nouveaux cardinaux. Il savait que rien ne flatte tant qu'un éloge délicat et juste. Pour l'avoir oublié, pour avoir précédemment loué dans certains cardinaux « des qualités qu'ils savaient « bien eux-mêmes n'avoir pas, » plus d'une fois les Espagnols avaient perdu leur peine. On répondait par l'indifférence à des éloges tissus de lieux communs, et que n'appropriait aucune information précise.

Pour le moment Espagnols et Savoyards remplissaient Rome des récriminations de leur vanité mécontente. L'ambassadeur de Savoie prétendait, sans en être cru, qu'on lui avait promis un cardinal : celui d'Espagne était littéralement en fureur de n'avoir pas obtenu un de plus que la France. Et cependant quels efforts, quelles démarches désespérées n'avait-il pas fait pour cela. « Malgré l'au-

(¹) Mémoires de Béthune au roi sur les nouveaux cardinaux. B. N. m. 3496.

« dience qu'il avait eue, » à son jour, « le samedi, il était
« revenu le mardi avec l'ambassadeur de Savoie, pour faire
« des remontrances au Pape. » L'audience leur avait été
refusée. Obstiné, Vigliena revint le mercredi matin, le jour
même de la promotion. Ce qu'il traita, on l'ignore. Le
résultat prouva seulement le peu d'effet de son insistance
indiscrète. Aussi s'en allait-il répétant à qui voulait l'entendre que son maître avait été « maltraité. »

Après une promotion, l'ambassadeur de chaque prince
favorisé exprimait sa gratitude au Pape : c'était un usage
passé en loi. Vigliena n'en tint aucun compte. Clément VIII
le trouva fort mauvais et dit : « Ceux-ci veulent me faire
« la loi, mais je saurai bien les en empêcher. » Au reste
chacun blâmait à Rome le dépit intempérant de l'ambassadeur d'Espagne. C'était se taire qu'il fallait, l'offense
prétendue étant maintenant irréparable. J'ai toujours, dit
Béthune, « ouï tenir pour maxime de cour, que par répu-
« tation, il faut feindre en public d'être content, bien qu'on
« ne le soit point. » Rien n'était mieux fait pour nuire au
crédit de l'ambassadeur que ces plaintes ainsi répandues :
rien n'était plus fâcheux pour son maître. Elles laissaient
entendre qu'à Rome on avait les mêmes égards, ou plus
d'égards peut-être, pour les désirs du roi de France que
pour ceux du roi d'Espagne. Or, « il est important pour
« avoir du crédit en cette cour, écrit Béthune, que l'on
« connaisse que le Pape et le Palais, c'est-à-dire les neveux,
« aient de l'inclination à favoriser les affaires d'un prin-
« ce. » (¹)

La mesure du mécontentement de Vigliena était pour
ainsi dire celle de la satisfaction de Béthune. Puisque
l'ambassadeur espagnol trouvait la promotion mauvaise

(¹) De Béthune au roi, 15 juin 1604. Arch. de Sully.

pour son maître, c'est qu'elle était bonne en réalité pour la France. Sans attendre les instructions du roi, l'ambassadeur français témoigna sa reconnaissance au Pape et au cardinal Aldobrandini. De nouveau, après les avoir reçues, il remercia Clément VIII de la promotion en général, et en particulier des sujets accordés à la France. L'Eglise et le Pape trouveraient toujours en eux des serviteurs fidèles : c'était ainsi que le voulait le roi. Il entendait que tous les cardinaux, ses sujets, n'eussent comme lui d'autre volonté que celle du Saint-Père, pendant et après son pontificat, « assuré, ajoutait-il, que ceux de sa » maison, enseignés par son exemple, embrasseront et » favoriseront toujours le bien public de la chrétienté, » l'autorité et la liberté du Saint-Siège, de préférence à » toute autre considération. » (¹). La promotion du nonce de France fut aussi l'objet des remerciements de Béthune, comme si le roi eût eu sa part dans la faveur qui était faite au nonce. Mais l'ambassadeur, malgré les instructions reçues, crut devoir tenir un autre langage au sujet du cardinal Delphino et du cardinal Gennasio, nonce d'Espagne. Il se contenta de louer leurs mérites et leurs vertus. Une plus grande preuve d'intérêt, donnée au nom du roi de France, eût éveillé la défiance, non pas du Pape, mais du cardinal Aldobrandini, jaloux de toute influence étrangère, sur les cardinaux ses créatures (²). Du reste, Béthune avait déjà eu l'occasion de prononcer devant Clément VIII, le nom de Gennasio. Il avait remercié le Pape de l'estime égale qu'il avait témoignée aux nonces qui le servaient en Espagne et en France. Clément VIII, — il le déclarait ouvertement lui-même — n'attendait pas

(¹) Du roi à Béthune, 5 juillet 1604. B. N. m. 3486.
(²) De Béthune au roi, 27 juillet 1604. Arch. de Sully.

des Espagnols la même satisfaction ; « ils accusaient net-
» tement leur nonce d'être français, » En réalité, malgré
le retour des courriers, aucune parole, aucun signe de
reconnaissance n'était venu d'Espagne. La démarche
courtoise de Henri IV, ses souhaits délicats au Pape « de
jouir longtemps de son œuvre », au cardinal Aldobrandini d'en recueillir un jour la gratitude méritée, n'en
étaient que plus chèrement appréciés au Palais apostolique. C'était comme une bataille gagnée par le parti
français [1].

Henri IV s'employa aussitôt à lui faire produire tous
les résultats espérés. A peine la nouvelle de la promotion
reçue, il envoya un exprès au cardinal Conti, vice-légat
d'Avignon pour le féliciter, et il chargea de Barrault, son
ambassadeur en Espagne, de saluer en son nom le cardinal Gennasio. En même temps des lettres, rédigées selon
les instructions de Béthune, partaient pour Rome, à
l'adresse des nouveaux cardinaux. Comme elles louaient
en chacun d'eux, ce qu'ils avaient de plus remarquable,
elles furent reçues avec reconnaissance [2].

Mais c'est surtout à l'égard du nonce de France, du
cardinal de Buffalo, que le roi multiplia ses attentions
délicates et ses amabilités enlaçantes. Il l'envoya visiter
aussitôt par l'évêque de Bayonne et voulut le voir le
lendemain pour lui dire lui-même combien il était heureux de sa promotion. Le bruit courait à Rome — et
l'ambassadeur ne le démentait pas, comme utile aux intérêts de la France, — que le nonce avait été créé cardinal,
à la prière de Henri IV, et que Béthune y avait aidé.

[1] De Béthune au roi, 27 juillet 1604. Arch. de Sully.
[2] De Béthune au roi, 27 juillet 1604.   id.

C'était l'opinion des parents du prélat (¹) et lui-même, — comme l'ambassadeur l'avait prévu — remercia le roi « de ses bons offices, » le jour où il reçut de ses mains, à Monceaux, la barette cardinalice. Henri IV tint à donner à cette cérémonie le plus d'éclat possible. Le marquis de Trenel vint chercher en son nom, à Paris le cardinal, avec le camérier Alexandre Strossi et les accompagna jusqu'à Meaux. Là, ils rencontrèrent le duc de Montbazon envoyé à leur rencontre avec un cortège de brillants et nombreux gentilshommes. Après la remise de la barette, qui eut lieu dans les formes accoutumées, le roi invita le cardinal à dîner à sa table avec lui et la reine. Duperron, quelques jours après, n'eut pas la même faveur. Henri IV avait à dessein séparé les deux cérémonies, afin de montrer, en comblant le Nonce de plus d'honneurs, l'estime qu'il faisait des ministres du Pape (²). Tout cela ne semblait pas de trop à Béthune. Sans doute il ne doutait pas des sentiments du nouveau cardinal, mais il craignait son ancienne amitié avec Justiniani et Bandini, qui n'étaient pas précisément suspects de trop d'affection pour la France. Un intermédiaire, inspiré par Béthune, lui avait même conseillé par lettre de se tenir désormais à l'écart de ces personnages, s'il voulait rester en faveur près d'Aldobrandini et du Pape (³).

La nouvelle des honneurs inusités rendus à sa considération au nonce de Paris, comblèrent de joie Clément VIII. La famille du cardinal, les attribuant en outre, d'après quelques habiles propos de Béthune, à l'estime particulière du roi pour le prélat, en était plus flattée

(¹) De Béthune au roi, 15 juin 1604. Arch. de Sully.
(²) Du roi à Béthune, 27 juillet 1604. B. N. m. 3486.
(³) De Béthune au roi, 27 juillet 1604. Arch. de Sully.

encore et les publiait hautement. Ils produisirent un excellent effet sur la cour romaine. Les Espagnols tentèrent cependant d'en atténuer l'importance. C'étaient là, disaient-ils, des faveurs que les effets ne suivaient pas ; autant en emportait le vent. Le roi de France n'avait été jusque-là prodigue que de paroles ; les paroles sont vite oubliées (¹).

Henri IV se préparait en ce moment même à répondre à ces accusations. Il avait appelé à Fontainebleau ses cardinaux Joyeuse, Sourdis et Duperron. Il prenait avec eux ses dernières résolutions sur les affaires de Rome et annonçait à Béthune son dessein arrêté de les faire partir aussitôt pour la Ville éternelle.

De son côté l'ambassadeur continuait là-bas ses négociations. Le crédit français avait fait depuis quelque temps, depuis la promotion surtout, des progrès si rapides, que plus d'un, qui le négligeait autrefois, travaillait maintenant à s'assurer, l'occasion venue, son concours. Ce n'était pas, il faut le dire, le cas du cardinal Santi-Quatre. Il était depuis longtemps en bons rapports avec Béthune. Mais à la veille de la promotion seulement, à la prière du grand duc et sur l'avis d'Aldobrandini, l'ambassadeur commença à traiter avec lui. Ce fut avec réserve d'abord : le cardinal touchait une pension d'Espagne et était tout dévoué aux Farnèse. Mais l'estime générale dans laquelle il était tenu poussait Béthune à l'attirer vers la France. La franchise renommée du prélat simplifia la procédure. Il vint lui-même trouver l'ambassadeur et assuré des sentiments du roi de France à son égard, il déclara que Henri IV pourrait en toute occasion compter sur son dévouement. Il « lui dédiait d'autant plus volontiers son

(¹) De Béthune au roi, 24 août 1604. Arch de Sully.

« humble service, qu'il savait que les intentions de Sa Majesté s'accordaient avec les intérêts du Saint-Siège. » (¹)

Il y avait moins de désintéressement sans doute dans les protestations que le cardinal Agonisio faisait, après la promotion, de son affection à la France. Béthune n'avait pas été habitué à de telles avances de sa part. Mais aux paroles le cardinal ajoutait les actes : il prenait en plein consistoire les intérêts du roi de France, louait sa piété, exaltait sa bonté. Béthune soupçonnait bien quelque intérêt caché sous ces apparences de zèle. Mais Agonisio avait la confiance d'Aldobrandini et du Pape : il fallait user de ménagements envers lui. Tête dure, il pouvait, selon ses affections, faire du bien ou nuire. Il visait, croyait-on, aux dignités les plus hautes. Il y aurait porté « l'esprit et l'humeur de Jules II, » dont il avait le masque. (¹)

L'ambassadeur n'avait eu jusque-là que très peu de rapports avec le cardinal Saint-Georges. C'était le cousin effacé du cardinal Aldobrandini, le neveu lui aussi de Clément VIII. (²) Tenu avec un soin jaloux à l'écart, sans aucune influence à la cour, il semblait, comme tous les vaincus, incapable de nuire et de servir. On disait cependant qu'il inclinait vers l'Espagne : des preuves, on n'en

---

(¹) De Béthune à Villeroi, 5 juillet 1604. Arch. de Sully.

(¹) De Béthune à Villeroi, 28 juin 1604. Arch. de Sully. — Le cardinal Agonisio, du titre de Saint Pierre aux liens, devait mourir moins d'un an après, mai 1605.

(²) Cynthio Passero, cardinal de Saint-Georges, était fils d'une sœur de Clément VIII. Il avait accompagné son oncle en Pologne, sous Sixte-Quint. De vingt ans plus âgé qu'Aldobrandini, il avait été dès le début du pontificat de Clément VIII tout-puissant à la cour romaine. Mais bientôt supplanté par son habile cousin, écarté de toutes les affaires, il perdit toute influence. Deux fois il quitta Rome et les Etats de l'Eglise et se retira d'abord à Vicence, puis à Milan. C'était un esprit très cultivé. Il fut le dernier protecteur du Tasse.

donnait point. Quelques jours après la promotion, Clément VIII l'investit de la charge de légat d'Avignon. Béthune vint officiellement lui porter les compliments du roi. Le cardinal pria l'ambassadeur d'offrir en retour au prince « l'hommage de son très humble service. » L'occasion que sa nouvelle charge allait lui donner « d'être honoré plus souvent des commandements du roi de France » en faisait, affirmait-il, à ses yeux tout le prix. Ce n'étaient pas là, — le ton et le visage du cardinal le disaient assez, — des formules banales de politesse, des paroles indifférentes. Ce fut pour Béthune une révélation : il jugea dès lors exagérés ou faux tous les bruits répandus. La suite souligna les débuts. Le vice-légat n'était pas encore choisi. Le Pape avait jeté les yeux sur un prélat milanais. C'était un sujet d'Espagne : il était suspect à Béthune. Mais de son côté Saint-Georges avait un candidat : le signor Montorio. C'était un ami de la France. Il l'avait prouvé lors de l'affaire de l'absolution. Commissaire de Clément VIII à Paris, afin de rendre compte au Pape de l'état exact des affaires, il s'était montré dans son rapport entièrement favorable au roi. Le candidat de Saint-Georges devint le candidat de Béthune et l'ambassadeur l'ami du cardinal. Mais la discrétion et la prudence s'imposaient dans leurs relations. La jalousie toujours en éveil d'Aldobrandini, se fut promptement offusquée d'une amitié trop ouverte. [1]

Béthune était plus à l'aise avec les nouveaux cardinaux. L'un d'eux Taberna, sans attendre d'être prévenu, avait écrit au roi pour l'assurer de son dévouement. Henri IV tenait à s'attacher aussitôt, par des liens moins fragiles que la sympathie, Sannezio et Valente. C'étaient des créatures d'Aldobrandini : Béthune jugeait prudent de s'assu-

[1] De Béthune au roi, 30 juin 1604. Arch. de Sully.

rer, avant de rien entreprendre, l'agrément du cardinal neveu. (¹) Quant à Pamphilio, il avait déjà reçu des avances de Séraphin, dont il était l'ami. Il était volontiers prêt à recevoir une pension de France, à une condition pourtant : l'autorisation formelle du Pape. (¹) Mais il fallait se hâter. En face du crédit grandissant du parti français, les Espagnols sortaient de leur torpeur. Leur ambassadeur à Venise venait d'offrir ouvertement une pension au cardinal Delphino. Sans doute l'offre avait été refusée, mais combien d'autres elle pouvait tenter, si l'on ne mettait promptement à exécution les résolutions tant de fois prises, les promesses tant de fois faites. Le marquis de Vigliena lui-même, abaissant enfin sa fierté, cherchait à gagner maintenant des amis à son maître. (²)

(¹) De Béthune au roi, 27 juillet 1604. Arch. de Sully.
(¹) De Béthune au roi, 27 juillet 1604.   id.
(²) De Béthune au roi, 12 juillet 1604. Arch. de Sully. — « Les Es-
« pagnols connaissant les intentions du roi d'avoir ici des amis tournent
« leur pensée de ce côté, leur ambassadeur s'y employant beaucoup plus
« qu'il n'avait fait jusqu'ici. »

CHAPITRE V

La vengeance de Vigliena. — La sédition Farnèse.

Heureusement pour Béthune et la France, chaque fois que Vigliena se mettait en campagne, c'était pour commettre une faute. Le simple bon sens, encore plus après la promotion qu'avant, commandait des ménagements envers Aldobrandini, dont le crédit et le parti se trouvaient plus puissants que jamais. Vigliena ne songea qu'à se venger sur le cardinal et le Pape des déceptions que la promotion lui avait apportées. Le moyen était facile de frapper Aldobrandini au cœur. Vigliena y apporta sa décision ordinaire. Tout à coup, sans motif apparent, il se réconcilia avec le parti rival du cardinal neveu, le parti de Montalte. Non seulement il donna de l'Excellence au marquis Perretti, mais ce titre, dont il était jusque là si avare, il le prodiguait, maintenant qu'il voulait se faire une cour, à des gens qui n'y avaient jamais prétendu. [1]

Béthune était peu inquiet au fond de ces manœuvres ; la plupart des cardinaux du parti de Montalte inclinaient secrètement vers la France ; mais le cardinal Aldobrandini en conçut un dépit profond. Il accusa le grand duc, son irréconciliable ennemi, d'avoir ménagé contre lui cet accord. Le grand duc n'en était peut-être pas innocent. Jadis cardinal lui-même, et des plus habiles aux intrigues, il n'avait jamais renoncé, à l'influence, tant redoutée, qu'il

[1] De Béthune à Villeroi, 29 juin et 27 juillet 1604. Arch de Sully.

avait exercée à la cour romaine. Le fait seul, que plusieurs cardinaux, et non des moindres, du parti de Montalte, étaient ses sujets, donnait une couleur vraisemblable aux dires d'Aldobrandini. Le cardinal « était outré de colère ». « Je voudrais, disait-il, que la promotion fût encore « à faire, afin de donner un cardinal au duc de Savoie, « comme on dit, à la barbe de l'autre. » Grâce à l'accord conclu, le parti espagnol à demi abattu, relevait la tête, et, chose plus grave, on insinuait qu'à l'heure du conclave, la France s'entendrait avec l'Espagne, et que le grand duc se faisait fort d'amener à ses projets Henri IV. Béthune, on s'en souvient, avait déjà eu à répondre à des récriminations de ce genre. Sans se porter « garant des actes du grand duc », dont l'intérêt d'ailleurs n'était pas d'avoir un Pape espagnol, il s'attacha à rassurer Aldobrandini sur les intentions et les sentiments de son maître. Une fois de plus il renouvela au cardinal l'assurance « qu'autant le roi de France aurait de serviteurs français ou italiens à Rome, autant il en emploierait à servir ses desseins ». En cas de conclave, Henri IV entendait bien être suivi du grand duc, mais non mené par lui. [1]

Il n'en est pas moins vrai que les colères d'Aldobrandini et ses indécisions devenaient inquiétantes. Sans appui certain encore du côté de la France, il pouvait, conseillé par l'intérêt, son seul guide, et le désir d'écraser des ennemis vrais ou imaginaires, se jeter dans les bras de l'Espagne. Il ne s'en cachait pas du reste, sûr de trouver partout, disait-il, la considération qu'exigeait impérieusement son pouvoir. [2] Il importait donc d'offrir promptement une

---

[1] De Béthune à Villeroi, 27 juillet 1604. Arch. de Sully.

[2] De Béthune à Villeroi, 27 juillet 1604. Arch. de Sully. — Le cardinal déclarait à Béthune « que le grand duc se conduisait mal et

garantie au cardinal : l'occasion s'offrait, plus que jamais favorable de l'enlever à l'Espagne. Il n'y avait qu'un moyen sûr à cela : c'est qu'au lieu de le considérer lui-même comme l'espérance du parti français, on fît de ce parti une force, dont il eût tout intérêt à se faire une alliée. « Il sera bien plus facile de retenir le cardinal, « écrivait Béthune, quand il saura que nous sommes ses « amis, parce que nous le voulons être, que pour ce que « nous ne pouvons faire autrement. Car en cette cour, « plus qu'en aucune autre, l'espérance et la crainte ont un « grand pouvoir, et comme les gens d'église sont timides, « ils ressemblent en cela au peuple qu'il faut craindre, si « on ne le prévient. » (¹)

Henri IV était prêt à prévenir Aldobrandini. Aussi, quand le cardinal, toujours sous le coup des émotions que lui avait causées l'accord de Vigliena et de Montalte eut fait, quelques jours après, cet aveu à Béthune : « Nous « autres prêtres, craignons les menaces, quand nous ne « voyons personne qui nous défende », l'ambassadeur fut-il en état de montrer dans le roi de France, pour Aldobrandini et les siens, le protecteur souhaité. Le temps des lenteurs était passé ; l'heure de l'action venue. Le départ de Joyeuse avait découragé, c'était visible, Aldobrandini et quelques autres peut-être des serviteurs du roi. Pour réchauffer leur zèle, pour ne pas permettre une heure d'hésitation aux nouveaux cardinaux, qui penchaient vers la France, Henri IV, venait de charger son ambassa-

« qu'il pourrait peut-être être cause de le faire songer à ses affaires en « le précipitant avec les espagnols pour s'assurer contre les parties qu'on « dressait contre lui, bien assuré que pour l'autorité qu'il aurait, il y « serait toujours en grande considération, mais qu'il ne le fera pas sur- « tout si le roi de France continue à penser aux affaires de cette cour. »

(¹) De Béthune à Villeroi, 27 juillet 1604. Arch. de Sully.

deur d'annoncer officiellement au Pape, et de publier dans la cour romaine, non plus seulement le retour de Joyeuse, mais l'arrivée prochaine à Rome de Duperron et de Sourdis. Dès ce jour le parti français était reconstitué : il avait son chef et ses soldats. C'était un coup de maître. La nouvelle produisit sur Aldobrandini l'effet attendu. Il se déclara résolu à suivre l'exemple de ses ancêtres, qui tous avaient été serviteurs de la France. « Un instant il « avait douté, avoua-t-il, que le roi le tint pour son vrai « serviteur : ses soupçons étaient maintenant tombés. » [1]

Les amis de la France ou simplement les neutres, depuis l'arrivée de Vigliena surtout, ne désiraient pas moins vivement le relèvement du parti contraire au parti espagnol. Clément VIII lui-même, si réservé d'ordinaire, ne put cacher la satisfaction que lui causait la décision du roi. Il lui tardait de voir à Rome les cardinaux français, et le parti français relevé. [2] Ce n'est pas qu'il s'inquiétât outre mesure de l'union de Montalte avec les Espagnols. Moins intéressé que son neveu, et peut-être plus clairvoyant, il était peu touché, disait-il, d'un accord, dont il n'avait pas à craindre de voir les résultats. Béthune en était affecté moins encore. L'union, qu'Aldobrandini attribuait uniquement aux intrigues malicieuses du grand duc, avait à ses yeux des causes plus prochaines, encore plus humaines en quelque sorte. L'inclination du cardinal Montalte pour l'Espagne n'y était à peu près pour rien. Seules les prières des cardinaux, ses créatures, qui, d'eux-mêmes, ou con-

---

[1] De Béthune au roi, 24 août 1604. Arch. de Sully.
[2] Id. — « Maintenant, dit le Pape, que les Français seront pour « quelque chose en cette cour, ainsi que vous m'assurez qu'ils vont tous « venir ici dès cette année, vous pouvez assurer le roi que j'aurai très « agréable de les y voir. »

seillés par d'autres, voulaient s'aplanir ainsi le chemin vers le pontificat, avaient tout décidé. L'un d'eux s'en ouvrit lui-même à Béthune avec une liberté que l'ambassadeur trouva singulière, en un personnage si grave. C'était un cardinal tout français de cœur, et depuis longtemps éprouvé. Son avènement au pontificat eut été « la plus mauvaise fortune » qu'on pût souhaiter à l'Espagne. (¹)

Béthune se garda bien de faire part au cardinal neveu de ces secrètes intrigues : il les aurait aussitôt ruinées. Du reste plus que jamais les circonstances travaillaient pour nous : Aldobrandini allait se trouver fatalement poussé dans les bras de la France. Toutes les jalousies, toutes les sourdes haines qu'une puissance sans contrepoids, à l'excès égoïste, avaient accumulées contre lui, la promotion dernière, faite à son seul profit, venait de les exaspérer. Elle avait ligué contre le cardinal, non pas seulement Vigliena et Montalte, Aquaviva et Sfondrati, mais, à la suite de Farnèse, tous les représentants des vieilles familles princières, tous ceux qui, dans un conclave ou dans Rome, ne voulaient pas d'un rôle effacé. Au même moment l'aristocratie souffrait de voir concentré dans une seule main le dépôt de toutes les faveurs, et le peuple lui-même, remuant par nature, et tenu fermement en bride, aspirait à s'affranchir d'un si énergique pouvoir. Ainsi latente, mais profonde, l'opposition n'attendait qu'une occasion pour se manifester. (²) L'occasion s'offrit d'elle-même.

Le 23 du mois d'août, vers les dix heures du matin, deux sbires conduisaient en prison un marinier pour dettes. Comme ils passaient devant le palais du cardinal Far-

(¹) De Béthune à Villeroi, 27 juillet 1604. Arch. de Sully.
(²) Ranke, op. c. I, VI, p. X.

nèse, le prisonnier s'échappa de leurs mains et se jeta dedans, comme dans un asile. Les sbires voulurent l'y poursuivre. Non contents de les en empêcher, les gens du cardinal les battirent avec violence. S'apercevant qu'ils ne gagnaient rien, en s'opiniâtrant, que des injures et des coups, ils coururent informer de l'incident, le gouverneur de Rome, de la juridiction duquel ils dépendaient. La situation était délicate. Il ne s'agissait pas d'une sédition ordinaire, mais d'un cardinal puissant et allié du Pape. Aussi le gouverneur « ne voulut-il rien entreprendre qu'il « n'eût d'abord consulté « l'oracle » afin de l'avoir comme « garant » de son intervention et de sa conduite. Aldobrandini fut d'avis qu'il devait se rendre aussitôt chez Farnèse « lui demander le prisonnier, et raison de ceux qui avaient entrepris contre la justice [1] ».

Le gouverneur ne fut admis qu'avec peine à parler au cardinal : il n'eut pour réponse qu'un refus laconique et hautain et fut prié de se retirer. Au même instant Farnèse envoie prévenir l'ambassadeur d'Espagne. Vigliena accourt avec ses gens, et invite à le rejoindre tous les partisans de son maître. Farnèse avait fait le même appel aux amis de sa maison, si bien qu'en un instant son palais se trouva « plein d'hommes » et qu'il y eut des soldats aux portes avec des armes, « comme si c'eût été une ville, qui eût « attendu le siège ». Autour du palais la curiosité, autant que la sympathie, avait amassé une foule, plus de trois mille hommes. Averti de ce qui se passait et du refus de Farnèse, Aldobrandini espéra qu'une démarche faite en son nom aurait un résultat plus heureux. Il envoya vers le cardinal des gentilshommes de sa maison, des personnages de premier rang. Il demandait qu'on mit un terme

[1] De Béthune à Villeroi, 24 août 1604. Arch. de Sully.

à cette agitation, qu'on renvoyât chez eux les gens accourus au palais, et que l'affaire s'accommodât sans bruit, « afin qu'il ne parvint rien de toute cette rumeur aux « oreilles du Pape. » Farnèse fut intraitable. L'hésitation n'était plus possible : Aldobrandini alla prévenir Clément VIII.

L'émotion du Pape fut grande. Clément VIII voyait en sa présence, un de ses sujets, un cardinal, s'opposer à son autorité, et braver publiquement sa justice. Mais « comme il était prudent et sage », il voulut employer « la douceur ». Du reste, tout autre moyen ne pouvait qu'échouer ce jour-là. Il envoya son neveu trouver en son nom le cardinal Farnèse. [1]

Aldobrandini ne pénétra que difficilement dans le palais révolté. Là, il put s'apercevoir qu'il est bien souvent impossible à ceux qui détiennent l'autorité, de discerner autour d'eux leurs amis de leurs ennemis, si quelque occasion fortuite ne les manifeste elle-même. Parmi ceux qu'il rencontrait devant lui, et « qui s'étaient montrés des plus « ardents, les uns à courir chez Farnèse, les autres à « assister l'ambassadeur d'Espagne », il s'en trouvait plusieurs, auxquels, par son entremise, le Pape « avait « donné la vie, ou les moyens de remettre sur pied leur « maison ruinée [2] » A son tour il demanda qu'on « remit « entre ses mains pour l'honneur du Pape, le prisonnier « et ceux qui s'étaient opposés à la justice. » Au nom du droit d'asile, depuis longtemps aboli, mais reconnu jadis aux maisons princières de Rome, Farnèse refusa. Aldobrandini insista : il promit de ne châtier aucun des coupa-

[1] De Béthune à Villeroi, 24 août 1604. Arch. de Sully.
[2] De Béthune à Villeroi, 6 septembre 1604. Arch. de Sully.

bles. Concession inutile (¹). Il parla haut alors : mais à ses menaces voilées, Farnèse répondit qu'après la mort du Pape, un Farnèse aurait plus d'importance qu'un Aldobrandini. Et pendant ce temps, au dehors, la foule ameutée criait : « Qu'on le jette par les fenêtres : le Pape en « mourra de déplaisir. Achevons ce qui est commencé, « allons piller sa maison et celle de sa sœur, Olympia ! » Pour ce peuple romain, avide de désordre et de bruit, le règne de Clément VIII n'était pas assez débonnaire et durait depuis trop longtemps : il lui tardait de changer de maître. Le profit que beaucoup tiraient de ces changements ajoutait encore à l'ardeur qu'ils mettaient à les souhaiter. C'est au milieu de ces murmures, de ces cris à peine contenus, qu'Aldobrandini se retira, laissant pleine de gens la maison de Farnèse. (²)

La nuit suivante, celui-ci exécutait sa retraite, non pas furtivement, mais avec apparat et dans le grand style. Il s'assurait d'une porte de la ville, la faisait occuper, et à la lueur des flambeaux, il quittait Rome avec le prisonnier, escorté « de cent vingt chevaux et de vingt carrosses de campagne ». L'ambassadeur d'Espagne l'accompagnait, comme pour protéger son départ.

Le lendemain, au matin, Vigliena rentrait à Rome. Non content de s'être fait, au mépris de tout droit, de personnage public homme privé, il n'hésita pas « à remercier au

(¹) De Béthune à Villeroi, 24 août 1604. Arch. de Sully.
(²) « Cette nouvelle vous aura pu faire connnaître combien les puis-
« sances des Papes sont plus absolues au spirituel qu'au temporel, et
« principalement quand il y a déjà longtemps qu'ils règnent, ce peu-
« ple sur tous autres aimant la nouveauté, en quoi comme il est porté
« de son naturel, le profit que plusieurs retirent d'un changement, fait
« qu'ils le désirent avec tant de passion. » De Béthune à Villeroi, 6
« septembre 1604. Arch. de Sully.

nom de son maître » ceux qui avaient « assisté » le cardinal Farnèse. C'était dépasser toutes les bornes, et le blâme fut unanime parmi ceux qui n'avaient aucun intérêt et qui n'apportaient aucune passion dans cette affaire. Le mercredi suivant, Vigliena craignant que le Pape ne fit arrêter quelques-uns des gentilshommes, qui l'avaient accompagné chez Farnèse et y étaient restés tout le jour, leur fit dire de nuit de quitter la ville. Huit partirent en effet. Bientôt même ne se trouvant pas assez en sûreté dans la maison de l'un d'eux, sur les confins de l'Etat de l'Eglise, ils passèrent dans le royaume de Naples. L'ambassadeur d'Espagne leur avait désigné un lieu, où rien ne devait leur manquer de ce qui leur serait nécessaire (¹). Pendant ce temps on affichait un « monitoire » contre les gentilshommes du cardinal Farnèse, qui avaient battu les sbires et qui étaient réfugiés à Porto-Hercole. (²)

Cependant le Pape avait dépêché un camérier au duc de Parme, afin de l'engager à venir promptement à Rome. Frère du cardinal Farnèse, et proche parent de Clément VIII, le duc semblait l'intermédiaire désigné pour régler cette affaire et conclure un accord. Le Pape paraissait incliner à la paix. Ce n'est pas qu'il n'eût ressenti vivement l'offense. Le lendemain de la sédition, on l'avait entendu, comme se parlant à lui-même, et faisant allusion aux troubles dont la ville était trop souvent le théâtre, pendant les vacances du siège, répéter plusieurs fois « qu'il lui sem- « blait bien que c'était une rébellion dans Rome, et qu'il « n'avait pas encore les yeux clos. » (³) Aldobrandini ne montra pas au début moins de ressentiment. Béthune,

---

(¹) De Béthune au roi, 6 septembre 1604. Arch. de Sully.
(²) De Béthune à Villeroi, 6 septembre 1604. Arch. de Sully.
(³) De Béthune à Villeroi, 24 août 1604. Arch. de Sully.

avant même de voir le Pape, avait envoyé vers le cardinal, pour lui faire offre de ses services et lui donner une assurance, que les circonstances exigeaient plus particulière, de la protection du roi de France. Aldobrandini l'avait remercié avec effusion, disant « qu'il reconnaissait son « amitié et comme particulier et comme ambassadeur et « qu'à l'occasion, il y aurait recours avec toute con- « fiance (¹) ». Mais bientôt sous l'empire d'autres sentiments, il dissimula son dépit. L'espoir qu'il avait de survivre au Pape, la crainte d'attirer à sa maison de trop puissants ennemis, lui firent souhaiter une réconciliation (²). Cette réconciliation, Béthune ne la redoutait pas : il prévoyait qu'elle ne serait jamais qu'apparente, qu'elle n'irait pas jusqu'à l'oubli.

Mais la plus grande difficulté dans cette affaire était du côté de l'ambassadeur d'Espagne. Aldobrandini et Clément VIII séparaient nettement sa conduite d'avec celle des autres. Après tout le pardon dont le Pape userait envers ses sujets révoltés ne pouvait tirer à conséquence. Mais le rôle que s'était attribué l'ambassadeur d'Espagne de soutenir des séditeux, de favoriser la rébellion contre le prince, auprès duquel il était accrédité, était d'une toute autre importance. C'était le droit des gens impudemment violé, comme il l'avait été d'une autre manière envers M. de la Rochepot, et envers un ambassadeur de Venise, naguère aussi maltraité à Barcelonne, à son retour d'Espagne. Si le Pape n'eût songé de lui-même à ces cas divers de l'insolence espagnole, Béthune n'eût pas manqué de les lui remettre en mémoire. Du reste les excuses mêmes de l'ambassadeur aggravaient sa conduite. Il disait « qu'il

(¹) De Béthune à Villeroi, 24 août 1604. Arch. de Sully.
(²) De Béthune au roi, 6 septembre 1604. Arch. de Sully.

« n'avait accompagné le cardinal Farnèse que pour em-
« pêcher la sédition, qui sans lui eut été plus grande. »
Prétention ridicule ! S'attribuer assez de crédit pour protéger le Pape contre des sujets révoltés, prétention men-
songère ! quand au dehors, dans leur satisfaction exubé-
rante, les Espagnols soulignaient le vrai sens de la sédition,
en célébrant comme héroïque la conduite de leur ambassadeur, en se vantant d'être en état désormais, quand ils
le voudraient, de « faire tête au Pape. » (¹) Vigliena mentait
encore, quand il se défendait d'avoir conseillé aux gen-
tilshomms eromains de quitter Rome. Il sentait que ce
conseil était un aveu de sa faute, qu'en le donnant, il avait
regardé ses complices comme des séditieux, menacés à bon
droit de la justice du Pape. Il importait donc, pour l'honneur du Saint-Siège, que Clément VIII poursuivit en
Espagne réparation de cet outrage, au risque de le voir se
renouveler à la première occasion, qu'il protestât enfin
contre cette politique hypocrite, que les Espagnols tenaient
de Charles-Quint. C'était toujours le même mot d'ordre :
celui de ce prince au vice-roi de Naples, qui gardait Clément VII prisonnier : « baiser par respect les pieds du
« Pape, mais pour sûreté, le tenir étroitement assiégé. »

Henri IV et ses ministres — par intérêt ou par devoir —
se montraient autrement soucieux de la dignité du Saint

(¹) « Si donc le Pape ne poursuit en Espagne même, réparation de
« cette outrage, ils en entreprendront en toutes occasions de semblables,
« outre qu'il lui importe de conserver le respect que l'on doit au Saint
« Siège, d'autant que par le droit des gens mêmes, ledit ambassadeur
« aurait été puni ; par laquelle et plusieurs autres, Sa Sainteté pouvait
« connaître qu'ils suivaient les préceptes que l'empereur Charles-Quint
« donnait au vice-roi de Naples, qui tenait Clément VII prisonnier, que
« par respect il lui baisât les pieds, mais que pour sûreté, il le tint bien
« assiégé. » De Béthune au roi, 6 septembre 1604. Arch. de Sully.

Siège ; et Béthune marquait finement le contraste. Pour la sauvegarder, disait l'ambassadeur, ils n'hésitaient pas, quand l'occasion s'en offrait, à faire entendre au Pape des choses qui pouvaient tourner au préjudice de la France. C'est ainsi qu'au moment où se trouvait à Rome un ambassadeur espagnol, dont l'inexpérience, les fautes répétées et la présomption, servaient à merveille les intérêts du roi, Béthune, sans crainte d'être désavoué, conseillait au Pape d'exiger le rappel de cet ambassadeur. Clément VIII y semblait disposé ; mais Aldobrandini craignait qu'un refus de la part de l'Espagne n'affaiblit encore l'autorité déjà si compromise du Saint-Siège. La volonté du Pape pouvait, il est vrai, suffire à tout. Pour un motif moins grave, Sixte-Quint n'avait-il pas fait partir de Rome un ambassadeur français, le marquis de Pisani, en refusant de communiquer avec lui ? Mais Béthune n'attendait pas une énergie pareille du pacifique Clément VIII. Il lui suffisait du reste que le marquis de Vigliena fut désavoué par la cour d'Espagne ; il comptait que ce désaveu produirait un effet décisif sur la timidité de certains cardinaux, dont la meilleure et plus saine partie blâmait l'ambassadeur. Celui-ci, d'ailleurs n'avait pas manqué d'écrire à son maître pour s'excuser, en même temps que Clément VIII écrivait pour se plaindre. Mais quelque décision qui put venir d'Espagne, Vigliena avait pour jamais perdu la confiance du Pape. (¹)

Cependant un appui lui vint, sur lequel ne comptaient ni lui, ni Farnèse : le grand duc prit parti pour eux. Ce fut pour Béthune plus qu'un étonnement, ce fut presque un scandale. Le grand duc n'avait aucun intérêt à accroître

---

(¹) De Béthune à Villeroi, 24 août et 6 septembre 1604, au roi, 6 septembre 1604. Arch. de Sully.

l'autorité des Espagnols à Rome puisqu'il risquait d'en être la première victime. Mais il n'aimait pas Clément VIII, il détestait Aldobrandini, il était, lui aussi, mécontent de la promotion, à laquelle il n'avait eu aucune part, et c'étaient les motifs de sa conduite. Sa vanité caressée le poussait encore. L'ambassadeur d'Espagne, qui l'avait indisposé tout d'abord, en lui refusant le titre d'Altesse, le comblait maintenant de prévenances, de louanges et de flatteries. « Il exaltait sa prudence, il montrait d'estimer son pouvoir « et de le reconnaître pour plus grand prince qu'il ne « s'était jamais cru » jusque-là. C'était donc pour narguer le pape, que le grand duc s'alliait aux Espagnols. Sans doute il se promettait de ne pas s'engager trop avant ; mais il oubliait, selon le mot de Béthune, que « plusieurs « qui ne veulent que sommeiller s'endorment. » Le duc de Parme, avant d'arriver à Rome, ne manqua pas de s'arrêter à Florence : il savait bien que c'était un moyen d'augmenter encore la discorde, et par cela même, d'amener plus facilement le Pape à ses exigences. Aussi comme il approchait de la ville, le mercredi, 20 septembre, au soir, non seulement l'ambassadeur d'Espagne et celui de l'Empereur, qui s'était, dès le début, mêlé de ces affaires, vinrent à sa rencontre, mais encore celui de Toscane. Le prince témoigna combien il en était satisfait, et manifesta hautement et avec insistance, l'affection qu'il portait au grand duc. L'effet devait être d'autant plus considérable, que cela se passait en présence d'amis nombreux du Pape, et sous les yeux d'Aldobrandini même. (¹)

Car pour honorer davantage le duc « et le rendre plus ployable, » Clément VIII « le fit recevoir avec des honneurs extraordinaires. » Vingt-six cardinaux, créatures

(¹) De Béthune à Villeroi, 21 septembre 1604. Arch. de Sully.

du Pape, vinrent au devant de lui à deux milles de Rome. Les petits neveux, dont l'un était général du Saint Siège, s'y trouvaient aussi à la tête de la noblesse romaine, et firent escorte au duc jusqu'à Montecavallo, où résidait alors Clément VIII. Le prince était dans un carrosse avec les cardinaux neveux : Aldobrandini, Saint-Georges, San Cœsario et Detti. Les autres cardinaux, après l'avoir salué, étaient retournés à Rome, afin de se trouver près du Pape quand il viendrait lui baiser les pieds. Ce devoir accompli, le duc n'entreprit pas de justifier ouvertement Farnèse, mais il insinua que si le cardinal avait quitté Rome, c'était pour se soustraire aux remontrances et aux mauvais traitements dont il avait été la victime. Puis il ajouta : « Je suis « venu trouver Votre Sainteté, pour recevoir ses comman- « dements, et afin qu'elle me fît porter la peine qu'elle « estimera que mon frère aura méritée. » Le pape lui répondit en l'embrassant plusieurs fois, « qu'il était le très bien venu, » que, pour le reste, ils en parleraient plus à loisir. Puis il le congédia.

En conduisant le duc à sa chambre, Aldobrandini voulut entrer en propos avec lui sur le sujet qui lui tenait à cœur ; mais il pria le cardinal « de l'excuser pour ce soir là, » sous prétexte « qu'il avait besoin de repos. » Or, une demi-heure après, il demandait un carrosse et se rendait chez l'ambassadeur d'Espagne, avec lequel il passait près de trois heures. Le lendemain, Aldobrandini vint le trouver encore ; le duc ne fut pas plus courtois, il fit exprès de retenir si longtemps d'autres personnages, que le cardinal ne put négocier avec lui. Il ne voulait traiter qu'avec le Pape, sûr qu'il était de le trouver plus accommodant et plus doux. C'est ce qui arriva. Souffrant déjà, affaibli, brisé par une telle secousse, Clément VIII poussa l'indulgence au delà de ce qu'on pouvait espérer. Pour mettre un terme à « ces brouilleries, » dont la continuation lui eut occasionné trop de soucis et trop de peines, il se résolut à pardonner à tous. Il fit expédier aux séditieux en fuite des brefs pour leur sûreté, comme ils le désiraient. Pour satisfaire le cardinal Farnèse, qui reprochait au gouverneur de Rome un excès de pouvoir, il accepta que le gouverneur fît des excuses au cardinal. Il promit encore, — le bruit du moins en courut dans Rome, — de ne pas exiger le rappel de l'ambassadeur d'Espagne et de retirer la demande qu'il en avait faite. Aldobrandini n'en revenait pas. Il déclara hautement qu'il n'était pour rien dans cet accord. « Il ne pouvait le blâmer, puisque le Pape l'avait conclu, » mais il ne l'eût, quant à lui, jamais accepté. (¹)

Le duc de Parme et ses amis connaissaient trop bien l'influence toute puissante du cardinal sur le Pape, pour ne pas craindre que les sentiments d'Aldobrandini ne fussent bientôt ceux de Clément VIII. Aussi se hâtèrent-ils de profiter des conditions obtenues. Ils pressèrent le retour à Rome du cardinal Farnèse. L'ambassadeur d'Espagne alla le chercher à Capraroli. Le gouverneur de Rome partit en même temps pour le même lieu. Mais le cardinal, « afin d'avoir plus de témoins de la satisfaction qu'il recevait, » se trouva, au moment voulu, sur la route par où venait le gouverneur, avec au moins trois cents personnes. En présence de tout ce monde le gouverneur lui exprima ses regrets de ce qui s'était passé et lui demanda pardon pour son offense involontaire. Le cardinal lui répondit qu'il avait eu en effet sujet de se plaindre, néanmoins puisqu'il plaisait au Pape qu'il oubliait le passé, il se contenterait de ses excuses et voulait bien le recevoir

(¹) De Béthune au roi, 21 septembre 1604. Arch. de Sully.

pour ami : qu'il prit garde seulement à ne pas l'offenser à l'avenir. (¹) Farnèse rentra dans Rome aussi solennellement qu'il en était sorti. Il avait à ses côtés l'ambassadeur d'Espagne et celui de l'Empereur, ami particulier de sa maison. Les cardinaux Saint Georges, San Cœsario et Detti, le duc de Parme et les petits neveux, venus à sa rencontre, étaient dans le cortège et lui donnaient la physionomie d'un triomphe. Toutes les rues, toutes les fenêtres, les toits eux-mêmes étaient couverts de monde. Jamais au temps de leur domination les Farnèse n'avaient été reçus d'une si éclatante manière, et salués de tant d'acclamations. (²) Arrivé dans la chambre du Pape, après avoir baisé les pieds du Saint-Père, le cardinal « lui fit des excuses sur ce qui s'était passé » et implora sans trop de fierté son pardon. Aldobrandini n'assistait pas à cette audience et n'était pas venu au devant de Farnèse. Il avait fait dire qu'il était souffrant. Ce n'était qu'un prétexte, il ne s'en cacha pas à Béthune. « Si le cardinal Farnèse « avait triomphé, il ne voulait pas que ce fut de lui, ni en « être témoin. » (³)

Mais ces brouilleries n'eurent pas pour seul résultat de désunir Aldobrandini d'avec le duc de Parme ; elles altérèrent encore l'affection toujours jusque-là si constante, entre le cardinal, la signora Olympia, sa sœur, et San Cesario, son neveu. Ceux-ci se plaignaient « qu'il voulut ruiner leur maison, en leur laissant de si puissantes haines ; » lui, leur reprochait « de séparer leurs intérêts des siens. » Aussi était-il résolu « à les tenir désormais bas et

(¹) De Béthune au roi, 21 septembre 1604. Arch. de Sully.
(²) Rauke, op. c. l. xi. p. ix.
(³) De Béthune au roi, 27 septembre 1604. Arch. de Sully. — C. f. Vittorio Siri : Mémorie recondite, t. i. p. 311-312.

dépendants ; » chose facile, à cause de l'affection que ne cessait de lui porter le Pape, et dont il venait de lui donner une nouvelle preuve, en lui accordant, « sans charge de pension, l'archevêché de Ravenne. » (¹) Clément VIII, à cette occasion, s'étendit longuement en plein consistoire, sur les louanges du cardinal, et alla même, dit-on, « jusqu'à quelques-unes qu'il eut mieux fait de taire. » Il voulait ainsi balancer le dépit qu'Aldobrandini avait conçu de l'accord conclu avec les Farnèse.

Ainsi l'affaire semblait accommodée. Mais, suivant les prévisions de Béthune, l'impression en restait profonde dans l'esprit d'Aldobrandini et dans celui de Clément VIII. L'ambassadeur d'Espagne n'avait été ni puni, ni blâmé. Le Pape lui avait permis de continuer sa charge et même lui faisait bon visage. Il semblait donc que son maître et lui pouvaient tout entreprendre à Rome. Il n'en était rien. Le Pape avait songé à se prémunir et « pour rabattre l'influence que les Espagnols voulaient s'attribuer » il était résolu à favoriser discrètement, mais efficacement le parti de la France. (²)

Déjà au lendemain de la sédition le bruit avait couru que, pour se mettre à l'abri de mouvements de ce genre, « et protéger, en cas de vacance du siège, Aldobrandini et ceux de sa maison, » Clément VIII allait entretenir à Rome, ou dans les environs, une petite armée. Cette armée ne devait être composée d'aucun sujet des princes d'Italie et le commandement en était réservé à Biogio Capizuecchi, général du Pape au comtat d'Avignon. Ce général était tout dévoué à Clément VIII et penchait du côté

(¹) D'une valeur de quatorze mille écus. (Béthune).
(²) De Béthune au roi, 21 septembre 1604. Arch. de Sully.

de la France. (¹) On comprend avec quelle joie Béthune reçut confirmation de ces bruits de la bouche même du Pape. La réalisation de ce projet aurait pour premier résultat de consolider l'autorité du Saint-Siège; il prouverait ensuite que l'attentat de l'ambassadeur d'Espagne n'était pas oublié. C'était un sûr moyen d'entretenir la défiance entre les camps rivaux. Rien n'était donc meilleur pour la France et le parti français. Deux mois après Clément VIII faisait venir sept cents soldats Corses à Rome.

Mais c'est surtout du côté de la France que se tournaient maintenant les espérances du Pape. De tout temps, à l'heure de l'épreuve, était venu de là, pour le Saint-Siège et la personne même des Pontifes romains, le secours attendu. Chacun se souvenait encore de la protection dont Henri II avait couvert les neveux de Paul III. Clément VIII, qui le rappelait à Béthune, n'attendait pas moins de Henri IV. De son côté Henri IV était trop avisé pour laisser prescrire cette glorieuse histoire. A la première nouvelle de la sédition il chargea son ambassadeur d'apporter en son nom au Pape et au cardinal Aldobrandini les plus formelles assurances « d'amitié, d'assistance et de protection ». Clément VIII les reçut avec un plaisir inouï (²) Naguère il se déclarait heureux d'apprendre l'arrivée prochaine des cardinaux français : maintenant il s'en

---

(¹) De Béthune à Villeroi, 6 septembre 1604. Arch. de Sully.

(²) Le Pape répondit « que vous ne faisiez que continuer la conduite « de vos prédécesseurs, le Saint-Siège et la personne des Papes, n'ayant « jamais trouvé de plus fermes soutiens que la France ; Dieu l'en avait « récompensée par des prospérités. Quant à la protection que vous lui « assuriez à lui et aux siens, il avait toujours compté sur elle, et me « chargeait d'en faire les plus exprès remerciements à Votre Majesté « ajoutant : « Surtout n'y faillez pas. » De Béthune au roi, 1ᵉʳ novembre 1604. Arch. de Sully.

réjouissait comme d'un service personnel, comme d'une garantie pour la liberté du Saint Siège. Cinq cardinaux français à Rome, c'était le solide noyau du parti français relevé ; et le Pape voyait déjà s'y joindre les deux cardinaux italiens, qui venaient de France et que le roi avait comblés : Buffalo et Conti. Clément VIII oubliait que Conti était trop obligé aux Farnèse, pour se lier jamais solidement ailleurs. Mais cette illusion même prouvait la vive gratitude du Pape, et qu'il était prêt à tout faire, comme il l'assurait, pour que le nom français retrouvât à Rome sa puissance et sa splendeur.

Mais si Clément VIII paraissait « disposé à favoriser » l'accroissement du « parti français, Aldobrandini y était comme enflammé [1] ». L'Espagnol était pour lui désormais l'ennemi ; sa colère n'allait pas seulement jusqu'à l'ambassadeur d'Espagne, elle remontait jusqu'à Philippe III. Béthune estima qu'il fallait mêler dans les assurances qu'il lui apportait de la part du roi, « un peu plus de temporel », qu'il n'avait fait pour le Pape et ne pas mettre les intérêts des Aldobrandini trop au-dessous de ceux du Saint-Siège. C'était aller au cœur du cardinal et de son propre aveu répondre à ses plus vifs et plus secrets désirs. Désormais, disait-il, « il ne craignait plus les orages : » il était tout entier au service de son puissant protecteur : et sur l'heure il indiquait à Béthune les moyens d'augmenter l'influence française à Rome ; il allait même jusqu'à lui soumettre des combinaisons en vue du futur pontificat. [2]

Ainsi, sans qu'il en coûtât rien, se trouvait accompli le grand désir du roi : Aldobrandini était acquis à la France. Les plus clairvoyants à Rome s'en étaient depuis quelque

[1] De Béthune au roi, 21 septembre 1604. Arch. de Sully.
[2] De Béthune au roi, 1er novembre 1604. Arch. de Sully.

temps aperçus : le reproche en était même venu d'Espagne au cardinal. Il avait cru devoir s'en défendre. Dans le poste éminent qu'il occupait son attachement à la France devait être secret afin d'être efficace. Béthune l'encouragea dans cette politique et promit que, de sa part, aucune parole ne trahirait leur entente. (¹)

Cette entente produisit aussitôt quelques résultats appréciés. Henri IV attachait une grande importance au choix du vice-légat d'Avignon et du futur nonce de France. Sans réclamer ouvertement des personnes amies, il ne voulait pas, et l'avait fait discrètement entendre au Pape par son ambassadeur, de prélats suspects de sentiments hostiles. Le signor Montorio était, on s'en souvient, le candidat de Béthune pour la vice-légation d'Avignon. C'était un « prélat de mérite », appelé à des dignités plus hautes, sympathique à la France. Clément VIII, après avoir eu d'autres vues, ratifia le choix de Béthune. Henri IV eût souhaité pour nonce un prélat vénitien. Mais Clément VIII n'aimait pas les Vénitiens : il se défiait de leur patriotisme, qui leur faisait révéler, croyait-il, à la Seigneurie jusqu'aux moindres détails de leur mission. Aussi chercha-t-il dans son entourage, parmi ses familiers les plus fidèles, un prélat dont on ne put suspecter les sympathies françaises. Dès le premier jour le bruit public désignait Maffeo Barberini, celui-là même que le Pape, au lendemain de la naissance du Dauphin, avait envoyé en France, porter ses félicitations au roi et ses présents au petit prince. C'est sur lui que s'arrêta définitivement le choix de Clément VIII, à une condition pourtant : l'agrément exprès de Béthune. En même temps et malgré les remontrances de l'ambassadeur espagnol, le Pape dési-

(¹) De Béthune au roi, 1ᵉʳ novembre 1604. Arch. de Sully.

gnait le florentin Lapis, de très humble maison et tout dévoué au cardinal Aldobrandini, pour la nonciature d'Espagne. Le contraste fut remarqué. A la vérité « Barberini n'était pas évêque » comme Lapis ; mais « sa naissance, sa fortune », sa réputation, en faisaient, pour l'époque, un bien plus grand personnage. Béthune n'eut garde de refuser l'agrément demandé. Il pouvait exiger du nouveau nonce qu'il acceptât un titre d'évêque : un refus n'était pas à craindre de la part de Barberini. Mais c'était l'obliger à exposer ses biens, « s'il venait à mourir, au *spolio*, que faisait alors la chambre apostolique » sur tous les détenteurs de bénéfices. Peut-être s'y fut-il résigné à regret. Béthune, au nom du roi, le laissa libre d'agir à sa volonté. (¹) Barberini ne voulut pas se laisser vaincre en générosité et en grâce. Pour ne pas « amoindrir » la nonciature de France, et surtout pour qu'elle ne tombât pas par sa faute au-dessous de celle d'Espagne, il accepta de Clément VIII le titre d'archevêque de Nazareth. Quoique *in partibus*, cet évêché fournissait à son titulaire un revenu de 1500 écus. Barberini fit remonter jusqu'au roi cette faveur, « puisque c'était à son occasion » disait-il, et sur la recommandation de Béthune, qu'il l'avait obtenue. (²)

Vingt ans après, l'archevêque de Nazareth, devenu Urbain VIII, devait revoir à Rome, comme ambassadeur extraordinaire, auprès de sa personne, celui qui, plus que tout autre sans doute, avait contribué à sa haute fortune.

(¹) De Béthune au roi, 6 septembre 1604. Arch. de Sully.
(²) De Béthune à Villeroi, 21 septembre 1604. Arch. de Sully.

CHAPITRE VI

Les suites de la sédition Farnèse.
Les cardinaux français a Rome. — Mort de Clément VIII.

Le temps aurait dû, semble-t-il, apporter quelque adoucissement aux animosités, qui avaient brusquement mis aux prises Aldobrandini et les Farnèse. Ce fut le contraire qui arriva. La plaie était trop vive au cœur du cardinal-neveu, son amour-propre trop profondément humilié. Il ne pardonna pas au duc de Parme son attitude provocante et la rigueur des conditions qu'il avait, en se cachant de lui, obtenues du Pape. L'opinion publique à Rome entrait insensiblement dans les sentiments d'Aldobrandini. On blâmait le duc de sa dureté inflexible, eu égard surtout à la condescendance du Pape et à la réception extraordinaire dont Clément VIII l'avait honoré. En même temps, avec une dextérité persistante et tenace, Aldobrandini reprenait sur sa famille toute son autorité, toute son influence sur le Pape.

Le duc de Parme avait cru pouvoir mettre à profit contre son adversaire le conflit d'intérêts, qui avait un moment séparé la signora Olympia et le cardinal San Cesario d'avec Aldobrandini. Il ne tarda pas à connaître que, sur ce terrain, il n'était pas de taille à lutter. A une première lettre du duc, moins de deux mois après la sédition, San Cæsario « refusa » catégoriquement « de répondre autrement qu'en paroles » parce que le messager n'avait rien apporté pour son oncle. Quelques jours après, le même messager revint avec une autre lettre : il ne fut pas même reçu, San Cæsario ne voulait pas avoir d'autres intérêts que ceux d'Aldobrandini, et il le déclara ouvertement. Clément VIII ne fut pas moins explicite. Puisque le duc témoignait « de ne pas vouloir du bien à son neveu, il ne pouvait croire, répondit-il, qu'il lui en voulut à lui-même. » On était loin du jour, où le Pape, sous le coup d'émotions trop fortes, et pour ramener aussitôt la paix, s'était plié, presque sans mot dire, aux dures exigences du prince. (¹) De leur côté les Farnèse, mécontents de n'avoir pas complètement triomphé, avaient quitté la ville; le duc s'était retiré dans sa principauté, le cardinal dans ses propriétés du Brutium, au royaume de Naples, « où il favorisait quelques mutins », bannis de la ville papale d'Ascoli, pour y avoir excité une sédition. Tous deux, du fond de leur retraite lointaine, menaçaient de publier un mémoire sur les derniers évènements. C'était le sûr moyen d'aigrir la situation davantage, car on leur répondrait maintenant et sans doute avec rigueur. (²)

On comprend, après cela, de quel pas devait marcher la réconciliation d'Aldobrandini avec l'ambassadeur d'Espagne, que le duc de Parme, assez présomptueusement, avait promis de faire aboutir. Plus que jamais, du propre aveu de cardinal, Clément VIII et lui poursuivaient la révocation de cet ambassadeur. Sur ce seul point, à l'encontre des bruits d'abord répandus, le Pape n'avait pas cédé aux exigences du duc. Mais, malgré le retour plusieurs fois renouvelé des courriers, on ne savait encore comment la conduite du marquis de Vigliena avait été

(¹) De Béthune au roi, 9 octobre 1604. Arch. de Sully.
(²) De Béthune au roi, 1ᵉʳ novembre 1604. Arch. de Sully.

apprécié en Espagne. Ce silence voulu, — Clément VIII pas plus qu'Aldobrandini ne s'y trompaient, — n'était pas un encouragement à l'espérance. Du reste, Vigliena, avec son intempérance ordinaire, et comme si la décision à prendre dépendait de ses seuls désirs, manifestait hautement son intention de ne pas quitter Rome encore, à moins qu'on ne lui accordât, comme compensation, la vice-royauté de Naples. Il se savait à Madrid des protecteurs puissants. Le comte de Miranda, président du Conseil d'Espagne et son parent, était son avocat infatigable. Cependant on crut un moment, à Paris comme à Rome, la situation de l'ambassadeur menacée. Mais déjà il était trop tard. Les lenteurs calculées de la cour d'Espagne avaient déprécié de moitié la réparation qu'on semblait être prêt maintenant à acccorder au Pape. « Qui donne tôt donne deux fois ; qui fait le contraire est sujet à n'avoir pas grand gré de son présent. » [1] Bientôt des faits précis et significatifs éclairèrent chacun sur les intentions définitives du gouvernement espagnol. Vigliena disait sans détour qu'il était sûr maintenant de n'être pas révoqué ; et le cardinal de Sainte-Cécile, Sfondrati, son intime ami, répandait partout ses paroles. Quelques jours après un ordre vint d'Espagne au marquis de Vigliena d'avoir à se réconcilier avec le cardinal d'Avila, qu'il s'était aliéné aussi ; réconciliation bien inutile si l'on eût été à la veille de rappeler l'ambassadeur. [2] Enfin, chose plus grave, Philippe III envoyait presque en même temps une

---

[1] De Béthune à Villeroi, 14 décembre 1604. Arch. de Sully. — « Si « le conseil d'Espagne trouve à propos de contenter sa Sainteté, il me « semble qu'il ferait beaucoup mieux de ne point faire tant attendre « cette grâce, de laquelle la longueur et l'attente ôtent une partie, com- « me l'obligation qu'on en aurait autrement. »

[2] De Béthune au roi, 27 décembre 1604. Arch. de Sully.

croix et quinze cents écus de pension à un gentilhomme anglais, nommé Arthur, l'un des plus chers serviteurs du cardinal Farnèse et le chef de ceux qui avaient battu les sbires. Ce n'était guère là le moyen de ramener la bienveillance dans l'esprit du Pape, et de chasser la colère de l'âme d'Aldobrandini. (¹)

Du reste un incident nouveau était venu tendre encore les relations entre Rome et Madrid. L'affaire s'était passée à Naples. Le premier magistrat de la justice, appelé là-bas le Régent, tenait dans ses prisons un homme, dont il ne pouvait établir le crime. L'idée lui vint de s'aider des registres de l'Inquisition, à laquelle l'accusé avait été précédemment déféré. Il fit part de ses désirs, aussi brefs que des ordres, à un greffier de ce tribunal. Celui-ci assez ignorant des devoirs de sa charge, ne fit aucun scrupule de mettre sa complaisance au service du magistrat. Mais averti à temps par un de ses amis, « qu'il y avait peine d'excommunication » contre tout membre du Saint Office coupable d'avoir révélé le secret des procédures, il refusa énergiquement ce qu'il avait promis tout d'abord. Mal lui en prit. Outré, comme il convenait à un Espagnol, d'être ainsi tenu en échec par un subalterne, le Régent commanda sur l'heure d'arrêter le greffier, « lui fit raser la barbe et les cheveux », et sans autre procès, du consentement du vice-roi « l'envoya aux galères ». Prévenu de ce sacrilège abus de pouvoir, Clément VIII somma aussitôt le vice-roi, d'avoir, sous peine d'excommunication, à remettre en liberté le malheureux ; et le même jour, il cita, sous les mêmes peines, le Régent à comparaître à Rome. Le vice-roi intimidé obéit ; le Régent résista. Le lendemain matin des cédules affichées aux quatre coins de la ville, le

(¹) De Béthune à Villeroi, 27 décembre 1604. Arch. de Sully.

proclamaient excommunié. Il les fit arracher par des sergents et l'on gratta les murs où elles avaient été placardées. Tant d'audace indigna Clément VIII : il confia l'affaire à la congrégation du Saint Office. (¹) Bientôt ce ne fut un secret pour personne que « les cardinaux inclinaient à la rigueur ». La sentence allait être rendue. Vigliena s'agitait pour parer la foudre prête à tomber : il obtint avec peine un sursis. Pendant ce temps les courriers se pressaient sur la route d'Espagne ; ils allaient chercher les instructions de Philippe III. En attendant Vigliena entreprit de discuter avec les cardinaux, à son avis très mal informés de l'affaire. Le Régent avait-il dépassé ses droits ? Non, assurait l'ambassadeur, puisque l'Inquisition n'avait jamais été acceptée à Naples. Ce n'était pas. ajoutait-il bien vite, la faute de son maître : « partout où il avait pu » l'implanter, « comme en Espagne, elle avait tout pouvoir ». C'était aller au-devant d'un démenti énergique. Des officiers du Saint Office se trouvaient depuis longtemps à Naples, et « y exerçaient pleinement leur charge ». Ce fait seul ruinait par la base les allégations de l'ambassadeur. Une chose était vraie pourtant, l'Inquisition fonctionnait à Naples « à la façon de Rome, non à celle d'Espagne, où « elle semblait n'avoir été introduite, que pour confisquer « les biens de ceux qui y étaient déférés. » Depuis longtemps les ministres d'Espagne à Rome n'avaient entendu un si fier et si libre langage. (²) Symptôme plus grave encore : il sortait de la bouche du cardinal Monopoli, qu'on disait, à tort ou à raison, regarder vers le Pontificat. Ce n'était guère le chemin qu'avaient suivi jusque-là les candidats à la tiare. Visiblement il y avait quelque

---

(¹) De Béthune à Villeroi, 19 octobre 1604. Arch. de Sully.
(²) De Béthune à Villeroi, 27 décembre 1604. Arch. de Sully.

chose de changé à Rome : cinq cardinaux français maintenant étaient là ; et autour d'eux se groupaient tous les intérêts, qui n'attendaient rien de l'Espagne, et toutes les sympathies hier encore hésitantes.

Le chef du parti nouveau, le dépositaire des intentions du roi, le dispensateur attendu de ses largesses, Joyeuse, était arrivé le premier. Son départ sept mois auparavant avait causé quelques désillusions : son retour rassura les amis de la France, et nul, si ce n'est peut-être Béthune, n'en fut aussi heureux qu'Aldobrandini. Le doute n'était plus permis maintenant : Henri IV voulait être et déjà était puissant à Rome. L'appui cherché, la protection promise n'étaient plus seulement sur les lèvres de l'ambassadeur : ils étaient là vivants et forts, et c'était une réalité pleine d'espérances. Aldobrandini avait hâte de se l'entendre dire de la bouche même du cardinal de Joyeuse. De son côté Béthune regardait l'entente des deux cardinaux comme d'une capitale importance pour le dessein qu'il poursuivait à Rome, et il prépara avec un soin extrême leur première entrevue. Il instruisit Joyeuse des phases diverses qu'avaient traversées depuis sept mois l'esprit d'Aldobrandini, de ses alternatives de confiance et d'indécision, et surtout des derniers incidents, qui l'avaient fait se jeter par dépit, dans les bras de la France. Il n'en fallait pas tant à Joyeuse pour trouver des paroles qui allassent au cœur du cardinal neveu. Heureux de se voir compris et soutenu, Aldobrandini ouvrit toute son âme : il renouvela tous ses engagements ; c'était le résultat souhaité. [1]

---

[1] De Béthune au roi, 14 décembre 1604. Arch. de Sully. — « Je
« vous dirai que Monsieur le cardinal de Joyeuse a vu Monsieur le car-
« dinal Aldobrandini et qu'ils se sont parlé à cœur ouvert. Je les y avais
« d'ailleurs préparés, pensant que la bonne entente entre ces deux car-

Sourdis suivit de près Joyeuse, de trop près au gré de Béthune. Son arrivée inopinée, son entrée inaperçue et comme furtive dans Rome, son train plus que modeste, déplurent à l'ambassadeur. Ce début ne donnait guère d'espérances ; il répondait trop au caractère fantasque et peu équilibré du prélat, aussi insouciant des usages à Rome, que des droits de ses chanoines à Bordeaux. Mais à Bordeaux, il ne compromettait que lui-même, il faisait tort à Rome au crédit de la France. Du mérite et pas de fortune, de la fortune et pas de luxe déployé, c'était peu aux yeux des Romains. L'estime qu'ils accordaient à un cardinal se mesurait à l'éclat de son équipage et au nombre de ses gentilshommes. Sourdis, il est vrai, protestait de son dévouement au roi, et de sa ferme intention de le servir : « mais cela ne suffisait pas : il fallait encore s'accommoder aux mœurs du pays. » (¹) Joyeuse et Béthune tentèrent de le lui faire entendre, avec tous les ménagements qu'exigeaient son humeur susceptible et son caractère emporté. Henri IV lui-même fut invité à intervenir. Il le fit avec bienveillance, mais aussi avec fermeté. Il engagea nettement le cardinal à faire la dépense, que sa considération personnelle réclamait, « et que lui permettait sa grande fortune. » Sourdis, qu'un ordre plus direct eût froissé peut-être, se déclara prêt à obéir aux désirs ainsi exprimés du roi (²).

« dinaux était d'une extrême importance pour votre service, l'accroisse-
« sement de votre autorité à Rome, et la diminution de celle des autres. »
(¹) De Béthune, à Villeroi 14 décembre 1604. Arch. de Sully.
(²) De Béthune au roi, 27 décembre 1604. Arch. de Sully. — La lettre de Henri IV à Sourdis fut conçue en termes modérés ; mais dans sa lettre à Béthune du 23 janvier 1605, le roi juge le prélat en termes sévères : « Il s'est, dit-il, étudié par ses comportements, depuis qu'il est cardinal,

Deux jours après Sourdis, Duperron faisait son entrée dans Rome. Il venait de Florence et Béthune espérait beaucoup de son entrevue avec le grand duc. Grandement estimé du prince dont il possédait la confiance, il pouvait mieux que personne ménager sa réconciliation avec Aldobrandini. Le résultat confirma les prévisions de l'ambassadeur. Dès ce jour, le grand duc — Aldobrandini, malgré ses préventions, le constatait lui-même, — se montra moins hostile à un rapprochement. (¹) Duperron fut moins heureux avec le cardinal d'Este, qu'il avait vu aussi en passant. Il eut de lui de bonnes paroles, des promesses cent fois renouvelées à Béthune, depuis bientôt trois ans ; mais il ne put le décider à se déclarer encore pour la France. (²) A Rome, l'arrivée de Duperron fut un vrai triomphe : il y fut accueilli avec une curiosité, faite à la fois de sympathie et d'admiration. Il reçut de Clément VIII et d'Aldobrandini les marques de la plus vive affection.

« de se laisser conduire à ses opinions, qu'il a souvent masquées de
« simplicité et de piété, mais qui en effet tendent à des fins, qui ne
« me sont pas moins désagréables qu'éloignées de son devoir. De quoi
« aussi souvent je l'ai repris : il m'a promis et assuré de s'en corriger et
« certes je me promettais qu'étant sur le théâtre de Rome, par l'exemple
« et fréquentation de ceux de sa qualité, et par le soin qu'il doit avoir
« de sa réputation, il changerait de conseil et de forme de vivre. Mais...
« il ne s'est pas mieux gouverné à son arrivée et depuis qu'il est par
« delà que de coutume. De quoi je suis très navré... et crains qu'il nous
« manque une bonne occasion, quand elle s'offrira. » B. N. m. 3486.
Les craintes de Henri IV étaient justifiées : on le verra plus tard.

Villeroi est plus dur encore peut-être : « Nous avons estimé le presser de son devoir en termes précis... Dieu veuille encore que cela profite :
« mais si rien doit servir à le redresser à la bonne voie, sera qu'il entende
« et croie que nous lui retrancherons et lèverons tout à fait sa pension
« et les vivres, s'il faut à complaire et obéir comme il est tenu de faire. »
De Villeroi à Béthune, 23 janvier 1605. B. N. m. 3488.

(¹) De Béthune au roi, 11 janvier 1605. Arch. de Sully.
(²) De Béthune au roi, 14 et 27 décembre 1604. Arch. de Sully.

La cour romaine était heureuse de posséder enfin un homme, dont la réputation d'éloquence et de savoir était considérable, (¹) dont les victoires théologiques sur Duplessis Mornay, le pape des protestants, avaient fait comme une des colonnes de l'Eglise. Le caractère aimable et souple, l'esprit brillant, les manières charmantes du cardinal, aidèrent encore à la sympathie. Dès le premier jour Duperron fut regardé comme l'un des membres les plus éminents du Sacré Collège ; il fut aussi l'un des plus aimés. Joyeuse était la tête, Duperron fut le cœur du parti français ; Givry et Séraphin n'en furent point jaloux : ils travaillèrent à l'œuvre commune avec plus d'ardeur que jamais.

C'était pour le roi de France un inappréciable avantage, que d'avoir à Rome cinq cardinaux — dont quatre au moins de premier mérite — absolument soumis à ses commandements. Le Conclave venu, ils étaient sûrs par leur nombre. et surtout par leur influence, « d'y faire, selon le mot de Béthune, une merveilleuse rumeur. »

Les Espagnols étaient pris à leur propre piège. Jusqu'à la dernière heure, malgré les assurances de Béthune, et pour leur faire échec, ils avaient traité d'illusoires les promesses de Henri IV, et feint de ne pas croire à la venue des cardinaux français. Surpris par la réalité, ils n'avaient pris aucune mesure pour en prévenir, ou du moins, en atténuer les effets. Aussi, dès le premier moment, à la vue de l'attraction irrésistible de la faveur ouverte que les nouveaux venus, et, derrière eux, le parti de la France, avaient tout à coup suscitée, leur émotion alla-t-elle jusqu'à la colère. (²)

(¹) De Béthune au roi, 27 décembre 1604. Arch. de Sully.
(²) De Béthune au roi, 27 décembre 1604. Arch. de Sully.

Ce n'était inquiétant pour personne, Le gouvernement espagnol pensa qu'il y avait autre chose à faire. Depuis un an, il avait travaillé, comme à plaisir, à s'aliéner Aldobrandini, en laissant passer sans blâme, en approuvant tacitement la conduite de plus en plus injustifiable de son ambassadeur à Rome. Il voulait ainsi punir le cardinal de l'inclination qu'on lui supposait vers la France. La présence des cardinaux français à Rome, l'influence grandissante du nouveau parti, n'étaient pas pour l'en détourner. Il fallait en toute hâte changer de politique à son égard ; car, on avait beau faire, son crédit serait prépondérant dans le futur Conclave. Peut-être était-il temps encore de s'assurer au moins sa neutralité. Le moyen le plus sûr était de rappeler en Espagne le marquis de Vigliena. A cette réparation, quoique tardive, Clément VIII et Aldobrandini auraient certainement répondu « avec quelque faveur. » Mais la fierté castillane n'était pas d'humeur à confesser si franchement ses torts. Elle préféra un détour, ce détour, dût-il être une faute. Le roi d'Espagne s'imagina qu'il lui suffirait d'employer son autorité à faire fléchir devant Aldobrandini l'attitude arrogante des Farnèse, ses alliés d'hier, pour avoir droit, sans autre satisfaction de sa part, sinon à la reconnaissance du cardinal, du moins à l'oubli du passé.

Ordre exprès vint en effet d'Espagne au duc de Parme et à son frère d'avoir à faire la paix avec Aldobrandini et le Pape. La nouvelle était connue à Rome, quand Vigliena en informa officiellement Clément VIII. Il s'attendait à une explosion de gratitude, il ne trouva que de la réserve, presque de la froideur. Il pensa que le Pape doutait de sa parole, et voulut lui mettre sous les yeux les lettres de Philippe III. Clément VIII refusa de les voir, et un peu après Aldobrandini. Légèrement décontenancé, mais désireux de masquer sa retraite, et prêt à capituler sans en avoir l'air, il demanda, lui si osé naguère, qu'on lui permit de recevoir à Rome le duc de Parme, afin de le décider plus vite à la paix. Il lui fut répondu que « l'entrée de la ville était permise à tous, à plus forte raison aux princes feudataires de l'Eglise, et aux parents de Sa Sainteté. » ([1]) Le duc de Parme n'accueillit pas avec plus d'enthousiasme le message du roi d'Espagne. Quinze jours après l'avoir reçu, il n'avait encore fait aucune démarche, donné aucune réponse. Nul ne s'en étonna. De quel droit Philippe III entreprenait-il d'intimer des ordres impérieux « à un prince qui n'était pas son sujet ? » Quelle gratitude pouvait attendre le duc d'une soumission, qui n'était pas volontaire, « mais commandée par un prince étranger ? » Cependant Aldobrandini, sans s'inquiéter du motif qui la déterminait, était prêt à la recevoir. C'était à ses yeux le moyen de séparer les Farnèse d'avec les Espagnols, car, il ne s'en cachait pas, l'intervention intéressée du roi d'Espagne n'aurait jamais pour lui la valeur d'une réparation. Peut-être Philippe III se flattait-il, un premier succès obtenu, de réconcilier son ambassadeur avec le cardinal, au moyen des Farnèse. C'était une illusion. Moins que jamais Aldobrandini était décidé à permettre que le duc de Parme se mêlât des affaires de cet ambassadeur. Il se déclarait énergiquement à un ami commun de Béthune et du duc, afin qu'on le répétât à tous deux. ([2])

Le duc de Parme n'avait plus besoin de cet avertissement sévère. Les lettres du roi d'Espagne, en le blessant dans son indépendance et sa fierté, l'avaient fait réfléchir.

([1]) De Béthune au roi, 11 janvier 1605. Arch. de Sully.
([2]) De Béthune au roi, 11 janvier 1605. Arch. de Sully.

Il sentait maintenant l'inconvénient des amitiés trop hautes, toujours promptes à se changer en chaînes. Un seul mobile guidait le roi d'Espagne, « ses propres intérêts » et « il n'avait aucun égard à l'honneur » de celui que, déjà, il traitait en vassal. Le duc « avait envoyé faire des remontrances au roi » et il n'avait pas obéi. Ce n'est pas qu'il ne voulut point se soumettre ; il voyait bien au contraire que c'était plus pressant que jamais ; mais il voulait que sa soumission produisit tous ses avantages, et pour cela, qu'elle fût spontanée et le parût. Il était sûr de trouver maintenant des dispositions favorables à Rome. Aldobrandini et le Pape n'étaient pas disposés plus que lui à laisser intervenir dans leurs querelles un aussi puissant personnage que le roi d'Espagne. Ils sentaient bien qu'il ne pouvait les obliger qu'à leurs dépens, c'est-à-dire « en confirmant l'autorité qu'il prétendait » s'arroger « sur le duc, un vassal de l'Eglise. » Ainsi convaincus à la fois que d'autres cherchaient à profiter de leurs divisions pour « s'accroître, » ils aspiraient tous également à se réconcilier. (¹)

Le médiateur de la paix fut l'homme de confiance des Farnèse, le cardinal Conti. Le duc de Parme lui donna « charge de traiter avec Aldobrandini et le Pape. » Mais si Conti « venait poursuivre sa négociation à Rome », il était à craindre « que Vigliena ne la traversât, pour sauver l'honneur de son maître et le sien, de peur qu'elle ne se fît, » tandis qu'il attendait des instructions définitives d'Espagne. Pour parer à cet inconvénient, Aldobrandini résolut d'avancer un voyage, qu'il avait depuis quelque temps décidé, à son archevêché de Ravenne. Il devait

(¹) De Béthune au roi, 24 janvier 1605. Arch. de Sully.

s'aboucher en route avec Conti. (¹) En même temps le cardinal Farnèse quittait ses propriétés du Brutium et venait au devant d'Aldobrandini. Ils se rencontrèrent à Terni, et Conti se trouva avec eux. Le duc de Parme attendait Aldobrandini en Lombardie. « La réconciliation entre les deux cardinaux fut sincère : elle égalait même, « au dire de quelques-uns, la meilleure intelligence qui « fut jamais entre eux. » Mais l'auteur principal de ce bruit était Conti lui-même, trop intéressé à faire valoir son œuvre, pour être cru sur parole. En réalité les deux cardinaux s'étaient promis « de ne plus se vouloir de mal, « plus » encore « que de se vouloir du bien. » C'était l'opinion des gens sages, de ceux qui connaissaient le mieux les âmes italiennes, beaucoup moins promptes à oublier les offenses reçues. Mais « le temps », nul n'en doutait alors, « devait apporter ce qui manquait encore à « cette parfaite amitié. » (²)

Cependant, on n'avait pas voulu, en apparence du moins, exclure entièrement l'ambassadeur d'Espagne, d'un accord que son maître avait mis en avant le premier. La précaution était politique, l'expédient imaginé fut audacieux : mais on n'ignorait pas que le marquis de Vigliena s'y prêterait avec une naïveté, et une assurance parfaites. Jusqu'à la dernière heure, on lui avait caché les négociations engagées. Le moment venu, quand déjà elles avaient secrètement abouti, on lui persuada « que le duc « de Parme et Farnèse ne voulaient pas de la réconcilia- « tion, et qu'il ferait bien de leur écrire pour les y dispo- « ser. » Un motif devait les y déterminer surtout : les désirs pressants de Philippe III, uniquement conseillé « par le

(¹) De Béthune au roi, 24 janvier 1605. Arch. de Sully.
(²) De Béthune au roi, 8 février 1605. Arch. de Sully.

« bien qu'il voulait aux deux maisons. » Ainsi, au retour des courriers d'Espagne, tout serait prêt, la paix pourrait se conclure, et l'honneur en reviendrait tout entier à son maître et à lui-même. Vigliena écrivit. Il apprit presque aussitôt que la réconciliation était faite. C'était un résultat inespéré, il s'en réjouit, comme d'une victoire. C'était en réalité l'agonie de l'influence espagnole à Rome. (¹)

Une joie plus justifiée, mais dissimulée avec soin, était celle de Clément VIII. Cette paix comblait ses désirs. Elle délivrait de toute appréhension l'affection inquiète qu'il avait pour les siens, pour Aldobrandini surtout, et qu'il tenait plus que jamais à cacher. Mais il avait beau faire, son maintien, son visage, sa voix elle-même trahissaient en lui le bonheur de voir enfin emportés les nuages, qui avaient un moment assombri et menacé sa maison. Le lendemain même de la nouvelle, Béthune le vit et « lui témoigna, quelle serait en l'apprenant, la joie du roi » de France. Clément VIII, qui ne permettait à personne d'aborder ce sujet, reçut avec bienveillance les félicitations de Béthune, et ne se contraignit pas devant lui. Pour ne laisser aucune trace des brouilleries passées, il rappela aussitôt les quatre gentilshommes du cardinal Farnèse bannis, et déjà l'on parlait de licencier les Corses. De son côté Aldobrandini avait rencontré en route les principaux meneurs d'Ascoli et les avait absous. (²)

Ainsi rassuré du côté des Farnèse, le cardinal tourna contre l'Espagne toute la rancune accumulée depuis quatre mois dans son cœur. Il n'en témoignait rien au dehors, mais il ne cessait de préparer efficacement tout bas sa vengeance. Ruiner l'influence des Espagnols à

(¹) De Béthune au roi, 8 février 1605. Arch. de Sully.
(²) De Béthune au roi et à Villeroi, 8 février 1605. Arch. de Sully.

Rome, en favorisant l'influence rivale, ne suffisait déjà plus. La veille même de son départ pour Ravenne, il confirmait à Béthune son dessein, depuis quelque temps arrêté, d'opposer à leur puissance en Italie une formidable barrière, une ligue, appuyée sur la France, des principaux Etats de la Péninsule, Venise, Florence et l'Etat de l'Eglise. Sans doute, ce n'était pas encore un projet mûri : peut-être même Béthune en était-il le seul confident. Mais l'avoir conçu et s'y attacher, était, semble-t-il, une preuve non équivoque de la vivacité des haines du cardinal, aussi bien que de ses affections. Béthune cependant n'était pas complètement satisfait encore. Malgré les apparences, à cause même des témoignages passionnés en quelque sorte du dévouement d'Aldobrandini à la France, il en venait à douter parfois de sa sincérité. On ne sait jamais à quoi s'en tenir avec ces âmes italiennes si intéressées, si impressionnables, si vives, si facilement portées aux excès, et si promptes à changer de face. La pensée intime du cardinal était-elle exactement celle que manifestaient ses paroles ? On parle de ce qu'on aime, dit-on. Aldobrandini avait-il fait part à ses amis les plus sûrs des sentiments qu'il semblait embrasser avec tant d'ardeur aujourd'hui ? On ne pouvait guère douter de son aversion pour l'Espagne. Barberini, avant de partir pour la France, en avait été le confident, et l'avait redite à Béthune. L'ambassadeur de Venise possédait maintenant la pleine confiance du cardinal. Béthune essaya de le faire parler. Il s'y prêta volontiers. Il confirma le rapport de Barberini au sujet de l'Espagne. Quant au dévouement à la France et au roi, Aldobrandini s'en était exprimé en des termes si précis, si chauds, « que quand Béthune lui aurait mis tous ses propos en la bouche, il n'eût pas parlé plus avantageusement pour le service du roi. » Du reste, au cours même de son voyage, Aldobrandini allait avoir l'occasion de témoigner par des actes significatifs, de l'entière sincérité de ses déclarations. (¹)

L'ambassadeur n'était pas aussi satisfait du cardinal d'Este. Malgré les offres faites et depuis longtemps acceptées en parole, il ne s'était pas encore déclaré pour la France. Un voyage à Modène avait été pour lui l'occasion d'un premier délai. Dans ses lettres fréquentes à Béthune, il n'en appelait pas moins le roi de France, « notre commun maître ». Mais au moment, où sur l'assurance du comte Fontanella, homme de confiance du cardinal, l'ambassadeur se croyait à la veille d'une décision définitive, d'Este partit pour l'Allemagne. Il était de retour à Modène, à l'époque même du retour de Joyeuse à Rome. Duperron le vit, et n'eut encore que des promesses. D'Este, on ne l'ignorait pas, aspirait à la protection des affaires de France, dont avaient été jadis investis plusieurs cardinaux de sa famille. Peut-être voulait-il ainsi obliger le roi à lui en faire l'offre plus vite : peut-être aussi voyait-il de mauvais œil le parti français rechercher l'alliance d'Aldobrandini, rival, qu'il détestait et dont il avait accueilli froidement naguère les avances d'amitié.

Mais le temps était venu de prendre un parti décisif. Un an auparavant la déclaration du cardinal d'Este, eût donné, sans conteste, un vigoureux élan au parti français hésitant. Des circonstances heureuses avaient produit depuis lors le même résultat. D'Este pouvait aujourd'hui utilement le servir, il ne lui était plus indispensable. Cependant Joyeuse et Béthune voulurent tenter un dernier effort pour réaliser le plan primitif : ils firent des remon-

(¹) De Béthune au roi, 8 février 1605. Arch. de Sully.

trances au cardinal sur ses persistantes lenteurs. Comme il tardait à répondre, ils n'hésitèrent pas à négocier ailleurs (¹).

Du reste, ils étaient maintenant en état de ne plus offrir seulement des paroles. L'attente des Romains était cette fois justifiée. Joyeuse avait apporté à Béthune 5400 écus d'or pour les pensions de Rome et des brevets signés du roi, où le nom de la personne et le chiffre de la pension étaient laissés en blanc, à la disposition de l'ambassadeur. Delphino fut le premier gratifié. Les pourparlers furent courts ; la pension était acceptée d'avance et fixée à quinze cents écus. Le cardinal n'exigea qu'une condition : c'est qu'elle ne serait pas constituée sur des bénéfices. Le paiement en serait ainsi plus secret, et plus efficaces, en paraissant moins intéressés, seraient les services rendus par lui à la France. (²)

Le cardinal Benilagua (³) fit au début plus de difficultés. Créature d'Aldobrandini, il craignait de lui déplaire, en s'engageant ainsi sans son consentement. Le cardinal neveu était alors à Ravenne. Sur le désir de Béthune, il fit savoir à Benilagua qu'il le verrait avec plaisir accepter la pension offerte. C'était là un engagement grave. Autoriser les siens « à prendre du roi de France, ce qu'il ne leur « avait pas permis d'accepter du roi d'Espagne » c'était prêter le flanc au reproche de partialité. Ainsi armés contre lui, les Espagnols, bien qu'affaiblis, étaient encore assez puissants pour lui nuire. Le doute n'était plus possible, Aldobrandini était avec nous. Dès cette heure Beni-

(¹) De Béthune au roi, 8 février 1605. Arch. de Sully.
(²) De Béthune au roi, 8 février 1605. Arch. de Sully.
(³) Benilagua d'une des plus nobles maisons de Ferrare, créé par Clément VIII patriarche de Constantinople, puis cardinal en 1599. C'était un prélat « doué de plusieurs vertus et louables qualités. »

lagua n'hésita plus. Il accepta aussitôt un brevet de quinze cents écus de pension sur l'archevêché d'Auch, et la moitié lui fut payée immédiatement. « Il demandait en « même temps pour le plus jeune de ses frères, un brevet « de gentilhomme de la chambre, et pour l'aîné qui était « marquis, une compagnie de cinquante hommes d'armes, « et l'ordre du Saint Esprit. » On lui donna espérance de voir ses désirs satisfaits. Une difficulté semblait s'y opposer cependant : l'ordre du Saint Esprit était jusque là exclusivement réservé aux Français. Béthune, qui voyait là un moyen sûr et peu coûteux, d'acquérir en Italie des sympathies précieuses et des serviteurs influents à la France, en avait depuis deux ans exprimé plusieurs fois ses regrets. Il les renouvela à cette occasion et plus instamment que jamais supplia le roi « de faire passer les « monts à son ordre. » Un mois après Henri IV faisait expédier à Rome tous les brevets demandés. (¹)

Clément VIII, on s'en souvient, avait désigné lui-même l'ancien nonce de France, le cardinal de Buffalo, comme l'un des premiers, qu'on pouvait et qu'il fallait définitivement attacher au parti français. C'était depuis longtemps l'intention de Béthune. La conduite du cardinal, à son retour à Rome (²) l'y engagea davantage encore. Dans son rapport sur les affaires de France, Buffalo avait été des plus favorables au roi. Joyeuse et Béthune décidèrent aussitôt de répondre à ses sympathies, en lui faisant « accepter une pension », ou, s'il la refusait, « de l'obliger, en la lui offrant (³) ». Buffalo n'accepta ni ne refusa tout à fait. Comme tous les cardinaux créés du seul gré du Pape, il

(¹) De Béthune au roi, 23 février 1605, Arch. de Sully.
(²) Il était revenu avec le cardinal de Joyeuse sur le même bateau.
(³) De Béthune à Villeroi, 27 novembre 1604. Arch. de Sully.

avait droit à une subvention de la chambre apostolique ; il craignait, s'il acceptait la pension de France, que le Pape et Aldobrandini, ne la fissent entrer « en ligne de compte : » ce qui serait pour lui de nul avantage. Aldobrandini renouvela pour Buffalo, ce qu'il avait fait pour Benilagua. Pauvre comme il était, le cardinal eût dès lors accepté, si des évènements graves, n'étaient venus subitement mettre d'autres préoccupations dans les esprits, et suspendre pour un temps les négociations commencées. (¹)

Le samedi 20 février, pris d'une fluxion subite à la gorge, « sous forme d'apoplexie », Clément VIII, avait passé pour mort. On donnait la nouvelle, comme certaine, le lendemain, dimanche, après un second accident ; « mais « on la cachait, disait-on, au Palais, en attendant Aldo-« brandini » prévenu à la hâte. L'ambassadeur d'Espagne n'en douta pas un instant. Il expédia aussitôt « deux courriers » à son maître, « pour donner avis du décès ». Une telle promptitude à croire sans autres preuves, à des bruits de cette nature, semblait témoigner combien, dans l'entourage de Vigliena, « on les souhaitait vrais. » Ce fut l'impression de ceux qui avaient le plus d'intérêt à la vie du Pontife. Béthune se garda d'une pareille faute : le cardinal de Buffalo l'en préservait du reste par l'exactitude de ses renseignements. Bientôt en effet on apprit, à n'en pouvoir douter, que le Pape vivait encore, bien qu'il fut au plus mal. C'en fut assez. On commença à parler publiquement du conclave. Tous les intéressés, tous les prétendants à la cour et dans Rome s'agitaient, on disait les chances des principaux candidats à la tiare. Mais au dire de Béthune, aucun de ceux dont les noms étaient dans la bouche du peuple « n'eût été utile, ni à la chrétienté,

(¹) De Béthune au roi, 8 février 1605. Arch. de Sully.

ni à la France. » Pendant ce temps, au Palais, et parmi les amis de Clément VIII, on reprenait espoir. Un cautère, mis à propos dès le premier jour sur la gorge enflée du Pontife, avait produit un effet heureux, et dégagé la tête. Aussitôt « la goutte était revenue au genou : signe que la nature était forte », et, dans l'opinion de l'époque, brevet de longue vie. (¹)

Aldobrandini était arrivé le dimanche soir. Survenue en son absence, la mort du Pape eût été pour lui un désastre : déjà plusieurs de ceux qu'il avait le plus obligés intriguaient contre lui. Sa présence les tint en respect. Comme il ne recevait pas de visites, Béthune ne put le voir ; mais il lui fit transmettre une fois de plus, à cette heure grave, l'assurance de l'amitié de Henri IV et son intention ferme de la lui témoigner, quoiqu'il advînt. Aldobrandini apprécia avec reconnaissance la délicatesse et le prix de cette démarche. Béthune prit également « soin de l'informer « tous les jours, de ce qui pouvait » avoir au dehors quelque « importance pour lui. » Le cardinal n'en fut pas moins touché. (²)

Les évènements se précipitèrent. Le 3 mars, dans la nuit, à onze heures, Clément VIII expirait. Béthune en informa par courrier exprès Henri IV et demanda les instructions dernières en vue du conclave. En attendant, il apporta aux parents et sur la tombe du Pape défunt les regrets de la France. Ces regrets étaient mérités. L'absolution du roi, œuvre personnelle du Pontife, décidée après mûr examen, malgré l'opposition menaçante de l'Espagne, avait débarrassé la France des guerres civiles. La paix de Vervins et la paix de Lyon, ménagées par les soins du

---

(¹) De Béthune au roi, 23 février 1605. Arch. de Sully.
(²) De Béthune au roi, 23 février 1605. Arch. de Sully.

même Clément VIII, l'avaient délivrée de la guerre étrangère. La dissolution du mariage du roi avait complété l'œuvre, en assurant, sans discussion possible, la succession au trône. Ces trois actes du Pontife avaient ouvert en réalité, pour la France, une ère nouvelle d'un incomparable éclat dans l'histoire du monde. Il serait exagéré de prêter à Clément VIII l'intuition des grandes choses qu'il avait préparées. Conciliant, mais ferme ; timoré, mais résolu, quand lui apparaissait nettement son devoir ; prêtre et Pape avant tout, il n'eut jamais la hauteur d'idées et la largeur de vues, qui font le grand homme d'Etat. Le sentiment des nécessités du moment, des besoins immédiats de la chrétienté, réglèrent toujours sa conduite. Pénétré de ses graves devoirs de médiateur attitré entre deux nations puissantes et rivales, il chercha à tenir la balance égale, jusqu'au jour, où la décadence visible et l'arrogance intempestive de l'une, le força pour ainsi dire à souhaiter et même à favoriser la prépondérance de l'autre. Peu de Papes ont rendu à la France de plus appréciables services.

CHAPITRE VII

Préparation au Conclave. — Le Conclave.
Election de Léon XI. — Sa mort.

« Les cardinaux français ne pouvaient arriver plus à
« propos à Rome. » Ce fut le premier mot, comme le cri
de joie de Béthune, dès qu'il eût annoncé sommairement
au roi la mort de Clément VIII. (¹) « La plupart des dis-
« coureurs et des inutiles courtisans » de là-bas « tenaient
« même pour assuré que des astrologues avaient prédit
« au roi la mort du Pape. » L'ambassadeur, en se moquant
d'eux, n'en félicitait pas moins son maître de « sa bonne
fortune » et il ajoutait : « Il semble que le Pape n'attendit
« autre chose pour mourir, sinon que notre parti fut ici
« un peu redressé. » (²) Mais Henri IV n'avait pas été seulement heureux ; en politique avisé, il avait été prévoyant.
Les instructions que Béthune réclamait à la dernière heure,
Joyeuse les avait reçues, il y avait cinq mois, à Marseille,
lors de son retour à Rome. Il les ouvrit alors seulement
en présence de l'ambassadeur. Elles étaient si précises, si
claires, qu'aucune hésitation, aucun doute n'étaient possibles. Henri IV avait deux candidats préférés à la tiare :
Baronius et le cardinal de Florence ; celui-ci était parent
de la reine et le roi souhaitait avant tout son succès.

(¹) De Béthune au roi, 4 mars 1605. Arch. de Sully.
(²) De Béthune à Villeroi, 11 mars 1605. Arch. de Sully.

Valerio, (¹) cardinal de Vérone, Sanli, (²) Pallote, Buffalo, Séraphin, lui étaient agréables, Arrigone (³) et Borghèse, (⁴) indifférents. Il avait peu de sympathie pour Saint-Clément (⁵) et pour Saint-Marcel ; (⁶) il ne voulait ni de Côme, ni de Bianquetti, (⁷) ni d'Ascoli, (⁸) ni de Montelparo, tous suspects d'attachement immodéré à l'Espagne. Sans les exclure publiquement, — car le roi ne voulait s'aliéner personne, — les cardinaux français avaient ordre de les tenir en échec. S'il ne pouvait avoir un Pape ouvertement favorable, Henri IV en souhaitait un qui fut impartial et neutre. (⁹)

(¹) Agostino Valerio, cardinal archevêque de Vérone, créé par Grégoire XIII, mort en 1606. Partisan de la France.

(²) Antonio Maria Sanli, d'une noble famille génoise, savant théologien, nonce à Naples, puis en Portugal, archevêque de Gênes, cardinal en 1587, mort plus qu'octogénaire à Rome (1623).

(³) Né à Rome, mais originaire de Milan, tout dévoué aux Aldobrandini, élève de Pierre Aldobrandini, frère du Pape, créé cardinal par Clément VIII en 1596, mort en 1612.

(⁴) Borghèse appartenait à une riche famille de Sienne, réfugiée à Rome. Auditeur de Rote, nonce en Espagne, cardinal en 1596, il était aussi remarquable par sa modestie que par sa piété.

(⁵) François de Saint-Georges de Blandrate, dit cardinal de Saint-Clément, né à Casal, évêque d'Acqui, de Ferrare, enfin de Faënza, cardinal en 1596, mort en 1605.

(⁶) Paul Emile Zacchia, dit cardinal de San-Marcello, commissaire de la chambre apostolique, cardinal en 1599, mort en 1605, tout dévoué aux Aldobrandini.

(⁷) Avait été de la suite du légat Gaëtan en France. Auditeur de la légation en Pologne, sous Sixte-Quint, cardinal en 1596, mort en 1612. Bolonais et sujet du Pape, mais Espagnol de cœur.

(⁸) Jérôme Bernieri, cardinal évêque d'Ascoli, s'était prononcé contre l'obsolution de Henri IV.

(⁹) La lettre aux cardinaux français qui renferme ces instructions était contenue dans un paquet que Joyeuse reçut à Marseille, lors de son retour à Rome, en même temps qu'un paquet pour l'ambassadeur. Les paquets ne devaient être ouverts, et personne ne devait savoir que le

Il n'y avait pas un instant à perdre. **Clément VIII** était à peine mort, que déjà des pratiques sans nombre, des brigues de tout genre s'ourdissaient dans le Sacré Collège et dans Rome en vue du pontificat. Tous les ennemis d'Aldobrandini s'unissaient pour contrecarrer ses projets au conclave. A leur tête était Montalte avec les Espagnols et Sfondrati ; Aquaviva, Sforza, Santi Quatre, de sympathie française, travaillaient aussi contre lui, « Mais comme « le parti d'Aldobrandini était au double plus fort que « celui de tous les autres ensemble, » Béthune et Joyeuse décidèrent de se joindre à lui. Joyeuse alla voir sur le champ le cardinal-neveu, et lui assura que les Français étaient prêts à lui témoigner maintenant par des actes l'amitié de leur maître. Il fallait à l'Eglise — les circonstances l'exigeaient impérieusement, — un Pape sage, modéré, maître de lui-même et déterminé à défendre, contre tout oppresseur, la liberté du Saint Siège. Ce Pape, Joyeuse ne doutait pas qu'Aldobrandini ne le trouvât parmi ses créatures. C'était aller au cœur du cardinal-neveu.

Mais l'important pour le chef du parti français était de

---

cardinal les avaient entre les mains, si ce n'est à la mort de Clément VIII. (Lettre du roi à Joyeuse, 4 octobre 1604. L. M. t. vi. p. 315-320).

Aussitôt que la nouvelle de la mort du Pape lui fut connue Henri IV, écrivit à Béthune pour confirmer ses instructions premières. Le nonce lui avait insinué qu'il « fallait jeter les yeux sur le cardinal de Vérone. » Henri IV ajoute : « Partant si nous ne pouvons avoir pour pape Florence « ou Baronius, j'aurai très agréable Vérone... Mais je désirerais fort que « nous puissions avoir Florence par préférence à tout autre, et si nous « sommes exclus et déboutés de Florence, donnons à l'un des deux « autres ; servons-nous de cette occasion pour, en obtenant un sujet qui « qui nous soit propre, obliger par cette conduite le cardinal Aldobran-« dini à se jeter entre nos bras. » Du roi à Béthune, 16 mars 1605. B. N. m. 3486.

s'assurer au plus tôt des exclusions secrètement voulues par Henri IV. Il y travailla sur l'heure. Hostile avant tout, au nom du roi de France, à tout candidat suspect de partialité, il déclara qu'il ne voulait pas, pour ce motif, du cardinal de Côme. Or, le cardinal de Côme était l'ennemi déclaré de Montalte. Aldobrandini l'eut « favorisé » volontiers; il l'abandonna cependant, mais à condition qu'on ne l'obligerait pas à se déclarer ouvertement contre lui pour ne pas ôter toute crainte à Montalte. A son tour, amené à dire quels sujets il écartait du Pontificat, il nomma Ascoli et Montelparo. Joyeuse lui promit de l'aider contre eux. L'exclusion de Bianquetti fut plus difficile. C'était une créature d'Aldobrandini : le cardinal ne voulait pas le combattre. Béthune dût intervenir. Menacé de se voir abandonné des Français, Aldobrandini se montra plus traitable.

Un incident faillit tout à coup compromettre les espérances que promettaient, à bon droit, ces débuts. Joyeuse rendait compte aux cardinaux français, réunis chez Séraphin, des négociations si heureusement commencées. Ensemble ils décidaient de n'accepter et de n'exclure que d'un commun accord et de n'épargner aucune démarche, aucun effort pour assurer le succès de Baronius ou du cardinal de Florence. A la même heure, un bruit anonyme, des *on-dit*, malignement colportés par les partisans de l'Espagne, informaient Aldobrandini que les Français parlaient d'exclure encore Saint-Clément et Saint-Marcel.

Or, Saint-Marcel était le candidat secrètement préféré du cardinal-neveu. Attaché à sa fortune et depuis longtemps son conseil intime, il n'eût pas examiné de trop près les comptes du précédent règne : ce qu'Aldobrandini appréhendait d'un autre. Menacé de voir crouler ses projets les plus chers, on imagine avec quelle émotion, le cardinal courut, le lendemain, chez Joyeuse. Il se plaignit amèrement des rumeurs venues jusqu'à lui, et déclara qu'au cas où elles seraient vraies, renonçant au concours ainsi restreint des Français, il prendrait ses précautions ailleurs. L'embarras de Joyeuse augmentant sa défiance, à des réponses vagues il opposa une question précise ; il demanda si oui ou non les Français accepteraient au besoin l'un ou l'autre des deux sujets en cause. Joyeuse ne lui en ôta pas l'espérance, mais il ne pouvait, ajouta-t-il, engager seul ses collègues français et Béthune. Le cardinal parut s'en aller satisfait. Ce calme apparent, on le sût bientôt, cachait une tempête. Fallait-il l'affronter ? Les chances des deux candidats étaient au fond légères, et les torts qu'Aldobrandini pouvaient faire à la cause française, immenses. Saint-Clément et Saint-Marcel n'étaient pas d'ailleurs hostiles à la France. L'hésitation n'était donc pas possible. Joyeuse, Duperron et Béthune décidèrent de les accepter à condition qu'Aldobrandini, s'il ne pouvait assurer leur succès, marcherait ensuite avec eux pour le cardinal de Florence.

Cependant un seul nom jusque-là était mis en avant et semblait destiné à rallier la majorité des suffrages : le nom de Baronius. De tous les cardinaux, c'était celui que les Espagnols redoutaient davantage. Adversaire déterminé de leurs prétentions ambitieuses, créature d'Aldobrandini, partisan avoué de la France, il avait toute sorte de droits à leur malveillance haineuse. Ils avaient saisi jusque-là toutes les occasions de la lui témoigner. La dernière datait de quelques jours à peine. Le onzième volume des œuvres du cardinal venait de paraître. L'auteur y discutait les droits de l'Espagne sur le royaume de Naples, et déclarait fausse la bulle sur laquelle on les appuyait. Deux libraires napolitains avaient osé le mettre en vente à Naples même. Saisis aussitôt sur l'ordre du vice-roi, ils furent envoyés aux galères.

Aussi quelle ne fut pas l'émotion des Espagnols, à la nouvelle qu'on allait porter l'auteur même de cet ouvrage, Baronius, au Pontificat. L'exclure à n'importe quel prix, fallut-il avoir recours aux plus obliques, aux plus déloyales manœuvres, fut dès cette heure le but suprême de leurs efforts. On les vit aussitôt à l'œuvre. A la seconde réunion générale des cardinaux, le doyen du Sacré Collège, le cardinal de Côme, annonça qu'il venait de recevoir une lettre du vice-roi de Naples et comme elle était écrite en espagnol, il pria le cardinal d'Avila de la lire. Cette lettre était un réquisitoire violent contre les écrits de Baronius, hostiles à l'Espagne. Pleine de calomnies voulues, elle tendait à faire écarter ce cardinal du Pontificat. Baronius n'avait nulle envie d'être Pape ; mais savant consciencieux il n'admettait pas qu'on incriminât par haine ses écrits, et sur l'heure il prouva l'authenticité irrécusable des témoignages qu'il avait invoqués. L'impression qu'il produisit sur l'assemblée fut immense. On voulut savoir d'où venait cette lettre hardie, insolente, perfide. Le doyen déclara la tenir d'un secrétaire du Pape défunt, Argento. Le secrétaire appelé jura qu'il n'avait donné rien de pareil à personne. L'imposture était découverte, le cardinal de Côme confondu. Si le conclave eût été ouvert, dès cette heure Baronius était Pape.

C'est avec enthousiasme que les Français l'auraient acclamé ; mais ils eurent bientôt d'autres espérances. Satisfait de leur résolution de la veille, au sujet de Saint-Clément et de Saint-Marcel, Aldobrandini leur faisait maintenant déclarer qu'ils n'avaient plus à redouter ni

Bianquetti ni Côme ; et il était prêt, s'il échouait ailleurs, à se rejeter avec eux sur le cardinal de Florence. Joyeuse mit aussitôt ce dernier au courant des négociations engagées et des résultats obtenus. Il lui raconta au moyen de quelles concessions, les Français avaient décidé Aldobrandini à poser sa candidature, et lui exprima leur dessein arrêté et l'espoir qu'ils avaient de le porter au Pontificat, suivant les désirs du roi de France. (¹)

Le conclave s'annonçait bien. Aussi Béthune écrivait-il, d'un ton presque triomphant au ministre : « A cette heure « nous sommes assurés de l'exclusion de tous ceux que « nous pouvions tenir pour ennemis et ne sommes hors « d'espérance d'avoir quelqu'un de nos amis. » (²) Plus affirmatif encore, il écrivait au roi : « Bien dirai-je à Votre « Majesté qu'elle se peut assurer que sa partie l'emporte « pour ce coup sur les Espagnols, qui n'ont trouvé les « affaires disposées, comme ils s'attendaient, ayant été « seulement jusqu'ici sur la défensive, pour empêcher « qu'une personne diffidente et contraire ne soit élue au « Pontificat : de quoi néanmoins ils n'ont pu encore venir « à bout, quelque diligence et artifice qu'ils aient pu y « apporter. » (³) Mais l'ambassadeur ne s'endormait pas sur ces assurances. Trois jours encore le séparaient du conclave. Il les employa à confirmer les résultats acquis, à déjouer les intrigues nouvelles des adversaires, à pénétrer autant que possible les intentions cachées, à faire tomber les préventions, à gagner à la cause française les sympathies et les suffrages. Depuis dix jours, sans repos

---

(¹) Compte-rendu du conclave par Joyeuse, Duperron et Béthune. B. N. m. 3484.

(²) De Béthune à Villeroi, 11 mars 1605. Arch. de Sully.

(³) De Béthune au roi, 11 mars 1605. Arch. de Sully.

ni trêve, il menait la même campagne : il était brisé de fatigue. Et malgré tout, ces cabales et ces brigues, ces intérêts qui s'entrechoquaient, ces intrigues qui se nouaient dans l'ombre, avaient un charme puissant pour son esprit observateur. « Pour connaître Rome et cette cour, écri-
« vait-il, il faut y avoir négocié au temps d'un siège
« vacant ; messieurs les cardinaux étant en leur règne,
« aucuns se laissent plus aller à leurs passions, et d'autres
« les couvrent avec tant d'artifice qu'ils ne donnent pas
« peu de peine de négocier avec eux. » (¹) Cette peine touchait à sa fin. Le mardi, 8 mars, le marquis de Vigliena avait adressé un discours aux cardinaux assemblés ; le vendredi, 11, ce fut le tour de Béthune : il parla en italien, et, dit-on, en excellents termes.

Le lundi, 14, après la messe du Saint-Esprit, les cardinaux entrèrent définitivement au conclave, au nombre de soixante, et reçurent dans leurs cellules la visite officielle des ambassadeurs. Jusqu'à cette heure le représentant du grand duc s'était tenu ostensiblement à l'écart des Français. Joyeuse le lui reprocha vivement et il ajouta « qu'il
« lui faisait mal au cœur » de le voir, lui et les cardinaux de son maître, marcher à la remorque des Espagnols, qui ne les mépriseraient pas moins après. Qu'il ne s'étonnât donc pas si les cardinaux français tenus pour suspects, n'avaient songé qu'aux intérêts du roi de France. Touché de ce réquisitoire amer, l'ambassadeur s'excusa, demandant en grâce à Joyeuse d'exclure Saint-Marcel, ennemi personnel du grand duc. Il n'en reçut pas l'assurance. Le conclave fut fermé à minuit. Béthune en sortit, y laissant, dit-il, les affaires du roi en très bon état. Les ambassa-

(¹) De Béthune à Villeroi, 11 mars 1605. Arch. de Sully.

deurs avaient terminé leur rôle : c'était maintenant aux seuls cardinaux d'agir.

La ligue formée contre Aldobrandini s'afficha aussitôt. Comme elle était puissante, le cardinal eut peur. Il savait que ses ennemis n'attendaient qu'une fausse manœuvre pour le réduire à merci, et désireux de rester jusqu'au bout l'arbitre de l'élection, il vint prendre conseil du tacticien renommé qu'était le cardinal de Joyeuse. La situation était loin d'être nette ; cependant le nom de Baronius semblait de plus en plus sympathique à la majeure partie du conclave. Joyeuse savait qu'au début Aldobrandini ne le soutiendrait guère ; il engagea néanmoins le cardinal neveu à mettre aussitôt en avant Baronius. Aldobrandini ne le refusa point : mais avant de risquer sa première escarmourche, et peut être dans l'espoir d'autres conseils, secrétement désirés, il voulut avoir encore l'avis du cardinal Visconti, réputé lui aussi pour un très habile homme. Visconti pensait comme Joyeuse ; il déclara l'élection de Baronius certaine, si Aldobrandini réussissait à détourner seulement deux ou trois voix de ses adversaires. Le cardinal était trop fier pour s'abaisser à une pareille démarche. Visconti ne lui cacha pas qu'il risquait, en s'y refusant, de voir toutes ses créatures écartées du Pontificat, Baronius étant, à n'en pas douter, le moins redouté de l'opposition.

Ce n'était pas là l'opinion unanime autour d'Aldobrandini. Il y avait un autre nom sur lequel, disait-on, Montalte et les Espagnols étaient prêts à réunir leurs suffrages. Le même bruit avait déjà couru dans le conclave, et sa persistance devenait inquiétante pour les Français, car des créatures du cardinal-neveu, seul Bianquetti pouvait plaire à l'Espagne. Il était urgent d'avoir au sujet de ce candidat une réponse nette. Une première fois, le matin même, Aldobrandini s'était dérobé. Joyeuse exigeait de lui maintenant une exclusion formelle, sans réticence et sans retour. Aldobrandini refusa d'abord : mais ouvertement menacé d'être abandonné des Français, il se résigna, et Bianquetti fut définitivement écarté.

Or, personne n'avait osé parler à Baronius de sa candidature, tant — on le savait — il désirait peu être Pape. Mais l'entrevue de Joyeuse et d'Aldobrandini avec le cardinal Visconti avait mis en émoi ses adversaires. Le lendemain, le bruit courait qu'on allait porter, dans la nuit, Baronius au pontificat, et pour parer à toute surprise, plusieurs cardinaux dormirent vêtus, entre autres l'impotent et vieux d'Avila.

Bientôt les cardinaux du grand duc furent plus effrayés encore. La candidature de Saint-Marcel, mise en avant sans bruit, avait fait en peu de temps des progrès rapides. Del Monte, (¹) familier de la cour de Toscane, persuadé qu'il dépendait de Joyeuse de lui barrer la route vint le supplier de la combattre avec énergie. Joyeuse s'y refusa, le cardinal de Saint-Marcel n'étant pas hostile à la France. Que venait-on parler maintenant aux Français des intérêts du grand duc ? Abandonnés par lui, les Français ne le connaissaient plus. Del Monte sortit exaspéré et plus que jamais en alarme. Joyeuse s'en félicitait, car ce qu'il voulait, et ce qu'il avait prévu, arriva : les cardinaux du

---

(¹) Francesco Maria de Monte, d'une noble famille de l'Ombrie, né en 1549. C'était un homme aimable autant qu'instruit. A la mort du cardinal Alexandre Sforza, il s'était attaché à la fortune du cardinal Ferdinand de Médicis, qui devenu grand duc en 1588, le fit agréer par le pape Sixte-Quint et doyen des cardinaux, et mourut en 1622.

grand duc s'agitèrent tant, la nuit entière, que le lendemain l'exclusion de Saint-Marcel était assurée.

On était au mardi 22 mars. Depuis huit jours le conclave durait sans résultat. On avait vainement négocié : aucun nom n'était susceptible encore de recueillir les deux tiers des voix requis pour l'élection d'un Pape. Joyeuse crut le moment venu de faire un pas en avant et de préparer dès cette heure, le chemin du Pontificat au candidat préféré du roi de France.

Il fit remarquer à Delphino, confident intime du cardinal neveu, la durée déjà trop longue du conclave, l'impuissance où se trouvait Aldobrandini d'assurer le succès à une de ses créatures et la sagesse, dont il ferait preuve, en songeant à choisir en dehors. Il n'en aurait pas moins seul tout l'honneur de l'élection future, et il en aurait aussi le profit. Que voulait-il après tout ? Conserver sous le Pape futur l'influence, dont il avait joui sous le précédent règne. Il y avait à cela un moyen sûr, infaillible : donner comme raison de sa préférence à l'élu de son choix la prière du roi de France. Il s'assurerait ainsi la protection du prince, et nul frein ne valait celui-là pour enrayer à l'avance toute ingratitude possible. Or, en dehors des créatures d'Aldobrandini, un seul nom pouvait rallier les suffrages des divers partis : celui du cardinal de Florence.

Delphino avait à peine quitté Joyeuse, que Pallote, de la faction de Montalte, arriva. Lui aussi, il souffrait de la longueur du conclave, et des irrésolutions du cardinal-neveu. Qu'attendait Aldobrandini pour prendre une décision ferme ? Il n'avait que deux alternatives : ou permettre à ses adversaires de choisir un candidat, parmi ses créatures, ou se résigner à choisir lui-même en dehors.

Joyeuse heureux d'une action, qui venait à propos fortifier la sienne, et désireux de flatter les secrets désirs du cardinal, répondit que des deux partis, le second seul lui semblait raisonnable. Il promit même, si Pallote lui assurait le concours de Montalte, de parler au cardinal Aldobrandini, autrement qu'il n'avait osé jusque là.

Le cardinal de Florence entrait un instant après chez Joyeuse. Il avait hâte de voir poser sa candidature. Joyeuse lui raconta comment il avait prévenu ses désirs, comment par Pallote et par Delphino il venait de commencer, le jour même, des négociations avec les deux partis.

Côme suivit Florence. Aldobrandini avait jeté son nom dans le conclave pour diviser ses adversaires, surtout pour effrayer et rendre moins intransigeant Montalte. Mais Côme avait pris sa candidature au sérieux, et il était pressé de savoir ce qu'il pouvait espérer des Français. Joyeuse lui fit un accueil aimable, et se déroba tant qu'il pût ; mais enfin pressé de parler, il parla. Le cardinal de Côme avait, au point de vue français, un passé détestable. Il avait été, avec le cardinal de Sens, l'instigateur de la Ligue. Sixte-Quint lui-même lui avait un jour publiquement reproché « d'avoir mis la guerre et le feu en France. » Joyeuse réveilla tous ces souvenirs. Depuis que le nouveau roi, le roi tant combattu, mais vainqueur, était monté sur le trône, les ambassadeurs français n'avaient pas rendu du cardinal à leur maître un meilleur témoignage : toujours ils l'avaient trouvé trop partial à l'égard de l'Espagne. « Que Dieu leur pardonne ! » s'écria Côme atterré, et il protesta — combien tard ! — de son dévouement à la France. Il insista cependant encore : il demanda s'il était exclu par le roi. Il lui fut répondu que le roi n'excluait personne. Il voulut savoir si Joyeuse parlerait en sa faveur aux cardinaux français. « Je leur dirai, répondit Joyeuse, tout le bien que je sais de vous. »

Un autre candidat, Ascoli, survint après le cardinal de Côme. Plus habile ou plus fier, peut-être plus dissimulé, il ne dit rien de lui-même : sa démarche parlait assez haut. Montelparo, au contraire, entreprit sa propre apologie. Qu'il fut dévoué au roi d'Espagne, il ne le niait pas ; les faveurs qu'il avait reçues de Philippe II lui en faisaient un devoir ; mais il était aussi l'ami du grand duc, et le grand duc ne voulait pas d'autre Pape que lui. On lui reprochait de ne pas connaître le monde. Pourquoi dès lors, les Augustins, auxquels il appartenait, l'avaient-ils fait successivement prieur, provincial et enfin général de tout l'ordre ? L'argument était sans réplique. Joyeuse en fit la réflexion tout haut et ce fut sa seule réponse.

Libre enfin, le chef du parti français se rendit chez Aldobrandini. Il lui raconta son entretien avec Delphino, il lui fit part des propositions de Pallote, et discrètement il l'engagea à chercher, dès cette heure, en dehors de ses créatures, un succès improbable ailleurs. Aldobrandini, devenu subitement pensif, comme s'il eût assisté à l'écroulement de ses rêves, ne murmura qu'une banale réponse. Inquiet, Joyeuse se retira, se demandant en vain quel effet avaient produit ses conseils. Une heure après Delphino frappait à sa porte. Aldobrandini avait réfléchi à la combinaison proposée, déjà même il avait fait parler au cardinal de Florence. Mais il déplaisait au cardinal-neveu qu'un ami, qu'une créature de son rival Montalte, eût une part quelconque à l'élection, et le lendemain il reprocha vivement à Pallote de mal parler de lui dans le conclave. A son tour, — d'accord avec Aldobrandini — Joyeuse déclara qu'il renonçait désormais à ses projets de la veille.

Pallote s'efforça de l'en dissuader ; de nouveau il lui promit l'appui de Montalte. Mais un moment après, tandis que les négociations marchaient à son insu, consterné, il vint dire à Joyeuse qu'il avait trouvé Montalte hésitant. Malgré tout, deux des plus habiles cardinaux du Sacré Collège, Arrigone et Visconti, poussaient Aldobrandini à s'attacher résolument à la candidature du cardinal de Florence. Mais en attendant que le succès fut moins hypothétique, les cardinaux français résolurent de « se raidir » sur Baronius. Aldobrandini en fut très aise, car il n'avait pas perdu tout espoir de faire réussir Saint-Marcel.

Le lendemain, jeudi 24 mars, Baronius obtint vingt-trois voix, le surlendemain, vingt-sept. Les Espagnols en furent tellement émus qu'ils jurèrent de l'exclure à tout prix. Montalte, de son côté, était dans une colère extrême. Il s'écriait qu'on le traitait « en enfant », qu'on voulait l'effrayer, et, pris de frayeur en effet, il fit rentrer à la hâte son ami intime, l'ennemi personnel des Aldobrandini, Sfondrati, qu'une indisposition avait obligé récemment à quitter le conclave.

Sfondrati était influent et habile. Sa cellule devint aussitôt le centre des négociations : Joyeuse y plaida la cause du cardinal de Florence ; elle fut le foyer des intrigues ourdies contre le cardinal-neveu : l'exclusion de Saint-Marcel y fut ouvertement et définitivement décidée. Les Français s'en félicitèrent, car ils souhaitaient qu'Aldobrandini n'eût plus cette espérance.

Mais « l'affaire de Côme », habilement menée, avançait. Montalte, qui redoutait plus encore que les Français l'arrivée de ce cardinal au pontificat, était en proie aux appréhensions les plus vives. Il courut chez Joyeuse, espérant combiner avec lui une action contre Côme. Mais, à sa grande surprise, le chef du parti français, peu ému du succès possible de cette candidature, accueillit froidement ces avances, et Montalte se retira plus anxieux que jamais.

Le dimanche 27 mars, Baronius eut 31 voix. La colère des Espagnols, de d'Avila surtout, se changea en rage. Montalte parut plus calme. La peur de Baronius et plus encore de Côme, l'amenait insensiblement où voulait le conduire Joyeuse. Du reste, on parlait déjà tant dans le conclave du cardinal de Florence, qu'une fois de plus le chef du parti français dut engager les amis du cardinal et le cardinal lui-même à se taire. Mais jusque là les espagnols n'avaient rien éventé.

Aldobrandini résistait toujours. On crut bientôt en connaître la cause et ce fut un grand émoi dans le conclave. Décidé à faire Pape à tout prix l'une de ses créatures, le cardinal-neveu avait promis à d'Avila, disait-on, d'élever au Pontificat celui de ses cardinaux qui plairait le plus à l'Espagne. Joyeuse allait s'informer de l'exactitude du bruit, quand Aldobrandini en personne et quelques-uns de ses partisans, au comble de l'émotion, — car ils ne voulaient pas de Bianquetti, candidat de l'Espagne, — entrèrent dans la cellule du chef du parti français. Ils venaient protester contre la perfidie de leurs adversaires, qu'ils qualifiaient de manœuvre indigne. Joyeuse exigea davantage : il voulut qu'on obtint de d'Avila une rétractation. D'Avila la donna en présence du cardinal Bandini, qu'Aldobrandini avait amené pour témoin. Mais, pris vivement à partie par les ennemis personnels du cardinal-neveu, il nia presque aussitôt qu'il eût rien démenti. Il courut furieux chez Aldobrandini, l'insulta, le menaça, le provoqua même : ce fut un scandale. (¹) Joyeuse arrangea l'affaire ; mais Aldobrandini demeurait inquiet, il s'ingéniait à dissiper toute défiance de la part des Français. Joyeuse dut l'assurer qu'il le croyait un homme de parole et d'honneur.

Les nouvelles recueillies, ce jour-là, dans le conclave au sujet du cardinal de Florence étaient bonnes. Le moment était venu de faire un suprême effort sur Baronius, et d'arracher, par la peur, aux adversaires du cardinal-neveu, la liberté, qu'ils lui avaient refusée jusque là, de choisir en dehors de ses créatures un cardinal acceptable pour tous. Deux noms pouvaient encore exciter les appréhensions de Montalte : ceux du cardinal de Côme et du cardinal de Vérone. Joyeuse donna sa parole à Montalte que ces candidats ne seraient pas élus. On prévint en même temps les cardinaux du grand duc des résolutions définitivement arrêtées sur le cardinal de Florence.

Le lendemain 29 mars, Baronius obtint 32 voix. Le coup avait porté : la candidature d'Alexandre de Médicis, avait fait un progrès immense. Désormais la cause était mûre ; il fallait agir aussitôt ; et Joyeuse, sans souci des conseils timides, résolut de briser la résistance, d'emporter d'assaut et sur l'heure la détermination du cardinal neveu.

Mais le Conclave n'était pas au bout de ses étonnements. Après le scandale du 28, grande alerte dans la nuit du 31 mars au 1ᵉʳ avril. A dix heures du soir, l'ambassadeur d'Espagne était à la porte. Il demandait que le Sacré Collège se réunit aussitôt, et qu'on l'introduisit pour faire à l'assemblée une communication d'une importance

) Cf. Della Gatina : *Histoire diplomatique des Conclaves*. t. II, p. 438.

extrême. On imagine la surprise et l'attente des cardinaux. Des suppositions de tout genre se heurtaient dans les esprits inquiets. Etait-ce là la ruse d'un parti pour faire un Pape ? S'agissait-il de la mort du roi ou de la reine d'Espagne ? La nouvelle n'était pas si urgente qu'il fallût mettre à cette heure tout le Sacré-Collège « en cette confusion ». Sans doute alors la communication se rapportait au Conclave lui-même. Peut-être était-ce une protestation du roi d'Espagne contre l'élection possible de Baronius, peut-être une remontrance sévère au cardinal Aldobrandini, qui avait si maltraité naguère d'Avila, ou enfin « quelque chose d'inimaginable plus grand encore que tout cela ».

On n'allait pas tarder à l'apprendre : l'ambassadeur entrait dans le Conclave. Avant de s'expliquer, il exigea que son entourage se retirât, tant était grave la nouvelle qu'il apportait. Quand tout le monde fut sorti, même les Conclavistes, quand il ne vit plus autour de lui que des cardinaux, quand un silence immense pesa sur l'assemblée, l'ambassadeur parla. Dès les premiers mots, ce fut une stupéfaction générale. La nouvelle, la grande nouvelle qu'il venait communiquer si mystérieusement au Conclave, c'était le projet, qu'avaient formé quelques jeunes étudiants anglais de Padoue, de se joindre à une troupe de leurs compatriotes, partis récemment d'Angleterre, et de se rendre avec eux, vêtus en pèlerins, à N. D. de Lorette, pour en piller les trésors. Depuis trois semaines le Conclave connaissait le complot et ne s'en était pas autrement ému. Le cardinal Gallo, protecteur du riche sanctuaire, avait simplement recommandé une vigilance plus active au gouverneur. « Tellement que je puis dire, « écrit à ce propos Joyeuse, que de toutes les imperti-

« nences que je vis de ma vie, celle-ci était la plus solen-
« nelle ». Les cardinaux attachés à l'Espagne, en étaient
ouvertement mortifiés et cherchaient vainement des paroles pour excuser leur ambassadeur ; les autres s'en mo-
quaient et ne le cachaient pas. L'ambassadeur ajouta qu'il
apportait une lettre du roi d'Espagne au cardinal de
Joyeuse. Naguère, il en avait remis de pareilles à tous les
cardinaux du Conclave, si ce n'est aux Français ; il déclarait maintenant que c'était par oubli : c'était une impertinence nouvelle.

L'ambassadeur d'Espagne était destiné à ridiculiser
ainsi jusqu'à la fin le parti de son maître : à une cause
déjà bien compromise il apportait un discrédit nouveau.
On n'allait pas tarder à s'en apercevoir.

Pas plus que les autres, le scrutin du 1er avril n'avait
donné de résultat décisif. Joyeuse résolut de brusquer les
choses. Il alla trouver Aldobrandini : il fit valoir la fidélité avec laquelle les Français l'avaient servi jusque-là, et
leur intention de le servir encore. Il lui rappela l'assurance qu'il leur avait donnée de préférer à tout autre, le
cardinal de Florence, en dehors de ses créatures. Le moment était venu de tenir les promesses faites : le succès du
cardinal de Florence était en ce moment certain. Depuis
trois jours les adversaires eux-mêmes du cardinal-neveu
l'assuraient. Malgré leurs conseils, leurs prières, leurs
reproches même, Joyeuse avait refusé jusque-là de se
faire près de lui leur écho. S'il sortait maintenant de sa
réserve, c'est qu'il avait les plus graves raisons. Déjà dans
le conclave on commençait à pénétrer le secret des négociations entamées entre les chefs des partis : un conclaviste même en avait publiquement parlé. Les Espagnols
pouvaient le surprendre à leur tour : c'était une combinai-

son avortée. Ils se déclareraient contre le cardinal de Florence et ne manqueraient pas d'entraîner à leur suite les trembleurs, les timides, favorablement disposés maintenant. Aldobrandini avait donc intérêt à prendre une décision prompte. De son libre choix, de lui seul dépendait maintenant l'élection. Il n'avait pas à craindre de s'engager au hasard et de compromettre ainsi son prestige : de l'aveu même de ses ennemis, la candidature du cardinal de Florence rallierait la grande majorité des suffrages.

Aldobrandini n'était pas convaincu. Il n'avait pas renoncé — il l'avoua bientôt, — à faire élire un des siens. Joyeuse s'en alla, décidé à donner encore un jour ou deux de répit au cardinal-neveu, mais aussi à rendre au plus tôt inévitable la combinaison désirée.

Comme il sortait de sa cellule, le soir, pour aller au conclave, quelle ne fut pas sa stupéfaction de rencontrer Aldobrandini avec le cardinal de Florence, quand, il y avait quelques instants à peine, Delphino venait de lui dire que le cardinal se rejetait maintenant sur Tosco. L'hésitation n'était plus possible. Si Aldobrandini, observé par Montalte et par d'autres, temporisait encore, tout était compromis. Il fallait faire Pape sur l'heure le cardinal de Florence, car déjà dans le conclave on commençait à s'émouvoir. Delphino fut chargé de prévenir Aldobrandini. A leur tour Joyeuse et Duperron prirent le cardinal à part. Décidé le matin même à lui laisser un jour encore, Joyeuse lui donnait maintenant une heure. Aldobrandini se fâcha ; il avait à parler au cardinal Saint-Georges et à ses créatures : ni Buffalo, ni Detti n'étaient dans le conclave, il ne pouvait avec une telle hâte prendre une résolution. « Parlez, faites venir, lui répondit Joyeuse, sinon

« Florence est perdu : il le sera demain à coup sûr, il vaut
« mieux qu'il le soit dans une heure. »

Aldobrandini eut peur qu'on doutât de sa loyauté. Pressé par Visconti, Borromée, (¹) Baronius, il parle à ses créatures à mesure qu'il les rencontre. Ceux de ses adversaires, qui veulent aussi le cardinal de Florence, s'agitent à leur tour ; les Espagnols se réunissent. Pour ne pas laisser croire qu'il s'agit « d'une brigue de nation à nation », et ne pas impressionner défavorablement quelques cardinaux, vassaux du roi d'Espagne, Joyeuse se tient à l'écart. Bientôt Aldobrandini le prévient que l'affaire marche à merveille. Seuls, les Espagnols sont dans l'alarme. Doria, que rencontre Joyeuse, pleure de dépit, il supplie le chef du parti français, au nom de Philippe III, de s'opposer au cardinal de Florence.

Pendant ce temps, dans une chambre du conclave où se trouvent réunis presque tous les cardinaux en rochet, d'Avila crie, tempête, proteste qu'on trahit son maître et que le roi d'Espagne ne veut pas d'un tel Pape. Farnèse et Sfondrati affirment le contraire et accusent d'Avila d'imprudence. Bientôt on se rend en nombre chez le cardinal de Florence ; entraînés comme les autres, Montalte et ses partisans viennent le saluer. Mais ni Buffalo, ni Detti n'étaient arrivés encore. Tandis qu'on les attendait, Alexandre de Médicis parlait comme s'il était Pape. Petit neveu de Léon X, il déclarait qu'il voulait s'appeler Léon XI. Enfin le cortège se mit en marche vers la chapelle Pauline. A la porte, d'Avila arrêta le cardinal de Florence. « Je suis votre serviteur, lui dit-il, mais j'avais

---

(¹) Frederigo Borromeo, né à Milan en 1564, promu au cardinalat par Sixte-Quint en 1587, archevêque de Milan en 1595, mort en 1631. Il était ami de Saint Philippe de Néri.

« ordre de mon maître de m'opposer à votre élévation. »
« Jamais, lui répondit Florence, je n'ai donné sujet à vo-
« tre maître d'en agir ainsi avec moi. » A peine entré,
Alexandre de Médicis, élu d'un consentement unanime,
fut revêtu de la soutane blanche. Suivant un vieil usage,
sa cellule fut dévalisée aussitôt, chacun voulant posséder
un objet qui eût appartenu au Pape nouveau. La chambre
de Farnèse était la meilleure du conclave ; c'est là que fut
reconduit Léon XI. Tous les cardinaux lui demandèrent
des grâces, ajoute la relation, « et il dormit fort peu cette
nuit-là. » (¹)

A peine l'élection avait-elle été connue au dehors, que
de toutes parts, dans Rome, ces acclamations éclataient :
« France a vaincu ! Soient bénis les Français ! Vive France
« et Florence ! » (²) C'était l'expression spontanée de la
satisfaction qu'éprouvait le peuple romain, à voir enfin
humiliés ces Espagnols, depuis trente ou quarante ans si
arrogants à Rome. Leur défaite consacrait, au profit de la
France, la ruine d'une influence qu'ils exploitaient
hypocritement, et mettaient au service de leur seule ambition. La politique de Henri IV triomphait. C'était « la
plus signalée victoire et faveur » que le roi de France,
selon ses propres paroles, pût recevoir du ciel. (³) Sur son
ordre, des feux de joie, des manifestations de tout genre,

(¹) Compte-rendu du Conclave par Joyeuse, Duperron et Béthune. B.
N. m. 3484 ; reproduit avec des variantes sans importance dans les Ambassades de Duperron.

(²) Duperron au roi, 8 avril 1605.

(³) Du roi à Béthune, 17 avril 1605. B. N. m. 3484. — Henri IV
écrivait en même temps à Joyeuse « Vous m'avez gagné une victoire, la
« plus importante à ma réputation et à mes affaires qu'autre que j'aie
« obtenue de la bonté divine, depuis mon avènement à cette couronne. »
L. M. t. VI. p. 401.

saluèrent dans toutes les villes, dans toutes les provinces, jusqu'au fond du royaume, l'avènement du Pape nouveau. A Paris, un *Te Deum* d'actions de grâces fut chanté solennellement à Notre-Dame, en présence du parlement et de tous les officiers de la couronne. Pendant deux jours le canon tonna à la Bastille.

Par contre les Espagnols étaient dans un dépit profond. « Ils n'en avaient pas moins écrit à Naples qu'ils avaient fait le Pape, que le roi d'Espagne ne lui avait donné ni évêché, ni pension, mais lui réservait cette bonne abbaye. » Or, tout bas, ils parlaient de s'en débarrasser au plus tôt et ne reculaient même pas à la pensée d'un empoisonnement (¹). Leur ambassadeur, après la mort de Clément VIII, avait reçu soixante mille écus destinés à ses partisans. Après l'élection, il avait disparu une semaine entière, cachant sa honte dans un monastère, hors de la ville, et disant qu'il avait perdu à Rome, sa femme, son argent et sa réputation (²). Mais trop fiers pour imputer leur effondrement lamentable à leur imprévoyance, à leur présomption, à l'incapacité turbulente de leur ambassadeur, les Espagnols, reprochant à d'autres les manœuvres, dont seuls ils étaient coupables, n'hésitèrent pas à l'attribuer à d'odieuses intrigues françaises, à des marchandages indignes. Du palais même de Vigliena, le bruit sortit et courut rapidement dans Rome, que le roi de France avait répandu l'argent à pleines mains parmi les cardinaux du Conclave, et le ridicule ambassadeur ajoutait que c'était acheter bien cher un Pape déjà bien vieux. Les protestants, intéressés à se faire l'écho de tout ce qui pouvait

---

(¹) Duperron au roi, 18 avril 1605. Ambassades du cardinal Duperron.

(²) Duperron au roi, 8 avril 1605. Ambassades du cardinal Duperron.

avilir le caractère de la Papauté tant haïe, recueillirent avidement cette perfidie calomnieuse. Le plus grave d'entre eux, leur chef alors reconnu, le Pape huguenot, Duplessis-Mornay, alla même, sans autre preuve, jusqu'à fixer à « plus de trois cent mille écus » les sommes dépensées. (¹)

Ce sont là des imputations que repousse l'impartiale et véridique histoire. Comment admettre qu'aucun mot dans les lettres de Béthune, qu'aucune allusion dans le compte-rendu du conclave rédigé par Joyeuse, ne donne un soupçon, même vague, de ces distributions d'argent, qu'on ne trouve aucune trace de ces extraordinaires subsides dans les *Registres des Comptants* de Sully où sont consignées si minutieusement jusqu'aux plus secrètes dépenses ? Deux cardinaux seulement Delphino et Benilagua avaient accepté et touché, l'un en partie et l'autre entièrement, des pensions de la France, au moment du conclave ; un troisième Gallo fit comme eux, le conclave fini, et ne reçut la première moitié de sa pension, constituée sur l'archevêché d'Auch, que six mois après, des mains du marquis d'Alincourt. Mieux que cela, Joyeuse avait apporté à Béthune cinq mille quatre cents écus d'or, équivalents à moins de onze mille d'argent. L'ambassadeur jugeant la somme insuffisante, vu le nombre des négociations engagées, réclamait un supplément de quinze mille écus. Dans sa réponse du 4 mars, alors que la mort du Pape, arrivée la veille, ne pouvait être connue en France, Villeroi faisait espérer à l'ambassadeur un envoi prochain de seize mille écus, bien qu' « on aimât mieux n'aller que jusqu'à douze « mille. » Non seulement Béthune quitta Rome sans

(¹) Mémoires de Duplessis-Mornay. Edition de la Fontanelle. Paris 1824... page 443.

avoir reçu la somme promise, mais, avant son départ, il remit à Joyeuse ce qui restait des cinq mille quatre cents écus d'or apportés par le cardinal, déduction faite des sommes payées à Delphino et à Benilagua. (¹)

Du reste le caractère et les actes mêmes de l'ambassadeur suffiraient seuls à faire justice des calomnies espagnoles. Dans sa lettre du 4 mars, Henri IV le chargeait d'offrir au cardinal Aldobrandini une pension de dix mille écus. Quand la lettre royale arriva, les cardinaux étaient déjà enfermés au conclave. Le pape élu, Béthune songea à exécuter les ordres de son maître. Sur ces entrefaites Léon XI mourut. C'était le moment où jamais de s'assurer un nouveau triomphe en achetant par l'offre d'une forte pension la conscience et le crédit d'Aldobrandini. Béthune s'y refusa. A cette heure, écrit-il au roi, à la veille d'un nouveau conclave, cette offre eût semblé simoniaque. (²)

Le mécontentement des Espagnols, et leurs intempérances de langage arrivèrent aux oreilles mêmes du Pape. Léon XI ne s'en émut pas. Les membres suivent le chef, dit-il. « Quoi d'étonnant, quand un prince se rencontrait « ayant si peu de conduite que le roi d'Espagne, si ceux « qui le servaient, pour être mal commandés ou mal « choisis faisaient de grandes fautes ». (³) Comme on estime les gens on les honore, dit-on. Ces paroles de Léon XI ne promettaient rien de bon pour l'Espagne.

Ses premiers actes firent espérer aux Romains un règne paternel et doux. La suppression de quelques impôts onéreux lui avait gagné aussitôt le cœur de son peuple. A la

---

(¹) Le reçu de Joyeuse, daté du 3 juin est aux archives de la B. N. m. 3460, f. 21.

(²) De Béthune au roi, 6 mai 1605. Arch. de Sully.

(³) Lettre de Béthune au roi, 18 avril 1605. Arch. de Sully.

prise de possession de Saint-Jean, il ne permit pas à ses neveux, don Alexandre de Médicis et le comte de Gerardesca, de paraître à la cérémonie et de prendre le rang qu'avaient occupé jusque là les neveux des Papes. Il ne voulait pas, dit-il, qu'on fît la cour à d'autres qu'à lui-même. Chacun lui en sut gré à Rome : c'était un abus scandaleux qui tombait.

A toutes ces promesses, à toutes ces espérances succédèrent presque aussitôt d'universels regrets. Le 27 avril, après 26 jours de règne, Léon XI était subitement emporté par une pleurésie contractée à Saint-Jean de Latran. Ce fut une consternation dans Rome. La ville, si agitée toujours pendant les vacances du siège, resta silencieuse et calme, comme enveloppée dans son deuil. En France, la surprise et la douleur furent plus grandes encore que n'avait été la joie des premiers jours.

CHAPITRE VIII

Nouveau conclave. — Election de Paul V.
Caractère du nouveau Pape.
Son affection pour la France.

Arrivée quelques jours plus tard, la mort de Léon XI eût trouvé le parti français sans chef et désagrégé : elle eût été un véritable malheur pour la France. Mais cette fois encore, la fortune fut avec Henri IV. Le conclave fini, Joyeuse avait manifesté le désir de revenir en France, pour quelques affaires pressées. Sourdis avait sollicité la même permission. Béthune conseillait de les satisfaire aussitôt, afin de hâter leur retour à Rome, « car, disait-il, « pressentant l'avenir, le Pape étant vieux, comme il est, « il y a toujours de son côté plus de craintes que d'espé- « rances. » Joyeuse absent, la déroute du parti français était inévitable, au moment d'un nouveau conclave ; car, s'en remettre aux cardinaux italiens, quand le chef écouté ne les dirigeait plus, eût été d'une naïveté extrême. (¹) Heureusement la permission accordée par le roi n'arriva pas assez tôt à Rome.

En attendant qu'elle vint, Béthune et Joyeuse avaient repris leurs négociations avec les cardinaux, et mis à profit le prestige que le résultat du dernier conclave avait donné à la cause française. Outre Gallo, qui avait accepté une pension sur l'archevêché d'Auch, Pamphilio avait

(¹) De Béthune à Villeroi, 8 avril 1605. Arch. de Sully.

donné sa parole, et Santi-Quatre à son tour semblait prêt « à recevoir du roi. » De son côté Aldobrandini, sûr maintenant de trouver un appui du côté des Français, et reconnaissant du secours efficace qu'il en avait reçu, cultivait plus soigneusement que jamais leur utile amitié. Il avait donné pendant le conclave des preuves de son bon vouloir, et Henri IV l'en avait chaleureusement remercié. (¹) Mais Béthune et Joyeuse étaient également mécontents du cardinal d'Este. Durant le conclave, on l'avait vu préoccupé avant tout de ne pas déplaire aux Espagnols, et faire cause commune avec eux contre Aldobrandini et la France. Léon XI mort, il reprit ses anciennes intrigues.

L'ambassadeur en était d'autant plus affecté, qu'il se trouvait, en ce moment, avec les cardinaux français, dans un embarras extrême. Pris au dépourvu, dans l'impossibilité de recourir assez rapidement au roi, à peu près sûrs que Baronius serait maintenant exclu, ils hésitaient entre les deux grands partis en présence, aussi animés que jamais. De nouveau Montalte avec ses créatures, Sfondrati, d'Este, Aquaviva, Santi-Quatre et leurs adhérents se dressaient contre Aldobrandini. Les Espagnols sollicités de se joindre à eux s'y décidèrent à la fin, sous la pression énergique de Vigliena, (²) et leur candidat, Sanli, pensionnaire d'Espagne, devint celui de la faction entière. Or Sanli était en même temps l'un des candidats de Henri IV. A quel titre ? Les cardinaux français ne le devinaient pas. Opposé jadis à l'absolution du roi, circonvenu maintenant par l'ambassadeur d'Espagne, qui lui offrait, au nom de son maître, duchés et marquisats, pour les membres de sa famille, préféré par les Espagnols même au cardinal de

---

(¹) De Béthune à Villeroi, 18 avril 1605. Arch. de Sully.
(²) De Béthune au roi, 6 mai 1605. Arch. de Sully.

Côme (¹), Sanli était pour les Français une menace beaucoup plus qu'une espérance. D'autre part il était l'ennemi personnel d'Aldobrandini. Les Espagnols se flattaient, il est vrai, de gagner à leur cause par des sommes énormes le cardinal-neveu et de prendre ainsi leur revanche du dernier conclave. (²) Mais Aldobrandini était irréductible. A ses créatures il demandait d'exclure Sanli : il le demandait aussi aux Français, au nom de la protection que le roi lui avait tant de fois promise, et « des services qu'il avait « lui-même rendus dans le dernier conclave. »

La perplexité de Béthune et des cardinaux français était grande. Abandonner Sanli, c'était désobéir au roi. Le soutenir, c'était briser avec Aldobrandini ; perspective non moins redoutable, car c'était de la faction du cardinal neveu, de la sympathie et du concours de la plupart de ses créatures que le parti français tirait sa principale force. (³) Il fallait se résoudre pourtant. Béthune et Joyeuse décidèrent de marcher de nouveau avec Aldobrandini. C'était le seul moyen d'éviter l'élection de l'un des cardinaux précédemment exclus par le roi, et d'avoir un Pape neutre, si l'on ne pouvait en avoir un ami. (⁴) Mais exclure ouvertement Sanli, comme Aldobrandini l'exigeait, on ne le pouvait pas ; on laissait au cardinal-neveu le soin de l'exclure lui-même, avec promesse, s'il y réussissait, de l'aider à pousser vers

---

(¹) Duperron au roi, 3 mai 1605. Ambassades du cardinal Duperron.
(²) Duperron au roi, 3 mai 1605. Ambassades de Duperron.
(³) De Béthune au roi, 6 mai 1605. Arch. de Sully.
(⁴) « Avec lequel (Aldobrandini) les cardinaux sujets de Votre Majesté
« et moi avons jugé à propos de se rejoindre, tenant que par ce moyen
« nous serons plus assurés d'empêcher que ceux que nous ne voulons
« point ne soient élus, outre que... nous pourrions peut-être obtenir
« quelqu'un de ceux que Votre Majesté désire le plus. » De Béthune au roi, 6 mai 1605. Arch. de Sully.

le Pontificat un des siens, pourvu que ce ne fut pas Bianquetti. Aldobrandini parla de Tosco. (¹) Les Français auraient préféré un autre candidat. Tosco avait contre lui une réputation équivoque : prompt à la colère, il avait sans cesse à la bouche des expressions grossières ; il avait gardé de son ancien métier de soldat des habitudes peu convenables à un chef de l'Eglise, peu dignes même d'un homme bien élevé. Mais Tosco n'était pour Aldobrandini qu'une réserve, en cas d'insuccès ailleurs. Parmi ses créatures, le cardinal-neveu ne voulait ni de Pamphilio, ni de Bianquetti ; Bellarmin (²) et Mantica (³) ne lui plaisaient pas davantage : il n'avait pour Arrigone et Borghèse ni éloignement, ni grande inclination ; Saint-Marcel, Gennasio, Saint Clément étaient ses candidats préférés. A défaut de Sanli, les Espagnols désiraient Ascoli ou Montelparo, les Français Baronius, Gennasio ou le cardinal de Vérone.

Telles étaient l'attitude et la situation des partis au moment où les cardinaux entrèrent en conclave, le dimanche 8 mai 1605. Malgré la mort du cardinal Agonisio, arrivée deux jours après celle de Léon XI, ils étaient au nombre de soixante-un, Zopada et Gennasio étant récemment arrivés d'Espagne. Dès la première heure Sanli fut mis en avant. Aldobrandini réunit aussitôt les siens : vingt-six lui promirent nettement l'exclusion de Sanli, et cinq autres,

---

(¹) Né à Reggio de parents pauvres. Clément VIII lui donne plusieurs emplois dont il s'acquitta convenablement, le fit évêque de Tivoli, gouverneur de Rome, et enfin cardinal en 1599. Il mourut en 1620.

(²) Bellarmin (1542-1621), neveu de Marcel II, jésuite, fut adjoint comme théologien au cardinal Gaétan, légat de Sixte-Quint en France, et créé cardinal en 1599.

(³) Francesco Mantica, né à Udine, dans le Frioul en 1554, de parents nobles. D'abord auditeur de Rote, il fut créé cardinal en 1596 et mourut le 13 février 1614.

dont on ne sut pas les noms, devaient en cas de besoin se réunir à eux. La candidature de Bellarmin ne tint pas davantage : elle fut immédiatement repoussée : on ne voulait pas d'un jésuite. L'ancien nonce de France, le cardinal de Buffalo ne fut pas plus heureux : les Espagnols l'exclurent aussitôt ; Aldobrandini, rassuré maintenant du côté de Sanli, n'alla pas à lui franchement ; les Français eux-mêmes ne le soutinrent pas. Joyeuse, par tactique, plus que par sympathie, afin de se mettre à l'abri, le cas échéant, des reproches du roi, tenait — en apparence du moins, — énergiquement pour Sanli. On lui fit voir les inconvénients d'une telle conduite ; il se laissa convaincre sans trop de peine. Quoique toujours prêt dans la suite à donner sa voix à Sanli, il se montra moins ardent à le soutenir. Peut-être même — on l'en soupçonna du moins, — le desservit-il en secret ; car s'il eût travaillé pour lui franchement, « vu son autorité, sa bonne fortune et sa « dextérité » il l'eût fait réussir. C'était, dans le conclave, l'opinion du grand nombre. (¹)

Aldobrandini demeurait ainsi le maître de la situation. De nouveau, il réunit ses créatures, et leur fit promettre d'exclure du pontificat tous ceux qui n'étaient pas des leurs. Cela fait, il « tâta » doucement de Gennasio. L'Exclusion des Espagnols et de toute la Ligue fut si prompte, qu'il n'osa plus en parler désormais. Le cardinal de Saint-Marcel était hors du Conclave et souffrant ; on le fit venir pour avoir son avis et savoir ce qu'on pourrait faire pour lui. Le moment de poser sa candidature ne semblant pas venu, Aldobrandini le réserva pour une occasion meilleure. Il se rejeta dès lors sur Saint-Clément. En même temps, prenant les Espagnols et les Français, chacun à

(¹) Compte rendu du conclave. B. N. m. 671. f. 65.

part, il promit de ne porter au Pontificat aucun de ceux qu'ils avaient ordre d'exclure, s'ils consentaient, au cas où Saint-Clément échouerait, à l'aider pour Tosco.

Or, Saint-Clément avait contre lui Farnèse, Sfondrati et cinq ou six autres cardinaux du même parti, sans compter Visconti, Bianquetti, Taberna et Benilagua, créatures d'Aldobrandini. Mais cela ne suffisait pas pour l'exclure, si Montalte n'apportait l'appoint des douze cardinaux dont il était le chef Farnèse et Sfondrati l'en priaient instamment. Après avoir quelque temps hésité, mécontent de voir toutes ses créatures exclues, il se décida, mais à une condition, c'est que Farnèse et Sfondrati ne souffriraient pas, de six jours, qu'on parlât de faire Pape une créature d'Aldobrandini, et qu'il aurait lui-même, pendant ce temps, le loisir d'éprouver les siennes. On le lui promit solennellement. (Dimanche, 15 mai 1605). (¹)

Aldobrandini prévenu trembla qu'on ne revînt à Sanli. Il n'avait plus qu'une ressource, faire Pape Tosco, dont il croyait le succès assuré. Cependant, comme on pouvait traverser encore ses projets, il feignit de ne pas abandonner Saint-Clément. Mais discrètement et sans perdre une heure, il renoua d'une main habile tous les fils de l'intrigue, afin de ne rien laisser au hasard, de ne pas permettre à la fortune la moindre hésitation, la possibilité d'un caprice. Il y avait parmi ses créatures de nombreux partisans de Tosco. Il les prit à part le jour même et leur communiqua sa résolution. Mais c'étaient Farnèse et Sfondrati qu'il fallait gagner maintenant. Il va les trouver le lendemain. Adroitement, il leur fait entendre, que pour les délivrer de toute inquiétude au sujet de Saint-Clément, il veut faire pape un des leurs, un ami : Tosco. Le succès

(¹) Compte rendu du conclave. B. N. m. 671 f. 65.

était dans leurs mains, car il n'y avait point de doute que leur adhésion n'entraînât celle de Montalte. Du reste, Montalte refusât-il la sienne, il ne serait plus en Etat d'empêcher l'élection. Farnèse et Sfondrati prennent Aldobrandini au mot. Oubliant ou tenant pour nulle, la parole donnée la veille à Montalte, ils promettent d'aller le jour même à l'obédience, ou, comme on disait alors, à l'adoration de Tosco. (¹)

Dans l'après-midi, le bruit se répandit qu'on allait élire le Pape. N'y croyant guère d'abord, puis bientôt convaincu, Montalte entra dans une violente colère. Justiniani parvint à l'apaiser, mais ce ne fut pas sans peine. Aldobrandini survint alors, et le pria de vouloir prendre part à l'élection décidée. Montalte, dissimulant ses sentiments intimes, répliqua que Tosco était son ami, et qu'il le verrait Pape volontiers. Mais qu'on l'eût trompé de la sorte, que sans le prévenir, contrairement à l'honneur, Farnèse et Sfondrati eussent consenti à l'élection d'un Pape, c'était un procédé déloyal et qu'il devait flétrir. « La chose est « faite, répondit Aldobrandini, allons porter ensemble la « bonne nouvelle à Tosco et nous assurer une part égale à « sa reconnaissance ». Montalte voulut consulter Visconti. Mais parmi les créatures d'Aldobrandini, les plus indépendants d'ordinaire, Visconti lui-même, tous étaient gagnés. Il n'y avait plus qu'à faire de nécessité vertu. Montalte se mit en devoir d'aller avec Aldobrandini trouver celui qu'ils voulaient faire Pape. Les Français prévenus les suivaient, mais comme à regret et sans enthousiasme.

Seul Baronius avait protesté jusqu'au bout contre une pareille élection. Les cinq cardinaux qu'Aldobrandini lui avait successivement dépêchés, le ramenèrent enfin, mais

(¹) Compte rendu du conclave. B. N. m. 671. f. 65.

grondant toujours, manifestant plus que jamais son invincible répulsion pour Tosco. Aldobrandini et Montalte le trouvèrent sur leur chemin « Cardinal Baronius, lui dit « Aldobrandini, à quoi bon tant de paroles, si vaines « maintenant, puisque le Pape est fait. » — « Monsei- « gneur, répondit Baronius, je vous ai dit mes raisons, « néanmoins je suis bon chrétien, je ne veux pas être « schismatique, j'adorerai ce Pape, puisque vous l'avez fait, « mais je veux avoir cette gloire d'être le dernier, et que « cela se sache dans la postérité et que le fait soit un jour « relaté dans les annales de l'Eglise. » (¹) Une idée subite traversa l'esprit de Montalte. « Faisons Pape Baronius, dit-il à Aldobrandini, c'est un homme de bien et une créature de votre oncle. » Aldobrandini avait promis aux Espagnols de l'exclure : « Il n'est plus temps de parler de cela, répondit-il, le Pape est fait. »

Mais Justiniani qui était là ne put s'empêcher de crier : *Viva Baronio ! Papa Baronio !* » L'occasion s'offrait à Montalte de rompre ce qu'on avait décidé sans lui au sujet de Tosco, et de faire un Pape, à la création duquel Farnèze et Sfrondati n'auraient aucune part ; à son tour il s'écrie : « *Papa Baronio !* » et ses amis unanimement répètent : « *Viva Baronio ! Papa, Papa Baronio !* » Baronius se débat en vain, protestant qu'il ne veut pas être Pape. Il est entraîné de force dans la salle des Rois, devant l'autel de la chapelle Pauline, où le Pape élu reçoit l'obédience de tous les cardinaux. Cê que voyant, Aldobran-

---

(¹) La relation du m. 20154 f. 1169. B. N. rapporte ainsi les paroles de Baronius : « Monseigneur, je vous dis che io voglio que sia scrito, « et quod dicatur in generatione altera, che Baronio e andate l'ultimo « a l'adorazsione di questo Papa. » — C. f. Della Gatina op. c. t. II. p. 483-484.

dini avait tourné les épaules et continué son chemin vers Tosco. »

En face de la chapelle Pauline, à l'autre extrémité de la salle des Rois se dresse la chapelle Sixtine. Presque aussitôt Aldobrandini, Farnèze, Sfondrati, Tosco et ses plus chauds partisans l'envahissent. Ce fut, dès ce moment, dans le conclave, une confusion indescriptible. Au dessus des têtes houleuses, dominant le bruit de la foule agitée, et des discussions éclatantes, deux cris se croisaient et s'entrechoquaient, bondissant d'une chapelle à l'autre : « *Viva Baronio! Viva Tosco!* » Les cardinaux, qui n'avaient pas été prévenus, accoururent au bruit. En un instant la presse fut extrême. Quelques uns furent jetés par terre ; d'autres eurent leur rochet déchiré ; plusieurs, retenus malgré eux, ne purent rejoindre le parti de leur choix. Saint-Marcel porté sur une chaise, criait qu'il voulait aller à Baronius. Enlevé avec ses porteurs, il fut entraîné du côté de Tosco. Les Français étaient avec Montalte à la chapelle Pauline. Ils retrouvaient, contre toute espérance, l'occasion de tenter un dernier effort en faveur de leur candidat préféré ; ils décidèrent d'en attendre le résultat avant d'aller ailleurs.

Quand le calme fut un peu rétabli, Aldobrandini compta ses cardinaux et s'aperçut avec inquiétude qu'il manquait plusieurs voix à Tosco. Il envoya demander à ceux de la chapelle Pauline de tenir leur promesse. Comme nul ne bougeait, il vint lui-même et supplia Baronius de donner aux autres l'exemple. « Monseigneur, répondit Baronius,
« prenez parmi vos créatures une personne digne ; choi-
« sissez, par exemple, le cardinal Bellarmin que voilà, et
« je me jetterai incontinent à ses pieds. Mais quant à celui
« dont il est question, ma conscience me dit que je ne le

« dois point faire. » De nouveau des cris éclatèrent. « Viva
« Baronio ! Papa Baronio ! on ne saurait trouver per-
« sonne de plus de mérite. » Aldobrandini répliqua qu'il
n'était plus temps, qu'on ne pouvait plus faire qu'un
Pape : Tosco. Cette attitude assurée produisit son effet :
quelques-uns, qui auraient volontiers soutenu Baronius,
mais qui ne voulaient pas nuire à Tosco, passèrent avec
Aldobrandini à la chapelle Sixtine.

Des soixante cardinaux présents dans le conclave — le
soixante-unième, Madrucci souffrant n'ayant pas quitté sa
cellule, — trente huit étaient maintenant avec Aldobrandini, vingt-deux dans le parti rival ; cinq Français, douze
de Montalte, et cinq créatures d'Aldobrandi : Baronius,
Bellarmin, Bianquetti, Pamphilio et Taruggi (¹). Les Espagnols, qui souhaitaient vivement l'élection de Tosco, envoyèrent chercher Madrucci. Malgré tout, deux voix manquaient encore au nombre requis pour l'élection. Ils se
flattaient que Baronius apporterait la sienne, et qu'un
autre, comme il arrive souvent, se détacherait avec lui. Ce
serait alors le succès assuré, et nul doute que le Pape
nouveau, élu grâce à leurs efforts, ne leur gardât sa reconnaissance exclusive. (²)

Aldobrandini ne se berçait pas de cette espérance. Les
partisans de Baronius étaient encore en nombre pour
exclure Tosco. Si les Français s'y prêtaient, comme déjà
les en priait Montalte, l'exclusion était sûre. Mais les
Français avaient promis la veille de soutenir Tosco, et le

(¹) Taruggi, archevêque d'Avignon, puis de Sienne, cardinal en 1596.
Clément VIII, qui l'aimait, beaucoup se servait de lui dans les plus importantes affaires. Aldobrandini jaloux le rendit suspect, et le fit éloigner de
la cour. Mort en 1608.

(²) Compte-rendu du conclave. B. n. m. 671. f. 65.

cardinal-neveu les pressait de tenir eux aussi leur promesse. Ils allaient s'y résoudre, quand Montalte prenant vigoureusement Joyeuse, l'entraîna au loin dans la salle, « sachant que le tenir, c'était tenir les autres. » Joyeuse se débattait, se signait, protestait contre la violence dont l'Esprit Saint était victime en sa personne. Montalte alors le laissa, et se jetant à ses genoux, il le supplia humblement, lui, si fier d'ordinaire, d'avoir pitié de lui. A son exemple les cardinaux, ses amis, les plus anciens du Sacré-Collège, les plus méritants et les plus vénérables, dont plusieurs en des occasions graves avaient témoigné de leur affection à la France, rappelaient en pleurant leurs services passés, et pressaient Joyeuse de saisir cette occasion d'obliger tant de gens de bien, au roi, à la France et à lui. De son côté Baronius s'écriait que les Français avaient toujours été les défenseurs de l'Eglise romaine, il les adjurait d'être maintenant les libérateurs de l'honnêteté ecclésiastique, compromise en une personne si accoutumée à paroles deshonnêtes et scandaleuses. » Plus encore que les prières de Montalte, les objurgations de Baronius impressionnèrent vivement les cardinaux français. Peu recommandable à leurs yeux, Tosco répugnait invinciblement « à la conscience des plus hommes de bien du Sacré Collège. » L'intempérance de d'Avila fit le reste : il s'en allait criant dans le conclave que son maître ne voulait que Tosco. Aux yeux de Joyeuse, de Séraphin, de Givry et de Duperron, l'hésitation n'était plus possible, et, d'un commun accord, ils prononcèrent l'exclusion de Tosco. [1]

C'était pour Aldobrandini la ruine de toutes ses espérances. Le seul, parmi ses créatures, dont il avait toujours cru l'élection assurée, était, comme tous les autres, définitivement écarté maintenant.

[1] Compte-rendu du conclave. B. N. m. 671. f. 65.

Ce fut le signal de la débandade et d'un groupement nouveau des partis. Qu'on eût proposé à cette heure Côme, Baronius ou Sanli, le succès était assuré : un déplacement de quelques voix eût suffi. Les chefs s'en aperçurent vite, et comme il n'y avait pas un seul de ces candidats, qui n'inspirât quelque crainte à l'un d'eux, ils aimèrent mieux négocier. Plus que jamais entourés, les Français avaient retrouvé subitement leur prestige et leur force. Aldobrandini n'était plus en état — il le sentait bien, — de rien faire sans eux. Il supplia Joyeuse d'accepter et d'amener Montalte à accepter aussi Saint-Clément. Montalte ne le refusa pas ; mais agréer maintenant un candidat, dont la veille il avait décidé l'exclusion, n'était-ce pas faire tort à son honneur et compromettre son crédit ; n'était-ce pas se perdre ? Joyeuse avait son dessein : « Promettez-moi seulement, « lui dit-il, et laissez-moi faire. » La dextérité de Joyeuse était depuis longtemps éprouvée ; Montalte déclara s'en remettre entièrement à lui. A la nouvelle que les pratiques en faveur de Saint-Clément faisaient de tels progrès, Farnèse et Sfondrati vinrent à leur tour se recommander à Joyeuse et lui demander, puisqu'il était « le consolateur des affligés », d'avoir « compassion d'eux aussi bien que des autres. » A tous Joyeuse laissa l'espérance. Arbitre du conclave, il exigea seulement et obtint d'Aldobrandini et de Montalte la promesse qu'avant le lendemain on ne parlerait pas d'élection. [1]

La situation du chef du parti français était en ce moment si haute qu'il eût dépendu de lui de faire Pape sur l'heure Séraphin ou Baronius. Il y pensa ; mais, dépositaire de la foi des deux partis, il aima mieux remettre au lendemain

[1] Compte-rendu du Conclave B. N. m. 671. cf. aussi Duperron : Compte-rendu du même conclave dans ses Négociations et Ambassades.

ce projet. Or, tandis qu'il se reposait ainsi sur la trêve accordée, Aldobrandini et Montalte négociaient ensemble. Bientôt même le cardinal-neveu vint demander qu'on lui remit sa parole. Joyeuse hésitait ; Duperron exprima sa surprise indignée en une vigoureuse harangue. Aldobrandini répondit que les siens ne tiendraient pas la parole donnée, et qu'il ne voulait rien faire sans eux. Joyeuse exigea l'agrément exprès de Montalte. Montalte l'accorda. Convaincus que la parole retirée permettrait seulement aux chefs de parti de faire de nouvelles pratiques, et qu'on ne ferait rien avant le lendemain, les cardinaux, las de huit heures de session agitée, rentrèrent dans leurs cellules. (¹)

Ils comptaient sans l'activité inquiète autant qu'intéressée d'Aldobrandini. Préoccupé maintenant de faciliter sa réconciliation avec le duc de Parme et Farnèse, il avait abandonné Saint-Clément ; et déjà parmi les sujets, dont on n'avait pas encore parlé, il en avait cherché un assez en dehors et au-dessus des partis, pour n'effaroucher personne, de mérite assez reconnu, de vertu assez haute, pour rallier sur son nom la plus grande partie, sinon l'unanimité des suffrages. Son choix s'était arrêté sur une de ses créatures, le cardinal Borghèse. Il en avisa aussitôt Montalte. Ce choix ne déplaisait nullement au rival du cardinal-neveu : il le délivrait même de l'appréhension que lui causait l'élection toujours possible du cardinal de Côme. Cependant il crut prudent de cacher ses sentiments intimes. Il se contenta de répondre que le sujet lui était agréable, mais qu'il ne l'accepterait qu'avec l'agrément des Français, sans lesquels ne voulait et ne pouvait rien faire. La peur de Sanli eût au besoin donné de l'éloquence au cardinal-neveu. Il courut chez Joyeuse ; il lui exposa rapidement son projet nouveau

(¹) Compte-rendu du conclave. B. N. m. 671.

et les dispositions de Montalte, et, par la mémoire du Pape Clément, un genou en terre, il le supplia de ne pas mettre obstacle à l'élection. Joyeuse, à cette heure, tenait en réalité dans sa main les destinées de l'Eglise ; de nouveau les Français pouvaient faire un Pape. Bien qu'il eût eu un moment d'autres espérances, appréciant la grandeur de son rôle d'arbitre, il répondit qu'il trouvait excellent le sujet proposé et qu'il l'agréerait pour sa part, mais qu'il ne pouvait agir sans avoir pris l'avis des autres cardinaux français. (¹)

La délibération fut courte. Ancien nonce à Madrid, Borghèse avait, avec l'agrément du Pape Clément VIII, accepté une pension d'Espagne. Mais il était trop désintéressé pour être partial, trop haut de caractère pour se plier aux intrigues des partis. Cardinal vicaire, il s'était contenté de remplir dignement et sans bruit les fonctions de sa charge. Dans l'affaire des prêtres anglais, on l'avait vu, en dehors de toute préoccupation étrangère et sans souci d'une pression violente, pencher uniquement du côté du droit et de la justice. Il était de famille noble, et les sympathies françaises de ses ancêtres étaient connues de tous. C'est pour y rester fidèle que son père, après la prise de Sienne, sa patrie, par l'empereur Charles Quint, s'était retiré à Rome, où le cardinal était né. Ce n'était pas une circonstance inutile à marquer. En Italie, plus que partout ailleurs, dans les veines des fils le sang charriait alors les sympathies et les haines séculaires des aïeux. C'était renoncer, il est vrai, à la perspective séduisante d'élever au Pontificat un ami ouvertement déclaré de la France, Baronius, et peut-être même un Français, Séraphin. Mais après

(¹) Compte-rendu du Conclave. B. N. m. 571. Duperron op. c. — Cf. Della Gatina : *Histoire diplomatique des Conclaves*, p. 480 et suivantes.

l'accord intervenu entre Aldobrandini et Montalte, le succès, déjà incertain tout à l'heure, devenait plus aléatoire encore. N'était-il pas plus sage de s'attacher aux garanties, qu'assurait aux Français leur rôle d'arbitres souverains, et de se ménager, en élevant Borghèse, toute la reconnaissance de l'élu, après avoir eu, sans conteste, l'honneur de l'élection. L'hésitation n'était pas possible. Seul, à ce qu'il semble, Sourdis ne fut pas convaincu. Joyeuse passa outre. Il apporta au cardinal Aldobrandini et à Montalte l'assentiment sans réserve des Français, heureux, ajouta-t-il, de pouvoir, en servant deux personnes qu'il estimait entre toutes, élever au Pontificat un homme si cher au roi de France, « et de vie si exemplaire, qu'était le cardinal Borghèse. »

Sur ces mots, on décida la proclamation immédiate. Il était neuf heures du soir. Borghèse était dans sa chambre, pensant à tout autre chose. Il fut le premier surpris des honneurs dont Joyeuse, Aldobrandini et Montalte venaient lui apporter la nouvelle. Conduit à la chapelle Pauline, il y trouva les autres cardinaux, que les chefs avaient prévenus. Il fut proclamé Pape d'un consentement unanime et prit le nom de Paul V.

La chose avait été si soudaine qu'on n'avait pas eu le temps de délibérer, et que les Espagnols n'y avaient pris aucune part. Déjà Paul V recevait l'obédience des cardinaux, que d'Avila, arrivant à la hâte, demandait quel était celui qu'on voulait faire Pape. Le conclaviste de Joyeuse le rencontrant ainsi répondit que c'était Baronius. D'Avila avait été fortement blâmé d'avoir déclaré, dans le dernier conclave, le cardinal de Florence *ennemigo de sa Majestad* et d'avoir crié : *Io non lo voglio*, quand le Sacré Collège l'avait unanimement accepté. Pour ne pas retomber dans la même faute, il se mit à crier de toutes ses

forces : *Viva Papa Baronio !* « *Viva Papa Baronio !* »
Il s'exténuait de la sorte, quand un de ses amis l'entendit, et, pris de pitié, tout en riant de bon cœur de la facétie du Gascon, lui conta la véritable histoire. D'Avila reprit alors : « *Viva Papa Borghèse !* »

Cette élection d'un Romain fut accueillie dans Rome avec des explosions de joie. Les sentiments de la presque unanimité du conclave changés subitement à la parole d'un seul, de Baronius, le choix soudain et comme inspiré d'un cardinal, dont chacun vantait les rares vertus, surtout la continence, parurent merveilleux à plusieurs. On ne trouvait au nouveau Pape qu'un défaut, — mais combien enviable, — il était un peu jeune ; il avait cinquante-deux ans et en paraissait quarante. (¹)

On n'était pas moins frappé, dans le Sacré Collège surtout, du rôle prépondérant de nouveau joué par les Français dans le dernier conclave. On les proclamait « les « gardes et les dépositaires de la foi du Collège, les arbi- « tres du conclave, les libérateurs du siège apostolique, « les protecteurs de l'honneur de l'Eglise, les faiseurs et « défaiseurs de Papes. » (²) Le matin même de l'élection, allant baiser les pieds du Pape, au nom du roi son maître, Béthune avait peine à fendre la foule des cardinaux, qui l'arrêtaient pour le féliciter. (³) Mais la grande merveille à ses

---

(¹) Comptes rendus du conclave : (1· B. N. m. 671 f. 85...) (2· m. 20154. f. 1169...) (3· Compte rendu par Duperron dans Négociations et Ambassades du cardinal Duperron. — Les trois concordent avec plus ou moins de détails.

(²) Duperron op. c.

(³) « Allant le matin, dont ils sortirent du conclave, me réjouir avec
« le Pape et lui baiser les pieds en votre nom, je rencontrai plusieurs
« cardinaux qui venaient d'accompagner sa Sainteté en sa chambre, les-
« quels me dirent tous que les Français avaient été arbitres du conclave :

yeux, c'était la satisfaction également complète, absolue d'Aldobrandini et de Montalte, ces rivaux jusque-là si contraires, ces frères ennemis. L'appui qu'il avait trouvé chez les cardinaux français, quand ses amis les plus sûrs l'avaient abandonné, avait comme transformé le grave et froid Montalte. Lui, si retenu d'ordinaire, si avare de paroles, devenu subitement loquace, exprimait sa reconnaissance à l'ambassadeur « en une longue traînée de discours. » Aldobrandini rayonnant alla plus loin encore; il embrassa publiquement Béthune. A lui aussi les cardinaux français avaient rendu le plus signalé des services ; grâce à eux « il avait eu ce qu'il désirait. » Moins exubérant, le Pape n'en fut pas moins expressif. Au moment où s'était fermé le conclave, Béthune avait assuré Borghèse de la « bonne volonté » du roi de France à son égard. Paul V le lui rappela, et il ajouta gracieusement que ces paroles « lui avaient servi de bon augure à ce qu'il avait plu à Dieu lui envoyer depuis. » S'il était Pape, il le devait « à l'assistance des cardinaux français. » Le roi de France pouvait donc être fier : il avait eu dans l'élection la principale part. Mais surtout il avait lieu de se réjouir. « Sous le pontificat de Clément VIII, » le cardinal Bor-

---

« mais sur tous les autres les cardinaux Montalte et Aldobrandini me
« témoignèrent tous deux se tenir fort obligés à Votre Majesté ; ce qui n'est
« pas peu de miracle d'avoir conduit si bien cette action, qu'étant tous
« deux contraires, on ait su néanmoins se les obliger ; le premier
« m'ayant dit, avec une longue traînée de discours, (qui est contre sa
« coutume, pour n'être pas grand parleur) qu'il me remerciait en votre
« nom de l'assistance et protection, qu'il avait trouvée en messieurs les
« cardinaux français, et au temps que ceux, auxquels il se fiait le plus
« l'avaient abandonné. Et l'autre avec un visage tout plein de conten-
« tement m'embrassa, me disant que par le moyen de messieurs les car-
« dinaux français il avait eu ce qu'il désirait. » — De Béthune au roi,
18 mai 1605. Arch. de Sully.

ghèse s'était employé autant qu'il avait pu pour le service du roi et le bien de la France. « De cette affection » devenue maintenant « paternelle », et plus que jamais désireuse de se manifester et d'agir, Paul V voulait que l'ambassadeur « assurât » de nouveau Henri IV. (¹) Comme si ces déclarations n'avaient pas été suffisamment expressives, le Pape envoyait le lendemain à Béthune un prélat français, pour les renouveler et les accentuer encore. (²) Peu après il déclarait lui-même à l'ambassadeur qu'il priait tous les jours pour la vie et la santé du roi, tant il appréciait son zèle pour la religion, tant il estimait sa prudente sagesse, tant il croyait son existence nécessaire au bien de la chrétienté. (³)

Et ce n'étaient pas là de vaines paroles, de banales formules de cour. Paul V saisit presque aussitôt l'occasion de les confirmer par des actes. Depuis quelque temps un mariage était décidé entre le prince de Conti et mademoiselle de Guise. La raison d'État et l'inclination des parties

(¹) De Béthune au roi, 18 mai 1605. Arch. de Sully. — « Ayant vu
« le Pape et comply avec lui en votre nom, il me dit que j'avais sujet
« de me réjouir de son assomption, tant pour la part que vous y aviez
« par l'assistance qu'il avait reçue des cardinaux français, que pour l'af-
« fection qu'il vous avait toujours portée, et au bien de la France, et la
« grande estime en laquelle il avait Votre Majesté ; qu'aux occasions
« qui s'étaient présentées durant le Pontificat du Pape Clément, il s'était
« employé autant qu'il lui était possible pour votre service ; mais que
« maintenant il voulait que je vous assurasse de son affection paternelle,
« de laquelle vous éprouveriez les effets toutes fois et quantes qu'il en
« rencontrerait le moyen, ou que vous le lui donneriez, en l'employant ;
« qu'au surplus il estimait que les paroles que je lui avais dites d'assu-
« rance de votre bonne volonté en son endroit, quand le conclave se
« ferma, lui avaient servi de bon augure à ce qu'il avait plu à Dieu lui
« envoyer depuis. »

(²) De Béthune à Villeroi, 20 mai 1605. Arch. de Sully.

(³) De Béthune au roi, 3 juin 1605. Arch. de Sully.

étaient cette fois d'accord, et Henri IV avait approuvé le contrat. Mais les jeunes fiancés étaient parents au second et au troisième degré : il fallait pour la validité du mariage une dispense du Pape. Un epès allait partir pour Rome afin de l'obtenir, quand on apprit à Paris la mort de Léon XI. Le roi chargea Béthune de l'affaire. A une première lettre succéda bientôt une seconde plus pressante encore : on connaissait en France la lenteur romaine et on cherchait à l'aiguillonner, afin d'avoir une décision prompte. Mais on comptait sans la bienveillance du Pape élu dans l'intervalle. Au premier mot de Béthune, Paul V acquiesça aussitôt, et supprimant toute délibération et tout intermédiaire, il commanda qu'on expédiât la dispense sur l'heure, heureux, ajouta-t-il, de contenter le roi.

Le peu de soin qu'il prenait en même temps de ménager la susceptibilité espagnole, mettait plus en relief encore son attention d'être agréable à la France. Vigliena aussi avait sollicité une dispense *in secundo*; comme il ne l'appuyait d'aucune raison majeure et décisive, Paul V la lui avait refusée. Afin de l'attacher par la reconnaissance et par l'intérêt à l'Espagne, l'ambassadeur imagina — sans ordre d'ailleurs, — de lui offrir des terres et de riches dotations pour ses frères dans le royaume de Naples. Mal lui en prit. Froid et sévère, Paul V s'étonna que l'ambassadeur osât « lui parler de la sorte » et le crut capable « d'engager ou de vendre le Pontificat. » Aussi Vigliena se plaignait-il amèrement de cette nouvelle élection. De tous les cardinaux, disait-il, on ne pouvait faire un Pape, dont le langage fût en tout si indépendant et si fier. Mais Paul V ne s'en tint pas aux paroles. Peu soucieux des droits des princes d'Italie, les Espagnols semblaient ne l'être guère plus de l'autorité du Saint-Siège. Depuis des mois le Régent de Naples, secrètement appuyé par ses maîtres, bravait les foudres de l'Eglise, tenait pour nulles ses menaces et se moquait de ses ordres. A peine arrivé au pontificat, Paul V commanda de reviser le procès, et cita le Régent à comparaître en personne à Rome. Une fois de plus le Régent, confiant en ses protecteurs, refusa. Deux jours après le Pape fulmina contre lui l'excommunication, avec une telle décision et une telle vigueur, « que « chacun s'en émerveilla. » C'était là une initiative grave. Les relations entre le Saint-Siège et l'Espagne allaient fatalement s'aigrir. Paul V ne l'ignorait pas ; mais fort de son droit et jaloux de l'autorité du Saint-Siège, il entendait qu'on la respectât à Naples comme à Rome, à Madrid comme à Naples, sur les marches du trône comme ailleurs. (¹)

Après cela le doute n'était plus possible. A la politique hésitante de Clément VIII succédait une politique déterminée ; aux remontrances vaines, une action énergique, à l'influence des opinions extérieures, une décision personnelle. Quoique timide par nature, Clément VIII, soutenu, eût été plus d'une fois plus ferme sans doute ; mais il sentait qu'autour de lui l'Espagne était encore forte, qu'elle comptait plus d'approbateurs que d'adversaires, et il usait envers elle de temporisations et de ménagements. Les derniers conclaves avaient débarrassé définitivement les Papes de la tutelle espagnole, et c'est aux Français qu'ils devaient ce service. Aussi, sans cesser d'être hautement impartiale, la politique de Paul V allait-elle sensiblement graviter dans l'orbite française.

Le secrétaire d'Etat à Rome, les Nonces à l'étranger en étaient les représentants officiels. A cette heure leur choix

(¹) De Béthune au roi, 3 juin 1605. Arch. de Sully.

valait un programme. Paul V le comprit ainsi. Il confirma dans sa charge de secrétaire d'Etat, le cardinal Valente, qui l'avait déjà exercée, du temps de Clément VIII, sous la direction d'Aldobrandini : c'était comme si ce dernier l'eût exercée lui-même. Paul V reconnaissant la lui avait offerte d'ailleurs. Mais Aldobrandini aima mieux que le cardinal « Valente en eut la peine, puisqu'il en gardait « lui, l'autorité et l'honneur. » Qu'Aldobrandini et Valente fussent désormais tout acquis à la France, nul n'en doutait alors : le second était à la veille d'accepter une pension du roi, le premier un riche présent. Henri IV ne devait pas trouver de moindres garanties dans le choix des nonces futurs. Plus d'une fois on avait vu ces prélats, sous Clément VIII, sortant de la réserve, qu'exigeaient leurs fonctions, afficher hautement leur passion pour l'Espagne et leur aversion pour la France. Les ordres du Pape n'y pouvaient rien. Paul V assura Béthune qu'il n'en serait plus ainsi désormais. Pour cette mission délicate, il fallait des gens sans passion, auxquels il ne permettrait d'agir qu'à « son commandement. » Le nonce qu'il envoyait en Espagne répondait à ces exigences. C'était l'auditeur de Rote, Melini, créé récemment évêque, réputé « fort homme de bien », et dépendant absolument du Pape. Tel était aussi le nonce de France. Paul V n'en demanda pas moins à Béthune, si Henri IV en était satisfait. La réponse favorable de l'ambassadeur, l'aveu qu'il l'avait presque choisi lui-même, réjouirent le Pape, dont l'estime pour Barberini n'était pas moindre que l'amitié. [1]

Paul V protestait en même temps à Béthune qu'on le verrait toujours lui aussi, comme ses nonces, « sans intérêt » et sans passion « autre que le bien de la chrétienté. »

[1] De Béthune au roi, 3 juin 1605. Arch. de Sully.

A ce bien une chose lui semblait nécessaire, indispensable même, « la conservation de la paix entre la France et l'Espagne. » Tel allait être l'objet principal de sa sollicitude, l'œuvre pour laquelle il ne voulait épargner « ni peine ni travail, » à laquelle il était prêt à consacrer toutes ses énergies. Telle avait été aussi, on s'en souvient, la grande préoccupation de Clément VIII, et sans doute Béthune crut l'entendre encore, en écoutant Paul V : le visage était changé, mais c'était le même cœur, qui parlait. La liberté de l'Eglise, et l'indépendance du Saint Siège n'étaient pas moins chères à Paul V. Béthune, au nom de son maître, s'était plaint de les voir si constamment menacées par les empiètements successifs et le sans-gêne frondeur de l'Espagne. Paul V répondit qu'il s'opposerait de tout son pouvoir à ce qu'on y touchât « de son temps », (¹) et sa vigueur dans l'affaire de Naples était déjà une garantie qu'il ne faillirait pas.

Une autre œuvre plus grande encore sollicitait le zèle de Paul V. Ancien protecteur d'Ecosse, et vice-protecteur d'Angleterre, il aspirait ardemment à ramener ces pays à la foi catholique. Mais c'était là une œuvre immense, délicate, aussi pleine au moins de dangers que d'espérances. Paul V ne pouvait l'entreprendre seul : il lui fallait un appui, un guide, des conseils ; il espérait tout cela du roi de France, dont le concours, il le savait, avait été si précieux à Clément VIII. Mais Béthune aussi, grâce à la connaissance qu'il avait du roi d'Angleterre, avait donné au même Pontife des avis appréciés. Paul V ne l'ignorait pas davantage, et à son tour il demandait à l'ambassadeur quelle ligne de conduite lui semblait à cette heure la plus convenable et la plus sûre. Béthune, on le sait, n'était pas

(¹) De Béthune au roi, 3 juin 1605. Arch. de Sully.

pour les moyens violents, pas plus pour l'excommunication lancée de Rome, que pour la révolte ouverte ou les complots tramés secrètement là-bas : tout cela n'avait abouti qu'à rendre plus misérable encore la condition des catholiques anglais. La « modération et la douceur » étaient, à ses yeux, les seules armes, dont on put espérer quelque résultat, l'attitude soumise des catholiques et leur respect envers le pouvoir, le seul moyen d'améliorer leur sort. Mais peut-être se trouverait-il plus d'un agitateur intéressé à les faire sortir de cette sage réserve. Une seule chose pouvait la garantir : la défense aux catholiques, de se mêler, sous peine de censures, d'affaires politiques, et de ne rien faire sans le commandement ou du moins l'autorisation du Saint Père. (¹) Si l'on songe qu'à cette heure même Catesby, malgré la désapprobation formelle du provincial anglais des jésuites, Garnet, organisait fiévreusement l'abominable *Conspiration des Poudres*, on appréciera davantage encore la sagesse de ces conseils. Béthune en ajoutait un autre : choisir avec une scrupuleuse attention les personnages chargés de traiter là-bas ces délicates affaires. Suspects ou simplement désagréables au roi Jacques, ils seraient nuisibles et ne serviraient pas. Par dessus tous les autres, l'un d'eux excitait sa défiance : c'était l'ancien supérieur du séminaire des Anglais, Persons. Sa seule présence à Rome, la possibilité seule que le Pape pût s'inspirer de ses conseils, avaient jadis alarmé ce prince, et c'est pour cela que Clément VIII avait interdit à Persons de se mêler des affaires d'Angleterre, et l'avait envoyé à Naples. Depuis « il était revenu », profitant « de la vacance du siège : » l'employer de nouveau serait une

(¹) De Béthune au roi, 3 juin 1605. Arch. de Sully.

grave imprudence, l'éloigner encore pour un temps une précaution sage.

Paul V remercia affectueusement Béthune. Ses actes allaient prouver bientôt que l'ambassadeur n'avait pas été en vain consulté. Mais il fallait, en attendant, donner à Jacques I une idée favorable du nouveau Pape, le lui représenter comme animé des dispositions les plus bienveillantes envers l'Angleterre et son roi, et modéré autant ou plus que Clément VIII. Paul V attendait ce service de Henri IV. Mais il désirait que la communication parut spontanée, tirée des renseignements fournis par Béthune, et non faite à sa prière. « S'employer à l'accroissement de la foi catholique en Angleterre, » travailler à rendre plus doux le sort des catholiques anglais, était une œuvre digne du roi très chrétien, et le Pape l'attendait de lui. Béthune assura Paul V qu'il ne formulait pas de vaines espérances. Mais dans ces affaires délicates, dans ces interventions de prince à prince, en faveur de sujets suspectés, une extrême réserve s'imposait au roi de France. Une recommandation officielle et pressante éveillerait vite les soupçons du défiant Jacques I : il accuserait vite Henri IV de vouloir, pour en profiter au besoin, se créer en Angleterre un parti. Il ne restait au roi de France qu'un recours, dont il userait volontiers, des conseils amis et la prière. C'étaient des réflexions aussi justes que sages, et Paul V ne les combattit pas. [1] Eclairé maintenant, il attendit l'occasion qui lui permit d'agir. On sait qu'elle ne tarda pas.

Ainsi, sous Paul V, comme dans les dernières années de Clément VIII, en Italie comme en Angleterre, la poli-

[1] De Béthune au roi, 3 juin 1605. Arch. de Sully.

tique pontificale, après être restée quelque temps indécise, s'inspirait nettement de la politique française : l'influence espagnole était définitivement en déroute. Triomphant par les armes, Henri IV triomphait également par sa diplomatie.

CHAPITRE IX

L'Election de Paul V en France.
Dernières négociations de Béthune.
Son retour : Impressions qu'il laisse a Rome.
Ses dépêches au point de vue littéraire.

La nouvelle de l'élection de Paul V fut accueillie tout d'abord, en France, non pas avec froideur, mais avec une joie modérée et discrète. Il n'y eut pas de *Te Deum* à Notre-Dame ; le canon de la Bastille resta muet ; l'on ne renouvela pas les manifestations, qui avaient salué, d'un bout à l'autre du royaume, l'avènement de Léon XI. Une conduite si différente en des occasions si semblables, n'allait-elle pas provoquer des interprétations malveillantes parmi les Romains chatouilleux ? Henri IV pouvait le craindre et il crut devoir le prévenir en se justifiant. Léon XI était un proche parent de la reine Marie, et c'est à ce titre seulement que la France, écrivait-il, s'était tant réjouie de son élection. (¹)

Mais à mesure que, par les lettres de Béthune et de Joyeuse, les renseignements sur le Pape nouveau arrivaient plus nombreux, plus circonstanciés, plus précis, à la réserve des premiers jours succédait la satisfaction la plus vive. La preuve en est dans la reconnaissance de plus en plus expressive de Henri IV envers ses cardinaux. Il remercie de Givry et Séraphin pour les services qu'ils ont

---

(¹) Du roi à Béthune, 3 juin 1605. B. N. 3486.

rendus, il remercie surtout Duperron et Joyeuse, « comme
« ceux qui ont eu le plus de part à ce qui s'est fait. » Il
loue « leur prudence, leur générosité, leur industrie, »
l'art avec lequel ils ont su triompher « d'oppositions diverses et fâcheuses » et profiter pour le bien de la chrétienté
et son propre service, « contre toute attente et au conten-
« tement d'un chacun, » des conflits d'intérêts, des rivali-
tés, et « des passions diverses, qui ont agité les conclaves. »
Mais Henri IV n'a pour Sourdis que des reproches amers
et des paroles dures. Après s'être bien conduit dans le
premier conclave, ce cardinal s'était séparé deux fois dans
le second de ses collègues français : il avait abandonné
Sanli, quand Joyeuse le soutenait encore ; il n'avait pas
voulu de Borghèse quand tous les autres l'avaient accepté.
C'était là un acte d'indiscipline, qui pouvait amener des
résultats déplorables. « Mieux valait errer en obéissant et
« en suivant les autres cardinaux, selon les ordres du roi,
« que vouloir mieux faire, en n'obéissant pas. » Aussi
Sourdis « n'ayant eu aucune part au bien qui s'est fait, »
Henri IV déclare « qu'il ne lui en sait aucun gré, et qu'il
« est très-mal satisfait de lui. » En même temps il lui fait
commander de rentrer en France « pour apprendre à
« mieux obéir, et servir son roi qu'il n'a fait en cette der-
« nière occasion. » (¹)

Béthune aussi était à la veille de rentrer en France. Cinq
mois auparavant, Henri IV l'y avait autorisé, et avait accompagné son autorisation de ces gracieuses paroles :
« Comme vous m'avez très dignement servi en votre léga-
« tion, assurez vous aussi que vous serez le très bien venu,

(¹) Instructions à M. d'Alincourt, successeur de Béthune, comme ambassadeur à Rome. B. N. m. 3465.

« et que je ne vous laisserai pas inutile. » (¹) Béthune se préparait au départ, quand survint la mort de Clément VIII. Après l'heureuse issue du conclave, Henri IV lui écrivait de nouveau : « Vous pouvez user de la permission, vous
« serez le très-bien venu, d'autant que vous avez couronné
« votre légation du plus heureux et signalé effet et service,
« que je pouvais désirer et recevoir de votre affection et
« sage conduite, dont j'aurai mémoire à jamais. » (²) La mort de Léon XI ajourna une fois encore le retour de l'ambassadeur. Maintenant rien ne s'y opposait plus. La jeunesse de Paul V promettait un long pontificat. Du reste, l'œuvre de Béthune était achevée : l'influence française prévalait désormais dans les Conseils du Pape ; le parti français était relevé parmi les cardinaux : c'était le double objet de sa mission.

Ses visites de départ lui fournirent une dernière occasion de constater combien la France était considérée maintenant dans le Sacré Collège. Le premier conclave avait mis en relief le crédit des Français ; le second avait prouvé que l'honneur de l'Eglise était leur principal souci : l'exclusion de Tosco et l'élection de Borghèse était également leur œuvre. Aussi à la suite de Montalte et de ses créatures, à la suite de Saint-Clément, reconnaissant aux Français de l'avoir toujours soutenu, plusieurs cardinaux, dont le dévouement à l'Espagne était autrefois connu, touchés récemment de la grâce, témoignaient-ils maintenant de sentiments de vive sympathie à l'égard de la France, et du prix qu'ils attachaient à l'amitié du roi. Déjà Delphino, Benilagua, Gallo, avaient reçu leurs brevets de pension ; Buffalo, Valente, Pamphilio, allaient

(¹) Du roi à Béthune, 6 novembre 1604. B. N. 3486.
(²) Du roi à Béthune, 17 avril 1605. B. N.

les recevoir aussi, et d'autres aspiraient ouvertement à la même faveur. (¹)

Mais Béthune avait plus d'une fois reçu de signalés services et des avis précieux de prélats de condition moindre. Le camérier Polacque, sous Clément VIII, lui avait, entre autres, fournis des renseignements appréciés. Toujours auprès du Pape, « le servant à dîner, à souper, à coucher, « qui sont les heures où l'on se communique le plus, » il n'était pas rare que les prélats domestiques exerçassent sur leur maître une réelle influence, et pénétrassent leurs sentiments intimes, ou même leurs intentions secrètes. Léon XI, ce n'était un secret pour personne, avait été entièrement entre les mains de son maître de chambre. (²) On n'avait à espérer ni à craindre que Paul V subit une semblable tutelle. Mais avoir dans l'intimité du Pontife, des voix toujours prêtes à s'élever en faveur de la France, à prendre la défense ou à faire l'éloge du roi, des gens intéressés à être pour l'ambassadeur français des confidents fidèles, ce n'était déjà pas d'un si mince avantage ; et, sur les conseils de Béthune, on destina aussitôt, et l'on remit peu après au maître de chambre du Pape, Robert Ubaldini, « le plus passionné français qui fut en Italie, » une pension de dix-huit cents livres, et une de douze cents au premier camérier. (³)

Le cardinal Aldobrandini ne voulut pour l'heure accepter qu'un présent ; mais ce présent était assez considérable, pour l'engager définitivement désormais. Il ne fut, plus

---

(¹) De Béthune au roi, 3 juin 1605. Arch. de Sully.
(²) De Béthune au roi, 18 avril 1605. Arch. de Sully. « Sa Sainteté a « son maître de chambre qui le gouverne fort ; qui veut recevoir des « grâces doit s'adresser à lui. »
(³) De Béthune au roi, 18 mai 1605. Arch. de Sully.

question du cardinal d'Este. Ses hésitations, ses promesses toujours éludées, sa conduite dans les conclaves, la crainte qu'il témoignait de déplaire à l'Espagne, lui avait à peu près aliéné Béthune et Joyeuse. Sans rompre entièrement avec lui, on ne le pressa plus de se déclarer pour le roi. L'abbaye de Clairac, d'un revenu de plus de quatre mille écus, lui avait été longtemps réservée. Henri IV en avait maintenant disposé en faveur d'amis éprouvés de la France.

Ces amis étaient les chanoines de Saint Jean de Latran. De temps immémorial, ils prétendaient que la couronne leur était, depuis Louis XI, redevable de certains biens. Fondée ou non cette prétention avait toujours été écartée. Ils se décidèrent enfin à mettre tout en œuvre pour la faire valoir, et vers le milieu de septembre 1603, l'un d'eux, le chanoine Hélicone, fut délégué vers le roi de France, muni de brefs du Pape, en faveur du chapitre, et de présents de piété pour la reine. (¹) De Rome, Béthune et d'Ossat appuyaient chaudement leur requête : bientôt Joyeuse la soutint à son tour. Les raisons de droit, qu'invoquaient les chanoines, étaient discutables peut-être ; mais une chose ne l'était pas et parlait haut pour eux : leur attachement sincère à la France. Au plus fort des guerres de la Ligue, on les avait vus refuser énergiquement, malgré une pression inouïe, de remplacer à la porte de leur église les armes de France par les armes d'Espagne. Au milieu de la défection générale, quand tout était espagnol à Rome, ils demeurèrent fidèles à la fille aînée de l'Eglise, toujours la première pour eux des nations catholiques. La visite de Béthune au nouvel ambassadeur d'Espagne, en octobre 1603, leur avait fourni une occasion de plus de manifester hautement leurs sentiments français. On sait avec quel

(¹) De Béthune à Villeroi, 23 septembre 1603. Arch. de Sully.

éclat ils le firent. Au moment où il cherchait à relever à Rome le parti de la France, Henri IV avait intérêt à ne pas refroidir ces dévouements. Du reste, il eut bientôt des motifs nouveaux d'agir vite. Jalouse de voir les armes de France sur les murs de Saint Jean de Latran, l'Espagne cherchait depuis longtemps à placer les siennes sur une autre église de Rome. Elle choisit Sainte-Marie Majeure, et Philippe III fit don au chapitre d'un droit sur les vins, qui sortaient du royaume de Naples, d'un revenu annuel d'environ mille écus. « Nous n'en sommes pas moins les « aînés, écrivait Béthune à Villeroi, Saint Jean de Latran « est la première église de la chrétienté, Sainte Marie la « troisième seulement de Rome. » Mais tarder plus longtemps à ne pas tenir compte de la prétention des chanoines, c'était s'exposer désormais à des comparaisons fâcheuses. (¹) On songea aussitôt à leur assigner les revenus d'une ou deux abbayes voisines de la frontière italienne. Comme aucune d'elles n'était vacante, on disposa pour eux de la riche abbaye de Clairac. On fit deux parts de revenus : l'une fut destinée à être partagée entre tous les membres participants à la mense capitulaire ; et l'autre réservée à huit chanoines, à la nomination du roi de France. (²) C'était s'obliger ainsi, en même temps que le chapitre, les premières familles de Rome, parmi lesquelles les chanoines étaient recrutés. Au dire de plusieurs — et c'était l'opinion de Béthune, — on servait aussi bien ainsi l'influence française, qu'en pensionnant deux ou trois cardinaux. Le brevet, signé du 22 septembre 1604, avait été apporté par Joyeuse. Deux jours avant de quitter Rome, l'ambassadeur, au nom du roi, le remit solennellement au

---

(¹) De Béthune à Villeroi, 16 avril 1604. Arch. de Sully.
(²) Cf. Abbé Durengues. Pouillé du diocèse d'Agen. Art. Clairac.

chapitre. Celui-ci ne fut pas ingrat. En attendant que la statue de Henri IV se dressât dans l'enceinte même de l'Eglise, une décision des chanoines investissait le roi de France et ses successeurs à perpétuité du titre de chanoine de Saint Jean de Latran.

Ce fut là le dernier acte officiel de Béthune pendant sa première ambassade à Rome. Le jour même, il remit la direction des affaires au cardinal de Joyeuse, son successeur, le marquis d'Alincourt, n'étant pas arrivé. Il devait partir deux jours après, le 6 juin, pour la France. Ce départ fut un triomphe. Jusqu'à la dernière heure, les cardinaux n'avaient cessé d'assiéger son palais, de chercher « à qui l'entretiendrait davantage, à qui se mettrait plus « avant dans ses bonnes grâces. » [2] Les attentions et les honneurs dont le combla le Pape, passèrent tout ce qu'on avait fait autrefois pour les ambassadeurs d'Espagne. Paul V mit à sa disposition une de ses litières, et commanda qu'il fut reçu splendidement et défrayé de tout, jusqu'aux limites des Etats de l'Eglise. A sa sortie de Rome, la noblesse romaine tout entière lui faisait cortège : la foule des chevaux, des coches, des carrosses était si grande, que les rues et les places n'y suffisaient pas. Et tandis qu'il s'en allait vers la France, la cour pontificale et la ville tout entière ne tarissaient pas sur lui en éloges. Depuis cent ans aucun ambassadeur ne s'était acquis tant de sympathies : il les devait à son affabilité, à sa douceur, à sa courtoisie. Sa prudence, son intelligence, sa dextérité lui avaient acquis l'estime universelle : sa vigueur et sa fermeté avaient forcé le respect de ses plus déterminés adversaires ; « sa splendeur de dépense » et sa magnifi-

[2] Duperron au roi, 14 juin 1605. Négociations et Ambassades du cardinal **Duperron.**

cence princière avaient effacé le train, réputé jadis sans rival, des ambassadeurs d'Espagne.(¹)

Voilà ce qu'on disait à Rome. En même temps Henri IV prenait soin avec une attention délicate et touchante d'échelonner sur la route de son ambassadeur, les témoignages les plus flatteurs de sa bienveillante et reconnaissante affection. A Florence, Béthune reçut cette première lettre, écrite aussitôt que la nouvelle de l'élection de Paul V était arrivée à la cour : « Le succès de ce der-
« nier conclave m'a été si agréable à la suite du premier,
« que comme l'un et l'autre ont couronné votre légation
« de beaucoup d'honneur, aussi m'en demeure-t-il une
« telle satisfaction, que je veux que vous sachiez que je
« serai très aise de vous revoir et de vous témoigner en
« toutes occasions le gré, que je vous sais, du fidèle ser-
« vice que vous m'avez fait en icelle. Venez donc me
« trouver aussitôt que la saison et santé et commodité de
« votre femme vous le permettra, et vous serez le très bien
« venu. » (3 juin 1605). Plus exactement informé de ce qui s'était passé à Rome, Henri IV est aussi plus explicite dans son éloge. Après avoir exprimé de nouveau sa satisfaction « du bon devoir que lui a rendu » l'ambassadeur, et son désir de le voir bientôt « par deçà, » il ajoute :
« Mettez donc peine d'y arriver promptement et en bonne
« santé. Je vous assure que vous y serez le très bien venu,
« et que je vous y verrai fort volontiers, ayant été bien
« aise d'apprendre, non seulement le bon état auquel vous
« laissez mes affaires à votre partement, mais encore la
« bonne disposition de Notre Saint Père le Pape. » (17 juin 1605). Une troisième lettre de Henri IV avait précédé

(¹) Duperron au roi, 14 juin 1605. Négociations et Ambassades du cardinal Duperron.

Béthune à Lyon. Aussi élogieuse que les deux autres, elle est particulièrement aimable et touchante. « Ayant su, « écrit le roi, des lettres que mes cousins les cardinaux de « Joyeuse et Duperron m'ont écrites, la satisfaction géné- « rale que le Pape et toute la cour ont montré à votre par- « tement, avoir de toutes vos actions, j'ai bien voulu vous « faire savoir que j'en demeure très content, comme je « vous dirai plus particulièrement, quand je vous verrai, « et vous ferai paraître par effet, quand l'occasion de vous « gratifier se présentera. Ce que j'ai voulu vous faire « savoir par avance, à votre arrivée à Lyon, afin que cela « vous encourage à parachever plus gaiement votre « voyage et à vous rendre au plus tôt auprès de votre bon « maître, qui prie Dieu, Monsieur de Béthune, qu'il vous « ait en sa sainte et digne garde. » (12 juillet 1605). (¹)

Ces lettres étaient un éclatant et juste hommage aux services rendus. Ce dut être pour Béthune la plus appréciée des récompenses. Mais déjà d'autres l'avaient rejoint à Rome. Peu de temps avant son départ, il avait été nommé lieutenant du roi en la Haute-Bretagne et désigné pour faire partie de la promotion prochaine des chevaliers du Saint-Esprit. De retour depuis un mois à peine, il entrait, comme conseiller, au conseil des finances, et recevait une augmentation de six mille livres de pension. Au même moment, des témoignages non moins flatteurs de reconnaissance et d'estime lui arrivaient de Rome. En confirmant dans sa charge de nonce en France l'archevêque de Nazareth, Paul V lui recommandait de s'aider, en toute affaire importante, des conseils de Béthune, « homme probe, prudent, habile et, entre tous, affectionné au Saint

(¹) Du roi à Béthune, 3 juin, 17 juin, 12 juillet 1605. B. N. m. 3486.

Siège. » Par le même courrier, le Pape demandait lui-même à l'ambassadeur de rendre ce service au nonce.

A l'histoire incombait un dernier devoir, celui de faire revivre dans ces détails cette diplomatie souple et sûre, de mettre en lumière la part, trop longtemps oubliée, que Philippe de Béthune avait prise à la grande œuvre de la politique française au dix-septième siècle : l'abaissement de la maison d'Autriche. Humiliée sur les champs de bataille, l'Espagne avait vu s'amoindrir la renommée de nation invincible, que lui avaient value jusque là ses possessions immenses, sa grande réserve d'hommes et sa ténacité. Dépouillée du masque religieux dont elle avait pu, grâce à l'appui moral qu'elle s'était assuré à Rome, couvrir toutes ses entreprises, elle perdait aux yeux des peuples le prestige qui avait doublé son audace et sa force. En outre, livrée en proie à des hommes d'Etat sans valeur, épuisée d'argent et d'hommes par cette interminable guerre des Pays-Bas soigneusement entretenue par la France, elle n'était déjà plus en état de disputer la suprématie à sa rivale, relevée, prospère, unie dans la main de son roi. Mais Henri IV méditait mieux encore ; il songeait à porter ses coups au delà du Rhin et des Alpes, comme au delà des Pyrénées. Il n'en eut pas le temps. Il avait du moins préparé l'avenir, il avait dégagé nettement aux yeux de la cour de Rome, et par elle, aux yeux du monde catholique, la question religieuse de la question politique, « de la raison d'Etat, » et c'est pour cela qu'il pourra désormais, sans soulever les scandales passés, resserrer de plus en plus ses alliances avec les princes protestants d'Allemagne, et qu'un jour, appuyé sur ces mêmes alliances, un cardinal de l'Eglise romaine, Richelieu, reprendra l'œuvre et l'achèvera.

Il nous reste à dire un mot de la valeur littéraire des dépêches diplomatiques de Philippe de Béthune. Nous ne les mettrons pas sur le même rang que les lettres missives de Henri IV ; mais elles peuvent figurer avec honneur à côté des recueils de d'Ossat, de Jeannin et de Villeroi. Béthune avait de réelles qualités d'écrivain : il en serait le premier surpris ; c'est une gloire à laquelle il n'aspirait pas. Soucieux avant tout de mettre en évidence sa pensée, il n'eut jamais, comme Duperron et d'Ossat, par exemple, le souci de la forme. Volontiers il aurait repris le mot de Montaigne : « Que le gascon y aille, si le français n'y peut « aller. » Il doit à cette absence de prétentions littéraires d'être simple, sans sécheresse, et distingué, sans recherche. L'ordre dans l'exposition des matières, la clarté dans l'expression, la précision toujours, sont les seules qualités dont son esprit s'inquiète. Elles sont communes à toutes ses dépêches. Les lettres au roi, celles des deux premières années surtout, et celles qui précèdent et suivent les conclaves, sont généralement à ce point de vue excellentes. Dans celles de la troisième année, le soin que prend Béthune de n'omettre aucun détail des négociations, aucune parole de ses interlocuteurs, l'expose souvent, d'une dépêche à l'autre, à des redites, et par suite à des longueurs, qui en diminuent l'intérêt. Les dépêches, à Villeroi plus libres, plus courtes, plus concises, sont à peu près toujours remarquables. La finesse, l'esprit, la saillie — chose rare chez d'Ossat, — en rendent la lecture vraiment attrayante. Parfois, — rarement — la phrase s'embarasse et traîne ; elle est généralement d'allure vive, dégagée, plus moderne déjà que chez d'Ossat. Chose remarquable, parmi ces dépêches, celles que Béthune écrit de sa main sont les meilleures. La lettre où sont racontées l'arrivée et les mésaventures de l'ambassadeur d'Espagne, est un chef-d'œuvre de grâce, de gaieté, d'ironie fine et pénétrante. Les mêmes qualités se retrouvent dans le récit de la sédition Farnèse. L'esprit des fabulistes et des conteurs du seizième siècle circule souvent, dans ce qu'il a de plus délicat, à travers les lettres de Béthune, et se traduit sans effort, en réflexions morales pleines de bon sens, en sentences et en proverbes. On dirait parfois que l'ambassadeur a déjà lu La Fontaine.

Ainsi, sans cesser d'être grave, impénétrable et sûre d'elle-même, la diplomatie perd avec Béthune son air impassible et froid. Elle s'enveloppe à propos de grâce, et c'est l'un des secrets de sa force.

Vu et lu :

A Bordeaux, le 24 mars 1900.

Le Doyen de la Faculté des lettres,
G. RADET.

Vu et permis d'imprimer :

A Bordeaux, le 26 mars 1900.

Le Recteur,
GASTON BIZOS.

TABLE DES MATIÈRES

Pages

Préface. v

PREMIÈRE PARTIE

La politique française fait échec a la politique espagnole.

Chap. I. — *Une page des Œconomies royales. — Importance de l'ambassade de Rome. — Henri IV la confie au comte de Béthune. — Instructions de l'ambassadeur. — Prépondérance, longue déjà, de l'influence espagnole à Rome : ses causes, ses effets. — Etat des affaires à l'arrivée de Béthune. — Première audience de l'ambassadeur* 1

Chap. II. — La conspiration de Biron.
Tracassseries espagnoles. — L'affaire de la Rochepot. — La conspiration 21

Chap. III. — Les suites de la Conspiration.
Conspiration du prince de Joinville. — Le duc de Bouillon en fuite. — « L'escalade ». — Les enfants du duc de Savoie en Espagne. — La paix entre le duc de Savoie et Genève. . . . 49

Chap. IV. — La succession d'Angleterre et la politique de Henri IV.

Les prétentions du roi d'Espagne. — Les projets de Clément VIII. — L'affaire des prêtres anglais. — Mort d'Elisabeth. — Avènement de Jacques d'Ecosse.. 71

Chap. V. — Clément VIII impose aux catholiques anglais la politique que lui conseille le roi de France.

Le Pape brise définitivement avec la politique espagnole. — Jacques Ier : sa conduite envers les catholiques. — Conspiration de Cobham. — Nouveaux édits contre les religieux et les prêtres. — Persons exilé à Naples 103

Chap. VI. — Modification des rapports de l'Espagne avec l'Angleterre après l'avènement de Jacques Ier.

Projet de mariage de l'Infante avec le Dauphin. — Orientation nouvelle de la politique espagnole à l'avènement de Jacques Ier. — Le catholique Philippe III négocie la paix avec le roi huguenot d'Angleterre 125

Chap. VII. — Influence qu'exerce l'avènement de Jacques Ier sur les rapports de l'Espagne avec la France. Le droit de 30 o/o.

Les dépenses et les expédients financiers des rois d'Espagne. — L'impôt de 30 o/o. — Henri IV interdit le commerce avec l'Espagne. — Inquiétudes de Clément VIII ; joie mal dissimulée des Anglais. — Négociations à Rome, en Angleterre et en France. 147

Chap. VIII. — La question italienne : La Valteline.

Empiètement de Fuentès en Italie. — Rupture avec les Grisons. — Le gouverneur de Milan menace la Valteline. — Négociations en Suisse, à Milan et à Rome 165

CHAP. IX. — La question Hollandaise. — La Guerre des Pays-Bas.

Guerre de l'indépendance et paix de Vervins. — Siège d'Ostende. — Clément VIII cherche à détacher Henri IV des Hollandais. — Béthune et d'Ossat défendent la politique de Henri IV : les fautes de la politique espagnole les secondent. — Embarras des Hollandais. — Prise de l'Ecluse, prise d'Ostende 183

CHAP. X. — Vengeance de l'Espagne. Conspiration du comte d'Auvergne.

Clément VIII veut entraîner Henri IV contre les Turcs. — Henri IV s'y refuse ; il a d'autres ennemis à combattre. — Protection accordée par le roi d'Espagne aux complices de Biron. — Pressentiment général de la mort violente du roi. — Conspiration du comte d'Auvergne ; son but, ses résultats 203

DEUXIÈME PARTIE

Relèvement du parti français a Rome.

CHAP. I. — Premières négociations de Béthune pour le relèvement du parti français 221

CHAP. II. — Béthune fait échec au parti espagnol dans le Sacré Collège. 245

CRAP. III. — L'organisation du parti français.

Facilités et entraves	263
Chap. IV. — Les promotions cardinalices	283
Chap. V. — La Vengeance de Vigliena. La sédition Farnèse.	303
Chap. VI. — Les suites de la sédition Farnèse. Les cardinaux français à Rome. Mort de Clément VIII.	325
Chap. VII. — Préparation au conclave. Le conclave. Election de Léon XI. Sa mort	349
Chap. VIII. — Nouveau conclave. Election de Paul V. Caractère du nouveau Pape. Son affection pour la France	373
Chap. IX. — L'élection de Paul V en France. Dernières négociations de Béthune. Son retour: impressions qu'il laisse à Rome. Ses dépêches au point de vue littéraire.	399

ERRATA

N. B. Il y a dans le cours de l'ouvrage des fautes de ponctuation que nous ne relevons pas et que le lecteur corrigera facilement lui-même.

Bibliographie. Au titre : Principaux documents imprimés, p. xii : 1º Au lieu de Berger de *Xiviey*, lisez Berger de *Xivrey*

P. xiii. Au titre : Principaux ouvrages consultés 7º Au lieu de Lafleur de *Kernaingant*, lisez Lafleur de *Kermaingant*.

P. 6, l. 24, au lieu de *eût*, lisez *eut ;* faute plusieurs fois répétée et corrigée une fois pour toutes

P. 12, transporter la note de cette page à la page suivante et vice versa.

P 17, l. 15, au lieu de *Apôtres*, lisez *apôtres*.

P. 38, l. 1, au lieu de *ennemis*, lisez *ennemies*.

P. 60, l. 24, au lieu de *exécuté*, lisez *exécutée*.

P. 67, l. 7, au lieu de *servir*, lisez *le servir*.

P. 73, l. 14, au lieu de *répandre*, lisez *faire connaître*.

P. 78, l. 7, au lieu de *des Séminaires*, lisez *du Séminaire*.

P. 79, l. 13, au lieu de *était*, lisez *étant*.

P. 101, l. 13, au lieu de *Comte*, lisez *comte*.
P. 109, l. 14,   id.   id.
P. 115, note, au lieu de *espagnols*, lisez *Espagnols*.
P. 143, l. 11,   id.   id.
P. 228, l. 16, au lieu de ne *le* démentit pas, lisez ne *la*...
P. 239, l. 18, au lieu de *espagnols*, lisez *Espagnols*.
P. 241, l. 19,   id.   id.
P. 258, l. 24,   id.   id.
P. 261, l. 9, au lieu de *Août*, lisez *août*.
P. 316, l. 3, au lieu de *s'y trouvaient*, lisez *s'y trouvèrent*.
P. 371, l. 1, au lieu de *Saint-Jean*, lisez *Saint Jean de Latran*.
P. 385, l. 29, après *sans lesquels*, ajouter *il*

www.ingramcontent.com/pod-product-compliance
Lightning Source LLC
Chambersburg PA
CBHW060541230426
43670CB00011B/1650